두뇌 계발 비결

Brain Builders!

Richard Leviton 지음
김종석 옮김

학지사

Brain Builders: A Lifelong Guide to Sharper Thinking,
Better Memory, and an Age-Proof Mind
by Richard Leviton

| 역자 서문 |

미국 사우스다코다 대학 교환교수 시절 이 책을 처음 접하게 되었고 우리나라 사람들에게도 소개한다면 많은 도움이 되리라는 확신이 들었다. 역자는 교육학을 공부하는 한 사람으로서 학습방법과 인간두뇌의 계발에 관심을 갖고 오랫동안 대학에서 학습전략(Learning strategies) 혹은 공부기술(Study skills) 강의를 담당하였다. 대학에서 학생들을 가르치면서 대학에서 학습전략(How to study in college)에 집중하던 중 그들의 두뇌 계발에 관심을 갖게 되었으며, 효과검증연구 등으로 학생들의 많은 호응을 얻은 바 있다. 공부기술에 대한 초등학교 학생들의 기술과 중고등학생들의 공부기술에 대한 문헌들을 검토해 본 결과 공부기술은 초등학교 때에 확립하는 것이 가장 효과적이라는 연구보고들이 많았다. 이렇게 볼 때 두뇌 계발도 초등학교에서부터 시작하는 것이 더 효과적이다. 지금까지의 경험에서 얻은 결론은 인간의 두뇌는 타고나는 것이 아니라 후천적으로 계발된다는 것이다. 이러한 신념에 바탕을 두고 이 책을 번역하는 과정에서 보다 확실한 자신감을 갖게 되었다.

이 책에서는 보다 예리한 사고력과 보다 나은 기억력, 나아가서 연령과 관계없이 평생 동안 정신능력을 유지하도록 평생 동안의 두뇌 계발의 안내자 역할을 담당할 수 있는 7가지 영역에 걸쳐 86개의 비결을 확실하게 구축하기 위하여 단계별 지도요령과 18개의 두뇌 계발의 해부학적 접근, 그리고 36가지의 연습활동을 포함하여 총 140개의 기법들을 소개하고 있다. 이 책은 두뇌력과 관련된 다음 몇 가지 질문에서 출발하고 있다. 인간의 두뇌는 나이가 들면 쇠퇴하는가? 인간의 IQ는 고정된 것인가? IQ검사 결과는 얼마나 신뢰할 수 있는가? IQ검사는 인간의 능력을 완벽하게 측정하고 있는가? 인간의 두뇌는 언제부터 발달하기 시작하는가? 등 이러한 질문들에 대한 보다 확실한 답변을 해 주고 있다.

또한 다른 두뇌 계발에 관한 책들과는 분명 다른 점을 보여 주고 있는데 두뇌 계발의 요령을 단순한 방법적 접근들에 치중하고 있는 다른 책들과는 달리 이 책에서는 보다 근원적인 원인을 분석하고 그것들을 해결할 수 있는 방법들을 제시해 주고 있다. 첫째, 우리는 자신의 두뇌에 대해 보다 확실한 믿음을 가질 필요가 있다는 것이다. 둘째는 당신의 머리를 자유롭게 해방시킬 필요가 있다는 것, 셋째는 마음과 몸의 리듬에 맞춰 연구하고 공부하라는 것, 넷째는 당신의 두뇌에 충분한 영양공급을 할 필요가 있다는 것이다. 즉, 어떤 식습관이 필요하고 방향제는 어떤 것이 좋은가를 소개하고 있다. 다섯째는 적당한 운동, 예컨대 요가 등과 같은 운동이 두뇌 계발에 어떤 도움을 주고 있는가. 여섯째는 당신의 두뇌에 어떤 음악을 들려주어야 좋은가, 일곱째는 두뇌를 연마하라, 즉 항상 새로운 것에 도전하고 생각과 믿음을 항상 새롭게 하라는 의미다.

이 책을 통해 우리는 유년시절부터 두뇌를 어떻게 계발해서 스마트한 어린 시절을 보내고 청소년시절에 활기찬 활동과 두뇌활동을 통하여 보다 나은 학업 활동을 하고 장년시절에는 어떻게 청년들에 못지않은 두뇌 활동을 통해서 유능한 직장인이 되어 자녀들로부터 존경받는 부모가 되고 어떻게 건강을 유지해서 건강한 정신 상태로 살아가면서 노년에는 노화를 방지하고 8, 90이 되어서도 4, 50대처럼 정신활동을 할 수 있으며 건강한 100세를 누릴 수 있는가를 알게 될 것이다. 이제는 인간의 수명이 120세까지 살 수 있다고 하는 학설이 지배적인 만큼 우리가 100세를 행복하게 살아가기 위해서는 이 책이 당신에게 훌륭한 안내자가 될 것이다.

이 책을 번역하는 과정에서 역자에게 부족한 의학적 용어와 관련하여 원광대학교 의과대학에 있는 역자의 아들 김헌수 교수의 도움이 있었고 문맥교정에는 한국전자통신연구원에서 선임연구원으로 있는 딸 김성혜의 도움이 있었다. 그들에게 감사의 말을 전하며 역자의 건강을 책임져 준 아내에게도 감사한다. 끝으로 이 책의 출판을 흔쾌히 받아 주신 학지사 김진환 사장님과 편집과정에서 여러 가지 조언과 수고를 해 주신 편집부 여러분들의 노고에 감사한다.

2007년 3월
한국과학기술의 메카에 자리한
충남대학교 교육학과 연구실에서 김종석

| 차 례 |

| 들어가는 말 |

당신의 두뇌를 활용하라: 7가지 두뇌 계발 비결

이 세상에서 가장 불가사의한 일 가운데 하나는 어째서 나이가 들면 우리의 두뇌 가운데 어떤 부분이 상실되는가의 문제다. 실제로 최근 들어 많은 사람들이 두뇌력이 갑자기 저하되는 예를 치매라 여기고 이러한 문제에 관심을 집중하고 있다. 또한 우리 주변에서 흔히 노인들의 일그러진 얼굴 모습이나 쉽게 망각하는 모습, 심지어는 건망증을 나타내는 현상들을 자주 보게 된다. 오늘날 많은 40대와 50대 연령층의 사람들은 이런 질문을 하기 시작한다. "나도 나이가 들면 두뇌가 약해질 것인가?"

이러한 질문에 대해 이 책이 줄 수 있는 대답은 '결코 그렇지 않다는 것' 이다. 연구결과에 따르면, 지금부터 자연스러운 두뇌력을 되찾을 수 있는 방법을 찾아 실천하게 되면 더 이상 두뇌력이 약해지지 않는다는 것이다. 물론 나이가 들면 약해지는 것은 공통적인 현상일 수 있다. 그렇다고 해서 이를 피해 갈 수 있는 방법이 없는 것은 아니다. 일찍부터 정확한 예방적 조치를 취하게 된다면 이를 막을 수 있는 방법은 있다. 지금까지의 연구에 따르면, 80대 연령층 노인 인구 가운데 최소한 20~30%는 두뇌력 검사 결과 30~40대 연령만큼 두뇌력을 유지하고 있다는 것이다. 이 30~40대 연령층은 일반적으로 두뇌력의 절정기라 한다.

노년층에 대한 IQ 검사결과에 승복하지 마라

노인층에 대해 연구하고 있는 학자들은 극소수의 노인들(약 6~15%)만이 기능적으로 약하며 정신력이 감퇴하고 있는 것으로 파악하고 있다. 사실상 이러한 수치는 알고 보면 전체 일반대중을 두고 한 연구결과다.

따라서 노인 인구의 85~94%는 두뇌력이 감퇴하지 않고 있다는 말이 된다. 아마도 당신이 70대에 이르게 되면 당신의 수학적 능력에 약간의 손실이 있을 수도 있다. 그러나 연구에 따르면, 남자들은 70대 중반에 이르러 수학 검사에서 50대 때보다 약 33% 낮은 점수를 기록하는 경향이 있으며, 더 나아가서 50대에서 80대 사이에 약 50% 가량 감소가 있을 수 있다. 그러나 이때는 휴대용 계산기를 사용하면 될 것이므로 그리 염려할 일은 아니다.

한편 80대 남자의 지도 읽기 능력은 거의 완벽에 가깝다. 즉, 시각 능력에서 단지 16%만이 감소할 뿐이다. 노년에 이르러 나타나게 되는 또 다른 두뇌 능력의 감퇴는 귀납적 추리, 언어적 의미 이해, 단어 발음에서 일어난다. 그러나 신체 다른 영역의 많은 부위에서는 노년에 이르러 상당한 감퇴가 나타나는데, 이러한 현상은 운동이나 체력단련, 두뇌 활용을 하지 않을 경우 평생 동안 그 속도가 가속화될 것이다. 나이가 들면서 IQ기능이 감퇴하는 것을 방지하기 위해서는 무엇보다도 계속해서 두뇌를 활용하는 것이 중요하다.

두뇌를 활용하라. 이것이 열쇠다. 학자들과 노인학자들은 두뇌 활용이 열쇠라고 말하고 있다. 연령이 높아짐에 따라 두뇌력이 감퇴하는 현상을 막을 수 있는 방법은 다음과 같다.

- 언어를 유창하게 사용하도록 열심히 노력하고 독서수준을 유지하라.
- 당신의 지적 관심, 전문적 지식뿐 아니라 개인적 지식 모두를 계속 연마하고 실행하라.
- 당신의 정신적 태도를 융통성 있게 하고, 개방적이고 도전적인 태세를 갖추어라.
- 항상 새로운 것을 배우고, 새로운 장소를 방문하며, 새로운 아이디어를 즐겨라.
- 이와 같은 정신 습관을 가진 사람들과 의견을 교환하고 그들과 친하게 지내라.

늘 가까이 지내는 배우자가 특별히 머리가 좋은 사람이라면 이 때문에 당신의 IQ가 점점 쇠퇴할 것이라고 쉽게 생각할 수 있을지 모르지만 사실 당신은 축복을 받은 것이다.

70대 중반의 남녀 1,300명을 대상으로 한 최근의 연구에서 두뇌력을 조사한 결과, 두뇌력을 유지할 수 있는 몇 가지 방법이 밝혀졌다. 첫째, 좋은 건강상태를 유지하는 것이다. 두뇌를 건강하게 유지하기 위해서는 체력 역시 건강하고 적합해야 한다. 규칙적으로 운동하여 최상의 심폐기능을 유지해야 할 필요가 있다. 두뇌는 산소와 영양분이 충분해야 하기 때문에 순환기 계통에서 산소와 영양공급을 원활히 유지하도록 해야 한다.

둘째, 학교를 마친 이후에도 당신의 지적 활동과 흥미를 유지해야 한다. 교과공부를 열심히 하라. 나이가 들어서도 성취감이나 개인적 정신능력은 IQ를 유지할 수 있는 능력을 부여해 주기 때문이다. 당신의 신경세포에 이 문제를 책임지고 있는 이는 바로 당신임을 알려 주어야 한다. 그렇게 함으로써 뇌의 지적 화학작용이 쇠퇴하지 않도록 한다.

셋째, 두뇌력은 훈련이 가능하다. 남자와 여자를 대상으로 한 연구에서 특히 나이가 들어감에 따라 쉽게 쇠퇴하기 쉬운 두뇌력의 두 영역, 공간관계와 귀납적 추리력 기능 훈련을 위한 집중훈련 세미나를 5시간에 걸쳐 실시한 결과, 이 훈련에 참여한 사람들의 약 40%가 14년 전에 실시한 비슷한 실험의 결과보다 높은 점수를 나타냈다.

이 집단은 80대에 들어서도 두뇌 훈련 후에 정신력 저하현상을 보이지 않았고 여전히 강력함을 보여 주었다. 이러한 훈련을 받지 않은 다른 사람들은 같은 두뇌 검사에서 매우 낮은 점수를 보여 주었다. 이 연구에서 사용한 훈련은 '당신의 두뇌를 활용하라' 였다.

이 3파운드짜리 우주는 당신의 가장 소중한 자산이다

과학자들이 소위 말하는 '3파운드 우주' 인 당신의 두뇌는 인간 발달의 이차적 미개척 분야다. 당신의 두뇌는 약 1,000억의 신경 단위 혹은 신경세포로 구성되어 있으며 훌륭한 계산 능력과 정보처리 능력을 갖고 있다. 이처럼 무궁무진한 두뇌 능력에도 불구하고, 대부분의 사람들은 두뇌 용량의 4~10% 밖에는 활용하지 못하고 있다. 한 가지 반가운 소식은 이러한 현상을 쉽게 바꿀 수 있다는 것이다.

일단 당신이 두뇌 계발 방법을 익히게 되면 당신의 두뇌력을 극적으로 향상시킬 수 있다. 뛰어난 두뇌력을 갖는 방법은 별로 어려운 일이 아니다. 하지만 약간의 훈련이 필요하다. 즉, 보다 많은 두뇌력이 요구되는 각각의 상황에 따른 효과적인 방법을 알아야 한다. 이 책은 86가지 두뇌 계발 비법을 소개하고자 한다.

미국 정부는 1990년대를 두뇌의 해로 정했다. 1990년대가 지난 오늘날, 우리는 신속한 정보처리 방법을 우리의 삶과 기업경영에 사용할 수 있도록 하는 데 그 초점을 두고 있다. 그러므로 우리는 이러한 정보화 사회에서 각별한 노력이 필요하다. 이는 당신의 두뇌 잠재력을 최대한 활용할 수 있는 방법을 알아야 한다. 지금까지 우리는 체력 단련에 역점을 두어 왔으나 이제는 유행되고 있는 두뇌 단련에 관심을 돌려야 한다. 이제 보다 빠르고, 예리하고, 효과적이고, 창의적인 사고를 할 필요가 있다. 즉, 보다 신속하고 심층적이며 철저한 방법의 학습이 요구되며, 어떤 것도 망각할 여유가 없다.

만약 당신의 두뇌가 둔해진다면 오늘날의 두뇌 경쟁 시장에서 살아남기 힘들 것이다. 두뇌 훈련은 이제 선택의 문제가 아니라 생존의 문제다. 컴퓨터가 모든 영역에서 현대 생활을 편리하게 하고는 있지만 그들 또한 우리 두뇌 속도를 매우 빠른 속도로 움직이게 해 주고 있고, 오늘날 당신이 하는 일들은 보다 빠른 두뇌 회전을 요구하고 있다. 그렇다면 왜 두뇌 속도를 가속화시켜 90～96% 비활용 두뇌 공간을 활용하려 하지 않는가?

최우수 인간이 되려면 당신의 두뇌 '근육' 을 단련시켜라

최고의 두뇌 활용은 당신이 가질 수 있는 삶의 권리다. 그렇다면 두뇌력이란 무엇인가? 두뇌력이란 각성력, 집중력, 지각 속도, 학습, 기억, 문제 해결력, 그리고 창의력을 말한다. 요컨대 소위 과학자들이 말하는 '인지' 다. 두뇌력이란 세계에 대한 반응 능력이고, 이해 능력이며 나아가서 당신의 창의력과 지적 능력을 통한 재구성 능력이다.

때로는 보다 높은 지능과 보다 많은 두뇌력 '근육' 을 갖고 있었다면 모든 것을 훨씬 더 잘할 수 있었을 것이라는 느낌이 들지 않는가? 또한 보다 높은 생산적 활동이 요구되는 지금 보다 많은 두뇌력을 갖길 원하지 않는가. 그리고 이러한 두뇌력을 늙어서까지 갖고 싶지 않은가? 그렇다면 당신은 두뇌 계발이 필요한 것이다.

서점을 가 보면 두뇌력과 정신훈련에 관한 많은 책들이 있다. 또한 수 없이 많은 요리책들도 나와 있다. 요리책이 IQ계발에 대한 아이디어가 많은 것은 좋지만 이들이 모두 맛있는 요리나 높은 두뇌력을 보장해 주는 것은 아니다.

두뇌력에 관한 책들은 흔히 본말이 전도된 경우가 많다. 즉, 1단계부터 6단계에 이르기까지의 방법을 마스터하기도 전에 7단계를 제시하고 있다. 그 책들은 두뇌 계발에 관한 태도를 배우기 전에 먼저 복잡한 기억술을 배우라고 한다. 그러한 책들은 두뇌 계발을 위한 모든 노력을 약화시킬 수 있는 당신의 라이프스타일이나 다이어트, 체력의 기본 요소를 무시하고 있는 것이다. 또한 라이프스타일이나 다이어트, 습관, 그 밖의 두뇌 계발을 위한 다른 요소들을 어떻게 활용할 것인가를 보여 주지 못하고 있다.

이 책은 당신에게 필요한 7단계 모두를 정확한 순서로 보여 주고 있다. 어떤 일이든 올바른 순서로 제시해 주어야만 성공적으로 마칠 수 있다. 이 점이 다른 책들과 다른 점이다. 이 책은 올바르고 자연스러운 방법을 통해 두뇌를 계발하도록 도와줄 것이다. 이것이 곧 두뇌 계발의 일곱 가지 비결이다.

두뇌 계발 비결 첫 번째는 '당신의 두뇌를 믿어라' 다. 이 말은 두뇌 계발의 가능성은 믿음에서 출발한다는 것이다. 그 비결은 실제로 당신의 태도다. 역설적으로 들릴지 모르지만 두뇌력이 발휘되기 이전에 그러한 능력을 갖고 있음을 믿으라는 것이다. 따라서 두뇌의 힘을 믿고, 이러한 두뇌 계발을 해낼 수 있다는 자신감을 가져야 한다.

두뇌 계발 비결 두 번째는 '두뇌를 해방시켜라' 다. 이 부분은 흔히 우리가 간과하고 있는 부분이다. 자연스러운 두뇌력이 충분히 발휘될 수 있는 부분을 직접적으로 방해하는 생활 요소들이 많이 있다. 다시 말해, 두뇌를 메마르게 하는 어떤 장애 요소들이 있는데 이러한 요소들은 당신이 충분이 제거할 수 있는 것들이다. 그러므로 이러한 장벽을 극복할 수만 있다면 당신은 현재보다 훨씬 더 똑똑해질 수 있다.

이러한 장애 요소에는 스트레스, 우울, 알코올 남용, 식이요법, 영양 실조, 만성 변비증, 두뇌 알레르기, 심지어는 집안 가구들까지 포함된다. 이러한 요소들을 제거할 수만 있다면 두뇌는 자유로워질 것이고 두뇌 계발이 가능하다.

두뇌 계발 비결 세 번째는 '두뇌의 리듬에 맞추어라' 다. 신체에 일정한 리듬이 있듯이 두뇌에도 일정한 자연스러운 리듬이 있다. 그러므로 이러한 리듬을 두뇌 계발 프로그램에 잘 이용해야 한다. 여기에 주의집중기법이나 초점 맞추기와 같은 기술을 적용할 수 있도록 연습하고, 기억력을 높이고, 두뇌활동의 적기를 잡도록 훈련하고 연습하라.

두뇌 계발 비결 네 번째는 '두뇌에 영양을 공급하라' 다. 어떤 것이 두뇌에 가장 큰 영양 공급자인지를 알고 있는가? 두뇌는 영양학자들에게 알려진 자양분이 많은 식품에 대단한 입맛을 느끼고 있으며 매일같이 호흡하고 있는 산소의 약 20%를 필요로 한다. 두뇌는 영원한 성장기 청소년이다. 두뇌는 계속해서 성장하고 늘 허기를 느끼고 있는 것이다. 따라서 영양섭취, 다이어트, 채식, 영양보충을 적절히 활용함으로써 보다 강력한 두뇌를 계발할 수 있다.

두뇌 계발 비결 다섯 번째는 '두뇌를 움직여라' 다. 조깅할 때 다리운동이 되는 것과 같은 효과가 두뇌에도 나타나는 것은 아니지만 운동은 두뇌 계발에 매우 강력한 열쇠다. 이 운동은 당신의 뇌세포에 보다 많은 산소를 공급해 준다. 운동, 요가, 기공, 심호흡, 몸 회전 등을 통한 두뇌 운동 방법을 배워라.

두뇌 계발 비결 여섯 번째는 '두뇌에 소리를 들려주어라' 다. 음악,

소리, 심지어는 전자파까지도 두뇌에 영양이 된다는 사실을 알고 있는가? 두뇌는 에너지 스펙트럼, 전파를 발사해서 뇌파를 불러낸다. 이와 같은 일들은 활동에 따라 변화된다. 당신의 뇌에 음파를 공급하여 두뇌의 힘이 성장하는 것을 확인하라.

두뇌 계발 비결 일곱 번째는 '두뇌를 연마하라' 다. 여기에 바로 두뇌력의 수레(Cart)가 있다. 이제 당신은 '말' 을 제자리에 놓게 되었다. 두뇌 연습을 적절하게 할 준비된 환경이 만들어진 것이다. 이 환경에서 두뇌 계발 연습을 보다 효과적으로 할 수 있을 것이며 좋은 결과를 얻을 것이다. 이와 같은 환경을 만드는 것이 앞에서 말한 두뇌 계발 비결이었다. 이런 상태에서 연습이 이루어진다면 이것들을 무작정 연습하는 것보다 훨씬 더 많은 효과를 얻게 될 것이다.

이상이 두뇌 계발의 일곱 가지 비결이다. 또한 이 책에서는 86개의 두뇌 계발 비결을 상세하게 소개하고 있다. 앞에서 소개한 일곱 가지 비결을 위한 많은 예들과 기법, 각 단계를 숙달하는 데 필요한 연습들도 있다. 이 86개의 비결을 확실하게 구축하기 위한 단계별 지도로서 이를 하나의 요리법으로 생각하면 될 것이다.

나아가서 86개의 두뇌 계발 기법은 밥과 같은 것이며, 18개의 두뇌력의 해부학은 당신의 두뇌 계발 식사에서 18가지 외식과도 같다. 이 18개 각각은 두뇌력 해부에 관한 논의가 될 것이다. 이 비결들을 이들 요리법의 보충교재로 생각하면 될 것이다. 그날그날 두뇌 계발 정신에 올바르게 참여하기 위해서 이 책의 각 장 앞부분에 36개의 연습 활동을 실어 두었다.

이 책은 활용하기 편하게 상호작용이 가능하도록 만들었고 재미있게 구성하였다. 예컨대 당신은 18개의 두뇌력의 해부학을 한꺼번에 하나의 독립된 책으로 읽을 수도 있을 것이다. 마찬가지로 당신이 주교재 86개의 두뇌 계발 비결을 읽기 전이라도 원한다면 36개의 연습을 한꺼번에 읽어 나갈 수 있을 것이다. 그러나 최대한의 효과를 발휘하기 위해서는 순서대로 차근차근 읽어 나가길 바란다.

86개의 두뇌 계발 비결, 18개의 두뇌력의 해부학, 36개의 두뇌 계발 연습, 이렇게 총 140개의 기법을 모두 효과적으로 재미있게 활용하면서 철저하게 진행시켜 나간다면 두뇌력은 크게 향상될 것이다. 이제 제시할 140가지 비결은 두뇌의 잠재력을 최대한 발휘하게 만들 것이다. 마지막으로 항상 유념해야 할 것은 당신의 두뇌를 활용하라는 것이다.

01
당신의 두뇌를 믿어라

더욱 강력한 두뇌의 힘을 기르기 위해서
어떤 태도를 가져야 하는가

당신의 두뇌를 믿어라. 높은 두뇌력을 가질 수 있다는 자신감을 갖고 이 책을 읽어 나가라. 그 비결은 당신의 태도에 달려 있다. 역설적으로 들릴지 모르지만, 두뇌력의 비결은 그 증거를 아직 발견하지 못했다 하더라도 그런 힘이 당신에게 있다는 확신에서 비롯된다. 그러므로 당신의 두뇌를 믿을 필요가 있으며 두뇌력을 향상시킬 수 있는 능력이 있다는 것을 믿을 필요가 있다.

'당신의 두뇌를 믿어라' 의 범주에는 일곱 가지의 두뇌 계발 비결이 있다. 여기서는 보다 스마트하게 되기 위해서 어떤 태도를 가져야 하고, 우수한 학생들의 학습 습관에는 어떤 것이 있으며, 지능에는 어떤 것들이 있는지를 배우게 될 것이다. 또한 두뇌는 매우 융통성이 있어서 우리가 노력만 한다면 변형될 수 있다는 것—과학자들은 이러한 현상을 '가소성' 이라 부름—을 알게 될 것이다.

이 책을 통해서 두뇌가 필요로 하는 것을 충족시킬 수 있는 올바른 태도를 형성하는 방법을 배우게 될 것이다. 두뇌가 어떻게 기능하고 어떻게 작용할 수 있는가를 알게 될 것이며, 두뇌력 향상에 필요한 가정환경을 조성할 수 있는 예상하지 못했던 방법을 알게 될 것이다.

#1 두뇌 계발 비결 자신의 태도가 무엇보다 중요하다

당신은 은연중에, 그리고 내심으로 자신이 바보라고 생각하고 있는가? 스스로 스마트해질 수 있는 방법이 없다고 믿고 있는가? 좀 더 솔직히 말해 보라. 만약 이 두 가지 질문 가운데 어느 하나에 대한 답이 '예' 라면 이것은 바로 두뇌력에 대한 태도의 위력을 스스로에게 말해주고 있는 것이다. 그리고 내가 여기서 자신 있게 말할 수 있는 것은, 당신의 답이 '예' 라면 이는 잘못된 생각이라는 것이다.

이들 질문에 대한 올바른 답은 '아니요' 가 되어야 한다. 좀 더 정확히 말하면 두뇌력에 대해 당신이 가질 수 있는 몫을 부인하는 것은 오직 당신의 태도일 뿐이다.

첫 번째 두뇌 계발 비결은 매우 간단하면서도 중요한 것으로 이는 다음과 같이 말할 수 있다. 당신이 스마트해질 수 있다고 믿는 만큼 보다 많은 두뇌력이 형성될 것이며 보다 넓고 예리한 정신 능력이 생길 것이다.

자신의 정신 능력에 대하여 잘못된 판단을 하지 마라

마음속에 간직해야 할 가장 중요한 사실은 당신의 정신 능력은 영원하지도 않으며 변화가 불가능하거나 개선이 불가능한 것이 아니라는 사실이다. 아마도 당신은 학교를 다니면서 은연중에, 특히 지능검사나 대학입학시험 등에서의 좋지 못한 결과 때문에 그런 생각을 하게 되었거나, 이러한 경험들이 당신의 두뇌력에 대한 생각에 많은 영향을 주었는지도 모른다. 그러나 이는 잘못된 생각이다.

정신 능력과 개선 가능성에 대하여 잘못된 견해를 갖기는 쉽다. 당신은 매우 똑똑한 사람을 칭찬하면서 속으로 절대로 그 사람처럼 될 수 없다고 느낄지 모른다. 흔히 이러한 생각은 나이가 어리고 감수성이 예민한 시절에 너무나 많은 사람들에게서 주입되어 왔을 것이다.

필자의 경우를 잠시 이야기해 보겠다. 12세에서 16세까지 학교를 다니던 시절에 나는 나의 머리가 보통 정도밖에 되지 않는다는 생각을 갖고 있었다. 학급에서 우수한 성적을 내지 못해 하급 수준 반에 편성되어 있었기 때문이다. 13세 때 지능검사를 받았는데 좋은 점수가 아니었다. 또한 고등학교에서도 국어를 빼고는 좋은 성적을 얻지 못했다. 이런 이유들로 나는 고등학교, 대학교, 그리고 이후의 삶에서 나의 정신 능력에 대해 잘못된 판단을 하며 살아왔다.

나의 세대에서 공통적으로 그랬던 것처럼 나는 어린 시절부터 삶의 양식을 바꾸기 위한 하나의 방편으로 채식으로 식생활을 바꾸고 명상법을 배우고 요가법을 실행하면서, 나의 정신 상태를 더욱 인식하게 되었으며 상황이 변화되어 가고 있음을 발견하였다.

내 생각은 간단하다. 당신의 상황도 이러한 나의 상황과 다르지 않다는 것을 알기 바란다. 나 또한 지금까지 동료들이나 부모님, 선생님,

나아가 나 자신에게서 무비판적으로 받아들인 나의 지능에 대한 잘못된 생각을 버리고, 내가 생각했던 것보다 훨씬 스마트하며, 또 스마트해질 수 있다는 생각을 갖게 되는 데는 오랜 세월이 걸렸다.

일단 나의 태도가 바뀌기 시작하면서 모든 것이 가능해졌고, 내 머리에 대해 보다 만족하게 되었으며, 나를 잘못 본 선생님까지 비웃을 수 있게 되었다. 당신의 경우도 이와 같을 수 있다.

당신의 태도에 대한 7가지 질문

1. 당신의 지능에 대한 과거력은 어떠했는가?
2. 당신의 지능에 대해서 당신이 갖고 있던 태도는 어떠했는가?
3. 당신의 두뇌력에 대해서 당신의 태도는 어떠했는가?
4. 당신의 정신 능력에 대해서 당신이 현재 갖고 있는 생각이 형성된 시기는 언제인가?
5. 어떤 사람이 당신에게 멍청하다고 말한 적이 있는가?
6. 그 사람의 말에 대해 당신은 수긍하고 있는가?
7. 이러한 말에 대한 당신의 생각이 두뇌력에 대한 태도에 어떠한 영향을 미치고 있다고 생각하는가?

내가 한 것처럼 당신도 흥미롭고 자유로운 발견을 할 수 있을 것이다. 즉, 두뇌 계발이 단순히 태도를 변화시키는 것만으로도 가능하다는 것을 알게 될 것이다. 이렇게 태도를 바꾸는 일은 뚜렷한 동기만이 할 수 있다. 이것이 곧 이 책에서 말하는 비결이다.

더욱 강력한 두뇌력을 기르기 위해서 당신의 동기를 유발시켜라

전체론적 건강과 통속심리학의 최근 발견에 따르면, 동기가 삶의 변화에 미치는 힘은 대단하다. 동기는 당신이 느끼고 생각하고 살아가는 국면의 질을 개선하는 데 필요한 하나의 기본적 도구다. 동기란 당신의 의지력, 다시 말해서 '의지'를 나타내는 또 다른 방법이다. 두뇌 회전을 빠르게 할 때 의지나 동기를 잘 이용하려면 다음과 같은 말이면 된다. 즉, 더 나은 두뇌력을 얻는 것이 가능하다고 믿어야 한다는 것이다.

신념이란 당신이 의지를 통해서 동기를 항구적 정신 습관으로 만들 때 나타나는 것이다. 그렇게 될 때 신념은 당신에게 힘을 주어 더욱 많은 두뇌력을 갖고자 하는 목표에 접근할 수 있게 해 준다. 이와 같은 신념을 습관화시킬 수 있는 단 한 가지 방법은 확신을 실천에 옮기는 일이다. 당신이 일단 두뇌력을 얻을 수 있다고 믿으면 당신이 행한 모든 연습은 그만큼 강력해지고 더 많은 효과를 거둘 수 있다.

이러한 방법은 당신의 사고방식을 새로운 것으로 다시 프로그램화하는 하나의 정교한 방법이다. 이는 당신의 깊숙한 무의식 세계에 강력한 자극을 주는 것이다. 잠시만 기다려 본다면 이러한 자극은 자동적으로 새로운 사고방식과 행동방식을 끌어올리게 된다. 이러한 접근방식을 신경언어 프로그램(Neurolinguistic Programming: NLP)이라 부른다.

당신의 뇌세포에 다르게 말해 보라. 말의 위력은 대단한 것이다

'Neuro'란 영어 'Neuron'이라는 말에서 나온 것으로 어떤 정보를 저장하고, 모든 생활장면에서 일어나는 당신 몸 안팎의 자극에 대한 반응을 제공하고 정보를 저장해 주는 신경체계 안의 뇌세포를 의미한다.

'Linguistic' 이란 사건이나 상황들을 당신이 특정 언어를 선택해서 스스로에게 설명해 주는 방식을 말한다. 당신이 사용하는 구체적인 단어와 어구들은 그 자체가 내재적 가치 판단이며 평가를 내포하고 있다. 당신이 이러한 단어나 어구로 말을 하면 당신의 두뇌는 그 소리를 듣고 그에 따라 행동한다. 만약 당신 스스로 못 믿을 만큼 잘 잊어버린다든가 수 계산에 둔하다든가 빨리 읽지 못한다는 말을 하면, 당신의 무의식적 정신은 그렇게 행동하고 그런 방식을 계속해 나가게 된다.

'Programming' 이란 당신이 그것을 변경할 수 있다는 의미다. 당신에게는 이미 부정적 자기 태도를 갖고 있는 첫 번째 프로그램이 있다. 이러한 프로그램은 자동적으로 운영되는 안내자가 되어 당신의 태도 형성과 반응의 정확한 길잡이가 된다.

자, 이제 당신은 새로운 긍정적 '카세트 테이프' 소리를 자기 태도의 VCR에 녹화시켜 전혀 새로운 자기 확신적 반응을 발휘하게 될 것이다. 이와 같은 일을 할 수 있는 하나의 방법은 곧 상황을 재구성하는 것이다. 당신은 모든 사실과 데이터가 당신이 생각했던 것과는 전혀 다르게 어떤 것을 첨부할 수 있다는 것을 확신하게 될 것이다. 이제 당신은 현실에 대한 당신의 그림을 새로운 지각과 이해의 구조로 그리게 될 것이다.

당신의 두뇌에 부정적인 영향을 줄 수 있는 프로그램을 간략히 검토해 보라

당신이 인지하고 있으면서 당신의 두뇌력 강화와 학습을 방해하고 IQ를 높일 수 있다는 믿음을 방해하는 부정적 프로그램에 대해서 말해 보기로 하자.

이것은 당신의 생활 주변에서 맴돌고 있는 내면적이고 비밀리에 간직해 온 태도며, 당신 자신이 갖고 있는 잘못된 부정적 투입 요인이 계속해서 당신에게 피드백을 주고 있는 자동적 신경언어 프로그램이다.

두뇌력에 해를 끼칠 만한 12가지 태도

1. 나는 바보야.
2. 나는 배우고 싶지 않아.
3. 나는 이 과목에서 나쁜 경험을 한 적이 있어.
4. 선생님이 나를 기분 상하게 한 일이 있어.
5. 선생님은 나 스스로 이것을 학습하는 것을 원치 않아.
6. 선생님들은 항상 내 생각을 올바르게 받아들이려 하지 않아.
7. 나는 지나치게 약삭빠르다고 벌받은 일이 있어.
8. 나는 개방적이고 호기심 있는 일에는 마음이 편치 않아.
9. 나는 정신적 소프트웨어를 갖고 있지 않아.
10. 나의 창의력은 죽었어.
11. 나는 지금 두려움이 너무 많아서 바꾸는 것이 싫어.
12. 솔직히 말하자면 나는 어쩔 수 없어.

당신은 이러한 태도들이 당신의 두뇌 계발에 어떤 영향을 주고 있는지 생각해 보았는가?

#2 두뇌 계발 비결

두뇌력에 열쇠가 되는 당신의 태도에 대한 몇 가지 의견

당신이 학교에 다녔을 때 받았던, 당신에 대한 선생님이나 친구들의 태도를 과소평가하지 마라. 그들에게서 받은 당신 자신에 대한 인상은 흔히 평생 동안 가슴속에 남아 학습 능력에 대한 자신감을 잃게 하거나 매사에 소외감을 느끼게 할 것이다. 예컨대 1982년 한 자아개념 연구자가 100명의 학생들을 대상으로 연구한 결과, 각 학생들이 하루 동안 교사나 친구들에게 받는 피드백은 460개의 부정적 혹은 비판적 의견이었고, 단지 75개만이 긍정적 혹은 지원적 의견이었다.

잘못된 학교교육과 가정교육의 방법과 태도가 당신의 자연스러운 두뇌력을 약화시킬 수 있다

이와 같은 고질적인 부정적 피드백은 한 젊은 학습자로서의 당신의 자아상과 자신감에 치명적인 영향을 줄 수 있다. 그리고 당신이 의식적으로 이와 같은 조건을 극복하려 하지 않는 한 성인이 된 이후에도 강력하게 영향을 끼칠 뿐만 아니라 나아가 무의식에도 영향을 준다.[1]

이와 같은 결과로 볼 때 많은 학교에서 학생들을 바보처럼 생각하게 만들고 있음을 알 수 있다. 또한 학생들 스스로도 바보라고 생각하고 있으며 그러한 모습과 생각을 바꿀 수 있는 방법은 아무것도 없다고 믿고 있다. 그 결과 학습활동은 문을 닫게 되고 IQ는 지지부진해진다. 하지만 결코 이래서는 안 된다.

자기암시는 하나의 강력한 도구가 될 수 있다. 만약 부정적 암시가 당신의 태도를 결정하는 데 영향을 미친다면, 당신은 어떠한 방법으로 그 부정적 암시를 막아 내고 새로운 패턴의 긍정적인 암시를 개발해 낼 수 있을 것인가? 이제 당신은 매일같이 아직 계발되지 않은 두뇌력을 확인할 필요가 있다. 또한 당신의 프로그래밍을 바꾸고, 내면의 태도를 바꾸어 긍정적 동기를 다시 주유할 필요가 있을 것이다.

매일 당신의 동기를 높일 수 있는 6가지 방법

1. 당신 자신에게 이렇게 말하라. "나는 내가 생각하는 나보다 똑똑해질 수 있다. 나는 내가 생각한 것보다 똑똑하다. 나는 똑똑한 두뇌를 계발할 수 있는 기본지식을 습득할 수 있다."
2. 이와 같은 말을 확신을 갖고 세 번 이상 반복하라.
3. 이와 같은 말을 매일 최소한 세 번씩 반복하라. 가능하다면 아침에 잠에서 깨자마자 한 번 하고, 점심 때 한 번, 그리고 잠자리에 들기 전에 하라.
4. 심리적으로 보다 효과적이 되려면 목소리를 가다듬어 강력하고 분명하고 자신 있는 목소리로 크게 말하라. 이렇게 말하면 당신의 실제 삶에서 새로운 에너지가 솟아나고 실생활에 가까워지게 된다.
5. 이러한 말들을 약처럼 활용하라. 당신이 당신의 능력에 대해서 자신이 없고 정신적으로 흐리멍덩하다거나 멍청하다고 느낄 때마다 자신감을 북돋을 수 있도록 반복해서 크게 말하라.
6. 이러한 연습을 매일 실천하라. 당신의 두뇌력의 목표를 세워라. 새롭고 다른 확신을 세운 다음 매일 소리 내어 말하라.

두뇌력은 마음에 달려 있다

확신을 갖는 것이 중요하다. 확신은 의지에 적극적으로 개입해서 자신이 아인슈타인보다 바보라는 생각을 바꿀 수 있도록 내면에서 말해주고 극복할 수 있게 해 주기 때문이다. 이러한 접근은 놀라울 정도로 간단하면서도 확고부동한 진실이 된다.

정신력과 태도를 어떻게 갖고 있느냐에 따라 당신의 믿음은 얼마든지 달라질 수 있다.

얼마든지 위대해질 수 있는 두뇌력을 갖고 있다는 확신을 얻게 된다면 이러한 한마디의 신념이 산도 움직일 수 있다는 말처럼 쉽게 당신의 내면에 도달할 수 있을 것이다. 이 경우 산이란 곧 인간의 3.5파운드 우주, 즉 두뇌를 가리킨다.

확신을 갖고 어떤 일을 하는 것은 당신이 고객인 경우를 제외하고는 꾀가 많은 세일즈맨이 되는 것과 같다. 그리고 그 상품은 살 만한 가치가 있는 것이다. 이러한 모든 사업은 곧 우리 내면의 의심 많은 그를 잘못된 것이라고 설득하는 일이다. 의심이 많은 그는 마음을 왜곡시켜 항상 어떤 문제에 대해 부정적 측면만을 본다. 그렇게 되면 우리는 부지불식간에 이를 받아들여 일을 성공해 내지 못한다.

이러한 확신을 통해 우리는 이와 같은 내면의 의심을 비켜 지나 자신의 보다 긍정적 측면을 볼 수 있다. 우리는 의심 많은 그가 아무리 반대하고 역으로 해석하려 해도 우리들 자신이 극복할 수 있다고 말해 줄 수 있다. 내면의 의심 많은 그는 어떠한 교묘한 수단을 써서라도 당신이 특별히 영리한 사람이 아니라고 생각하도록 온갖 수단을 동원할 것이다.

그러므로 열쇠는 바로 이것이다. 가능하다고 생각하면 당신의 두뇌력은 향상될 수 있으며 결국 이루어 낼 수 있을 것이다.

✲ 두뇌력의 해부학 #1

두뇌력 게임에서 네 명의 경쟁자를 만나다

더욱 강력한 두뇌의 힘이 필요할 때는 강력한 두뇌 기능의 요소가 무엇인가를 아는 것이 도움을 줄 수 있다. 당신은 두뇌를 전체적으로 통합된 자연스러운 기능을 발휘하는 것으로 생각할지 모르겠지만, 때로는 하나의 두뇌력이 다른 두뇌력보다 먼저 전면에 나타날 때가 있다.

이와 같은 것을 '정신근육' 이라 생각한다면 몇몇의 두뇌 운동을 신중하게 고려할 필요가 있다. 이제 다음과 같이 두뇌 기능을 높일 수 있는 게임의 주전 투수 몇 가지를 살펴보도록 하자.

1. 정신력　　어떤 어려운 일이나 가상적 정신 활동에 집중해야 할 때는 정신력이 필요하다. 이때 그 문제를 당신의 주의력 앞에 붙들어 맬 수 있어야 하는 것이다. 예컨대 수학 계산을 한다거나 어려운 결정을 내려야 한다거나 돈 계산을 한다거나 세금 계산을 할 때(이때 당신은 인내심이 있어야 하고 초연하고 유머 감각이 있어야 한다) 어떤 주제나 문제나 요소에 초점을 맞출 때 정신력이 개입된다.

2. 정신적 유연성　　이 자질은 한 가지 지적 활동에서 다른 활동으로 옮기는 능력을 의미한다. 예컨대 공간적 관계를 결정하기 위해서 문장을 쓴다든가 창의적 시장조사를 위해서 전화상으로 돈 계산을 하는 경우가 해당된다. 이때 당신은 정신 운동을 하지 않을 수 없을 것이다. 이러한 정신 활동은 문제의 내면을 살핀다든가 문제를 약간 비켜 서서 생각한다든가 앞뒤 좌우로 살피는 일이 된다. 다시 말해, 바로 창의적 사고를 가리킨다.

3. 정신적 지구력 예컨대 당신이 시장보고서를 작성한다든가 연구보고서를 쓴다든가 잡지기사를 쓴다든가 논문을 쓸 때를 생각해 볼 수 있다. 이때 당신은 주어진 과제에 초점을 맞추고, 상상력을 동원하고, 행간에 초점을 맞추고, 선형적 사고와 논리적 사고로 문장을 전개해 나가는 등 처음부터 끝까지 그 과업을 하는 동안 인내심을 갖고 두뇌를 활성화시킨다. 지구력이란 주의산만함이나 지루함 등을 그 과업이 끝날 때까지 떨쳐 버리는 것을 의미한다.

4. 정신활동 조정 정신활동 조정이란 당신이 세 가지 시장보고서를 동시에 작성할 수 있다는 것을 의미한다. 당신의 정신이 조정된다는 것은 각기 다른 일을 한꺼번에 한다든가 똑같이 중요한 일을 동시에 혹은 같은 날 하는 경우를 말한다. 이러한 정신활동은 당신이 각각의 일에서 요구하는 것뿐만 아니라 세 가지 일에 머물면서 하나의 프로젝트 매니저로 임무를 동시에 수행하는 것을 말한다. 정신 조정이란 더 나아가 공부하는 동안 새로운 정보를 획득하고, 새로운 해결 방안을 모색하는 것을 의미한다.

✠ 두뇌 계발 연습 #1

두뇌 계발자는 자신의 두뇌에게 "저에게 좀 주목해 주시겠습니까?"라고 말한다

주의를 기울이거나 주의의 명령에 따르는 것은 두뇌 계발에 필수적인 것이다. 이와 같은 주의에 생각을 머무르게 하는 것은 일종의 정신적 '근육'을 발달시킬 수 있다. 따라서 이러한 근육 훈련을 많이 하면

할수록 근육은 보다 건강해지고 보다 유연해지며 보다 신뢰할 수 있게 될 것이다.

결국 당신이 두뇌를 다양한 정신 활동에 적용하려면 어떤 주어진 과업, 주제, 대상 또는 사고에 집중력을 유지해야 한다. 그러면 주의집중력을 기를 수 있는 몇 가지 방법을 수련하도록 하자.

시계 바라보기(집중력 훈련)

- 집중력 훈련을 위해 초침이 달린 커다란 시계를 준비한다. 편안한 자세로 앉아 심호흡을 서너 번 한다.
- 다음 2분간 시계의 초침에 주의를 집중시킨다. 이때 다른 생각을 하거나 다른 일로 주의가 산만해지게 해서는 절대 안 된다.
- 움직이는 초침을 천천히 따라간다. 만약 주의가 흐트러지면 즉시 다시 시작해서 몇 번이고 2분간 완전히 집중할 수 있을 때까지 반복한다.
- 2분간 주의집중에 성공했으면 시간을 5분으로 늘린다. 그 다음 다시 7분, 10분으로 점차 연장한다. 이러한 훈련을 하루에 한 번씩 한 달간 계속한다.

#3 두뇌 계발 비결
공부 잘하는 학생을 따라 하는 방법 1

공부 잘하는 학생의 공부방법이 궁금하지 않은가?[2] 공부 잘하는 학생이 스마트하게 되기 위해 필요한 가장 중요한 요인은 바로 태도다. 두뇌 계발 비결 #1에서 말했듯이 태도는 모든 일의 근본이 된다. 즉,

당신이 경험을 어떻게 쌓는지, 어떤 신념, 기대, 가정을 가지고 있는지, 세계관이 어떠한지가 무엇보다 중요한 것이다.

이러한 학습 태도를 형성하는 데 가장 중요한 몇 가지 요소가 있다. 이제부터 두뇌 계발 프로그램을 위한 다음 격언을 생각해 보자. "그 열쇠는 나이나 배경에 상관없이 당신을 이미 스마트한 학생이라 가정하는 데 있다."

공부 잘하는 학생의 신념체계 12단계

1. 나는 선생님의 도움을 받지 않고도 어떤 교과도 스스로 배울 수 있다.
2. 나는 선생님의 강의 내용을 열심히 듣고 과제도 잘한다고 생각할지 모른다. 그러나 그것은 잘못된 생각이다.
3. 나에게 주어진 모든 과제가 똑같이 중요한 것은 아니다. 그러므로 나는 그 과제의 중요도를 서열화하고 우선 순위를 매겨야 한다.
4. 성적에 연연하지 마라. 성적은 모두 선생님의 주관적 점수에 불과하다.
5. 만약 내가 진정으로 배우고 싶고 발전하고 싶다면 잘못을 저지를 각오를 하고, 똑똑한 사람이 되고 싶다면 당장에는 멍청한 바보가 될 각오를 하라.
6. 내가 어떤 질문을 받을 때 그 질문은 다시 한 번 생각하도록 자극을 주는 것이므로 반드시 답변할 문제는 아니라는 것을 염두에 두어야 한다.
7. 학교에서 해야 할 것은 선생님이 설명한 것이나 교과서에 쓰인 것을 반복해서 배우는 것이 아니라 나 스스로 어떻게 생각할 것인가를 배우는 것이다.

8. 혹시 어떤 교과목이 지루하고 재미없게 느껴질지는 모르겠지만, 우선은 열심히 배우고 학습 자료를 검토하고 신중하게 생각해 보는 것이 중요하다. 그렇게 함으로써 두뇌 근육이 연마되기 때문이다.
9. 책상머리에 앉아서 공부하기 시작하면, 처음에는 예상 밖으로 겁이 나고 실망스러울지 모르겠지만 마지막에는 충분한 보상받을 수 있을 것이며 만족감을 느낄 수 있을 것이다.
10. 내가 학교나 교과에서 성공할지의 여부는 그것이 개별학습이든 교육과정내용이든 간에 나의 학문적 능력보다는 나의 태도와 학습방법에 달려 있다.
11. 지적인 문제와 관련해서 결코 다른 친구들이나 선생님의 칭찬을 받기 위해 공부하거나 노력하지 마라. 이 경우 나의 자존심, 다시 말해 스스로의 성취감을 잃게 되기 때문이다.
12. 학교, 공부, 교육, 정신생활의 모든 것들은 일종의 힘든 일이기는 해도 삶에서 중요한 하나의 게임이다.

#4 두뇌 계발 비결
공부 잘하는 학생을 따라 하는 방법 2

앞에서 나는 공부 잘하는 학생의 12단계 신념체계를 밝혀 '공부방법' 에 대해서 말하였다. 여기서는 공부방법에 대한 12가지 요령을 제시하고자 한다.[3] 당신이 새로운 과목을 접하거나 정신력을 집중할 필요가 있는 어떤 일을 하고 있다고 하자. 이때 자신에게 다음과 같은 질문을 해 보라. 아마도 그 정보를 신속하게 조직하고 기억하는 일에 도움을 받을 수 있을 것이다.

두뇌활용을 높일 수 있는 공부방법의 12가지 요령

1. 당신이 이 글을 읽는 목적은 무엇인가? 첫 번째 문장을 읽을 때도 이 프로젝트를 위한 당신의 지적 목표가 무엇인지를 분명히 해야 한다.
2. 이 주제에 대해서 당신이 이미 알고 있는 것은 무엇인가? 당신이 알고 있는 것이 무엇인지 당신의 정신적 저장 파일을 샅샅이 파악하라. 당신은 이 기초적 회상을 통해 약간의 정리를 할 수 있을 것이다.
3. 여기서 큰 그림은 무엇인가? 나무들을 보기 전에 숲을 보라. 주안점은 무엇이고 주제의 상황과 배경은 무엇이며 대체적인 지식과 경험은 어디에 들어맞는지 살펴보라.
4. 저자가 다음에 말하고자 하는 것은 무엇인가? 만약 할 수만 있다면 저자보다 한 발짝 앞서 간다고 해서 나쁠 것은 없다. 자료가 논리적이고 선형적으로 제시되었을 경우는 다음에 어떤 정보가 올 것인가를 예측할 수 있을 것이다. 이러한 방법은 당신의 학습과 기억에 도움을 줄 것이다.
5. 이 분야에서 기본적인 질문과 주제는 무엇인가? 모든 주제에는 내재적 구조가 있게 마련이고, 특수 용어가 많으며, 전문 용어와 기본적 논의 주제가 있게 마련이다. 이것들을 알게 되면 그 분야에 대해서 반은 알고 있는 셈이 될 것이다. 모든 것이 이 주제 안에 있기 때문이다.
6. 이 자료가 나 자신의 생각에 어떠한 영향을 주고 있는가? 말할 필요도 없이 자료는 어떤 질문을 제기할 수도 있으며, 논쟁하도록 자극하기도 할 것이다. 또한 당신의 생각과 맞지 않는 부분도 있을 것이며, 어떤 통찰력을 제기할 수도 있을 것이다. 이러한 것들이 당신의 지식 기반과 이 주제에 대해 친근감을 갖도록 도와 줄 것이다. 또한 당신이 이 자료를 학습하고 쉽게 기억하도록 하는 데 도와 줄 수 있을 것

이다.

7. 여기서 핵심적 정보는 무엇인가? 당신은 여기서 말하고 있는 정보를 평가하고 등급을 매기고 우선 순위를 매길 필요가 있다. 단, 모든 정보가 다 중요한 것은 아니다. 어떤 것은 단지 보충 설명하는 각주로 소개되는 것이면 충분할 수 있다. 그러므로 모든 것을 중요도 순으로 놓을 필요가 있다.
8. 당신은 이 내용을 다른 말로 표현하고 요약할 수 있는가? 이 자료를 읽어 가면서 머릿속에서 글의 대강을 생각해 낼 수 있는가? 저자가 사용한 용어와 특수 용어를 당신의 실제 용어로 번역할 수 있는가? 그 정보를 개인적 지식으로 바꾸는 일은 또 다른 학습이며 기억을 지원해 줄 것이다.
9. 어떻게 이 내용을 보다 잘 조직할 수 있을까? 학습 자료를 먼저 완전히 검토해 본 다음 당신이 저자보다 지적으로 더 잘 조직할 수 있는지 살펴보라. 학습 자료를 더 많이 접할수록 더 쉽게 조직할 수 있을 것이다.
10. 이 학습 내용을 그림으로 그릴 수 있는 방법은 없는가? 만약 당신이 이 자료를 간단명료하게 기호나 그림으로 요약할 수 있다면 어떤 형태로 변형시킬 수 있을지 살펴보라.
11. 여기 있는 모든 자료를 기억하도록 연결시킬 수 있는 방법은 무엇인가? 이것은 단순한 기억 장치(혹은 요령)다. 예컨대 이야기, 그림, 시, 표현 혹은 그 주제를 다시 잘 정리해서 요약한 구절은 당신이 그것을 다시 보았을 때 전체 모습이 당신의 기억 속에 생생하게 되살아나게 해 준다.
12. 당신이 공부하고 있는 자료를 어떻게 당신이 이미 알고 있는 것과 통합시킬 수 있는가? 상황과 적절성은 실제 학습과 회상 능력에서 매

우 중요한 것이다. 정보가 자연스럽고 당신의 삶과 관심의 일부가 되면 놀라울 정도로 쉽게 기억될 수 있다.

✠ 두뇌 계발 연습

두뇌 계발자의 유의사항

- 당신이 어떤 활동에 참여하든 적어도 한 시간 동안은 그것을 실천하라. 마음속으로 '나는 지금 주의집중을 하고 있다!' 라고 반복해서 자신에게 말하라.
- 마음속에서 이 말을 반복하는 일을 잊어버릴 때마다 두뇌 계발 유의사항을 다시 시작해 보라.
- 자꾸 다른 생각이 나서 그 구절을 반복할 필요가 있다고 생각되거든 소리 내어 5번 말하고 난 다음 다시 마음속으로 그렇게 외쳐라.

#5 두뇌 계발 비결

지적인 사람이 되는 방법에는 여러 가지가 있다 – 7가지 종류의 두뇌력 소개

두뇌력을 높이는 데 가장 큰 장애물 가운데 하나는 지능에 대한 당신의 생각이며 그런 생각을 얼마나 많이 하고 있느냐다. 여기 우리가 얼마나 쉽게 우리 자신의 두뇌력의 양과 질에 대해 잘못되거나 오도된 인상을 갖는가를 잠시 살펴보기로 하겠다. 심리학자 하워드 가드너(Howard Gardner)의 이론을 통해 최대한의 두뇌력을 기르기 위한 방법이 얼마나 가치 있는 일인가를 살펴보기로 하자.

당신의 7가지 자연 지능에 장단을 맞춰라

지난 15년 동안 가드너는 사람은 누구나 일곱 가지 각기 다른 지능을 갖고 있으며 그 지능은 각기 다르면서도 동등하게 중요하다는 이론을 제시하였다. 가드너는 이 다중지능이론을 다음과 같이 일곱 가지 영역으로 나누어 설명하고 있다.

1. **언어 지능**: 어휘를 능숙하게 사용하고 개념을 유창하게 표현할 수 있는 능력
2. **논리 수학적 지능**: 수리관계를 이해하는 능력
3. **시공간 지능**: 시각적 사고 능력과 시공적 세계를 변환하는 능력
4. **음악적 지능**: 리듬, 멜로디, 하모니를 듣고 표현하는 능력
5. **운동 지능**: 자기의 신체 동작을 자유자재로 통제할 수 있는 능력
6. **대인관계 지능**: 다른 사람들을 이해하고 그들과 상호작용할 수 있는 능력
7. **내적통제 지능**: 내적지아 지능으로 자기 자신의 행동이나 감정을 관리할 수 있는 능력

이 이론에 따르면, 표준 IQ 검사가 당신 두뇌력의 매우 많은 부분을 측정하지 못하고 있음이 분명하다고 나타났다. 아마도 이 표준 IQ 검사에서는 각 개인이 갖고 있는 7가지 지능 가운데 단지 2가지만을 측정할 수 있을 것이다.

이와 같은 다중지능에는 각각에 상응하는 7가지 다른 비교적 독립적인 두뇌 계통이 있다. 예컨대 과학자들은 언어 지능은 뇌의 좌반구에

있으며 음악, 공간, 대인관계 지능은 우반구에 있을 것이라 믿고 있다.

이 말은 당신 두뇌의 어느 부위에 손상을 입으면 이들 지능의 전 기능에 손상을 입게 될 것이라는 의미다. 인간 IQ에 관한 7가지 지능 개념은 실제 생리학이나 두뇌 자체의 해부학과 생물학적 이론에 근거하고 있다.

그러므로 이들 7가지 유형 각각의 예를 통해 지능에 대한 우리의 아이디어를 다시 정의 내릴 필요가 있다.[4]

7가지 지능의 실제 작용의 예들

1. 멜빌의 『모비딕』과 같은 소설은 언어 지능의 한 좋은 예가 될 것이다.
2. 세계적인 서양장기 전문가 보비 피셔(Bobby Fischer)는 높은 수준의 논리-수학적 지능의 예가 된다.
3. 피카소의 '게르니카'는 공간 지능의 좋은 예가 될 것이다.
4. 아놀드 민델(Arnold Mindell)과 같은 대표적인 심리치료사의 집단활동은 높은 수준의 대인관계 지능에 해당될 것이다.
5. 릴케의 매우 높은 수준의 감상적인 시는 내적통제 지능을 가장 잘 표현하고 있다.
6. 펄만(Itzhak Perlman)의 바이올린 기교는 아주 훌륭한 음악 지능을 보여 주고 있다.
7. 올림픽 피겨 스케이팅 선수인 옥사나 바율(Oxana Bayul)은 운동 지능이 매우 높은 예일 것이다.

바꾸어 말해서 당신의 언어 혹은 논리-수학적 지능이 뛰어나지 않다면, 당신의 두뇌력은 나머지 다섯 가지 영역에서 오직 언어 혹은 논

리 수학적 지능이 뛰어난 사람보다 월등할 수 있다는 것이다.[5]

두뇌력에 관한 새로운 비전을 줄 수 있는 체크리스트

아래에 자신의 지능을 다시 평가할 수 있는 체크리스트가 있다.[6] 이를 통해 생각했던 것보다 자신이 훨씬 총명하다는 것을 확인할 수 있을 것이다. 왜냐하면 지능에 관한 자신의 생각을 이 '7가지 유형의 지능'으로 확대시킬 필요가 있기 때문이다. 이와 같은 연습을 통해 자신의 두뇌에 대해서 새롭고 흥미로운 점을 발견하게 될 것이다. 암스트롱(Armstrong)에 따르면, 이와 같은 연습이나 지능에 관한 새로운 사고방식은 '자신에게 어떤 무의미한 딱지를 붙이는 흑백 논리가 아닌, 학습자로서 가능한 전체 능력의 전반적인 모습'을 확인하게 해 줄 것이다.

다음 각각의 질문에 간단히 표시하라. 그 다음 어느 영역에서 가장 높은 점수를 보이는지 확인하라.

언어 지능: 당신의 지능은 언어적인가?

_____ 정보를 얻는 데 다른 어떤 방법보다 책을 더 중시하는가?
_____ 말을 하기 전에 마음속에 어휘나 문장이 먼저 들리며 그것은 글을 쓸 때 어떤 말을 받아쓰는 느낌과 같은가?
_____ 텔레비전이나 영화 같은 시각매체보다 라디오나 카세트테이프 같은 청각매체를 더 좋아하는가?
_____ 수수께끼, 단어 맞추기, 말꼬리 잡기 등의 말로 하는 게임을 잘하는가?
_____ 자신은 말재주꾼이고 친구들과 말장난을 즐기며 농담이나 괴담

을 잘하고 일부러 실언을 즐기는가?

_____ 걸어다니는 국어사전처럼 사람들에게서 상담 요청을 받고, 친구들이 모르는 말이 있으면 당신에게 묻고, 친구들이 잘 모르는 단어를 사용하여 대화하는가?

_____ 학교에서 배우는 과목 중에 수학이나 과학보다 국어, 영어, 역사, 사회, 예술사 등을 더 좋아하는가?

_____ 고속도로를 달릴 때 의도적으로 자연 경관을 무시하고 도로 표지판이나 광고판 등의 메시지를 읽는가?

_____ 사람들과 대화할 때 당신이 최근에 읽은 책이나 공부한 것들을 자주 언급하는가?

수학적 지능: 당신의 지능은 논리적-수학적인가?

_____ 수 계산이나 구구단 등 암산을 잘하는가?

_____ 학교 공부에서 수학과 과학, 통계와 논리를 좋아하고 잘하는가?

_____ 특히 어려운 문제, 퍼즐 혹은 논리적 사고를 요하는 게임을 즐기는가?

_____ 조그마한 실험적 시나리오로 어떤 요소를 바꾸게 되면 어떤 일이 발생하는가를 알기 위해 '만약?' 이란 질문하기를 즐기는가?

_____ 어떤 사건이나 관계 혹은 활동에서 습관적으로 어떤 규칙성이나 리듬, 패턴, 논리적 순서를 찾아보는가?

_____ 과학기술 분야에서의 새로운 발전을 예리한 감각으로 바라보는가?

_____ 모든 것을 합리적으로 설명할 수 있다고 보는가?

_____ 어떠한 사고를 하면서 자신의 개념이 때로는 어휘나 이미지 없이도 분명한 형상으로 나타날 수 있다고 생각하는가?

_____ 별다른 노력 없이도 사람들의 말이나 그들의 행동을 보고 그들의 논리적 오류나 일관성 결여를 발견할 수 있는가?

_____ 양적으로나 범주적으로 측정되고, 모호하며, 신비스러운 일보다 철저하게 분석하는 일에 더 편안함을 느끼는가?

시공간 지능: 당신의 지능은 공간적이고 시각적인가?

_____ 눈을 감고 있을 때 그림이나 명료한 이미지를 자주 보는가?

_____ 특별히 색에 대한 감각이 예민하고 색이 풍기는 뉘앙스, 교묘함, 그리고 그 에너지를 느낄 수 있는가?

_____ 주변에 있는 것들을 기록하기보다 카메라에 담거나 스케치북이나 비디오에 담기를 좋아하는가?

_____ 그림 퍼즐, 크로스워드 퍼즐, 미로, 그리고 다른 자연 속의 시각 퍼즐을 즐기는가?

_____ 특히 영화를 보듯이 생생한 꿈을 꾸는가?

_____ 잘 모르는 지역에서 지도 없이 길을 쉽게 찾아내는가?

_____ 낙서나 스케치 혹은 그림 그리기를 즐기는가?

_____ 대수보다 기하가 더 쉬운가?

_____ 어떤 물체를 다른 각도나 위에서 보았을 때 그 물체의 모양을 쉽게 마음속에 그릴 수 있는가?

_____ 책이나 잡지를 고를 때 그림이나 차트, 다이어그램이 많이 있는 것을 좋아하는가?

운동 지능: 당신은 신체운동 감각에서 월등한가?

_____ 규칙적으로 한 가지 스포츠, 예컨대 테니스, 농구, 배구, 라켓볼, 골프, 서핑 등을 하는가?

_____ 한군데 오래 앉아 있지 못하는가?

_____ 손놀림, 예컨대 바느질, 뜨개질, 질그릇 만들기, 조각 작품 만들기, 보석 세공, 조각하기, 공작 등을 선호하지는 않더라도 즐기는가?

_____ 밖에 나가서 걷기, 뛰기, 카누 타기, 행글라이딩, 그 외 다른 활동적이고 적극적인 운동을 할 때 가장 뛰어난 아이디어가 떠오르는가?

_____ 될 수 있는 대로 밖에서 많은 여가 시간을 보내는가?

_____ 친구와 이야기하면서 어떤 점을 강조할 때 손이나 팔, 머리, 몸통 등을 많이 쓰는가?

_____ 어떤 것을 배우고 더 상세히 알고 싶을 때 손으로 만져 보는 습관이 있는가?

_____ 신체 조절을 잘하는가?

_____ 어떤 새로운 기술을 배울 때 그것을 지켜보거나 그에 관해 읽는 것보다 즉시 실행해 보는 편인가?

음악 지능: 당신의 지능은 음악적이고, 리듬적인가?

_____ 노래를 할 때 목소리가 아름답고 낭랑한가?

_____ 음악을 들을 때 어떤 음정이 틀렸는가를 쉽게 말할 수 있는가?

_____ 대부분의 시간에 책을 읽거나 영화를 보기보다는 음악을 듣는가?

_____ 악기를 연주하거나 그러한 꿈을 자주 꾸는가?

_____ 생활에서 음악을 모두 없애 버린다면 또는 쇼에서 노래를 부를 수

없게 된다면, 자신의 삶은 황폐해질 거라고 생각하는가?

_____ 거리를 거닐거나 운전을 할 때 자기도 모르게 노래를 부르거나 잘 아는 노래의 휘파람을 저절로 불거나 마음속으로 그런 노래를 음미하는가?

_____ 간단한 타악기나 손으로 장단을 맞출 때 리듬을 잘 맞추는가?

_____ 여러 가지 노래의 음조나 멜로디를 알고 있는가?

_____ 새로운 음악을 한 번만 듣고도 그 노래를 거의 정확하게 재생할 수 있는가?

_____ 일을 하거나 공부를 할 때 자주 손가락 장단을 맞추거나 휘파람을 불거나 흥얼거리며 혼자서 노래 부를 때가 자주 있는가?

대인관계 지능: 당신의 지능은 대인관계적이고 상호작용적인가?

_____ 직장이나 이웃 사람들이 자신에게 자연스럽게 찾아와 상담을 요구하는가?

_____ 게임이나 스포츠를 할 때 수영이나 조깅보다 배구나 소프트볼 같은 단체 활동을 더 좋아하는가?

_____ 어떤 문제가 생겼을 때 혼자 해결하려고 하기보다는 친구들과 상의하는가?

_____ 최소한 다섯 명의 절친한 친구가 있는가?

_____ 오락시간에 혼자 하는 카드놀이나 비디오게임 대신 윷놀이나 화투놀이와 같이 여럿이 하는 게임을 즐기는가?

_____ 무슨 일을 할 줄 알면 그것을 다른 사람에게 가르치려고 하는가?

_____ 자신이나 친구들이 자신을 리더로 생각하는가?

_____ 여러 사람들이 모인 곳이나 낯선 사람들과 함께 있을 때 마음이

편안한가?

______ 지역사회 활동에 적극 참여하는가?

______ 저녁 자유로운 시간을 혼자 집에서 책을 읽기보다 여럿이 어울리는 시간을 좋아하는가?

내적통제 지능: 당신의 지능은 개인 내적인가?

______ 자주 혼자서 곰곰이 생각에 잠기고, 명상에 잠기기도 하며, 묵상하기도 하고, 내적인 일과 생각을 즐기는가?

______ 상담 프로그램이나 개인성장 프로그램에 참여한 일이 있는가?

______ 자신에 대해 더 알고 싶은가?

______ 자신의 생각이 스스로를 세상 사람들에게서 더 멀어지게 하는가?

______ 자신은 좋아하지만 다른 사람들에게서 멀어지게 하는 어떤 특별한 흥미, 취미 활동, 연구 분야가 있는가?

______ 자주 잠시 멈추고 자신의 장단기 목표에 대해서 얼마나 진전이 이루어지고 있는지 평가해 보는가?

______ 자신의 아이디어의 장단점을 자신의 반성적 사고와 다른 사람으로부터의 피드백을 통해 곰곰이 생각하면서 현실적인 아이디어인지 판단해 보는가?

______ 주말을 사람들이 법석대는 도시의 카지노장보다는 조용하고 아늑한 오두막집(Cabin)이나 시골집에서 혼자 보내겠는가?

______ 의지가 강하고 독립적이며 혼자서 자신을 곰곰이 생각하는가?

______ 사생활의 중요한 사건들을 기록하기 위해 매일 일기를 쓰는가?

______ 자영업자인가? 아니면 현재는 아닐지라도 선택의 여지가 있다면 그렇게 하고 싶은가?

✠ 두뇌 계발 연습 #3

주의를 기울이는 데 집중하라

- 이 연습은 주의를 집중하는 두 가지 수준을 발달시킨다. 별로 읽지 않은 그림이 든 잡지 한 권을 잡아라. 잡지를 대강 훑어 본 다음 각 페이지에 잠시 멈춘다. 그리고는 잡지를 향해서 '나는 주의집중을 하고 있다!' 라고 계속해서 외쳐라.
- 어떤 기사, 사진, 단어, 삽화가 주의를 흐트러트리는지를 찾아보라.
- 마음이 어떻게 흐트러지는지 확인하라. 가정하자면, 줄에 묶여 있는 개가 어떤 행동을 하고, 손으로 쥐고 있는 고리를 벗어나기 위해 어떤 행동을 하는지 살펴보라.
- 주의를 다시 돌아보고 그것이 어떻게 왔다 가는지 눈여겨보며 어떻게 쉽게 산만해지는지 살펴보라.

#6 두뇌 계발 비결

두뇌력을 강화하기 위해 지능을 예리하게 하는 7가지 방안

자, 이제 당신은 자신의 머리가 어떠한가 다시 한 번 평가해 보았다. 또한 지능에 관해서 이전에 미처 생각해 보지 못했던 지적 능력을 자신이 갖고 있었으며 생각했던 것보다 자신의 머리가 나쁘지 않다는 것을 알게 되었을 것이다. 여기 여러 가지 지능을 한층 더 갈고 닦을 수 있는 몇 가지 간단한 연습을 소개하고자 한다.[7]

언어 지능

- 매주 한 권의 책을 완전히 읽은 다음 그 내용, 제재, 줄거리, 그 책이 잘 써진 책인지 그 책을 좋아하는지 그 이유는 무엇인지 이 책이 같은 분야의 다른 책과 비교해서 어느 수준인가를 설명하는 보고서를 작성해 보라.
- 좋은 사전 하나를 선택해 A부터 시작해서 매일 세 단어씩 외워라. 이때 생소한 단어일수록 좋다. 이 단어를 넣어서 문장을 만들어 보라. 책을 읽을 때 그 단어를 찾아보라. 그와 같은 식으로 사전 전체를 파악한다.
- 만약 책을 읽다가 모르는 단어가 나오면 동그라미를 쳐 놓았다가 사전을 찾아 암기하라.
- 녹음된 책을 구입하여 듣고 읽어 보라. 특히 성우가 읽어 주는 단어나 문장은 그 발음을 잘 들어 보고 그대로 흉내 내라.
- 좋아하는 단편이나 시 혹은 에세이 등을 선정해서 읽어 보고 하루에 세 줄 이상씩 완전히 암기하라. 암기할 때는 소리를 내라.
- 명작이나 고전 문학의 문장 스타일을 연구하라. 그 문장 구성과 문법은 어떠하며 자기주장을 명료히 할 때 어떤 형용사를 사용하고 있는지 검토하라.

시공간 지능

- 조각 그림 맞추기 퍼즐이나 루빅큐브, 미로게임, 컴퓨터의 그래픽 소프트웨어나 다른 그림놀이 게임을 해 보라.
- 사진을 찍고, 비디오 녹화를 하고, 그림을 그리고, 스케치를 하고, 기

하학을 하고, 건축 설계의 원리 등을 배워라.

- 지형도, 흐름도, 기술공학도, 건축설계도, 시각사전 혹은 기타 다른 시각적 표현물을 분석하라. 이러한 도형을 당신의 방법으로 그려 보라. 그리고 그 도형을 입체적으로 표현해 보라.
- 여러 가지 영화 필름 원본을 보고 각 화면들이 어떻게 구성되어 있는지, 색깔과 조망은 어떠한지, 그리고 화면들이 어떻게 움직이고 있는지 살펴보라.
- 미술관에 찾아가서 특별히 눈에 띄는 그림 하나를 골라 그 그림의 어떤 점이 마음에 들었고 그 그림의 설계방법은 어떠한지 살펴보라. 또한 그림의 여러 가지 상세한 상황을 확인한 후에 그림을 마음속에 다시 그려 보라.
- 눈을 지그시 감고 다음과 같은 장면이나 형상을 그려 보라. 어머니와 아버지의 모습이나 형제자매의 모습을 침대에 누워 천장에 그려 보라. 그리고 여섯 살 때의 모습, 집의 구조와 물건들, 동네의 상징적 건물과 디자인 등을 그려 보라.
- 식탁이나 좋아하는 안락의자와 같은 물건들을 하나 선택해서 그것에 가까이 앉아 여러 측면에서 어떤 모습일까를 상상해 보라. 즉, 그것을 아래나 위에서, 혹은 30도씩 잘라 360도 방향으로 마음속에서 상상해 보라. 이러한 모습들을 실제로 돌아가면서 살펴보라. 그 결과를 비교해 보라.
- 백지 한 장을 꺼내서 연필로 세탁기의 안쪽 모습, 자신의 몸속, 모든 장식품이 갖추어진 침실의 설계도, 나아가 동네의 모습을 그려 보라.

음악 지능

• 신발과 안경도 벗고 의자에 편안히 앉은 자세로 한번에 다음과 같은 음악 소리를 마음속으로 그려 보라. 좋아하는 텔레비전 쇼나 영화의 주제가, 자신의 노랫소리, 천장이나 창살에 내리는 빗소리, 오보에, 클라리넷, 트럼펫, 하프 소리, 바람 소리, 교회의 음악 소리 등을 상상해 보라.
• 클라리넷이나 오보에 등 좋아하는 악기를 하나 선택하라. 그 악기에서 나오는 음악 소리를 완전히 기억할 때까지 들어라. 그리고 악기를 연주하는 방법을 생각해 보라.
• 매주 새롭고 친숙하지 않은 음악을 들어라.
• 기계 소리, 자동차 소리, 교통, 날씨, 자연, 몸에서 나는 여러 가지 소리 등 괴상한 비음악적 형태에서의 멜로디, 리듬, 하모니 소리를 들어라.
• 샤워할 때, 운전할 때, 걸어다닐 때 마음대로 음악이나 음정을 만들어 보라. 혼자서 흥얼거리고 휘파람을 불고 멋대로 음정을 만들어 보라.

운동 지능

• 족집게 하나를 이용해서 100개의 쌀알을 한 그릇에서 다른 그릇으로 가능한 한 빠른 속도로 흐트러트리지 않고 옮겨 보라.
• 가장 잘하는 운동 기능을 마음속으로 생각하거나 골프 스윙, 수영 동작, 요가 자세, 체조 연습, 피겨 스케이팅, 발레 점프, 축구의 헤딩과 같은 연습을 머릿속으로 생각해 보라. 그런 다음 의자에 앉은 채로 근육을 움직이지 않고 그와 같은 동작을 움직이는 동작별로 나누어 시각화해 보라. 그러한 동작을 스스로 실행해 보라. 근육의 뻗침, 몸동작, 호흡 조절, 몸통의 균형 등을 느껴 보라.

- 태권도, 아키도, 유도와 같은 무도를 배워라. 요가, 무언극, 검도, 수화, 몸동작 게임, 율동, 댄스 등을 배워라.

수학적 지능

다음과 같은 질문에 대해서 자기 나름대로 최선의 추측을 해 보라.

- 여의도에 있는 63빌딩의 꼭대기까지 동전을 쌓는다면 몇 개의 동전이 필요할까?
- 평생 동안 몇 번의 숨을 쉴 수 있다고 생각하는가?
- 평생 동안 몇 개의 단어를 말할 수 있다고 생각하는가?
- 평생 동안 텔레비전, 영화, 라디오를 포함해서 몇 문장이나 들을 수 있을까?
- 지금 이 순간 전 세계 사람들 가운데 몇 사람이나 입맞춤을 하고 있을까?
- 현재 자신이 서 있는 곳에서 출생한 곳까지 엎드려 절을 하면서 여행을 한다면 몇 번이나 절을 해야 한다고 생각하는가?
- 조리된 음식 안에 있는 소금까지 포함해서 평생 동안 몇 알의 소금 알갱이를 소모할 수 있다고 생각하는가?
- 수영장 풀에 얼마나 많은 샴페인을 부을 수 있다고 생각하는가?
- 현재 구독하고 있는 신문이 일 년 동안 몇 장의 사진을 게재한다고 생각하는가?
- 자신이 살고 있는 도시의 빌딩이나 가옥의 창문이 총 몇 개나 된다고 생각하는가?
- 당신이 오른손잡이라면 왼손으로 이 책의 내용을 쓴다면 총 몇 분이나 걸릴까?

대인관계 지능

- 텔레비전이나 영화를 켠 다음 소리를 줄여라. 거기에 나오는 사람들의 몸짓을 연구해 보라. 그들의 얼굴 표정, 손놀림, 몸통 동작을 살펴보라. 그들은 서로 어떻게 대화하는가? 그들의 몸동작만으로 이야기의 줄거리를 이해할 수 있는가?
- 자막이나 더빙이 없는 외국 영화를 보라. 아니면 영어나 일본어 채널 케이블을 보라. 그것이 친숙하지 않은 언어나 문화인지 확인하라. 그 영화나 케이블에 나오는 사람들의 몸짓이나 말소리를 통해 어떤 일이 벌어지고 있는지 알 수 있는가?
- 하루에 한 번씩 10분~15분 동안 사람들의 말을 열심히 들어라. 이때 자신의 생각이나 감정, 의견을 무시하고 들어라. 그들의 몸짓, 얼굴 표현, 자세, 음성을 연구하라. 가능한 한 객관적 입장에서 보라.
- 공원 벤치, 백화점 의자, 버스나 기차역, 공항 등 사람들이 많이 모이는 곳이면 어디든지 앉아서 10~15분간 사람들의 모습을 살펴보라. 자신이 인류학자 혹은 외계인이라고 가정하고 모든 것을 관찰하라. 이들에 관해서 무엇을 알 수 있는가?

내적통제 지능

- 자신이 누구인지 알아보라. 자신의 모습을 그려 보라. 신문이나 잡지 몇 장, 가위, 풀, 스카치테이프, 크레용, 연필, 색분필과 같은 공작도구를 구하라.
- 자신의 각기 다른 모습을 콜라주로 만들어 보라. 자신에 관한 설명적 언어, 형용사 혹은 명사를 포함시켜라. 자신의 개성을 나타내는 모든

것을 자신의 실제 모습인 태양 주위를 돌고 있는 운성들처럼 표현하여 그려 보라.

- 유명 인사, 문필가, 역사적 인물, 종교 지도자의 자서전을 읽어 보라. 그들이 강조하고 있는 것이 무엇이며, 그들 자신을 어떻게 기술하고 있으며, 그들 자신에게서 무엇을 배우고 있는가를 알아보라. 그들의 설명을 들어 보고 목소리와 억양을 들어 보라. 그 인물에 대해서 무엇을 배웠는가?
- 지금 죽는다거나 평생 동안 먼 여행을 떠나 영영 돌아오지 않는다고 가정해 보라. 그리고 가장 사랑하는 사람에게 남길 말들을 적어 보라. 그들에게 자신이 어떤 사람이었으며, 어떤 업적을 남기려고 했으며, 스스로 성공한 삶을 살았다고 생각하는지 말해 보라.
- 다음 한 주 동안에는 꿈을 기억해 보라. 그리고 기억해 낸 꿈의 내용을 가능한 한 상세히 적어 보라. 많은 꿈을 꾸었다면 그중 하나를 선택하라.
- 가장 선명한 형상이나 가장 신비스러운 이야기를 하나 선택하라. 그리고 다음 한 주 동안 그에 대해 생각해 보라. 만약 그 꿈에 여러 명의 등장인물이 있다면 그중 한 인물이 되어 보라.
- 꿈속에서 각 등장인물들의 역할을 이해하도록 노력하라. 그런 다음 각 인물들과 대화를 나누어 보라. 그들이 자신에게 무슨 말을 할 것인지 물어 보라.

✻ 두뇌력의 해부학 #2

당신의 두뇌는 바뀔 수 있다-두뇌력이 성장을 멈추면 안 되는 이유

태어날 때 당신의 두뇌는 약 1,000억 개의 신경세포를 갖고 있다. 신경세포는 두뇌의 대뇌피질, 즉 그 유명한 '회색물질' 표피의 2mm 두께에 밀집되어 있다. 일생 동안 당신의 두뇌는 당신이 깨어 있도록 하기 위해 초당 30억 개의 자극을 처리해야 한다.

이제 다음 사실을 생각해 보자. 인간 IQ의 평균은 100이고, 천재는 160이다. 하지만 한 사람이 사용하는 두뇌력의 양은 그 사람이 잠재적으로 갖고 있는 두뇌력의 약 4%밖에 되지 않는다. 이와 같은 이유로 우리의 두뇌력은 계발될 수 있다. 즉, 96% 이상의 두뇌 기능이 당신을 기다리고 있다는 것이다.

두뇌의 생명 비밀-생물학적 전기

두뇌는 태아기 때 놀라울 정도로 빠르게 성장한다. 이 신경계통은 임신 20일 이내부터 형성되기 시작하며 약 35일경부터 두뇌가 성장하기 시작한다. 뉴런의 전조인 신경 아세포이자 기본 신경 세포는 매초당 수천 개의 비율로 생성된다. 12주가 지난 다음 태아에게는 모체의 영양 섭취가 정상일 경우 초당 2,000개의 새로운 신경 단위가 생성된다(그림 1-1 참조).

모체의 영양 결핍은 영양 공급이 적절한 아동의 평균보다 50% 적은 뇌신경 단위를 갖게 할 수 있다. 임신한 지 20주가 지나게 되면 태아의

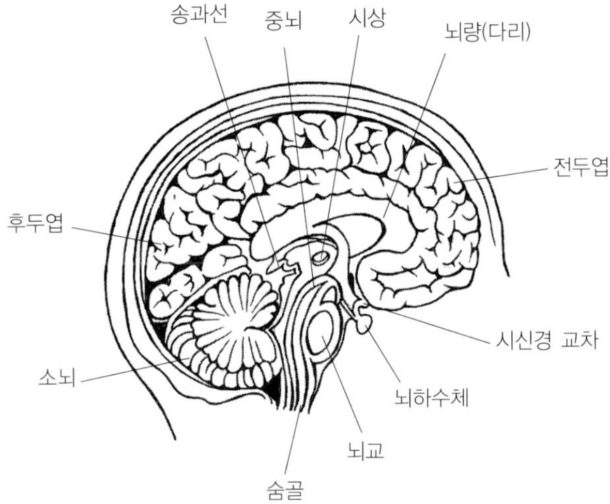

[그림 1-1]

전체 뇌신경은 완성되어 150억 개의 뇌신경 단위가 들어서게 된다. 비록 이 거대한 뇌세포 조직은 몸 전체 무게의 2% 밖에 되지 않지만 당신 몸에서 필요로 하는 산소량의 20%를 차지하게 된다.

나이가 들어감에 따라 뇌신경은 줄어든다

주어진 시간 안에 당신이 지각할 수 있는 능력에 한계가 있는가? 아마도 그럴 가능성을 배제할 수는 없을 것이다. 과학적 연구에 따르면, 우리들 대부분은 일곱 가지 다른 정보, 예컨대 소리, 시각 자극, 사고와 감정의 뉘앙스 등을 동시에 관리할 수 있다.

한 정보를 처리해서 다음 정보로 이동하는 데 걸리는 시간은 8분의

1초(약 0.00165분)이다. 이 말은 당신이 1초에는 126개의 정보를, 1분에는 7,560개 정보를, 1시간에는 거의 50만 개의 정보를 관리할 수 있다는 의미다.

만약 70세까지 살고 하루에 16시간 동안 깨어 있을 수 있다면 두뇌는 약 1,850억 단위의 정보를 처리할 수 있다. 여기에는 깨어 있을 때의 현실과 자신의 생각, 느낌, 기억, 행동, 지각 등의 모든 것이 들어 있다. 이것은 하나의 영화인 것이다.

거의 75세까지 자연 수명을 살고 죽었다고 가정한다면 3.5파운드짜리 우주인 사람의 두뇌는 신생아 때의 무게보다 약 10% 정도 무게가 덜 나가게 된다. 수백만의 뇌세포 단위가 사실상 적어지기 때문이다.

매일 개략적으로 5만 개의 뇌세포 단위가 뇌피질에서 손실되고 있으며 매년 1,825만 개의 뇌세포를 잃고 있다. 뇌세포의 많은 부분들이 수상돌기(dendrites)로 알려진 망과 가지를 통해 서로 연결되어 있는데, 이 많은 연결망에 손실을 입는 것이다. 이 연결점을 시냅스(synapses)라 한다.[8]

정신 훈련은 두뇌 소모를 막을 수 있다

분명한 사실은 이와 같은 통계수치가 두뇌력은 당연히 떨어지는 것임을 의미하지 않는다는 것이다.

사실상 '정신 훈련'을 통해서 뇌세포를 재생할 수는 없을 것이다. 그러나 그들의 연결망을 자극할 수는 있다. 매일 뇌세포가 소모되고 있다고는 하지만 자연 두뇌력이 완전히 가동될 수 있는 삶이 가능하다는 것을 스스로에게 확신시켜 줄 수 있다.

이와 같은 사실은 인간의 두뇌가 놀라울 정도로 가소성이 있고 융통성이 있으며 탄력성이 있다는 뇌신경학자들의 낙관적 결론을 강조하는 것이다. 결국 두뇌 안에 있는 기존 뇌세포 간의 연결을 보다 많이 조성할 수 있게 하여 두뇌력의 심각한 손실을 막아 보자는 것이다. 사실상 해마다 당신 두뇌의 1,600만 신경 단위가 손실되고 있다는 것은 별로 심각한 문제가 아닐 수 있다. 뇌신경학자들은 당신에게 처음부터 1,000억 개의 신경 단위가 모두 필요하다고 생각지 않기 때문이다.[9]

결국 비결은 남아 있는 신경 단위를 어떻게 활용하느냐에 달려 있다. 그러므로 우리는 정신 훈련이나 이 책에서 설명하고 있는 두뇌 계발 기법을 배워야 한다. 이러한 비결은 일생 동안 두뇌력을 유지하게 해 줄 것이다. 여기서 제시하는 것을 많이 배울수록 시냅스를 성장시키게 될 것이다. 또한 두뇌를 자극할수록 더 많은 수상돌기(dendrites)가 성장할 것이다.

나이를 먹는다고 해서 두뇌력이 감퇴하는 것은 아니다

한 두뇌학자는 90세 이상의 평범한 노인들의 두뇌를 검사한 결과 이십대 중반의 건상한 청년의 두뇌와 차이점을 발견하지 못했다고 한다. 노인들의 두뇌는 '완벽' 했으며 '절대적으로 잘못된 어떤 것도 발견할 수 없었다.' 따라서 그는 이렇게 결론지었다. 나이가 든다는 것이 두뇌의 기능에 어떤 부정적 영향을 주었다는 어떠한 증거도 발견할 수 없다.[10]

오히려 나이가 들수록 당신의 두뇌에는 구조의 변화가 일어나는데, 보다 많은 시냅스가 성장하고 수상돌기가 더 발생하여 두뇌 신경 단위의 연결이 증가하는 것으로 나타난다. 만약 당신이 뇌에 대해 정확한 길을 택한다면(즉, 두뇌 계발 훈련을 한다면), 당신의 뇌세포는 일생 동안 새로운 연결 형성을 지속하게 될 것이다(즉, 보다 빠르고 보다 복잡한 처리 능력을 갖게 될 것이다).

하나의 신경 단위는 인접해 있는 뇌세포에 연결할 수 있는 시냅스를 10만 개나 갖고 있다. 전부 합쳐 아마도 수조(trillions) 개의 연결고리가 신경세포의 수상돌기와 축색돌기(axons)로 만들어질 수 있다. 사실상 개략적으로 계산하여 각 신경 단위가 평균 1,000개의 시냅스를 갖고 있다고 하더라도 두뇌에는 총 100조가량의 연결고리가 가능하다. 그러므로 두뇌력은 개선이 가능하며, 컴퓨터 한 대보다 빠른 속도로 즉각적이고 신속한 직관적 연결이 가능하다.[11]

매일같이 자신의 정신에 도전하라. 그러면 사실상 수상돌기를 자극해서 다른 뇌세포에 그들의 연결을 활성화시키게 된다. 그 열쇠는 자극이다. 두뇌에 계속해서 자극을 주어 뇌세포가 계속적으로 활동하여 연결이 가능하도록 '에너지'를 공급하라. 계속해서 정신에 영양을 공급해서 뇌의 시냅스가 콧노래를 부를 수 있게 하라.

그리고 두뇌 자극의 열쇠는 말할 필요도 없이 이 책에서 소개하고 있는 두뇌 계발 비결인 것이다.

두뇌에 관한 고무적인 공상과학소설

인간의 두뇌가 실지로 이처럼 가소성이 있다면 유전적으로 개선하지 못할 리가 있겠는가? 공상소설 작가들은 인간의 두뇌를 인공적으로 향상시키기 위해서 유전자를 활용할 수 있다고 하였다.

최근의 공상과학소설 『주피터의 딸(Jupiter's Daughter)』의 작가인 톰 하이만(Tom Hyman)은 한 노벨상 수상자의 유전자를 조작하여, IQ를 100% 더 끌어올리기 위해 인간 유전자 풀을 만들어 IQ가 200이나 되는 아이를 출산시킬 수 있을 것이라는 상상을 하였다.

이 과학자들의 기법은 인간 DNA에 있는 수천 개의 보통 유전자 가운데 약 800개를 다시 활성화하여 생명체에 이식시키는 것이다. 이와 같은 방법으로 그는 굉장한 능력을 갖고 있고 지능이 높으며 건강하고 힘이 센 새로운 인간으로 한 소녀를 출생시켰다.

이 소녀는 주피터 프로젝트의 첫 번째 딸로서 804개의 예외적인 활성화된 유전자를 갖고 있었다. 이 모든 유전자들은 각기 다른 것으로 만들어져 있었으며 이 소녀의 뇌량의 두뇌 범위는 매우 높은 수준의 두뇌화학작용을 보여 주고 있었다. 다시 말해, 이 소녀의 두 개의 반구는 사실상 통합된 하나의 두뇌로 활동하고 있었으며, 보통 두뇌보다 훨씬 더 빠른 속도로 엄청나게 많은 정보를 처리하고 있었다.

오늘의 공상과학소설은 곧 내일의 현실이 되기에 충분하다. 주피터의 딸에 대한 본질적 암시와 나이가 든다고 해서 정신 능력이 끝나는 것이 아니라는 사실은 두뇌력이 다른 어떤 근육과 마찬가지로 계발되고 강화되고 유연해질 수 있으며 일생 동안 향상될 수 있다는 것을 말해 준다.

✠ 두뇌 계발 연습 # 4

농구 게임에서 변화를 계산해 보라

다음 연습문제는 몇 가지 수준에서 동시에 주의를 집중하도록 훈련시켜 준다. 먼저 수를 세는 활동으로 연습해 보자.

1. 100에서 거꾸로 4씩 세어 보라.
2. 가능한 길게 3, 6, 12, 24, 48, 96, 192처럼 세어 보라.
3. 5, 10, 15, 20, 25……로 배열된 숫자를 보면서 4, 8, 12, 16, 20, 24……처럼 4씩 세어 보라.
4. 이제 위와 같은 숫자 세기를 하면서 다음과 같은 장면을 동시에 보다 상세하게 시각화하여 보라.
   a. 농구 시합을 관전해 보라.
   b. 미술관 관람을 해 보라.
   c. 저녁식사로 일식을 먹어 보라.
   d. 집 주위에 돌담을 쌓아 보라.

#7 두뇌 계발 비결
학습과 기억을 정착시키는 보다 효과적인 방법

두뇌력을 계발하는 문제와 관련하여 유명한 여배우 마릴린 먼로는 다음과 같은 재치 있는 말을 하였다. "나는 단어들을 그 자체로 기억할 수는 없다. 단지 그 느낌들을 기억할 뿐이다."

이와 같은 연습을 정착시키기(anchoring)라 부른다. 이러한 연습은 감정적 요술 단추를 통해 학습 경험의 긍정적 감정적 요소와 신체를 연결하기 때문이다. 이러한 아이디어는 기억을 강화하는 하나의 방법으로 외적 자극을 내적 감정적 혹은 심리적 상태에 맞춘다.[12]

어떤 일을 대기하고 있는 동안 당신의 정신을 사실상 바꿀 수 있는 7단계

1. 안정된 마음으로 편안한 의자에 앉아서 눈을 지그시 감고 조용하게 천천히 숨을 쉬어라. 교사와 학생의 입장에서 당신 자신과 라포(rapport)를 형성해 보라.
2. 한때 행복하고, 수용되고, 성공적이고, 승리하고, 즐거웠던 상황이나 경험을 마음속에 떠올리며 좋은 포도주 한 잔을 즐겨 보라. 이는 공부하고 있는 동안 공부 내용을 이해했거나 놀랄 만한 통찰력이 일어났거나 선생님에게서 칭찬을 받았거나 모종의 유쾌한 순간일 것이다.
3. 주의를 이와 같은 기억나는 경험에 집중하라. 이러한 경험들을 되살려서 모든 내용을 시각화해 보라. 당시 자신의 몸이 어떠했는지 그려보고 어떤 옷을 입고 있는 것처럼 생각에 잠겨 보라. 그때 보고 듣고 느낀 점이 어떠했는지 그 분위기에 깊숙이 잠겨 보라. 이러한 일들이 마치 현재 일어나고 있는 것처럼 현재시제로 소리 내어 말하든지 마음속으로 외쳐 보라.
4. 현재 실제로 여기 있고 그와 같은 행복한 경험을 하고 있다는 느낌이 올 때 귓불이나 손목을 잡고 약 5초 동안 기다려 보라. 그러면 이것이 '요술 단추'가 되어 그 단추를 몸에 댈 때마다 몸에서 똑같은 행복한 경험이 일어날 수 있게 할 것이며 최소한 행복감 같은 것을 느끼게 할 것이다.
5. 10분이 지난 다음 요술 단추를 다시 눌러 보라. 앞에서 경험했던 느낌이 드는가? 이 요술 방망이가 하나의 긍정적인 조건반응으로(무의식적인 부정적 조건반응의 반대 현상으로) 자신에게 작용할 수 있을 것이며, 학습에 적합한 정신 상태와 감정 상태에 긍정적으로 작용할 수 있는 하나의 자극제가 될 것이다.

이를 몸에 긍정적 자극제로 정착시켜야 한다. 정신 상태를 긍정적이고 촉진적이 되도록 할 수만 있다면 이는 곧 하나의 훌륭한 학습환경이 될 것이다.

6. 방법을 바꾸어 일련의 연결된 닻이나 요술 단추를 일정한 순서로 장치할 수도 있을 것이다. 말하자면, 시험을 본다든가 구매 회의를 한다든가 판촉 회의 혹은 텔레비전 인터뷰 등에서 긴장하지 않기를 바랄 때 이를 통해 긴장감에서 벗어나 안정감, 자신감의 선상에 연결 닻을 내릴 수 있을 것이다.
7. 바로 앞에서 설명한 순서대로 시험 걱정에 대한 첫 시도로 약간 두드려 본다는 느낌을 가져 보라. 그리고 두 번째 시도로 긴장감에서 벗어나 안정감을 되찾은 다음, 세 번째 시도로 자신감, 안정감, 성공감을 정착시켜 보라. 10분 후에 이 안정감을 시험해 보라.

   이후에 시험이나 회의에 직면하게 될 때, 자기 몸에 설정된 자극제나 '요술 단추'를 누름으로써 정신 상태를 편안하고 자신감 있게 조절해 나갈 수 있을 것이다.

#8 두뇌 계발 비결
자신의 두뇌에 책임을 지는 방법 1

이 새로운 두뇌 계발 비결의 핵심은 기억과 자신이 그 내용에 관련시킨 감정적 요소와 연관되어 있다. 그 핵심적 열쇠는 과거 기억의 감정적 문제를 바꿈으로써 현재의 기억력을 보다 높일 수 있다는 것이다.

예를 들어, 과거에 매우 좋지 않은 경험을 갖고 있다고 하자. 그러면 다시는 기억하고 싶지 않은 그 기억이 되살아났을 경우 재빨리 잊어버리려고 그 생생한 기억들을 점차 지워 버리게 된다. 기억을 텔레비전 화면과 비교해 본다면 텔레비전은 그 그림의 여러 가지 측면들, 예를 들면 밝기라든가 음영 대비, 속도, 지속성 등을 조절할 책임이 있게 된다.

정신은 그 그림이나 시각 기억을 훨씬 더 잘 통제할 수 있을 것이며 이들은 모두 자신에게 달려 있고 매우 자발적인 것이 된다. 그런데 왜 두뇌의 그림생성기능의 버튼을 사용하지 않는가?

당신 인생의 영화 필름을 다시 돌리는 방법

이와 같이 하는 이유는 기억에 남은 영상의 밝기나 농도를 의식적으로 조절할 수 있을 때 이에 대해 오늘 느끼는 방법을 바꿀 수 있기 때문이다.

현재의 기억을 다시 조정함으로써 과거의 기억에서 오는 감정적 고통과 불편함에서 벗어나게 될 것이다. 자신의 기억에 대한 자신의 감정적 반응을 바꾸려면 기억하고 있는 그 기억의 형태를 다시 구성해야 한다. 즉, 마음속에 있는 기억을 그리는 방법을 바꾸게 되면 그 형태가 바뀌게 된다.

이러한 것들이 두뇌의 이미지 형성 기능을 조정할 수 있는 '통제력'의 일부가 된다. 다음에 제시한 13가지 변화기법들을 읽어 가면서 매우 즐거웠던 기억을 되살리고 모든 그림통제방법을 통해서 진행해 나가라. 그런 다음 어떤 슬픈 기억을 다시 조정하는 연습을 반복해 나가라. 이런 조정과정을 거침으로써 그러한 기억의 내용에 대해 어떤 느낌이 드는지 생각해 보라.

이와 같은 연습을 함으로써 경험을 재구성하기 위하여 당신의 두뇌와 감정이 오래전에 무의식적으로 간직하고 있었던 것에서 의식적으로 차츰차츰 빠져 나갈 수 있게 된다.

기억하고 있는 방법을 재프로그램할 수 있는 13가지 방법

1. **색깔:** 밝고 선명한 색깔의 농도를 무미건조한 희고 검은 색깔로 바꿔라.
2. **거리:** 이 광경에서 얼마나 많이 벗어날 수 있는가? 이것을 가까이 가져온 다음 이것을 다시 멀리 밀어붙여라.
3. **깊이:** 이 그림을 평면으로 보라. 그런 다음 이것을 깊고 넓게 하여 입체 모양이 되도록 해서 '포장된' 그림으로 보이게 하라.
4. **기간:** 그 장면을 재빠르게 밀어붙여서 표면만 나오게 한 다음 긴 직선을 따라 그 그림을 깊게 기록하라.
5. **명료성:** 이것은 초점 통제다. 이 이미지를 흐리게 하고 분명치 않게 한다. 그런 다음 완전하고 상세한 내용이 보이도록 명료화시켜 보라.
6. **대조:** 상대적인 명암을 가지고 그림 기억을 조정할 수 있다.
7. **범위:** 머리 뒤에서 일어나는 일까지도 볼 수 있게 배경이 다 들어갈 수 있도록 프레임이나 줌(zoom)을 통해 항목들을 확대시켜 전면으로 끌어 내라.
8. **동작:** 프레임을 고정시켜 고정 사진을 만든 다음 앞으로 전진(Fast Forward)시켜 움직이는 영상으로 만들어 보라.
9. **색상:** 컬러 밸런스(color balance)를 조절하라. 빨간색과 오렌지색을 비친 다음 푸른색과 초록색을 비추어 보라.
10. **투명도:** 영상을 거울처럼 투명하게 하라. 그래서 뒤에 있는 것까지 볼 수 있게 하라.
11. **종횡 비율:** 그 영상을 다시 구성해서 길고 높게 만든 다음 다시 넓고, 짧게 정좌시켜 보라.

12. **방향**: 그 그림의 위쪽을 자신 쪽에서 멀리한 다음 다시 자신 쪽으로 기울여라. 이와 같은 방법을 아래쪽도 해 보라.
13. **전면 · 배경**: 전면을 끌어올린 다음, 배경을 무시하거나 아니면 배경 그림 전체를 줌으로 끌어당긴 다음 전면이 희미해지게 하라.

#9 두뇌 계발 비결
자신의 두뇌에 책임을 지는 방법 2

어떤 상황에 대해서 얼마나 많이 느끼고 있으며, 얼마나 기억할 수 있는가는 처음 자신이 그 경험을 어떻게 구성하느냐에 달려 있다.

경험이란 재구성할 수 있는 것, 이것이 바로 두뇌 계발 비결이다.

"이런 의미에서 모든 것은 완성된 것이 아니다. 단지 그것을 계속하고자 한다면 어떤 기억, 신념, 이해 또는 다른 정신 과정을 오늘에서 내일로 유지해 나갈 수 있는 것이다."라고 심리학자 리차드 밴들러(Richard Bandler)는 말하고 있다.

어린 시절의 학교생활에서나 직장에서 경험했던 유쾌하지 못했던 학습경험들을 생각해 보라. 아마 수학 공포증 같은 것을 갖고 있을지 모른다. 이러한 수학 공포증은 산수과목에서 실망한 나머지 불안감이 생겨서 평생 동안 수에 대해 공포심을 갖게 하고, 수학에 대한 자신감을 잃게 했다. 이러한 현상을 심리학자들은 '학교 공포증'이라 부른다.

두뇌력에 대한 새로운 그림 걸기

이것을 '두뇌력 공포증'이라 부를 수 있을 것이다. 지능을 향상시키기 위해 해결하기 시작할 때 심각한 장애물로 작용할 수 있기 때문이다. 이와 같은 일이 평생 동안 학습에 대한 내적 태도를 형성하게 했을지도 모를 일이고 이러한 태도를 계속해서 당신이 바꾸려 하지 않는 한 부정적으로 작용하게 될 것이다.

다시 말해, 두뇌 계발 비결 #1의 태도 변화와 이러한 기억을 재조정하는 구성기법이 합쳐질 때 두뇌 계발 프로그램을 시작할 강력하고도 효과적인 도구를 갖게 되는 것이다. 여기 과거를 재구성하는 보충방법으로 사용할 수 있는 또 다른 기법이 있다.[13]

과거 두뇌력을 방해하는 습관을 제거할 수 있는 5가지 쉬운 단계

과거의 뿌리 박힌 습관이나 정신상태의 '자동적 길잡이', 예컨대 "나는 머리가 나빠서 두뇌력을 향상시킬 수 없어. 왜냐하면 이 말은 내 부모님, 선생님, 친구, 동료들이 항상 나에게 들려준 말이니까."와 같은 습관이나 정신상태에서 벗어날 수 있는 방법을 연습하라. 이것은 또한 수학 공포증, 학습 공포증, 복잡한 지적활동에 대한 두려움, 긴장될 때마다 손톱 깨물기가 될 수도 있을 것이다.

1. 상황을 분명히 하라 어떤 오래된 습관을 버려야 하는지 선택하라. 이것을 곰곰이 생각해 보고 마음을 깨끗이 청소하라. 이러한 연습을 위해서 잠시 눈을 감고 명상에 잠길 필요가 있다.

2. 단서가 될 만한 그림을 찾아보라 예컨대 그것은 수계산이거나 가계부정리나 세금계산 같은 일이 될 수 있다. 이때 은행 계산서와 계산기를 잡지 밑에 숨기면서 스스로에게 "나는 숫자계산에는 둔해."라고 말하는 장면이 떠오를 것이다. 이와 같은 어떤 일에 직면했을 때

일반적으로 경험하게 되는 느낌을 불러와 보라. 틀림없이 그러한 경험은 유쾌하지 못한 일이며 마음이 편치 않을 뿐 아니라 신경질이 나고, 참기 어려운 상황일 것이다. 이와 같은 느낌을 상상할 때 단서가 될 만한 그림을 발견할 수 있을 것이다.

3. 보다 나은 결과의 그림을 그려 보라 지금까지 회피해 왔던 일을 완수했을 때, 예컨대 수학의 천재, 최소한 세금계산서 정도를 완수할 수 있는 사람이라고 자신의 제2의 모습을 상상해 보라. 매우 유쾌하고 자랑스러운 이미지를 발견하게 될 것이며, 마치 자신이 어떤 대기업의 10단위 숫자 계산을 담당하는 공인 회계사가 된 느낌이 들 것이다. 이러한 모습을 상상하면서 업적에 대해 자부심과 만족감을 느끼며 회심의 미소를 짓게 될 것이다.

4. 바꾸기 휘황찬란한 단서 그림을 마련하여 그 그림을 확대시키고 뚜렷하게 빛나게 하고 두각을 나타나게 하라. 수학 무능자라고 생각했던 자신의 모습을 기억해 보라. 그런 다음 그 그림의 오른편 귀퉁이에 수학 천재의 그림을 삽입해 보라. 그 그림을 확 바꿔 보라. 그 수학 천재의 그림을 크게 확대시켜 밝고 빛나게 색칠한 다음 수학 무능자 그림은 축소시켜 그 그림의 구석에 우편엽서 크기로 만들어 보라. 이러한 일을 될 수 있는 대로 신속하게 끝내라. 이제 눈을 뜨고 잠시 두 그림을 잊어버리고 방안을 둘러보라. 자, 이제 어떤 느낌이 드는가. 이와 같은 그림 바꾸기 연습을 5번 이상 하라.

5. 검증하기 수학 공포증 모습을 상상해 보라. 이제 기분이 좀 어떤가? 자신이 이 바꾸기 연습을 정확히 했다면 그 단서 그림은 점차 사라지고 그 자리에 빛나는 수학 천재의 모습이 나타날 것이다. 이제 분명히 계산기를 잡지 밑에 숨길 필요도 없게 될 것이며, 은행 계산서를

쓰레기통에 버리지 않아도 될 것이다. 당신은 세금계산을 제대로 할 수 있는 수학 천재가 될 것이다.

✠ 두뇌 계발 연습 #5

단어 가족에 당신의 주의를 집중시키기

- '상상력'이나 '약'과 같은 여러 가지 의미와 참고적인 단어 하나를 선택해서, 커다란 종이 한가운데 쓰고 원을 그려라.
- 이 단어와 관련된 모든 아이디어와 관계들을 쓰기 시작하라. 각 아이디어에 원을 그린 다음 이것을 중앙에 있는 단어와 직선으로 연결하라.
- 계속해서 이 단어 가족(word family)에 연관된 혹은 생성된 의미들을 이 종이가 꽉 찰 때까지 써넣어라. 이 주요 단어의 뜻과 관련되지 않은 어떠한 다른 생각도 해서는 안 된다.

#10 두뇌 계발 비결

두뇌가 행복을 느낄 수 있는 환경 조성하기

작업환경은 두뇌력의 자연스러운 활용에 긍정적 효과를 줄 수도 있고 부정적 효과를 줄 수도 있다. 모든 것은 그러한 환경을 어떻게 설정하느냐에 달려 있다. 여기 몇 가지 요령이 있다.

단계 1. 두뇌에 음성이온을 공급하라

잠시 동안 예전에 즐겼던 폭포에서의 일을 상기해 보라. 그때 그 폭포수의 에너지와 역동성을 느끼기에 충분할 정도로 가까이 있었지만 아마도 흠뻑 젖을 정도는 아니었을 것이다. 그 폭포 앞에서 잠시 시간을 보낸 다음 그렇게 상쾌하고 고무적이고 의기양양하게 느껴졌던 데는 어떤 생화학적인 이유가 있었을 것이다. 이러한 현상을 음성이온이라 부른다. 여기서 음성이란 단어의 뜻은 부정적인 것이 아니라 자신에게 좋은 어떤 것을 의미한다.

음성적으로 충전된 공기 분자(혹은 이온)는 어떤 낙수 주변이나 낙뢰 이후에 즉시 나타나는 현상으로 기분전환이나 주의집중력을 높이고, 직관력이나 창의력을 자극하는 데 효과가 있다. 이러한 현상을 신선한 분자운동이라 부른다.

하나의 연결은 신경전달물질 세로토닌을 통해서 나타날 수 있다. 과학자들은 어떤 환경에 음성이온 수준이 높을수록 두뇌에 세로토닌 수준이 낮아지는 것을 발견하였다. 세로토닌은 사람을 잠들게 한다. 그러므로 신선하고 오염되지 않은 공기와 음성이온이 풍부해지면 정신이 맑아지고 정신력이 활발해질 수 있다. 적절한 음성이온 물질과 양성이온 대 음성이온 비율을 위해 다음 환경들을 고려해 보라.

- 맑은 산 공기: 2,500 양성이온(PI), 2,000 음성이온(NI); 비율 1.25:1.
- 농촌 공기: 1,800PI, 1,500 NI; 비율 1.2:1
- 도시 공기: 600PI, 500 NI; 비율 1.2:1
- 폭풍 이전 공기: 3,000 PI, 800 NI; 비율 3.75:1
- 폭풍 이후 공기: 800 PI, 2,500 NI; 비율 0.32: 1

- 전등불이 켜진 공장 공기: 400 PI, 250 NI; 비율 1.6: 1
- 사무실이나 아파트 공기: 200 PI, 150 NI; 비율 1.33: 1
- 창 없는 사무실 공기: 80 PI, 20 NI; 비율 4:1
- 창문을 닫은 자동차, 승용차, 버스, 비행기, 기차 안 공기: 80 PI, 20 NI; 비율 4:1

사무실에 폭포를 설치하고 커피를 생략하라

앞의 내용에서 비행기 안에서는 졸음이 오고 폭포 앞에서는 기운이 나는 것을 분명히 알게 되었을 것이다. 문제는 최근의 사무실과 새로 지은 아파트의 실내 공간은 일반적으로 밀폐되어 있고 난방과 냉방 시설이 완벽하여 음성이온이 유지될 기회가 없다는 점이다.

그 결과 현대판 정보시설이 잘 갖추어진 사무실에서 두뇌활동이 필요한 작업을 수행하는 것은 적절하지 못한 것일지 모른다. 사무실은 두뇌활동을 저해하는 공기로 가득 차 있을 가능성이 높다.

다른 한편 밀폐된 사무실(혹은 창문을 열어 놓지 않은 사무실)에서 활기를 찾고 일에 열중하기 위해 졸음을 막고 생기를 되찾으려면 음성이온을 작업 환경에 끌어들일 필요가 있다.

음성이온 발생기(때로는 공기청정기라 부르기도 함)를 구입해서 설치하라. 창문을 열 수 있도록 설치하거나 창가에 팬을 설치할 수 있는지 알아본다. 또는 두뇌에 음성이온을 공급해서 두뇌 활동을 촉진할 수 있는 조그마한 미니 폭포를 만들어 놓을 수도 있다.

단계 2. 두뇌를 밖을 내다볼 수 있는 방에 두어라

왜 작가들은 작품을 쓸 때 조용한 시골환경을 선호하는가? 외부 경관은 생기를 불러일으키고 시골풍경은 계속해서 공기를 신선하게 한다. 특히 책상에서 커다란 창을 통해 내다보면 더욱 그러하다. 작업환경의 시각적인 내용은 뇌파의 질에 변화를 주어 작업 능률에 영향을 끼칠 수 있다.

한 연구에서 밝혀진 바에 따르면, 뇌의 알파 수준은 지루하고 생기 없는 도시환경에서 일하는 것보다 물과 식물이 있는 자연환경을 보면서 일할 때 높게 나타났다. 알파파는 안정감과 창의력과 관련되어 있다.

다시 말해, 자연환경이 지배하는 경치가 텅 빈 벽면이나 도시의 어두운 경치보다 두뇌 활동을 활기 있게 하며 편안함을 주는 것이다. 만약 책상이나 사무실을 생기 있는 경관으로 옮길 수 없다면 숲속의 경관 대신 벽에 그런 그림을 걸어도 좋다.

단계 3. 두뇌에 조명도를 높게 유지하라

주위 환경을 다시 장식하게 된다면 완전 조명을 하라. 연구들에 따르면, 인공적 조명이나 불완전 형광조명에서 일할 때보다 자연 조명에서 작업을 하는 것이 더 효과적인 것으로 밝혀졌다.

조명은 신체조직에 요구되는 하나의 영양소다. 즉, 실내에서 작업할 때 낮 시간에 완전조명(full spectram)을 흡수하게 되면 일이 더 잘 될 것이다. 이 완전조명이 에너지를 공급해 주고 각성시켜 줄 것이다. 특히 겨울철에 더욱 그렇다. 이때는 밖에서 자연 광선이 훨씬 적게 들어오기 때문이다.

북부지방에 거주하고 있는 많은 사람들은 소위 계절적 정서불안에 취약하다. 계절적 정서불안이란 일종의 영양결핍이다. 이 경우 자연광선의 결핍에 걸리기 쉽다. 따라서 생산성이 떨어지고 수면시간이 더 요구되며 영양섭취가 늘어나고 자주 우울증에 빠지는 경향이 있다.

이 경우 일조량이 줄어듦에 따라 신체는 이미 밤 시간이 되었다고 생각하고 보다 많은 멜라토닌을 축적하는데 이때 뇌의 화학 작용이 당신을 잠들게 한다. 이와 같은 상황에서 가장 원하는 것은 4월까지 동면하는 것이다. 그러나 이러한 현상은 매우 적절하지 못한 것이다.

#11 두뇌 계발 비결

IQ를 유지하라-집이 두뇌를 흐리지 않게 하는 방법

우리의 집을 두뇌력 환경에 보다 잘 맞게 꾸미기 위해 몇 가지 고려할 사항을 제안해 보면 다음과 같다.

앞의 두뇌 계발 비결에서 생활양식, 식습관, 태도와 여러 개인적 측면이 보다 나은 두뇌 계발을 촉진하는 데 장애가 될 수 있음을 살펴보았다. 이 책의 두뇌 계발 비결 #24, #25, #26, #27에서는 정신에 알레르기를 일으키는 식품의 영향에 대해 보게 될 것이다. 이제 우리는 생활환경 그 자체에 중요한 요소를 부가할 필요가 있다.

전형적인 가정의 모습이나 직장환경의 첨단기술과학 등 환경의 여러 가지 측면들은 건강에 일반적으로 유해할 뿐만 아니라 자연스러운 두뇌력 계발의 측면에도 좋지 않은 영향을 미친다.

여기 우리의 가정환경이나 직장환경에서 두뇌 계발에 장애를 일으키는 독소가 될 수 있는 것들을 안내해 보고자 한다. 이러한 독소들은 지능 계발에 장애가 될 수 있으며 일부 전문가들이 두뇌 안개, 즉 '브레인 포그' 라 부르는 환경이 될 수 있다.

두뇌력 친화 주택

첫째, 다음 조건들은 두뇌력을 고갈시킬 수 있는 것들로 조심해야 한다.

- **부엌**: 수도꼭지의 염소, 가스오븐의 연기와 클리너와 냉장고 가스로부터 환기가 적절치 못한 상태
- **식탁이나 응접실**: 카펫에서 나는 먼지, 카펫에서 나오는 방부제와 다른 오염물질, 벽지, 20년 이상 가스를 제거하지 않은 카펫, 나무 좀벌레 살충제, 마루 바닥재 밑에 깔아 놓은 널빤지
- **침실**: 각종 합성제에서 나오는 가스, 카펫, 담요, 침대 곁 책상, 옷걸이, 테이블, 침대 머리판 위의 래커와 칠 가구, 가구의 접착제, 발포제, 매트리스, 폴리에스테르 커튼, 비닐벽지와 접착제, 합성 판자, 부족한 세척제, 직조 소프트너, 드라이 클리닝한 옷, 구두약
- **욕실**: 합성 샤워 커튼, 합성 방부제, 화장품, 냄새 제거제, 표백제, 플라스틱 방부제, 용제, 페인트, 접착제

둘째, 여기 집을 두뇌력 친화적 환경으로 만들 수 있는 몇 가지 절차가 있다.

- **집 건축**: 방부제가 계속해서 수년간 실내 공기에 가스를 뿜어내지 않

도록 요소 포름알데히드 포말단열제(UFFI) 벽을 피해라. 무좀방지를 위한 분무기 사용을 금해라. 나무목재, 판자, 플라스틱, 접착제, 페인트와 같이 그 자체에서 방부제가 나오는 것으로 당신의 환경에 계속 고정될 수 있는 제품을 피하라.[14]

- **가구, 장식, 붙박이장**: 가능한 한 직조물이나 카펫, 발포제, 커튼, 합판 마루, 플라스틱 등 합성 물질을 제거하고 교체하라.[15]
- **환기장치**: 생활공간에 자연 환기가 두 배로 늘어나도록 조치를 취해라. 모든 창문을 열어라. 필요하다면 부엌이나 욕실에 환풍기를 설치해라. 밀폐된 공간이 당장은 연료비를 줄일 수 있을지 몰라도 이후에 의료비가 더 많이 든다는 점을 유념하라.
- **개인 복장**: 폴리에스테르나 합성세제가 적게 든 옷을 입도록 하라. 자연 섬유, 면, 목을 자연 염색한 옷감을 사용하라. 살충제로 처리한 옷을 피해라. 옷 세탁방법으로 드라이 클리닝을 피해라.
- **침실**: 전기담요를 사용하지 마라. 전기담요는 신체 건강에 해로운 정력 감퇴 전자장을 형성한다. 똑같은 이유로 침대 가까이에 전기 코드를 두지 마라. 침대가 전선이나 교차지점에 있다면 침대를 다른 방으로 옮겨라.

이상으로 첫 번째 주요 두뇌 계발 비결을 마친 셈이다. 지금까지 보다 많은 두뇌력을 기르는 데 필요한 목표를 성공적으로 수행할 때 태도가 얼마나 중요한가를 알게 되었을 것이다. 이제 자신의 두뇌를 신뢰하기 시작했다고 믿는다. 두뇌력을 배양할 가능성에 대해 이와 같이 긍정적이고 낙관적인 태도를 갖고 있다면 다음 6개의 주요 두뇌 계발 비결에 진입할 준비가 되어 있는 것이다. 다음 장에서는 자연스러운 IQ를 유지할 수 있도록 장애물로부터 두뇌를 자유롭게 하는 방법을 배우게 될 것이다. 그저 생활방식과 식습관을 약간 바꿀 수 있다면 IQ 점수는 비록 별다른 두뇌 계발 연습을 하지 않더라도 향상될 수 있을 것이다.

02
두뇌를 해방시켜라

다이어트, 감정, 생활양식이 자연적인
두뇌 작용을 약화시킬 수도 있다.

두뇌를 해방시켜라. 두뇌 작용이 최대한 자연스럽게 이루어지게 하려면 장애가 될 수 있는 생활방식부터 점검해 보아야 한다. 일상생활을 어떻게 하느냐에 따라 두뇌 발달에 장애를 일으키는 것들을 제거하고 보다 현명한 삶을 살아갈 수 있다. 두뇌 발달에 장애를 일으키는 일에는 스트레스, 우울증, 음주, 식생활 양식, 영양실조, 축농증, 두뇌 알레르기 등을 들 수 있다. 이러한 요소들을 당신이 제거시킬 수만 있다면 당신의 두뇌는 정상적으로 발달하기 시작할 것이다.

앞에서 두뇌력 발달에 대한 처음의 태도가 얼마나 중요한가를 보았을 것이다. 일단 당신의 태도가 좋아졌다면 이제부터는 당신 두뇌 발달을 저해하는 장애물을 몸과 마음에서 제거할 필요가 있다. 제2장에서는 이러한 문제를 다루어 보려고 한다. 즉, 당신의 지능 발달에 장애가 되는 요소를 어떻게 간단히 제거시킬 수 있는가를 설명해 보고자 한다.

이러한 두뇌 계발 비결은 두뇌에서 일어나고 있는 모든 장애물로부터 두뇌를 해방시킬 방법을 찾아볼 필요가 있다는 생각에서 출발해 보기로 하자. 이러한 말은 처음 들어보는 말일지도 모른다. 하지만 많은 것들이 이미 생활 속에서 당연한 것으로 받아들여지고 있다. 예컨대 육식, 알코올, 처방된 약, 스트레스, 눈, 변비 등의 요인들이 두뇌 발달에 장애요소가 될 것이다. 그러나 이러한 장애물들은 이 장에서 설명하고 있는 내용을 읽어 가면서 모두 교정하고 새롭게 적용할 수 있을 것이다.

이러한 요소들은 제거해야 할 문제라기보다는 관리해 나가야 할 문제일 것이다. 물론 스트레스나 우울증, 변비 등은 두뇌 발달에 장애요소가 되기 때문에 제거해야 한다. 혹은 지능발달을 위해서 식사요법이나 음료법을 조절해 나가는 방법도 고려해 볼 만하다. 이 장에서 당신은 몇 가지 사실에 대해 깜짝 놀라게 될지도 모른다. 어떤 음식이나 물체들에 대하여 원인을 알 수 없는 알레르기 때문에 머리가 몽롱해지거나 흐리멍덩해지는 경험을 했을 것이다. 이러한 것들은 쉽게 고칠 수 있는 방법이 있다. 이 장에서는 두뇌를 해방시킬 수 있는 몇 가지 해독 프로그램을 시작하는 기법을 알려 주고자 한다.

#12 두뇌 계발 비결

두뇌를 냉각시키고 얼음 위에 두어라, 스트레스는 두뇌력을 마비시킨다

고혈압, 만성적 스트레스, 긴장항진증과 같은 긴장성 질환들은 당신 두뇌의 자연스러운 발달에 장애가 된다. 또한 이 질환들은 당신의 신경조절에 해를 끼칠 수 있는 뇌졸중(stroke)을 야기할 수도 있다. 스트레스는 즐거운 일 때문이든 위험스러운 상황에서 일어난 것이든 신체에 일종의 생리화학적 경고 반응을 일으켜 최고 1,000개가량의 화학적 반응이나 신체적 변화를 초래한다.

스트레스를 받으면 수많은 호르몬과 신경전달물질이 방출되는데 정상적인 건강상태에서는 이러한 것들이 아무런 해를 끼치지 않고 당신의 체내에 다시 흡수된다. 하지만 이러한 스트레스가 자주 일어나거나 만성적으로 일어날 경우, 몸에서 어떤 호르몬은 과다하게 나오고 어떤 호르몬은 아주 적게 나오게 되어 건강이 악화된다. 또한 혈압은 높아지고 또 다른 요소들로 고통받게 된다.

스트레스에 관한 우리의 두뇌 계발 비결은 이렇다. 생활양식, 분위기, 생각, 어떤 긴장상태에서 반응하는 양식들을 검토해 보고 혹시 이런 것들이 두뇌 건강에 부담을 주고 있지 않은가를 잘 살펴본다. 그리고 이러한 건강치 못한 상황을 줄이거나 해결할 수 있는 조치를 취해야 한다.

지나친 스트레스는 두뇌를 늙게 한다

만성적 스트레스와 높은 수준의 스트레스 호르몬은 당신의 두뇌를 일찍 늙게 하고 당신의 활용 가능한 두뇌 용량을 감소시킨다. 사실 스트레스는 당신의 뇌세포를 죽일 수도 있다.[1] 이는 당신이 스트레스를 어떻게 대처하느냐가 뇌를 늙게 하는 속도와 크기에 직접적인 영향을 준다는 것을 말해 주고 있다.

스트레스와 처리되지 않은 긴장감은 성인기간 동안 두뇌력의 활동력을 소모시켜 버릴 수 있다. 일반적 용어로 말하면 만성적 스트레스는 여러 가지 심각한 질병의 자그마치 80%에 이르는 중요한 원인이 되고 있다. 이러한 스트레스는 불면증과 수면 불안을 일으켜 결국 두뇌 발달을 방해하게 된다. 분명한 것은 스트레스와 긴장감은 관상동맥의 질환이나 뇌졸중의 주요소가 된다는 것이다.[2]

과학자들은 만성적 고혈압(뇌동맥 경화를 포함하여)은 두뇌의 산소공급 속도를 둔화시킨다고 믿고 있다. 유연해야 할 혈관과 모세관은 경직된 파이프로 변하게 된다. 이와 같은 현상이 10년간 계속되면 여러 작은 외상과 조직손상이 계속되어 두뇌에 형성될 것이며 이 경우 당신의 뇌세포에 혈액 순환과 산소 공급이 느려질 수 있는 것이다.

정신능력에 나타나는 부정적 효과는 나이가 들면서 서서히 진행된다. 고혈압 상태가 길면 길수록 정신력은 더욱 악화되고 더욱더 하강하게 된다. 지속적인 고혈압이 10년간 계속되면 그런 부정적 효과가 겉으로 드러나고 15년 후에는 기억 기능이 현저하게 떨어진다.[3]

말하는 동안에도 스트레스 때문에 소중한 신경세포(뉴런)를 잃을 수 있다

이러한 점을 염두에 두고, 여러 가지 연구결과에 따르면 확장기압(최소혈압)지수가 90이상이 되면 일반기억능력, 단기기억능력, 지능의 유연성이 떨어지기 시작한다고 한다. 사실상 확장기압지수가 단지 20mm만 올라도 치료하지 않고 10년 이상 방치하면, 기억력 검사에서 1/4 정도의 표준편차만큼 떨어지게 된다.

이 수치는 100단위 IQ검사에서 2~3점 정도 떨어지게 된다는 뜻이다. 즉, 고혈압이나 스트레스 하나만으로도 IQ 지수가 2~3% 떨어진다는 계산이 나온다. 자연적인 두뇌력에 장애를 일으키는 다른 요소까지 감안할 때 당신이 숨을 한 번 들이쉴 때마다 '신경 단위가 새 나가고' 있는 셈이 된다.

그럼 지금부터 스트레스와 고혈압에 대해서 당신이 취할 수 있는 몇 가지 실제적인 방법을 살펴보기로 하자. 기술적으로 말해서, 만약 당신이 고혈압을 갖고 있다면 건강전문가(예컨대, 자연요법 또는 침술 전문가), 영양전문가, 의사들의 자문을 받을 필요가 있다. 더 나아가서 즉시 행동으로 옮겨야 할 몇 가지 간단한 방법을 생각해 보자.

고혈압: 7가지 두뇌력 보존 방법

1. 체중 조절, 섬유질 있는 음식 식사, 육류 감량, 음주 감량, 소금기는 적게, 반 채식에서 완전 채식으로 전환한다.
2. 하루 1g의 칼슘을 증가시켜 두 달간 계속한다.
3. 마그네슘 결핍은 고혈압과 직접 관련이 있다. 특히 혈액 순환을 원활히 하려면 혈관 팽창을 위해서 마그네슘이 필요하다. 하루에 400mg

증가시켜 두 달 동안 계속한다.

4. 아미노산의 일종인 타우린은 고혈압을 낮추는 것과 관계가 있다. 하루에 2g씩 세 번 일주일간 복용한다.
5. 아미노산의 일종인 트립토판을 충분히 섭취하면 고혈압이 낮아지는 것으로 나타나고 있다. 하루에 1g씩 세 번 3주 동안 복용한다.
6. 마늘은 혈압을 낮추는 일을 한다. 매일 세 개의 신선한 마늘(9g)이나 마늘즙(제품지시에 따라)을 4주 동안 복용한다.
7. 규칙적인 에어로빅 운동, 즉 걷기, 뛰기, 수영 등의 운동을 하면 혈압을 낮출 수 있다. 처음에는 가벼운 운동부터 시작하여 몸에 무리가 되지 않도록 한다.

#13 두뇌 계발 비결

스트레스 때문에 무거워진 머리를 식히고 이를 제거하기 위한 8가지 운동

이제부터 두뇌에 영향을 미치는 스트레스의 효과를 줄일 수 있게 해주는 8가지 조치들을 살펴본다.

1. 긴장을 완전히 풀어라 긴장을 완전히 풀었을 때와 깊이 이완되었을 때 기분이 어떤가를 느껴 보자. 이를 쉽게 알 수 있다고 생각하지만 대부분의 사람들은 자신이 완전히 긴장을 풀고 있다는 느낌이 어떤 것인지 잘 모른다. 이러한 기분을 알 수 있는 방법에는 여러 가지가 있다.

• 사우나 시설이 갖추어진 온천장에서 전신 마사지를 하고 소용돌이

온천욕을 한 다음, 녹차를 마시고 아로마치료로 휴식을 취하고 나서 목욕을 하라.

• 특별히 작곡된 음악을 들으면서 한 시간 동안 집중적으로 휴식을 취하고 6장에서 설명하고 있는 근육이완법을 적용한다. 두뇌 계발 비결 #67에서 설명하고 있는 음악과 두뇌력에 대해 상세히 살펴보라.
• 하루 동안 완전히 쉬면서 당신 자신을 위한 시간을 보내라.

2. **마음을 진정시키고 조용히 가라앉혀라** 흥분된 마음을 가라앉힌다. 신경계통과 두뇌력에 영향을 미치는 스트레스가 야기하는 문제 중 하나는 충격이 오고 있다는 것을 보지 못하게 한다는 점이다. 스트레스, 근심, 걱정으로 참기 힘든 경우, 서두르게 되거나 압력을 받고 있다고 느껴지면 모든 것을 중단하라. 감동, 생각, 태도, 기분을 마치 다른 사람의 마음속을 들여다보는 것처럼 객관화시켜 보라.

• 정신검사를 받아 보라. 당신의 상황을 평가해 보고, 정신을 집중시키고, 호흡을 조절하라.
• 5분 동안 자리에 앉아서 눈을 감고 숨을 들이마시고 내쉬면서 하는 일에 주의를 집중시켜라.
• 다음과 같은 말을 스스로에게 해라. "지금 이 순간 나는 나의 스트레스와 흥분된 마음을 잘 알고 있다. 심호흡을 한 번 할 때마다 이것들을 풀어내고 있다."
• 걱정은 뒤로 하고 한숨 돌려라. 이는 스트레스에 고요한 명상의 한 줄기 빛이 들어가도록 허락하는 방아쇠 역할을 한다.

3. **주의를 집중하고 숨을 쉬어라** 이러한 일은 문제의 중심에 서서 할 수도 있고 지하철 바로 앞에서 할 수도 있다.

- 모든 주의를 집중하고 숨을 들이마셔라.
- 숨을 들이마실 때 1부터 5까지 세라.
- 숨을 내쉴 때 6부터 10까지 세라.
- 이러한 일을 틀리지 않고 수를 세면서 5분간 하라. 운전을 할 때는 하지 마라. 운전을 하지 않을 때는 차 안에서도 괜찮다.

4. **콧구멍 숨쉬기를 교대로 하라** 스트레스를 느낄 때마다 10분가량 시간을 내서 하타 요가(hatha yoga)에서 하는 것처럼 심호흡 연습을 하라. 그러면 당신의 신경계통이 조용해질 것이며 뇌반구가 다시 균형을 유지하게 되어 이후 몇 시간 동안 두뇌력이 선명해지는 것을 느낄 것이다.

- 등을 쭉 펴서 곧고 편안한 자세로 의자에 앉아라.
- 눈을 감고 오른쪽 인지손가락으로 오른쪽 콧구멍을 가볍게 막는다.
- 왼쪽 콧구멍으로 숨을 천천히 들이마시면서, 긴장하지 말고 5 혹은 6까지 센다.
- 오른쪽 인지를 오른쪽 콧구멍에서 서서히 떼고 왼쪽 콧구멍을 막는다.
- 오른쪽 콧구멍으로 천천히 숨을 내쉬면서 10 혹은 12까지 센다.
- 오른쪽 콧구멍으로 숨을 들이마신다.
- 왼쪽 콧구멍에서 인지를 떼고, 오른쪽 콧구멍을 막고 왼쪽 콧구멍으로 숨을 내쉰다.
- 그런 다음 왼쪽 콧구멍으로 숨을 들이마신다. 이를 반복한다.
- 숨을 내쉬고 들이마시기를 두 번 한다. 숨을 들이마실 때 6, 8 혹은 10까지 셀 수 있으면 더욱 좋다. 그런 다음 숨을 내쉬면서 12, 16 혹은 20까지 셀 수 있으면 더욱 좋다.

- 이러한 방법으로 5분 내지 10분가량 숨쉬기를 반복한다.
- 호흡법 연습을 더하려면 두뇌 개발 비결 #62와 #63을 참조하라.

5. 꽃 에센스를 구하여 사용해라 머리를 효과적으로 식힐 수 있는 몇 가지 꽃 에센스가 있다.

- **라벤더**는 흥분된 신경계통을 완화시키고 이완시켜 준다.
- 만약 스트레스를 많이 받아서 행동을 통제할 수 없을 정도라면 **버찌나무 열매**를 사용해라.
- 흥분된 상황에서 잠시 통증을 없애려면 **다섯 가지 꽃 처방법**을 사용해라.
- 어떤 일에 집중하고 있을 때 침착할 필요가 있다면 **패랭이 꽃**(Indian pink)을 사용해라.
- 일을 급하게 서둘러서 신경이 매우 과민한 상태라면 **임페이션스**(impatiens, 봉선화속의 초본)를 사용해라.
- 집중적 감정 경험을 했거나 집중된 스트레스를 받은 다음 깊은 휴식이 필요하거나 기분이 좋아지고 싶을 때 **캐모마일**(Chamomile, 일명 번데국화라고도 함)을 사용해라.

보다 상세한 꽃 에센스 요법에 대해서 알고 싶으면 두뇌 계발 비결 #14 와 #34를 보아라.

6. 거품욕을 해라 하루 종일 받은 스트레스를 풀고 긴장을 회복할 수 있는 유일한 방법은 거품욕을 하는 것이다. 이때는 순수한 라벤더 오일을 그냥 사용해도 되고 라벤더 거품욕 혼합 물질이나 중화시킨 진한 거품을 혼합해서 사용해도 좋다.

- 1ℓ의 빈 그릇 안에 한 스푼가량의 라벤더 오일을 붓는다.
- 욕조에 뜨거운 물을 채운다.
- 욕조의 수도꼭지에서 물이 쏟아질 때 이 용액을 조금씩 부어 섞는다. 그러면 거품으로 가득 차서 욕조물에 퍼져 들게 된다.
- 욕조에 몸을 담그고 편안한 자세로 20분가량 긴장을 푼다.
- 또 다른 경우 장미 오일이나 캐모마일, 재스민 혹은 레몬밤을 써 본다.

7. **송장처럼 몸을 이완시켜라** 하타 요가의 많은 동작들 중 첫 번째와 마지막 동작은 긴장을 완화시키는 자세로 사바사나라 불린다. 사바사나는 힌두어로 이완된 자세를 말하며, 반듯이 등을 대고 누워 있는 모습이 마치 죽은 송장과 같다고 해서 나온 말이다.

- 스웨터나 파자마처럼 헐렁한 옷을 입는다.
- 신발이나 보석 장신구, 시계, 안경 등 몸에 부담을 주는 것들을 벗는다.
- 마룻바닥에 매트를 깔거나 카펫에 등을 대고 반듯이 눕는다.
- 두 다리를 40cm가량 벌린다.
- 팔을 약 30cm가량 벌린다.
- 턱을 사타구니와 일치시킨다. 머리가 어느 쪽에도 기울지 않게 한다.
- 두 다리를 안과 밖으로 회전시킨다. 그런 다음 두 다리를 옆으로 쭉 민다. 그런 다음 두 팔로 똑같은 동작을 한다.
- 천천히 그리고 가볍게 머리를 오른쪽 끝까지 돌린 다음 다시 왼쪽 끝까지 돌린다. 그런 다음 다시 중앙으로 돌린다.
- 다른 사람이 당신의 머리, 발, 팔을 부드럽게 끌어당기는 것처럼 펴서 몸을 길게 쭉 편다.
- 다른 사람이 당신의 어깨를 목에서 끌어당기고 당신의 두 다리를 골

반에서 끌어당기는 것처럼 느껴라.

- 몸이 땅속으로 가라앉는 것 같은 느낌을 가져 본다. 담요 등으로 몸을 감싸는 것 같은 느낌을 가져 본다.
- 아랫배로 깊은 숨을 쉬어 보아라. 숨을 쉬고 들이마실 때 배가 불러오고 내려가는 것을 느껴 보아라.
- 숨을 내뱉을 때 내뱉은 숨이 그 '담요'(gravity blanket)에 미치도록 당신 둘레에 공기처럼 분산시켜 보아라.
- 이제 숨을 들이마실 때 발꿈치부터 주의를 집중시켜라.
- 처음에 발꿈치에 힘을 주고 그런 다음 힘을 푼다.
- 그런 다음 숨을 들이마시면서, 주의를 집중시켜 당신의 숨이 마치 빛이 되어 발꿈치를 닦는 것처럼 상상해 본다.
- 숨을 내쉴 때, 모든 스트레스를 불어 내고 발꿈치의 독기를 뿜어내라.
- 그런 다음 이와 같은 집중적 심호흡을 천천히 하나씩 당신의 장딴지를 향하게 하고, 다음 무릎, 허벅지, 사타구니, 아랫배, 가슴, 손가락, 팔, 어깨, 목, 귀, 턱, 코, 안면근육, 눈, 머리가죽, 두개골을 향해 차례로 해 나간다.
- 이 각 신체 부위의 첫 번째 긴장을 기억하라. 그런 다음 그 각 부위에서 숨을 들이마시고 내쉬기를 하면서 그 긴장을 풀어 나간다.
- 이 각 부위의 긴장완화법을 하면서 자신에게 이렇게 말하여라. "나는 내 장딴지의 긴장을 푼다. 나의 장딴지의 긴장이 풀리고 있다. 나의 장딴지는 이제 다 풀렸다."
- 몸의 각 부위를 시원스럽게 풀고 이 수련에 초점을 맞춘 다음 숨쉬기를 하면서 그냥 누워 있어라.
- 이러한 긴장상태를 풀고 난 다음 그대로 누워서 눈을 뜨고 가만히 있어라. 잠들어도 상관없다.

• 또 다른 효과를 얻으려면 조용히 음악을 들으면서 이러한 연습을 해도 좋다.

✠ 두뇌 계발 연습 #6

이 운동화를 어떻게 기억할 것인가

• 한 켤레의 신발, 가능하면 운동화를 놓고 이 운동화를 생전 처음 본 것처럼 5분간 면밀히 검토해 보라. 운동화를 디자인하듯이 기억을 새로 만들고 있다고 생각하면서 주의 깊게 살펴본다.
• 5분쯤 지난 다음 이 신발을 치우고 이 신발의 상세한 디자인을 회상해 보라. 얼마나 많은 것을 잊어버렸는가? 그런 다음 잠시 휴식을 취해라.
• 15분가량이 지난 다음 다시 이 운동화의 디자인을 기억해 보아라. 방금 전에 기억했던 것을 얼마나 많이 기억해 낼 수 있는가?
• 기억해 낸 것을 염두에 두고 15분 후에 또 얼마만큼 기억해 낼 수 있는가를 생각하면서 잠시 휴식을 취한다.
• 15분이 지난 다음 지금까지 얼마나 기억해 낼 수 있는가?

#14 두뇌 계발 비결

우울증에서 벗어나라, 감정에서 벗어나 두뇌가 자연 상태로 되돌아갈 수 있도록 꽃을 이용하여라

당신은 머리가 나쁘다고 생각하면서 자랐을 수도 있다. 하지만 사실은 우울증 때문에 머리가 제대로 작동되지 않은 상태일 수 있다. 심리학자들은 약 1,000만 명 정도 미국인들이 살아가면서 최소한 한 번 이상 우울증에 시달린다고 추산하고 있다. 사람들은 대부분 주기적으로 잠시 동안 기분이 가라앉거나 우울증에 빠지는 경우가 있다. 이와 같은 현상은 특히 노인층에서 잘 나타나는데, 의사들은 이 증상을 치매성 우울증으로 오진하는 경우가 비일비재하다.

가장 최선의 정신 안정은 꽃을 통해서 자연스럽게 이루어질 수 있다

신경안정제와 우울증 치료제가 점점 더 인기를 모으고 있다는 것은 그만큼 많은 사람들이 우울증으로 시달리고 있다는 증거다. 우울증은 단기적이든 만성적이든 두뇌력을 약화시키고 있는 것만은 분명하다.

이런 이유로 해서 우울증은 돌이킬 수 없는 기억 상실과 지능 퇴화의 가장 공통적인 원인이 되고 있다. 살면서 계속 우울증과 만성적 기분 저하에 시달려 왔다면 결국 당신의 두뇌력은 차츰 메마르고 말 것이다. 이는 곧 감정이 활용 가능한 두뇌력에 부담을 주는 것으로 볼 수 있다.

분명한 것은 사람은 매일, 매주, 매달마다 주기적인 감정의 기복을 경험한다는 것이다. 만약 이러한 패턴을 멀리서 바라볼 수 있고 반복적인 현상을 느낄 수만 있다면 분명 하나의 롤러코스터처럼 보일 것이다. 즉, 당신은 위로 솟았다가 내리막길을 탈 것이고, 최고의 정상까지 올랐다가 평지를 타는 즐거움이나 부푼 기분을 느낄 수 있을 것이다. 또 때로는 무감각해지기도 하고 지루해지기도 할 것이고, 슬픔에 잠기거나 분노를 느낄 때도 있을 것이며, 행복감을 느낄 때도 있을 것이다. 이와 같은 감정들 가운데 어떤 감정들은 정보처리능력이나 기억능력, 계산능력, 조직능력, 학습능력, 더 나아가서 정신능력의 효율적 활용에 영향을 주게 된다.

이와 같은 일들은 두뇌력에 단기적인 영향을 준다. 심각한 것은 만성적이거나 지속적인 감정이 되어 마음속에 오랫동안 머무를 때다. 이러한 감정들은 치명적일 수 있다. 우울증은 회복할 수 없는 치명적 기억상실과 두뇌력 상실의 가장 공통적 원인이 될 수 있는 것이다.

기분이 우울할 때는 두뇌가 고통을 받는다. 이때 기억력이 감퇴하고 주의력이 산만해지며 정신력은 더 이상 작용할 여유가 없어진다. 또 주의집중 폭은 좁아지고 새로운 정보를 쉽게 얻을 수 없게 되며 나중에는 만사가 귀찮아지게 될 것이다. 결국 쉽게 모든 것을 잊어버리고 최근에 기억한 것조차도 더 자주 회상해 낼 수 없을 것이다.

이와 같은 이유 때문에 두뇌력을 향상시키기 위해서는 무엇보다도 먼저 감정적 고통이나 혼돈 상태, 슬픔 등에서 벗어나 우울증을 없애는 몇 가지 조치를 취할 필요가 있다.

우울증에서 벗어날 필요가 있는지 알아보기 위한 몇 가지 질문들

여기 자신이나 친구 또는 가족구성원이 우울증에 빠져 있는가를 알아보기 위한 짤막한 질문 몇 개를 소개하겠다.

- 지금 우울하거나 슬프다거나 창피하다거나 비참하다거나 근심 걱정, 모욕감, 무용지물, 절망감을 느끼고 있는가?
- 지금 자신에 대해서 부정적 생각이 들거나 자신이 아무 쓸모없는 사람처럼 느껴지는가?
- 지금 좋아하던 음식이 별로 반갑지 않거나 즐거운 시간이 덜 즐겁고, 좋아하던 물건이나 애완동물, 일이나 친구 등이 반갑지 않으며, 파티나 휴가 등이 즐겁지 않고, 자주 지루하다는 생각이 드는가?
- 지금 배우자나 가족 또는 친구, 친척들에 대해서 어떤 감정을 갖고 있는가? 자신의 외모에 대해서도 불쾌한 기분이 느껴지는가?
- 특별한 이유도 없이 갑자기 눈물이 나거나 소리 지르며 울고 싶은 적이 있는가?
- 유머감각을 잃어버렸고 어떤 농담이나 웃기는 일이나 놀리는 일에 더 이상 반응하고 싶은 마음이 없는가?
- 자존심이 추락한 적이 있는가? 인생의 앞날이 어둡게 느껴지거나 절망적일 때가 있었는가?
- 어떤 결정을 내려야 할 때 빨리 결정을 내릴 수 없거나 더 이상 그럴 일이 없다고 느껴지는가?
- 몸이 뒤틀려 보이는가? 다시 말하자면 몸이 갑자기 이상하게 보이거나 흉하게 보이거나 어떤 초점 없이 흐리멍덩하게 보이는가?
- 어떤 일을 완수하고 싶은 의욕이나 동기를 잃은 적이 있는가?
- 자괴적 경험, 나아가 자살하고 싶은 생각을 한 적이 있는가?
- 식욕도 없고, 밤새도록 잠을 이룰 수도 없이 성적 흥미나 모든 의욕이 사라져 버린 적이 있는가?

위에 열거된 질문들을 살펴보고 몇 가지 관심을 가져 보자

만약 이 질문들 가운데 최소한 다섯 개의 질문에 '예'라고 답했다면, 약간의 우울증을 갖고 있을 가능성이 있다. 12개의 질문 모두가 자신의 정신 상태와 정확히 일치한다면 확실히 우울증을 갖고 있는 것이다.

그러나 우울증 진단은 사형선고가 아니다. 이것은 단순히 설명적인 것이며 이전에 했던 것처럼 왜 자연적인 두뇌력에 활기를 불어 넣기 위하여 현재는 노력하지 않는가를 이해시키기 위한 것이다. 우울증이란 쉽게 치유될 수 있는 것이며, 그렇게 함으로써 당신의 두뇌력은 회복될 수 있다.

지금부터 한 방울의 겨자로 어떻게 두뇌력을 개선할 수 있으며 아름다운 꽃들로 무거운 감정을 녹여낼 수 있는지 보여 주고자 한다.[4]

우울증에서 벗어나기 위해 꽃이 하나의 방법이 될 수 있다는 것을 알면 당신은 놀랄 것이다. 꽃잎 하나를 입에 대는 순간 무거운 감정, 예컨대 우울증, 불안감, 두려움, 근심, 초조한 마음 등이 순식간에 사라져 버리는 것이다. 바크 박사는 일련의 38개의 꽃들로 치료약을 개발했는데 이 꽃들은 흔히 주변에서 볼 수 있다. 이러한 꽃 에센스는 자연식품 전문점에서 쉽게 구할 수 있다.*

두뇌력과 자신을 위한 꽃 에센스 처방법

여기 우울증 해소를 위한 몇 가지 꽃 요법을 소개하고자 한다. 이 요법들은 보통 꽃에서 만들어진 것으로 쉽게 구할 수 있는 것들이다.

* 역주: 바크플라워(꽃 에센스)요법은 cafe.naver.com/bachflower를 이용해 보라. 아로마 천연 방향제는 아로마 데코(www.aromadeco.com)에서 구입할 수 있다.

- **용담뿌리**(gentian): 쉽게 낙담하거나 우울증에 빠지고, 실망하고, 실패한 후 자신감이 없어질 때
- **가시금작화**(gorse): 절망감, 체념상태, 암울한 심정, 의지의 상실, 고질적 우울증
- **보리지**(Borage: 지치의 일종, 잎은 향미용): 심장이 무겁게 느껴지거나 어려운 상황에 직면해서 자신감과 용기를 가질 수 없을 때, 슬픔과 절망감에 사로잡혀 있을 때
- **겨자**(mustard): 주기적으로 또는 갑작스럽게 심한 우울증이나 까닭을 알 수 없는 슬픔이 몰려올 때, 습관적 체질적 우울증이나 슬픔, 절망감, 일반적인 불특정 우울증, 조울증이 엄습하거나 '검은 먹구름'이 머리 위를 맴돌고 있다는 느낌이 들 때
- **자작나무과의 낙엽수**(hornbeam): 피로하고 녹초가 되었을 때, 매일같이 부과된 책임이 너무 무겁다고 느껴지고 지루하고 단조롭다고 느껴질 때
- **밀크위드**(milkweed): 극도로 침울한 상태이거나 매일의 일과를 감당할 능력이 없을 때, 약물, 알코올, 과식을 극복하고자 할 때, 수면, 자각증 등을 극복하고자 할 때, 극단적인 의존심과 정서적 우울증이 심할 때
- **쑥**(Sagebrush, 미국 서부에서 나는 쑥의 일종): 개인적으로 절망감이 느껴지거나 바위 밑바닥을 치고 있다고 느껴질 때, 공허감이나 상실감이 자신을 에워싸고 있다고 느껴질 때
- **귀리**(wild oat): 자신의 일과 생활에 대해서 만성적인 불만이 있을 때, 삶의 방향을 결정할 때, 절망감이나 혼란 혹은 망설임이 많을 때, 일에 초점이 없고 사명감이 부족하다고 느껴질 때

꽃을 어떻게 두뇌력 증진에 활용할 것인가?

우울증 제거를 위하여 꽃 에센스를 어떻게 복용할 것인가? 여기 몇 가지 제안을 하고자 한다.

- 일반적으로 한 번에 한 가지 치료법을 사용하되 하루에 3~6번씩 꽃 에센스를 한 번에 한 방울 정도 사용한다. 용기의 크기가 약 2주일 정도의 양을 담을 정도로 해서 활용하면 좋다. 꽃 에센스를 복용하면서 효능이 나타난다고 느껴지면 점차 그 횟수를 줄여 나간다. 몇 주일 후에는 하루에 한두 번 정도만 복용해도 된다.
- 이 용액을 복용하는 동안 매일의 기분이나 생각이나 정신 상태를 일기로 기록하라. 치료가 끝난 다음 일기 내용을 다시 차근차근 읽어 보고 기록내용이 어떻게 변화하고 있는지 살펴보라.
- 치료해 가면서 기분, 효능, 태도에 어떠한 급진전이 일어나고 있는지 그 부분을 확인하라.
- 한 가지 치료가 끝난 다음 일주일 정도 기다렸다가 다른 치료를 시작하라. 그 효과는 약간씩 나타나겠지만 누적되면 일반적으로 최소한 몇 주일이 지나야 현격하게 드러난다. 이 치료법에는 부작용이 없으며, 매우 안전하고 값이 저렴하여 쉽게 사용할 수 있다. 효과가 의외로 빨리 나타날 수 있다.[5]

꽃 에센스 요법은 자연적인 지능 발달을 저해하는 어떠한 부정적 감정을 제거시킴으로써 두뇌력을 강화시켜 주므로 애용하라.

✠ 두뇌 계발 연습 #7

별빛에 당신의 눈을 고정시켜라

• 이러한 연습을 통해 몸 안에 있는 다음과 같은 가상적인 이미지에 주의를 집중시켜라. 다음 60분 동안 주의를 다른 데 돌리지 말고 몸 안에 있는 다음 이미지에 집중해 보라. 배꼽의 5cm 정도 위 5cm 안에 별빛이 빛나고 있다. 이 별빛은 몸 안에서 찬란히 빛나고 있다.

• 다음 60분 동안 무엇을 하고 있든 간에 이 찬란히 빛나는 별빛에 주의를 집중시켜라.

• 이때 설거지를 하든 신문을 읽든 혹은 자녀들에게 이야기를 하든 간에 주의를 이 별빛에서 떠나게 해서는 안 된다.

#15 두뇌 계발 비결

보다 더 깊은 우울증에 빠져 있을 경우-두뇌력을 위하여 음식 · 기분 연결법을 활용하라

꽃 에센스를 마시면 감정생활에 분명히 기적이 일어나 두뇌력이 왕성해질 것이다. 그러나 생활의 다른 면 또한 바꿀 필요가 있다.

식이요법을 달리하게 되면 자연적인 두뇌력이 약화될 수 있다. 또 어떤 음식을 지나치게 과다 섭취하거나 과소 섭취하게 되면 두뇌의 기능에 이상이 올 수도 있다.

카페인이 들어 있는 커피나 홍차, 처방전 없는 약품, 초콜릿, 설탕물, 각종 인스턴트 식품 등의 음식을 일주일 정도 피해라. 동시에 그

일주일 동안 고단백 식품과 저탄수화물 음식을 먹어라.

영양학자들은 이와 같은 간단하면서도 극적인 식이요법을 활용하면 많은 경우 빠르게는 4일 이내에, 길게는 3~4주 안에 우울증에서 벗어날 수 있다고 말하고 있다. 과도한 카페인(매일 4~5컵)이나 설탕이 함유된 식품 섭취는 신체의 물질대사를 방해하고, 소화기관을 통해 신체의 불균형을 초래하며, 만성적 저혈당이나 이와 비슷한 증상을 자주 야기한다. 이러한 결과로 우울증 현상은 아니지만 우울증과 유사한 상태가 될 수도 있다.[6]

우울증까지는 아니더라도 혈당치가 낮아져 나타날 수 있는 상태

다음의 증상들은 저혈당의 대표적인 증상들이다. 또한 유사 저혈당증과 실제 저혈당 현상으로 알려져 있고, 이러한 현상은 유사 우울증이 될 수 있다.

- 우울증
- 자살 유혹
- 고독감
- 무관심
- 지쳐 버림
- 피로
- 흐려진 시각
- 현기증
- 방향감 상실
- 허약

- 지나친 걱정
- 기억력 둔화
- 부정적 생각
- 판단력 저하
- 짜증
- 조울증
- 언어장애
- 약한 시력
- 건망증
- 정신혼란
- 변덕스러움
- 신경과민
- 식욕과 성욕 감퇴
- 두통
- 스트레스를 참아내는 능력 저하

실제로 우울한가를 확인하기 위한 질문

다음은 우울증을 제거하기 위해 음식 조절이 필요한지의 여부를 알아보는 데 필요한 몇 가지 질문이다.[7]

- 현재 기분이 '우울증에 빠진 것처럼' 저조하고 침울하지만 왜 그런지 이유를 모르는가? 아니면 갑자기 우울하다가도 기분이 좋아지고 다시 좋은 기분이 금방 사라져 버리는가?
- 우울증에 대해 생각할 때 이상할 정도로 변덕이 생기는가?

- 항상 피곤하고 지쳐 있는가? 심지어 밤에 잠을 자야 할 시간에도 잠이 오지 않고 정신이 몽롱하며 여전히 피곤한가?
- 지금 구멍난 드럼통에서 물이 빠져나간 것처럼 모든 에너지가 소진된 느낌이 드는가?
- 머리가 자주 아프고 특히 무딘 통증을 느끼는가?

한 젊은 여성이 매일 설탕과 카페인을 섭취하여 중독된 경우를 생각해 보자. 약 21세쯤인 여성은 항상 기분이 우울했고 심리적 고통, 우울증, 걱정, 신경과민에 시달리고 있었다. 고단백 식사를 하고, 탄수화물을 적게 먹고, 설탕, 카페인, 술을 끊고 나서 2주일이 지나자 그녀의 모든 심리적 징후는 사라졌다.

실험을 위해 그녀는 다시 설탕과 카페인을 먹기 시작했다. 그러자 정서적 통증이 다시 나타났고, 그 뒤 3주 동안 다시 설탕과 카페인 조절식을 했더니 다시 불안과 신경과민을 경험했으며 우울해지기 시작했다. 이 여성의 우울증이 어떻게 재발하게 되었는지 쉽게 알 수 있을 것이다.

당신을 우울하게 하고 두뇌력을 고갈시킬 수 있는 6가지 음식 습관

아래에 우울증을 유발하여 자연적인 두뇌력을 손상시키는 몇 가지 음식 습관이 있다. 이러한 식사에는 비타민이 결핍되어 있다.

1. 폴산(빈혈의 특효약) 결핍증　미국 성인의 60%만이 폴산을 적정하게 섭취하고 있다. 폴산 수준의 저하는 우울증과 관계가 있다. 실제로 우울증 수준이 높을수록 폴산 결핍도 높을 가능성이 있다. 폴산 결핍

은 노인성 치매의 증상과 비슷한 증상을 나타낼 수 있으며 중추신경계통의 교란을 야기할 수 있다. 이러한 현상에는 우울증 징후가 분명하게 나타날 수 있는데 이것을 폴산 결핍이라 한다. 연구자들은 노인성 치매의 시작을 정상적 신경계통작용을 짧게 회로화시키는 신체의 폴산 결핍에서 연유하는 것으로 보고하고 있다(추천된 투약량: 매일 800mg, 매일 400mg까지 유지할 때까지 낮출 수 있다).

2. 리보플라빈(비타민 B_2) 결핍　리보플라빈 결핍은 우울증 징후를 보이는 데 영향을 미칠 수 있다. 한 연구에 따르면, 정신병원에 있는 환자 172명 가운데 1/4이 리보플라빈 결핍으로 판명되었으며 이중 1/4은 이미 정신혼란으로 진단받았다(추천된 투약량: 매일 40mg).

3. 티아민(비타민 B_2) 결핍　정상적인 심리 상태라고 해도 티아민 수준이 떨어지면 우울증, 짜증, 공포증이 나타난다. 정신질환이 심각해서 입원진단을 받은 입원환자의 30% 정도가 티아민 결핍인 것으로 나타났다(추천된 투약량: 매일 40mg).

4. 피리독신(비타민 B_6) 결핍　피리독신 아미노산 엘 트립토판을 신경전달 세로토닌으로 전환시키는 데 도움이 된다. 비타민 B6 수준의 저하는 우울증과 관련되어 있는데 환경적 요인이라기보다는 그 자신에게서 오는 요인 때문이다. 세로토닌이 적게 분비되면 우울증을 유발한다(추천된 투약량: 매일 40mg).

5. 비타민 B_{12} 결핍　한 의학연구에 따르면, 정신병원에 입원한 환자 5%가 결핍 현상을 나타내고 있었으며 10%는 이 비타민의 하위 수준에 있었다. 비타민 B_{12}가 결핍되면 정신 이상이 나타나거나 만성피곤증에 시달린다. 하지만 이러한 현상을 노인성 치매의 초기로 보기는

어렵다(추천된 투약량: 근육 주사로 1,000mg, 일주일에 한 번은 의사가 주사해야 한다.).

6. 비타민 C 결핍　　이 비타민이 위험스러울 정도로 낮은 사람은 만성우울증, 짜증, 피로, 약한 정신병을 포함한 가벼운 괴혈병 징후를 나타낼 수 있다(추천된 투약량: 매일 2g, 8시간마다 시간간격을 두고 1g씩).[8]

자신의 아침, 점심, 저녁식사 기록표 작성하기

어떤 식사를 하는가에 따라 어떤 감정을 갖게 되는가의 관계를 알아볼 수 있는 또 하나의 두뇌 계발 접근법을 소개하고자 한다.

- 다음 주를 위해 음식섭취와 기분에 관한 일기를 준비한다.
- 일곱 장의 종이를 마련하여 요일별로 한 장씩 라벨을 붙여 둔다.
- 각 장을 반으로 나누어 우측에 세 칸을 만든다.
- 이 세 칸에 아침식사, 점심, 저녁식사 혹은 식사 1, 2, 3으로 표시한다.
- 각 칸을 다시 둘로 나누어 식사 전, 식사 후로 구분한다.
- 왼쪽 반의 여백에 각성, 원기왕성, 날카로움, 동기부여, 편안함, 조용함, 집중, 인내, 짜증, 불평, 긴장, 흥분, 나태, 무관심, 느림, 졸림, 슬픔, 우울, 절망, 어쩔 수 없음이란 말을 적는다.
- 예컨대 아침식사 시간대에 아침식사 전에 어떤 기분인가를 기록한다.
- 왼쪽 칸의 단어들 가운데 당신의 기분을 가장 잘 나타내고 있는 단어가 어떤 것인가 체크해 본다.
- 아침식사를 하고 난 다음 당신의 기분이 어떤가를 적는다.
- 만약 기분이 각성에서 나태로 바뀌었다면 어떤 식사를 했는지 꼼꼼히 살펴보라.

- 어떤 음식 재료나 어떤 음식이 이러한 효과를 가져왔는지 판단해 보라.
- 만약 어떤 음식들이 나태함을 유발시켰다고 생각되면 그 음식들을 줄이거나 중단하고 그 음식을 다른 식사 시간대로 돌려라.
- 만약 기분이 집중에서 절망으로 바뀌었다면, 즉시 식사 메뉴를 바꾸어 보라.
- 일주일이 지난 다음 결과를 검토해 보고 식사를 적절히 다시 조정해 보라.

✠ 두뇌 계발 연습 #8

신문단어 검색하기

- 형광펜과 타이머를 준비해라.
- 일간신문 하나를 선택하고 관절염, 태평양, 가공업, 대통령, 원기왕성, 망설임, 논쟁 등과 같은 한 단어를 선택하라.
- 타이머를 5분으로 설정해 놓고, 신문을 칼럼별로 훑어 내려가면서 똑같은 단어가 발견되면 형광펜으로 표시해라. 이러한 활동을 타이머가 울릴 때까지 계속해 나가라.
- 이러한 활동을 하루에 두 번씩 일주일간 계속하라. 이 활동의 목적은 언어정보를 빠르고 정확하게 처리하는 정신 훈련을 하는 데 있다.

#16 두뇌 계발 비결

정확하게 보는 것은 학습을 촉진시킨다. 당신의 눈이 두뇌력을 메마르게 하지는 않는가

수백만 명의 미국 학생들이 학습불능, 독서장애, 주의력 결핍, 그리고 기타 임상적 학습장애로 고통당하고 있다는 것은 누구나 다 알고 있다. 만약 이러한 조건들이 교정되지 않는다면 이 아동들은 성인이 될 때까지 학습장애를 겪을 것이고 두뇌력에 중대한 결함을 갖게 될 것이다.

그런데 우리에게 거의 알려지지 않았으나, 사실은 많은 경우에 이와 같은 조건들은 가장 예상하지 못했던 통로, 즉 눈을 통해서 고칠 수 있다는 것이다. 소위 행동시력측정 분야의 연구 경향에 따르면, 시각장애는 모든 학습불능의 원인이 될 수 있다고 한다.[9]

우리의 두뇌 계발 비결은 다음과 같다. 만약 학습장애나 독서장애, 시각을 통해서 획득되는 정보를 이해하는 데 원인을 알 수 없는 문제를 갖고 있다면 일단 행동시력측정을 통해서 눈과 시각 시스템을 검사해 보라.

그동안 안과 의사들이 처방할 수 없었던 특수한 교정 렌즈가 필요할지도 모른다.

잘못된 안경이나 안경을 쓰지 않음으로써 두뇌력에 손상을 입힐 수 있다

행동시력측정의 기본적인 생각은 시각인지체제(눈과 두뇌 사이의 근육과 신경의 완전 조합)에서의 불균형으로 시각정보를 잘못 처리할 수

있다는 것이다. 이러한 현상은 행동과 학습, 작업, 건강에 여러 가지 문제를 야기할 수 있다.[10]

행동시력측정가들이 시력과 전혀 무관한 것으로 보이는 문제, 예컨대 여행 중 나타나는 식중독 설사, 야뇨증, 편두통, 빛에 예민한 증상, 긴장, 우울증, 알코올 중독, 정신분열증 등이 시력과 관련이 있다는 것을 알면 놀랄 수밖에 없을 것이다.

이와 같은 시각체제의 교정 가능한 문제들은 지능 활용에 심각한 장애를 야기할 수 있다. 눈과 두뇌가 자연스럽게 하나의 시각인지체제로 작용하는 것은 매우 중요하다. 눈과 신체의 다른 부분, 그리고 정신 간의 상호관계는 적극적으로 경험하고 시력을 활발하게 사용할 때 성장한다.

눈은 정신과 밀접하게 관련되어 있는데 어렸을 때의 시각 스트레스가 진단받지 않은 상태로 오랫동안 방치되어 왔을 수 있다. 시각 교정이나 행동시력측정이 올바로 이루어져 건강한 시력을 갖게 되면 모든 것을 올바르게 볼 수 있게 된다. 시각체제의 모든 장애물을 제거하면 자연적인 두뇌력은 오랫동안 갖고 있었을 지각장애의 무거운 부담에서 자유로워진다.

시각문제로 나타나는 지능 고갈 징후의 점검표

시각과 관련된 학습불능, 예컨대 행동시력측정에는 여러 가지 요인이 있다. 여기 자신의 시각체제나 자녀들의 시각체제를 평가할 수 있는 하나의 예가 있다.

기억해야 할 점은 다음과 같다. 지능을 성공적으로 활용하는 데 장애가 되는 요인은 두뇌의 좋고 나쁨이 아니라 시각에서 오는 요인이라는 것이다.

1. **눈의 건강 상태와 질환** 한쪽 눈 감기, 한쪽 눈을 안팎으로 돌리는 경우, 지나치게 깜박거리기, 다래끼, 홍안, 가벼운 빛에서의 사시현상, 주의집중할 때의 사시현상, 눈 찌푸리기, 눈꺼풀 붓는 현상, 자주 나는 눈물, 눈병 혹은 두통, 눈 가려움, 사물이 두 개로 보이거나 움직이는 것처럼 보이는 현상, 현기증, 눈앞에 막이 있는 것 같은 느낌

2. **주의집중 문제** 시각적 과제에 오랜 시간 머무를 수 없는 경우, 시각적 업무를 수행하는 동안 백일몽을 겪거나 지루해지는 경향, 눈추적이 어려운 경우, 독서하는 동안 고개 흔들기, 독서하면서 읽는 부분을 놓치는 경우, 읽는 곳을 손가락으로 짚어 나가기, 사소한 단어 놓치기, 인쇄된 지시사항의 순서를 따라가는 것에 대한 어려움

3. **손과 눈의 조정**(eye-hand coordination) **능력 곤란** 글씨 쓰기 곤란, 느린 글씨, 글씨 가운데 삽입되는 점이나 콤마 사용 곤란, 시험에서 정확한 공간 표시 곤란, 신발 끈 매기 · 던진 물건 잡기 · 연필 깎기와 같은 손과 눈의 협응 회피하기

4. **양 눈 조정**(eye-teaming) **능력의 문제** 물건 위치 파악 곤란, 난시, 한 눈을 깜빡이거나 사시, 칼럼에 있는 숫자 배열 곤란, 책상에서 공부할 때 몸과 머리를 똑바로 하기 곤란, 시각과제를 수행할 때 쉽게 느끼는 주의산만

5. **형체와 지각 문제** 비슷한 평면도형이나 글자에 대한 착오, 첫 글자가 같이 시작되는 단어 혼돈, 사전 찾기나 파일 찾기 곤란, 비슷한 숫자 잘못 읽기

6. 공간적 지각능력 곤란 좌우 분별 곤란, 위 · 아래 · 밖과 같은 공간언어 이해 곤란, 난필, 글자 위치 바꾸기, 지도 혼돈, 독서방향 문제, 잘 알고 있는 길도 잘못 가기

극적인 문제점 지적한 한 사례 연구

평범하면서도 약간 수줍은 성격의 캐빈이라는 3학년 아동은 몇 가지 검사에서 학습불능이라는 진단을 받았다. 하지만 그의 지능지수는 127이다. 그의 능력과 행동 간에 차이가 나타난 것에 대해서는 약간의 설명이 필요하다.

이 아동은 시각과 청각, 지각과 기억 영역에 곤란을 느끼고 있었다. 그는 학교 공부를 따라갈 수 없었고, 글씨 쓰기와 자문 능력이 다른 아이들의 평균에 비해 낮게 나타났다. 행동시력측정 전문가인 베이진(Beth Bazin) 박사는 이 아동의 시각체제를 알아보기 위해 21가지 검사를 마치고 나서 문제의 핵심을 찾기 시작했다. 캐빈은 단어들이 자주 흐릿하게 보이거나 흔들려서 보이거나, 글씨가 두 개로 보인다고 보고했으며 읽을 때 읽는 위치를 놓칠 때가 있었다.

베이진 박사는 캐빈의 눈은 물체 위치의 멀고 가까움에 초점을 맞추어 이동하는 데 어려움이 있고 멀고 가까운 거리의 물체가 선명하지 않으며, 그의 두 눈은 하나의 시각체제로 잘 맞지 않는다고 진단했다. 베이진 박사는 이 아동이 왜 학교 공부를 못했는가를 알 수 있었다. 그녀는 캐빈을 시각훈련 특별 프로그램에 참여시켜 지각문제를 교정하고 독서할 때 사용할 특수 안경을 맞춰 주었다.

베이진 박사의 치료를 받고 교정안경을 활용한 지 일년 후 이 아동의 시력은 크게 향상되었으며 눈의 조정도 잘 이루어졌다. 이전처럼

눈이 흐릿하지도 않고 흔들거리지도 않았다. 학습불능 현상도 사라졌다. 베이진 박사가 보았듯이, 행동시력측정을 통해 캐빈이 갖고 있는 학습문제의 장벽을 말끔히 씻어냈으며, 그의 두뇌력이 제대로 활용될 수 있었던 것이다.

행동시력측정 분야의 학술지에는 이와 같은 연구 사례들이 많이 보고되고 있다. 캐빈의 사례에서 볼 수 있듯이 어떤 특별한 징후가 나타나지 않을 때도 행동시력측정법은 자주 유용하게 활용될 수 있다. 사람들은 시력에 문제가 있어 독서를 자주 하지 않기 때문에 독서능력이 떨어진다는 사실을 모르고 있는 것이다. 책을 자주 읽지 않게 되는 이유를 우리는 간과하고 있는 것이다.

역설적으로 말하자면, 만약 사람들이 글을 잘 읽게 된다면 그것은 시각이 좋다는 의미일 것이고 그렇게 되면 사람들은 더 자주 독서를 하게 될 것이다. 그리고 그들의 두뇌력도 크게 향상될 수 있다.

※ 두뇌력의 해부학 # 3

노인성 치매증- 두뇌력의 악몽인가?

1990년대에는 노인성 치매증이 두뇌력의 마지막 악몽으로 간주되었다. 사실상 노인성 치매는 칠, 팔십대 나이가 되면 찾아오는 어쩔 수 없는 증상이고 인생의 황혼기에 정신력이 쇠퇴하기 시작하여 나타나는 우울한 정신상태가 발생한 것으로 여기는 경향이 있다.

이것은 1906년 알츠하이머 박사가 치료하던 55세의 여성 환자가 사망한 데서 시작되었다. 이 환자는 거의 5년 동안 이상한 정신증을 보였다. 기억력과 추리력을 상실했고 정신능력은 전반적으로 심각하게 하강하고 있었다. 환자가 사망한 뒤 알츠하이머 박사는 이 환자의 두뇌를 해부하였는데 이상한 형태의 증거를 발견했다. 그로부터 수년 내에 초로성치매(初老性)라는 것이 발견되었고, 이것을 발견자의 이름을 따서 알츠하이머 증후군이라 부르게 되었다.

이러한 현상은 개인의 비정상적이면서 갑작스러운 정신력 감퇴, 기억력 상실, 추리력 상실, 성격 변화, 혼돈현상, 무감각, 시간과 공간에 대한 방향감 상실, 모든 의식적 두뇌 기능의 상실로 나타난다. 노인성 치매는 우리가 알고 있는 것처럼 모든 두뇌 기능이 멈추는 것이다. 만약 이 의사의 말이 맞는다면 이는 그 개인의 두뇌 그 자체의 종말인 것이다.[11]

과학자들은 현재 미국에서 3~5백만의 65세 이상 노인이 각종 노인성 질환 증상을 나타내고 있는데, 그중의 10%는 뇌종양, 파킨슨 증후군, 정신병, 그 외 다른 희귀성 질환을 앓고 있으며, 17%는 고혈압 동맥경화증 혹은 심장질환과 관련된 뇌동맥경화, 7%는 정확한 원인이 밝혀지지 않은 질환을 앓는 것으로 추산하고 있다. 나머지 66%가 '정신착란증'을 앓고 있는데 노인성 치매로 발병하는 것이다.

만약 이러한 노인성 증후군의 원인이 노인성 치매에서 온 것이라면 이 증상들은 무엇인가? 이러한 현상은 외부에서 온 것으로, 이에 대해서 우리가 말할 수 있는 것은 이러한 현상이 노인성 치매의 징조라는 데 대부분의 의사들이 의견을 같이하고 있다는 것이다.

- 점진적 기억상실
- 어휘와 낱말 이해의 저하
- 같은 말의 반복
- 단기 및 장기기억의 실패

- 숫자에서의 곤란
- 은유와 격언을 문자 그대로 취하기
- 시간과 공간의 방향감각의 문제
- 간단한 단어나 친숙한 이름 망각
- 언어 유창성에 심각한 손상

노인성 치매의 초기에는 두 가지의 해부학적 변화가 일어난다. 두뇌 안에 있는 신경섬유가 서로 뒤엉켜서 플렉즐처럼 되고, 이러한 뒤틀린 묶음들(신경세포 근모의 뒤엉킴이라 불린다)은 신경염 혈소판이라 불리는 두뇌 외상을 형성하려고 다른 비정상 섬유와 연결된다. 이와 같은 두 가지 사태는 두뇌의 해마 융기와 대뇌 피질에서 일어난다. 두 개의 기본 뇌 영역들은 기억과 지능 활동과 관련되어 있다.

이러한 발견이 결정적인 것은 아니다. 해부 결과 많은 정상적인 노인 남녀의 두뇌에서 여러 외상들이 나타났고, 이와 비슷하게 분명한 착란이 뇌의 장애나 외상의 징후 없이 가끔 나타났다. 의학적 연구결과 80세 이상 노인의 99%가 약간의 외상은 있으나 그렇다고 해서 반드시 노쇠한 것은 아니었다.[12]

한편 뇌에서의 알루미늄 결집은 외상의 형성과 밀접한 관계가 있는 것으로 보인다. 의사들이 노인성 치매 환자들의 두뇌를 연구했을 때 알루미늄이 정상 수준의 10~30배가 발견되었기 때문이다.

노인성 치매의 원인에 관한 또 다른 이론으로 이러한 형태의 치매를 갖고 있는 사람들은 신경세포전달물질 아세틸콜린(acetylcholine)을 만들 때 필요한 뇌 효소가 부족할 수도 있다는 주장이 있다. 이 뇌 화학물질은 사고행위와 기억 활동에 포함된 것으로 알려져 있는데, 의사들은 뇌의 아세틸콜린이 하락하면 뇌 외상의 양이 증가한다고 보고 있다.

아직도 의사들은 건강하지만 나이든 두뇌에 노인성 치매가 나타나는 원인을 밝히지 못하고 있다. 두뇌 전문가들이 알고 있는 것은 나이가 들어감에 따라 두뇌는 측정이 가능할 정도로 작아지고, 가벼워지며, 더 성겨지고 있다는 점이다. 또한 세월이 지남에 따라 두뇌는 수십억의 뇌세포를 보충하지 못한 채 잃어가는(뇌세포 사망) 것으로 파악하고 있으며, 나머지 뇌세포의 많은 부분들이 신경세포의 수상돌기를 통해서 다른 세포들과 연결되지 못하는 것으로 파악하고 있다.

영아들은 약 150억개의 세포를 갖고 태어나는데, 가장 흥미로운 것은 출생부터 30세에 이르기까지 상당히 많은 양의 뇌세포를 사실상 잃는다는 점이다. 또 30세부터 나이가 들어감에 따라 두뇌 신경세포를 서서히 잃어 가고 있다는 점이다.

두뇌의 모든 부위에서 뇌세포의 손실이 일어나는 것은 아니다. 어떤 곳에서는 손실이 일어나지 않지만 어떤 곳에서는 수상돌기 연결고리의 80%까지 손실이 일어날 수 있으며, 80세까지 뇌세포의 40%에서 손실이 일어난다.

신경세포의 수상돌기들은 뇌 나무에 달린 나뭇잎과 같다. 나이가 들어감에 따라 나뭇잎은 떨어지게 된다. 이 말은 뇌세포의 연결 상태가 얇고 머리카락처럼 가는 필라멘트처럼 몇 개 남지 않는다는 것이다. 이러한 과정을 통해서 신경은 자극을 일으키고 영양이 전달된다. 나이가 들면서 신경세포의 수상돌기들이 없어지는 동시에 새로운 수상돌기가 자라나게 된다. 즉, 나이가 들어 간다고 해서 두뇌의 신경세포 수상돌기에 전적으로 사형선고를 내리는 것은 아니라는 것이다.

그리고 노란색의 나이 색소를 포함한 부스러기들이 세포들 사이의 공간 안에 모아지는데, 이 부스러기는 '노년색소' 혹은 '기미'라 불리는 것이다. 이것은 손등에 나타날 수도 있고 뇌신경 세포에 나타날 수 있다. 기본적으로 오래된 불포화성 비만으로부터 나온 세포조직의 노폐물 형태이며 세포의 얇은 막을 파괴한다. 잘 알려져 있지 않지만 이 부스러기는 뇌세포의 정상적 활동을 방해한다고 볼 수 있다.

당신의 나이와 상관없이 두뇌를 유연하고 기민하게 유지하라

뇌는 나이가 들면 뇌 소통 체제의 나룻배 사공이라 불리는 주요 신경전달물질 또한 감소한다. 따라서 사람이 늙게 되면 뇌에는 아세틸콜린, 도파민, 에피네프린(부신에서 분비되는 호르몬), 노르에피네프린, 감마-아미노낙 산, 감마아미노부티르산(GABA)의 양이 훨씬 줄어든다.

이처럼 중대한 변화가 있더라도 항상 알츠하이머(노인성 치매)에 누적되는 것은 아니다. 대부분의 노인들에게 나이가 들었다는 것은 두뇌 처리과정이나 반응시간이 느리고, 기억속도가 더디어지는 것일 뿐 노쇠 현상은 아닌 것이다.

유명한 인류학자이며 저술가인 마가렛트 미드(Margaret Mead)는 78세까지 살았는데 그녀의 두뇌력은 전혀 감퇴하지 않았다. 그녀의 권고는 아주 간단하다. "50세가 되면 모든 의사, 안과의사, 치과의사를 교체하라."는 것이다. 20대에서 40대로 들어서고 50대가 되면 그동안 진료받아 왔던 의사들은 노인이 될 것이다.

미드 박사가 제안한 대로 자신보다 젊은 의사들로 바꾸면 자신이 늙었을 때라도 그 의사들은 생존해서 잘 돌보아 줄 수 있을 것이다. 그렇게 되면 의사들이 자신보다 먼저 가는 슬픔을 보지 않아도 된다.

미드 박사의 말은 이렇다. 젊고 건강한 의사를 선택하여 모든 의사들이 죽어 가는 것을 보며 우울증 따위에 걸리는 것을 미리 막으라는 것이다. 이렇게 미리부터 준비하는 생활태도가 자신의 삶을 더욱 즐겁게 보낼 수 있게 할 것이다.

#17 두뇌 계발 비결
뇌의 독기를 제거하라-알코올과 기억력 상실

유명한 작가들이 지적 활동을 촉진시키기 위하여 한 잔의 와인을 마시는 매혹적인 이미지도 있긴 하지만 그래도 알코올은 실제로 두뇌력의 적이다. 영화 '잃어버린 주말' 에서처럼 멋진 분위기를 떠올리겠지만 사실상 알코올은 궁극적으로 졸음을 일으키고 심지어 무의식 상태를 야기하며 망각을 일으킨다는 것을 깨달을 필요가 있는 것이다. 기억력의 손상은 이러한 물질에서 형성된다.

사람들은 알코올을 통해 사회적 억압으로부터 벗어나려 하고, 부분적으로 자신을 잊으려 하며, 궁극적으로 자신이 하고 있는 모든 것을 잊으려 한다. 극단적으로 말하자면, 알코올은 기억에 해가 된다. 알코올은 기억력 상실과 기능장애에 직접적으로 영향을 주기 때문에 많은 의사들, 특히 뇌기능을 최대화시키는 데 관심을 갖고 있는 의사들에게는 알코올이 뇌의 잠재적 독으로 여겨진다.

알코올과 관련된 두뇌 계발 비결은 아주 간단하다. 두뇌력을 최대화시키고 기억력을 완전히 회복시키고자 한다면 알코올 섭취를 최소화해야 한다.

알코올은 얼마만큼 두뇌를 찌들게 하는가

이와 같은 공식적 견해는 체중과 내장기관이 어떻게 알코올을 흡수하고 해독하며, 얼마나 빨리 두뇌에 도달하느냐에 따라 다르다. 이 문제에 관해 전문가들은 한 달에 한 잔 이상의 맥주나 포도주를 마셔서는 안 된다고 권하고 있다. 의학적 연구에 따르면, 하루에 두 차례 미만의 음주를 한다고 해도 기억력은 감퇴한다. 40세 이상의 사람들은 적당한 음주량이라도 알코올 때문에 기억력 손상이 생길 수 있다.

알코올이 얼마나 인간의 뇌기능을 손상시키는가를 보여 주는 단적인 사례를 살펴보자.

치료가 불가능한 27세의 간질환자가 보스턴시립병원 신경과 병동에 입원했다. 이 환자는 입원하기 전에 아주 값싼 포도주를 거의 3주 동안 연속으로 마셨다고 한다. 그는 돈이 떨어지자 일주일 동안 술을 마시지 않았다. 그리고 일종의 DT의 악몽에 시달리게 되었다. 주치의는 이 환자의 이전 병력이나 가족의 병력에도 간질 증상이 발견되지 않았음에도 불구하고 술 때문에 이런 증세가 나타난 것이라고 진단했다.

분명한 것은 이 환자의 알코올 중단이 발작을 가져왔다는 점이다. CAT로 그의 뇌를 촬영한 결과 뇌실이 액체로 가득 차 확대되어 있었고 뇌 중앙 조직은 수축되어 있었다. 소뇌도 수축되어 있었다. 알코올이 뇌 조직을 측정이 될 만큼 손실시켰던 것이다.

물론 이 사례는 알코올이 인간 두뇌에 치명적 영향을 미친 극단적인 예다. 아주 적은 양의 알코올일지라도 사람에 따라 심각한 반응을 보일 수 있다는 것을 다음 예에서 알 수 있다.

열 명의 사람들에게 몇 시간 동안 약 0.5 *l* 의 위스키를 주었다. 그리고 나서 30분 전에 본 영화의 내용을 기억하는 검사를 한 결과 열 명의 취객 가운데 다섯 명만이 영화의 내용을 기억해 냈다. 이 다섯 명은 24시간 후에는 30분 후에 기억한 내용의 60%만을 기억할 수 있었다. 나머지 다섯 사람은 단지 30분 만에 그 내용을 잊어 버린 것이다. 그들은 처음부터 단기기억장치에 그 영화내용을 넣지도 않았던 것이다.

얼마나 많은 알코올이 두뇌력을 위축시킬 수 있는가

이제 좀 더 상세히 살펴보기로 하자. 요점은 이렇다. 생리적으로 알코올은 뇌에 위험한 독이다. 신경학자들은 뇌혈관벽을 거론하고 있다. 이 뇌혈관벽은 뇌 모세혈관 둘레에 있는 엷은 막인데, 보통 뇌로부터 해로운 물질을 보호한다. 그리고 뇌의 정상적 기능을 돕기 위해 뇌가 적절한 집중을 할 때 뇌의 화학물질과 이온(칼슘 등)을 지켜 준다. 몇 가지 요소들이 이러한 뇌혈관벽을 파괴할 수 있는데, 바로 혹, 전염병, 상처, 과도한 출혈, 알코올 등의 요소들이다.

대량의 알코올은 뇌 전체에 들어가서 오염시킨다. 소량이라도 대뇌 변영계에 있는 뇌벽을 파괴할 수 있다. 이 대뇌 변영계는 정서와 관련되어 있는 것으로 알려져 있다. 결국 이 대뇌 변영계는 유독성을 띠게 된다. 대뇌 변영계는 뇌의 해마상 융기, 편도선을 포함하고 있고, 측두골엽의 안쪽에 있으며, 시상과 시상하부의 안에 있는 부위다. 또한 알코올은 신경세포에 연결되어 있는 신경세포의 수상돌기를 손상시킨다.

음주와 사고는 동시에 할 수 없다

가볍게 혹은 적당히 마신 술도 개념형성능력과 추상적 추론, 학습능력, 적응력, 그리고 다른 복잡한 정신활동 수행능력을 손상시킬 수 있다. 알코올은 새로운 정보를 처리하는 능력과 그 정보를 기억장치에 저장하는 능력을 손상시킨다. 반복해서 말하지만 알코올은 일종의 뇌 억제제로서 대부분의 중요한 뇌기능을 억누르거나 약화시킨다. 이 효과는 장기적이고 영구적이다.

또한 알코올은 단기적 망각과 장기적 만성적 기억상실을 가져올 수 있다. 과학자들은 알코올이 기억기능의 장소인 뇌의 대뇌 변영계 영역에 영향을 준다고 보고 있다. 기억 장소는 새로운 정보를 획득하고 저장하기 위하여 굳어진다. 즉, 어떤 것을 기억할 때 그 기억한 사실들은 피상적이 되고 불완전해져서 최근에 배운 것도 쉽게 잊어버리게 되는 것이다.

이러한 사실과 더불어 알코올은 특히 뇌기능에 필수적인 비타민 B 복합제(특히 B_1 혹은 티아민)와 같은, 신체에 중요한 영양소를 빼앗아 간다. 티아민 결핍이 심화되면 코르사코프 증후군(일종의 건망 정신병)을 유발시켜서 심각한 기억력 상실을 경험할 수 있다.[13]

알코올을 지나치게 많이 마시면 두뇌가 수축될 수 있다

알코올을 장기적으로 마시거나 오용하면 두뇌의 신체적 구조가 실제로 영구적으로 변화될 수 있다.

알코올 중독자의 뇌를 만지면 정상인의 두뇌보다 부드럽다. 동물실험을 통해서 밝혀진 결과에 따르면, 5개월간 알코올을 마신 동물의 뇌에는 병리적 변화가 일어나서 신경세포들이 충격을 일으켰다.

또한 한 의학적 연구에 따르면, 알코올을 많이 마신 중독자의 뇌의 무게는 키나 몸무게는 비슷한 경우라도 보통 술을 마시지 않는 사람의 뇌보다 가벼운 것으로 나타났다. 이 연구를 수행한 과학자들은 알코올을 마신 사람의 뇌(특히 전두엽)는 실제로 신경세포의 크기가 작거나 숫자가 적은 것으로 결론지었다. 이 전두엽은 두뇌력의 기본이 되는 영역이다.

그뿐 아니라 장기적인 알코올 남용은 심각하고 영구적인 기억상실을 가져올 수도 있다. 알코올은 간에 독소를 만들기 때문이다. 술을 마시는 사람이 종종 간 경변으로 사망하는 것은 잘 알려져 있으며 이에 해당되지 않은 사람도 코르사코프 증후군(일명 건망증라고도 함)으로 고통받을 수 있다. 이러한 극단적인 간해독 상태를 코르사코프 증후군이라 부르는 것은 1900년에 사망한 러시아의 발명가 코르사코프(Sergei Sergeivich Korsakoff)의 이름을 따온 것이기 때문이다.[14]

만약 과음한 경력이 있다면, 간해독 프로그램을 사용해 볼 것을 권하고 싶다. 건강에 기본적인 조직 회복을 위해 효험 있는 약재 등을 섭취하여 기억력을 완전히 회복시킬 수 있는 방안을 강구할 필요가 있다.

자족 식물이나 약초로는 민들레 뿌리, 우엉, 노란 소리쟁이(yellow dock), 애기똥풀 가운데 한 가지나 혼합물을 사용하는 것이 좋다. 이러한 약초들의 진한 풍미를 맡거나 진한 차를 끓여 하루에 두 차례씩 복용하면 도움이 될 것이다.

두뇌 계발 연습 # 9
거꾸로 읽기

- 시사 주간지나 월간지 중 하나를 선택한다.
- 이것을 거꾸로 들고, 시간을 10분으로 정한 다음 그 내용을 읽기 시작하라.
- 설정한 10분 벨이 울리거든 읽은 내용의 글이 몇 행이나 되는지 세어 보라.
- 이렇게 하루에 두 번씩 일주일 동안 실시하라. 14번 실행한 다음 몇 행이나 더 읽었는지 살펴보라.

#18 두뇌 계발 비결

일상생활에서 9가지 뇌독을 줄이거나 제거시키는 방법

여기에 또 다른 강력한 뇌독 물질이 있다. 이러한 물질에는 오락성 물질이나 환각제, 조제약, 아편제, 진정제, 근육 진정제, 흥분제 등이 포함된다. 이러한 모든 약물들은 뇌기능을 억제시키는 것으로 알려져 있다. 알코올과 마찬가지로 이러한 약물들은 환각제로 만들 수 있고 주로 대뇌 변영계에 영향을 미친다. 약물에 도취되어 마음과 현실세계를 못 볼 수도 있다.

이러한 물질들은 두뇌 작용에 영향을 미칠 뿐만 아니라 신체에 유독물질을 축적시킨다. 이러한 물질들의 부정적 영향은 나이가 들수록 더욱 증가한다. 때문에 나이가 들면 출생 당시에 고정된 뇌세포가 점점 줄어들어 두뇌는 점점 더 뇌의 힘을 약화시킬 뿐 아니라 모든 뇌독에 걸릴 가능성도 위험한 수준으로 높아진다.

이러한 물질들에 관한 두뇌 계발 비결은 간단하다. 만약 두뇌 계발의 자연적인 발달을 보장받고 싶고 두뇌력을 증진시킬 수 있는 조건을 형성하고자 한다면, 다음 물질들을 가능한 한 피해야 한다. 만약 이러한 물질을 의학적 이유로 계속 사용할 필요가 있다면 절대량을 감량하라.

1. 코카인　　1980년대 말경에 조사된 바에 따르면, 1500만 명의 미국인들이 코카인을 사용한 바 있고 300만 명의 미국인들은 상용하고 있는 것으로 추산되었다. 코카인을 오용할 경우, 경우에 따라서는 발작 증상을 일으킬 수도 있으며 간질병의 경련을 일으킬 수 있다. 이런 증상들은 비록 영구적 손상은 아닐지라도 뇌에 부정적 영향을 줄 수 있

다. 이러한 뇌의 손상은 기억력 감퇴는 말할 것도 없고 집중력, 과정능력, 학습능력과 새로운 정보저장능력에도 손상을 입힐 수 있다.

코카인 한 알에 중독되었을 경우도 간질병의 습관이 나타날 뿐 아니라 성격장애를 일으켜 편집증 환자가 될 수 있고, 집중력이 약화되며, 주의력이 산만해진다. 신경이 예민한 사람은 코카인 한 알에도 뇌졸중이나 뇌출혈을 일으킬 수 있다.

이 물질은 뇌에 전기발작이나 비정상적인 전기작용을 일으키고 불안과 신경과민의 일반적 증상을 일으킬 수 있을 뿐만 아니라 성격장애를 일으키는, 도파민이라는 또 다른 뇌화학 물질 수준을 높일 수 있다.

2. 암페타민(중추신경을 자극하는 각성제) 암페타민은 중추신경을 자극하는 각종 각성제다. 히로뽕이라 불리는 각성제, STP(메틸 암페타민) 혹은 합성헤로인, MDA(메트린 암페타민), 나이어트 약품, 기타 모든 뇌에 위험한 제조된 약품들이 있다.

이러한 중독성 물질들을 오래 복용하면 정신력을 잃게 되고, 기억력과 성격에 변화를 일으켜 편집병(과대망상증)과 공격성 등과 같은 증상을 나타낼 수 있다.

처음 소량을 음용할 때 알코올과 함께 사용하면 처음에는 단시간에 정신활동에 집중력이 생겨 정보를 기억할 수 있지만 수일이 지난 다음에는 쉽게 망각하게 된다.

일시적으로 기분이 상기되어 집중력이 생길 수도 있지만 이러한 물질에 의존하게 되면 어느 날 갑자기 역작용이 일어날 수도 있다. 즉, 정보를 획득하고 저장하고 검색할 수 있는 능력이 쇠퇴하기 시작하면서 학습능력이 쇠퇴하게 되는 것이다.

이러한 물질을 많이 사용하면 할수록 두뇌력은 그만큼 더 쇠퇴하고 만다. 집중력은 떨어질 것이고, 잘 흥분하게 되고, 신경은 과민해지고, 쉽게 주의력이 산만해지고, 새로운 정보를 학습할 때 필요한 주의력을 통제할 수 없게 된다. 이러한 조건들은 혼란 상태를 야기하여 방향감을 잃고 환각 상태에 빠지게 한다. 분명한 것은 학습력이 떨어지고 정신적인 괴물이 될 것이라는 것이다.

3. **수면제**(Barbiturates)　　일종의 처방약이면서 처방전 없이 구입할 수 있는 진정제에 속한다. 뇌기능을 억누르고, 정신능력을 저하시키며, 기억력을 손상시킨다. 신경안정제(tranquilizer), 수면제(sleeping pills), 상품명으로 Valium, Librium, Serax, Xanax, Atarax 등이 있다.

원래 각종 수면제나 진정제는 간질 증상을 가라앉히고 더 이상의 발작을 방지하기 위해 개발된 것들이다. 그래서 오랫동안 이러한 증상으로 고통받고 있던 사람들은 수면제를 통해 '워킹 좀비' (walking zombies)가 되어 그들의 환경을 인식하지 못하게 해 준다는 생각을 갖고 있었다.

이러한 약품들이 정신건강에 어느 정도 효과가 있는 것은 분명하지만 이러한 약물들은 정신기능을 저하시키고 특히 기억력을 저하시킨다. 실험결과에 따르면, 이러한 약물을 복용한 첫날에 기억기능이 상당히 저하되는 것으로 나타났다. 또 다른 연구 결과 이러한 약물을 복용한 수백만의 미국인들 거의 대부분이 정보를 회상할 능력이 낮은 것으로 나타났다.

어떤 약물이 정상적인 뇌기능을 바꿀 수 있다는 것은 또한 얼마나 많은 양을 얼마나 오랫동안 복용하느냐에 따라 기억에 손상을 주는 부정적 영향을 끼칠 수도 있는 것이다.

4. **신경안정제**(tranquilizer)　　Thorazine, Prolixin, Compazine, Mellarilin, Stelazine 등의 약물들은 정신과 의사들이 일반적으로 처

방하는 것으로, 뇌기능에 심각한 문제를 일으킬 수 있으며 기억력을 크게 상실시킬 수 있다. 일반적으로 이와 같은 강력한 심리치료약물은 매우 심각한 흥분이나 환각, 망상 등으로 고통받고 있는 환자들에게 사용된다.

5. 항울약(antidepressants)　　기분전환에 강력한 효과를 발휘하는 Elavil, Prozac과 같은 약물은 정신과 의사들이 극심한 우울증 환자들에게 처방하는 약물이다. 57세의 여성 카피라이터(copy writer)가 극심한 우울증을 해소하기 위하여 Elavil을 상용한 결과 기억력 상실을 경험하게 되었다. 이 약물은 우울증 해소에 도움이 되기는 했으나 그녀의 정신 건강은 해쳤던 것이다.

기술적으로 이러한 약물의 습관적 복용은 기억 기능에 중요한 뇌의 화학적 아세틸콜린을 위한 네트워크를 방해한다. 또 다른 약물로 현재 매우 인기 있는 항울약인 Prozac은 지적 능력과 기억 용량을 덜 손상시키는 편이기 때문에 그녀의 의사는 처방전을 바꾸었고 단시간 내에 그녀의 두뇌력은 회복되었다.

6. 항고혈압약(antihypertensive)　　이런 종류의 의약처방전에는 Atenolol과 Propanalol과 같은 베타 수용체(주로 협심증, 고혈압, 부정맥 방지 따위에 쓰임)가 포함되는데, 이러한 약물들은 기억력을 방해하고 기억한 것을 방해할 수도 있다.

또한 혈액에 포도당 수준을 억제하고 녹내장에 쓰이는 안약이나 몇몇의 소화제 등은 기억을 방해하고 다른 정신 능력을 방해하는 것으로 알려져 있다.

7. 각종 복합약물　　의사들은 이러한 여러 약물을 한꺼번에 복용함으

로써 예상치 못한 영향을 미치는 것을 다중약학(polypharmacy)이라 부른다. 한 환자가 여러 처방약, 예컨대 심장약, 고혈압약, 천식약을 한꺼번에 복용한 결과 기억력과 일반 지능이 떨어지는 현상이 나타났다. 이에 몇 가지 약의 숫자와 약의 양을 줄이기 시작했더니 그의 뇌기능은 정상으로 회복되었다.

68세의 한 노인은 매년 봄철에 알레르기성 질환 때문에 항히스파타민제(알레르기 치료제)를 복용하였다. 어느 봄철에 이 노인은 기억력이 점차 소멸되고, 계속해서 건망증이 생기며, 정신혼란증이 일어난다고 호소하였다. 그의 의사가 항히스파타민제 함량을 줄였더니 노인의 정신혼란증이 사라졌고 뇌기능은 정상을 회복했다.

한편 72세의 여성 노인에게 심한 우울증 증상이 나타나자 그 노인의 의사는 그녀에게 몇 가지 심리치료약을 투여했다. 곧바로 그녀는 정신이 혼미해지고, 더 흥분되고, 망상에 빠져 들었고, 졸리기 시작하더니 장기간 무감각해졌다. 이 노인은 노인성 치매와 알츠하이머 치매에 진입하고 있었는가? 아니다. 이 노인의 뇌는 불량한 약물들이 혼합하면서 영향을 미친 독성을 지니게 되었던 것이다. 이 노인이 약들을 중단했더니 정신력이 정상으로 돌아왔다.

알츠하이머에 관련된 사례도 있다. 62세의 여자 노인이 알츠하이머로 17개월 동안 노인 요양원에 입원하고 있었다. 의사가 알고 보니 이 노인은 27가지 정신과 치료약을 한꺼번에 복용하고 있었다. 의사는 이 약물들의 복합 효과로 그녀의 정신력이 점차 쇠퇴되었고 차츰 정신 이상으로 나타나고 있음을 발견하였다.

요컨대 이 노인의 뇌는 너무나 많은 약물을 복용하여 심한 유독 현상이 나타난 것이었다. 이 의사가 거의 7주 동안 약물로 인한 뇌 손상을 제거시켜 주었더니 그녀의 알츠하이머 증상은 완전히 사라졌다. 이 노인은 뇌독의 희생양이었던 것이다.

8. **몇 가지 복용을 제한하거나 사용을 금지해야 할 뇌독 약물들** 기억력과 뇌기능에 장애가 되는 정신질환약들에는 수면제, 브롬화물, 신경안정제(benzodiazepams), 정신분열증치료제(phenothiazine), 중추신경 억제제(haloperiodol), 조울병약(lithium), 항우울증 치료제(anti-de pressants) 등이 있다. 일반적으로 정신과 의사들이 처방하고 있는 약품들 가운데 기억과 뇌기능에 장애가 되는 약물에는 다음과 같은 것들이 있다.

- 항히스타민제(알레르기약)
- 당뇨병약
- 진통제
- 항고혈압약
- 시메티다인(제산제, 십이지장궤양 치료제)
- 인데랄(Inderal)
- 레서핀(혈압강하제)
- 다르본(Darvon)
- 심메트렐(symmetrel)
- 배멀미약(수면 진정, 무통분만용)
- 녹내장 치료 안약
- 디기탈리스(강심제)
- 메틸도필(혈압강하제)
- 항천식약물(근육 이완제, 혈관확장제, 이뇨제)

9. **기타 뇌독약** 기타 뇌세포를 자극하고, 독을 주고, 손상하는 것으로 알려진 물질에는 다음과 같은 것들이 있다.

• 마이코톡신(곰팡이류의 독성 물질)
• 아플라톡신(발암성 독소)은 곰팡이에 의해서 만들어지거나 농산물(밀, 피넛), 조개류, 산업공해물질 등
• 아스파테임(인공 감미료)과 같은 화학 감미료
• 항생제
• Red Dye No.3(빨간 염료란 뜻)
• 폴로아 클리마이드(polyacrylimide): 식품포장물질은 음식에 달라붙어 떨어지지 않음

#19 두뇌 계발 비결
생활에서 제거해야 할 2가지 뇌독 물질

1. 카페인　　카페인이라 불리는 뇌 자극제는 홍차잎, 콜라 열매, 카카오 씨, 너도밤나무 잎, 청량음료, 기타 여러 가지 의사의 처방 없이 팔리는 약 등에도 있지만 가장 보편적으로는 커피에서 발견된다. 또한 놀랍게도 코카콜라는 원래 하나의 '지적 음료' 그리고 '뇌 강장제'라는 뜻으로 상표화되었다. 신경계통과 뇌에 영향을 끼치는 것으로 알려졌기 때문이었다.

카페인은 알코올보다 빨리 흡수되고, 약간만 복용해도 뇌에 즉각적인 자극을 주어서 졸음과 피로를 쫓으며, 각성작용을 하여 주의를 집중시킨다. 또한 짜증을 일으키기도 하고 습관화되지 않은 사람에게는 신경을 예민하게 만든다. 카페인을 과용하는 사람에게는 피로와 두통이 나타난다.

커피의 역설은 커피는 분명히 두뇌력 자극제이면서 동시에 그 반대

의 효과도 일으킨다는 것이다. 커피가 뇌를 일깨운다고 생각할지 모르지만 실제로는 혈액 흐름을 증가시키지 못한다.

사실 한두 잔의 커피로도 뇌의 혈액순환을 심각하게 저하시킬 수 있다. 이 때문에 카페인이 들어 있는 커피는 편두통 치료에 활용되기도 한다. 즉, 카페인은 뇌에 있는 확장된 혈류를 위축시키는 데 도움을 주는 것이다. 또한 커피는 매우 활동적인 아동들을 진정시키는 역할을 하기도 한다.[15]

실질적으로 커피를 삼가는 것이 좋겠지만 기본적인 두뇌력이 아닌 두뇌력을 끌어올리기 위해서는 하루에 한두 잔 정도로 커피를 조절하는 것이 좋을 것이다. 아침에 신체에 자연적인 탄력을 불어넣기 위한 대안으로 커피에 의존해서 일과를 시작하지 않도록 생리적으로 신중하게 조절해야 한다.

기억해 두어야 할 것은 지나치게 카페인을 섭취하는 것과 신체의 활력을 불어넣기 위하여 습관적으로 자극을 주는 일은 몸에 유독성 물질을 불어넣고 다니는 것과 같다는 것이다.

2. 니코틴　　담배에서 가장 공통적으로 발견되는 이 자극물질은 뇌에 영향을 미치는 또 하나의 문제가 되는 물질이다. 담배를 통해 니코틴을 흡입할 때 약 8초 이내에 뇌에 전달되어 뇌기능과 관련된 뇌화학물질(혈압 강하제, 바소프레신-신경성 뇌하수체의 일종, 혈압상승, 항이뇨작용이 있음)과 기분을 상쾌하게 하는 신경호르몬의 방출을 자극한다.

각성되고 긴장이 풀려 약 30분 동안은 정신활동을 보다 빠르고 정확하게 잘 수행할 수 있을지도 모른다. 그러나 이 경우 두뇌 활동을 유지하기 위해서 또 새로운 니코틴 주입을 요구하게 된다.[16]

니코틴은 잠재적으로 폐암 발병과 같은 치명적 대가를 치르게 하면서 IQ를 일시적으로 끌어올린다. 잊지 말아야 할 것은 니코틴은 쥐약과 살균에 일반적으로 사용되는 독이라는 점이다. 단지 약간의 두뇌력을 올리고 잠깐 동안의 효과가 있을 뿐 높은 정신력에 요구되는 일에 니코틴은 가치 있는 것이 못 된다.

연구에 따르면, 흡연자들이 에어로빅 운동을 하면 같은 수준의 두뇌력을 경험할 수 있으며 동시에 베타엔돌핀, 아세틸콜린, 아드레날린의 방출로 얻게 되는 이완된 각성 상태를 유지할 수 있다.

✠ **두뇌 계발 연습 #10**

글을 읽을 때 눈을 거꾸로 놓아라

- 거꾸로 써진 각각의 영어 문장을 정확히 읽어라.
- A gnirettams fo gnihtyreve, dna a egdelwonk fo gnihton._selrahC snekciD
- elihW morf a duorp rewot ni eht nwot/hated skool yellacitnagig nwod._ragdE nellA eoP
- teL, su ereht etamina dna egaruocne hcae rehto, dna wohs eht elohw that a nameerF, gnidetnoc rof ytrebil no sih dnuorg, si roirepus ot yna hsivals yranecrem no htrae._egroeG notgnihsaW

#20 두뇌 계발 비결

두뇌가 마르지 않도록 하라-내장과 당신의 정신

내장의 활력과 일반적인 소화과정이 두뇌력을 향상시키는 데 중요하다는 점은 충격적인 사실이지만 인식할 필요가 있다.

사실상 이 두뇌 계발 비결과 신체의 해독 문제를 다루는 것과 관련된 문제는 이 책에서 권하고 있는 모든 문제 가운데 가장 중요하고 심각한 문제다.

결장이 건강하냐 아니면 침체되어 있느냐의 문제는 사람이 건강하든 건강하지 않든 사람의 정신과 신체의 모든 것과 관련되어 있다. 두뇌력과 유연성, 정신력은 전적으로 사람이라는 하나의 유기체의 전반적인 상태에 달려 있는 것이다.

내장이 막히면 두뇌도 막힌다

대장에 문제가 발생하면 건강에 여러 가지 심각한 문제를 야기할 수 있는 중독 상태가 나타날 수 있다. 예컨대 췌장이 혼돈 상태가 된다든지 간이 붓는다든지 심장과 위장에 문제가 생긴다든지 월경이 불규칙적이 된다든지 방광에 이상이 올 수 있는 것이다. 결장이 두뇌력에 가장 핵심적인 열쇠가 된다면, 변비와 장기간 결장의 침체는 뇌가 최상의 기능을 발휘하는 데 방해가 될 수밖에 없다.[17]

내장이 막히면 직접적으로 두뇌력에 장애가 온다. 변비가 많을수록 (혹은 내장이 축 처질수록) 활용할 수 있는 두뇌력 또한 약해진다. 정신력과 소화과정, 특히 내장은 직접 연결되어 있기 때문이다. 이는 해부학적 기능의 관점에서라기보다는 에너지적 관점에서 그렇다. 음식물의 소화작용, 특히 배설물 제거작용이 활발하지 못하고 불완전하고 건강하지 못하면 더욱 그러하다.

결장 분야의 자연건강 요법 전문가들의 주장에 따르면, 매일 내장운동을 하고 있다 할지라도 대부분의 사람은 만성적 변비를 갖고 있다고 한다. 매일같이 한 번씩 대변을 본다고 해도 대장 안에는 소화되지 않은 음식이 장기간 보관되어 있을 수 있기 때문이다. 만성적 변비보다 더 나쁜 것은 자가 중독이라 불리는 상태다. 몸에 오래된 썩은 배설물을 갖고 있다는 것은 내장에 독성을 갖고 있다는 것이다. 이런 현상이 일어나는 것은 결국 내장의 건강한 활동과 생리적 기관이 서로 조화를 이루고 있기 때문이다.

침체된 내장에서 자가 중독이 일어나는 몇 가지 대표적 현상을 소개해 보자면 다음과 같다.

- 에너지 부족
- 피로감
- 짜증스러움
- 안절부절못함
- 참지 못함
- 남과 자주 다투는 현상
- 야간의 피로
- 지구력의 부족
- 잦은 질병

배액관(排液管) 장애를 제거시키기 위한 실제적 전략

이와 같은 설명을 하기 전에 어떠한 방법으로 내장의 저장공간을 두뇌력 생산에 전환시킬 수 있는지 몇 가지 실제적 제안을 하고자 한다. 다음 몇 가지 전략을 고려해 보자.

- **결장, 간주**(상처를 씻음), **관장**: 이러한 것들을 통해 즉각적인 효과(불과 몇 시간 내에)를 볼 수는 있으나 모든 사람들에게 적용되는 것은 아니다. 또한 내장 전체에 효과가 있는 것도 아니다.
- **단기간의 단식**(2~4일간): 물이나 과일 · 야채 주스만을 마심으로써 내장을 비울 수 있다.
- **약초 내장 세척기**: 이러한 방법은 서서히 그리고 저렴하게 자가 치유법으로 할 수 있는 가장 확실한 방법이기는 하지만 10~12일의 시간이 걸린다.

하제(대변을 나오게 하는 것)와 내장변통약(배변을 촉진시키는 약)을 사용하는 방법은 좋은 방법이 아니다. 이러한 방법은 단기적인 완화 조치일 뿐 근본적인 문제해결은 아니며 내장을 깨끗이 청소해 주는 것도 아니다. 다만 소화기관의 연동과정에 기능장애를 촉진시킬 뿐이고 대장 안에서 배설물을 밀어내어 내장 운동을 규칙적으로 수축시킬 뿐이다. 하제는 결장을 자극하고 피곤하게 하며, 결국 자동차의 배터리를 새로 갈아야 함에도 불구하고 계속해서 시동을 걸고 있는 것과 같은 것이다.

두뇌에 장애를 제거하기 위해 2주 동안 취할 수 있는 11가지 조치

정제된 약초 결장 세척제와 특수 약초 조제들은 시중에서 구입할 수 있고, 자연식품이나 건강식품들은 쉽게 주문해 구할 수 있다. 또 다른 간단한 방법들을 소개한다.

1. V.E. Vit-Ra-Tox No. 19 내장 세척제를 하루에 두 번씩 지시대로 복용하라. 가능하면 아침에 한 번, 취침 전에 한 번 하는 것이 좋다. 이 조제품은 가루로 만든 플랜타와 프실리움(질경이과 잡초)씨 껍데기로 만든 것으로, 차전자(車前子)라 부른다. 이 두 식품은 결장을 깨끗하게 하는 데 필요한 고단위 섬유질이다. 한 병에 10~14일 분량이 들어 있다.
2. 아침에 일어나서 맹물이나 과일 주스에 한 스푼을 타서 잘 흔든 후에 공복에 마신다. 그렇지 않으면 이 용해제는 응결되어 가라앉고 만다. 이와 같은 방법으로 취침 전에 반복하되 최소한 저녁식사 후 3시간이 지난 다음에 복용한다. 이렇게 하루에 두 번씩 약 10~14일 계속한다.
3. 내장의 상태에 따라 이러한 제거 과정이 시작되는 데는 3~6일이 걸릴 것이다. 즉, 이 제품을 처음 복용할 때부터 발효되지만 기억해 둘 것은 내장의 물질이 움직이기 시작하는 데 시간이 걸린다는 것이다. 발효되기 시작하는 처음의 며칠간은 내장이 하루에 4~6회씩 움직이는 것을 느낄 것이다. 또한 이것의 이상한 특성과 냄새가 느껴질 것이다. 하지만 내장 구석구석에 남아 있던 것들을 씻어 내는 과정이므로 걱정할 필요는 없다.
4. 만약 경련을 일으키거나 설사를 하기 시작하면 이 치료를 중단하라. 그것은 이제 그만해도 된다는 몸의 신호다. 며칠이 지난 다음 다시 시작하라. 이 프로그램을 2~3 일쯤 하면 배가 부풀어 오를 것이다. 또

한 속이 울렁거리거나 부글거리는 것을 느낄 것이다. 이러한 현상은 정상적인 현상이다. 이 제품이 효력을 발휘하고 내장에 청소작업이 이루어지고 있다는 증거다.

5. 콩처럼 속을 부풀게 하는 어떤 식품도 삼가라. 정맥하지 않은 곡물, 예컨대 현미 등과 같은 섬유질이 많은 가벼운 식사를 하라. 육류나 설탕은 가볍게 섭취하라. 이러한 식품은 내장 세척을 방해할 수 있기 때문이다. 물은 보통 이상을 마셔라. 이 기간 동안에는 '정크 푸드(junk foods)' 를 피하는 것이 좋다.
6. 하나의 보완 조치로 간이나 장을 해독시키는 행동을 자극하기 위해서 매번 세척제를 복용하고 난 다음에 정제된 약초제품(Yerba Prima Kalenite Herbal Formula)을 들어라.
7. 보다 더 철저한 해독 프로그램을 위해서 에덴스 시크릿(Eden' s Secrets) 사에서 개발한 정제 프로그램(Purifying Program)을 고려해 볼 만하다. 이 프로그램은 제조법에 따라 8~25가지 다른 정제 약초가 포함되어 있다.
8. 약간의 있을 수 있는 심리적 감정적 영향도 준비할 필요가 있다. 문자 그대로 정신-육체 기관에 자극을 줄 필요가 있는 것이다. 기질에 따라 1~2일 동안 정신적 혼란을 느낀다든지 이상한 생각이 든다든지 너무나 많은 생각들 혹은 먼 옛날의 기억들을 경험하게 될지도 모른다.

   또한 참을 수 없는 분노나 우울증이 솟구치는 것을 느낄 수도 있다. 하지만 이러한 것들에 대해서는 걱정할 필요 없으며 너무 신경 쓸 일도 아니다. 이러한 현상은 내장을 청소하는 과정에서 나타나는 일시적인 현상에 불과하다.
9. 중요한 두뇌력 향상 과정에서 꽃 에센스가 도움을 줄 수도 있다.

- 내장을 청소하는 동안 매일 하루에 네 번씩 야생사과(능금)를 먹어라.
- 속이 심하게 쓰릴 때는 너도밤나무를 먹어라.
- 생각이 계속해서 교유하고 이러한 현상들이 반복될 때는 흰 밤을 먹어라.
- 심한 분노를 느낄 때는 호랑가시나무를 먹어라.

10. 내장 청소를 하는 동안 유산균 복용을 고려해 보라. 유산균 약제 한 알마다 내장에 많은 도움을 주는 5천만의 살아 있는 젖산균 조직이 들어 있다. 이 젖산균 조직은 결장에 생존하면서 결장 안에 있는 정상적 해독 활동에 중요한 역할을 하는 건강한 내장 식물군의 일부다. 사실상 전체적으로 3~4파운드 정도 되는 약 400가지의 각기 다른 내장 미생물들이 결장 안에서 활동하고 있다.
11. 이 프로그램을 3개월간 계속하고 다시 6개월간 계속한 다음 두뇌력을 개선하기 위해서 매년 봄철에 연중행사로 내장 청소를 하라.

두뇌 계발을 위해서 지켜야 할 추가적인 안내 지침! 내장 청소를 해라

- 일반적으로 좋은 결과가 나타나기 시작하려면 이러한 혼합을 위해 약 2~4일이 걸린다. 하지만 그 결과는 괄목할 만하다.
- 내장 안에 자신이 알지 못하는 상당한 양의 물질이 들어 있다는 것을 경험하게 될 때 내장에 두려움을 갖게 될지도 모른다.
- 허리가 가늘어지고, 몸매가 좋아지고, 걷는 모습이 가벼워지고, 옷이 맞게 될 것이다.
- 오랫동안 갖고 있던 감정, 불평과 불만, 초조함, 부정적인 태도가 바뀌거나 심지어 없어지는 것을 발견할 것이다.

- 전반적인 성향이 점점 밝아지고, 보다 낙천적이 되고, 자신감이 더 생길 것이다.
- 다른 한편으로 중요한 것은 마음이 내장을 조건화시킬 수 있다는 것이다. 정신적 긴장, 스트레스, 근심, 감정적 고통이 내장을 불편하게 해서, 염증을 일으키고 위축시키고 변비를 일으킬 수 있다.
- 주의를 기울인다면 내장과 정신 에너지의 실제적인 연결이나 작동 연결을 직접 경험할 수도 있다.
- 하루나 아마 이틀 동안은 내장 청소가 풀가동될 때 짜증이 나고, 동요되고, 흥분되고, 마약에 취한 것처럼 멍하고, 주의집중이 안 될 수 있다. 마음에 이러한 부정적 영향을 받는 것은 일시적 현상으로 2~3일간 계속된 이후에는 심각하지 않게 된다.
- 내장 청소 프로그램이 끝나면, 예상 밖으로 가벼운 느낌을 갖게 될 것이며 정신적으로 경쾌해질 것이다. 마치 마음속에 있는 무거운 짐을 벗고 수백만의 자유로운 신경세포가 두뇌력을 향상시킨다는 기분을 느끼게 될 것이다.

정신과 내장 간의 관계를 향상시키는 개인적 격려의 말

내장 청소 과정에 관한 놀랄 만한 몇 가지 개인적인 생각을 밝히려 한다. 나는 사고기능과 내장 간에 직접적으로 관련이 있다는 것을 직접 알게 되었고 작가로서 정신적 명료성은 집중력, 기억력, 연결력, 조직력, 설명력, 컴퓨터와 타자기의 조작 능력보다 더 중요한 나의 전문 분야이다. 결장이 막히면 정신이 맑아지기 어렵고 내가 해야 할 정신 수행력만큼의 수행력을 발휘할 수 없게 된다.

자연요법사이며 건강 교육자인 버나드 젠슨(Bernard Jensen) 박사에 따르면, 하루에 3～4번씩 장운동을 해도 만성적 변비 결장을 갖고 있을 수 있다고 한다. 젠슨 박사는 또한 내장 청소를 한 후에도 대부분의 사람들에게 최소한 10회의 식사분이 남아 있을 것이라고 예측하고 있다.

통계숫자를 생각해 보라. 소장의 길이는 약 7m이고 대장의 길이는 약 1.6m인데 그 폭은 두 배나 되고 작은 주머니와 회선으로 가득 차 있다. 그만큼 저장 공간이 큰 것이다. 문제는 배설물이 내장에 가득 차면 그 안에서부터 오염되기 시작하고, 기관이 독소로 가득 차게 된다는 점이다. 내장이 꽉 차게 되면 두통이 생길 수 있고, 정신이 멍해지며, 에너지를 고갈시키고, 피로해지거나 짜증스러워진다. 그러나 이러한 것들은 경증 현상에 불과하다.

무엇이 내장을 막히게 하는가? 육류 중심 식사, 특히 현대인들의 식사는 동물성 단백질이 높아서 비만을 가져오고, 채소나 섬유질이 부족해 내장이 막히는 현상을 빠르게 하여 채식주의자들이나 채식선호자들보다 더 많이 막히는 것이다. 채식주의자들이나 채식선호자들은 야채섬유와 곡물도가 높고, 비만도가 낮으며, 비육류 단백질이 약간 높을 뿐이다. 그러나 채식주의자들의 결장도 막힐 수 있고 과거부터 갖고 있던 여분의 찌꺼기가 남아 있을 수도 있다.

놀랄 만한 내장의 찌거기가 두뇌력을 박탈할 수 있다

여기에 하나의 놀라운 사실이 있다. 만약 오늘 식사를 중단하고 일주일을 굶는다면(내장 청소 프로그램을 계속한다면), 그리고 내장 청소를 위해서 아무것도 하지 않는다면, 그래도 이 7일 동안 최소한 25～30번의 내장 운동을 하게 될 것이다. 이것은 결코 과장이 아니다. 사람의 내장 안에 얼마나 많은 오래된 물질이 있었는가를 경험하게 되면 놀라

지 않을 수 없다.[18]

이러한 현상의 원인에는 여러 가지가 있다. 쇠고기 등 동물성 식품과 침전된 지방은 소화시키는 데 많은 에너지와 시간이 요구되는 복잡한 식품이다. 이러한 식품들은 내장 안에서 부패될 가능성이 높다. 반면 야채, 곡물, 과일, 견과류는 덜 복잡하고 소화가 빠르며 일반적으로 소화기관을 보다 손쉽게 통과한다. 그러나 오랫동안 채식을 하고 과식하지 않았던 사람의 경우에도 스트레스, 긴장, 운동부족, 부적절한 수분섭취, 질병, 과로와 같은 요소들은 내장을 침체시킬 수 있다.

채식주의자들도 결장을 완전히 비울 수 있는 것은 아니며 비효율적으로 기능할 수 있다. 규칙적인 운동 부족, 탈수, 과식, 만성적 스트레스에 시달리게 되면 내장이 침체될 수 있다. 이러한 조건들은 지능을 감퇴시킨다. 다행히도 여기 내장 안에 두뇌 수축을 막을 수 있는 전략들이 있다.

✠ 두뇌 계발 연습 #11

다시 한 번 거꾸로 읽기

아래의 각 문장을 정확히 읽어라. 각 단어들은 거꾸로 쓰여 있다.

- fltit' nseodevguoyaehcadaeh, tilliwekamuoytnaillirb. hcaEdrowniesehtdecapsnusecnetnessidellepssdrawkcab. daeRmehttuoyltcerroc.
- llAehts' dlrowaegats. dnAllaehtnemdnanemowylleremsreyalp: yehtevahriehtstixednariehtsecnartne;dnaenonamnisihemit-

syalpynamstrap.-mailliWeraepsekahS

ehTsomiksedahytfifowtsemanrofwonsesuacebtisawtnatrop-

mi:erehtthguootebsaynamrofevol.-teragraMdoowtA

#21 두뇌 계발 비결

뇌로부터 육류를 제거하라- 육류가 두뇌력을 메마르게 하는 5가지 이유

높은 콜레스테롤 물질과 축적된 비만 이외에도 만약 육류(소고기, 돼지고기, 양고기)를 많이 먹으면, 두뇌력 손실에서 하루 동안 그만한 대가를 치르게 될 것이다. 일반 미국인들의 높은 소고기 소비량은 심장병 질환의 평균 위험도를 높일 뿐 아니라, 노년에 이르러 정신력이 취약해질 위험성을 높일 수 있다.

과학자들은 1976년 이후 제7일 안식일파 채식주의자 34,000명의 식사와 질병에 관한 데이터를 수집하여 연구하였다. 그들은 제7일 안식일파 채식주의자 136명의 건강상태와 같은 성별과 연령의 육식가들의 건강상태를 비교해 본 결과, 단 3명의 채식주의자들에게 노인성 치매가 발생된 것에 비해 육식가들은 10명이 치매에 걸려 있음을 발견했다.

더 나아가서 채식주의자들 중에는 뇌졸중으로 발병한 치매 환자가 한 사람도 없었던 반면 육식주의자들 중에서는 5명이 뇌졸중으로 발병한 치매 환자로 나타났다. 이 연구에 참여한 한 과학자는 사람들이 육식을 오늘 당장 중단한다면 10년 안에 다른 평균적인 육식가들에 비해 치매의 위험성이 50%가량 낮아질 수 있다고 주장했다.

여기서 말하는 두뇌 계발 비결은 간단히 말해서 노년에 이르기까지 두뇌력을 보존하고 싶다면 육류 섭취를 반으로 줄이거나 아주 안 먹는 것을 고려해 보라는 것이다.

여기에 행복과 뇌신경 건강을 위해 왜 육류섭취를 줄여야 하는지에 대한 다섯 가지 이유가 있다.

1. 동맥경화증　과도한 육류 섭취는 동맥경화증, 대동맥 경화와 관련되어 있으며, 결국 정신력 강하와 직접 관련된다.

대부분의 미국인 남성들은 체지방이 매우 높고 동물성 단백질이 많은 육식과 섬유질이 적은 식사를 한다. 많은 경우 50%의 칼로리를 육류에서 얻는다. 이 결과 동맥이 두꺼워지고 경화가 생기는 동맥경화증이라 불리는 임상적 상태가 된다.

약 150만 명의 미국인들이 심각한 치매 환자로 진단받고 있으며 이에 영양 전문가들은 대부분의 사람들이 아마도 일생 동안 건강하지 못한 식습관을 갖고 있었을 것이라고 추정한다. 소위 연령과 관련된 뇌기능 저하의 어느 정도는 잘못된 식습관에서 비롯된 것임을 알아야 한다.

동맥경화증은 저하된 뇌기능과 직접적으로 관련되어 있다. 동맥경화증에 걸려 있다면 동맥은 두뇌가 요구하는 산소와 영양분을 충분히 전달할 수 없게 된다. 동맥의 펌프 공간이 매우 적어지기 때문이다. 경화된 동맥으로는 필요한 산소와 영양분이 충분히 통과할 수 없다.

기억해야 할 것은 두뇌는 몸 전체의 산소 공급량의 20%를 사용할 뿐만 아니라 생각을 깔끔하게 정리하기 위해 많은 영양소, 비타민과 미네랄을 필요로 한다는 것이다. 많이 생각해야 하고, 두뇌를 더 많이 사용하고, 이온을 올려야 하는 등 할 일이 많은데 막혀 있는 동맥 때문에 순환 기관이 뇌에 필요한 영양소를 충족시켜 주지 못하는 것이다.[19]

수십 년 동안 이 시나리오를 계속하게 된다면 두뇌력이 약화되어 결국에는 어떤 사람들은 노인성 치매와 알츠하이머(Alzheimer) 병에 걸리게 될 것이다. 두뇌에 혈액 순환이 줄어드는 현상 즉, 뇌 혈관 막힘은 미국에서 가장 보편적인 현상이다. 주요 원인은 바로 지나치게 육류에 의존하는 동맥경화증, 혈액순환장애, 뇌영양공급장애다.

2. 식중독 가축사육농장에서 동물들을 사육할 때 살을 찌우고, 성장 촉진과 병 예방을 위하여 각종 호르몬, 항생물질, 진정제, 첨가제, 방부제, 살충제 등 각종 독성물질을 사용하기 때문에 대부분의 육류와 가금류에는 잠복된 독성이 묻어 있다. 육류 속에 잠재된 이러한 유해한 화학성분이 그것을 먹은 우리 몸 안에 들어오는 것이다.

3. 오염된 육류 전염되고 오염된 고기는 치매를 야기하는 데 한 역할을 한다. 1990년대의 보도에 따르면, 육류를 처리하는 과정에서 검사와 위생처리가 적절치 못해 육류와 가금류의 오염 사건들이 점차적으로 많았으며 육류처리 공장의 포장법과 처리 공정도 비위생적이었음이 드러났다.

유명한 패스트푸드 프랜차이즈의 설익은 햄버거에서 나오는 이콜리(E. Coli) 박테리아가 의심 없이 소비자들에게 전달됨으로써 심각한 식중독을 일으키는 경우도 있었다.

4. 유리기 보다 중요한 것은 주로 육식을 하면 신선한 과일, 채소, 콩과의 식물을 덜 섭취하게 된다는 점이다. 이러한 과일, 채소, 콩 종류들은 플래보노이드(flavonoid)와 카로테노이드(carotenoid)와 같은 매우 소중한 미생물 영양소를 많이 갖고 있어서 심장병, 뇌출혈, 유리기 때문에 몸이 산화되는 것을 막는 데 도움을 준다.

이점은 매우 중요함에도 불구하고 널리 알려져 있지 않다. 유리기는 하나의 독성 물질로, 몸 안을 순환하면서 고도의 반응을 보이는 산소형태다. 이 산소 분자는 불안정하고 다른 분자들과 결합이 잘 안 된다는 의미에서 붙여진 이름이다. 그들은 결합되지 않거나 자유롭기 때문에 스스로를 완성하기 위해서 다른 전자들과 결합할 필요가 있다. 바로 이것이 문제다.

유리기는 다른 분자들로부터 전자를 빼앗고, 그 과정에서 이러한 세포들을 손상시킨다. 노화 분아의 진문가들은 이 유리기가 노화에 큰 영향을 주고 정신 능력을 저하시키고 있다고 믿고 있다. 유리기는 뇌세포를 손상시키고 기억력을 감퇴시키며 뇌의 크기까지 작게 하는 요인이 되고 있다. 실제로 과학자들은 몸의 모든 부위 안에 있는 조직이 파괴되고 있다는 것을 증명하고 있으며, 모든 형태의 퇴화적 질병들이 부분적으로 이 유리기 때문에 발생한다.

이와 같은 파괴적인 유리기는 오염 물질, 식품 처리, 심지어는 컴퓨터에서 연유되는 등 많이 보편화되어 있어서, 많은 과학자들은 청소년이나 중년의 활발한 두뇌력을 약화시킬 수 있다고 주장한다.[20] 이 유리기가 전자를 빼앗을 때 이를 산화라 부른다. 유리기들은 정신 퇴화에도 간여하고, 노화와 신경세포의 손상, 더 나이가 알츠하이머 치매의 초기 단계에도 영향을 미칠 수 있다.

5. **호모시스틴**(homocysteine) 육류를 섭취하는 것과 두뇌력 손실의 관련성에는 호모시스틴이라 하는 화학합성물질이 있다.

수십 년 동안 이 화학물질은 심장병의 위험 요소로 간주되어 왔다. 그러나 지금 과학자들은 이 화학물질이 뇌출혈에도 관계가 있을 것이라고 보고 있다. 이 물질은 아미노산 메티오닌(methionine)의 부산물로 생성된 것이며 일반적으로 신체가 호모시스틴을 시스타디오닌

(cystathionine)이라는 유해하지 않은 형태로 변형시킨다.

문제는 만약 육류를 과다섭취하면, 몸이 많은 양의 호모시스틴을 배출시키지만 그것을 유해하지 않은 형태로 전환시키지는 못한다는 데 있다. 지금 연구자들은 만약 신체체제가 이 화학물질을 많이 갖고 있으면, 정신능력을 저하시킬 수 있고 특히 표준지능검사의 점수를 낮게 할 수 있다는 증거를 제시하고 있다.

또한 사람들의 몸에 이 화학물질 수준이 높은 경우 담배를 피우는 것이나 콜레스테롤 수치가 높은 것이나 고혈압에 걸린 것보다 훨씬 높은 심장병의 위험도를 나타냈다.

✠ 두뇌 계발 연습 #12

의도적으로 모든 것을 거꾸로 하라

아래 각 문장들을 갖고 각 단어의 철자를 거꾸로 다시 써라. 처음에는 마음속으로 써 보고, 전체 문장의 단어들을 보면서 거꾸로 발음하거나 보라. 그런 다음 그것을 거꾸로 종이에 써라.

- 토지는 영원하다. 왜냐하면 창조의 신비를 감추고 있기 때문이다. - 안와 사다트
- 다시 한 번 역사의 위대한 수축과 이완기에서 자유의 시대가 끝나고 규율의 시대가 시작된다. - 윌 듀랑
- 사실은 변하지 않는다. 우리의 소망, 우리의 성향 혹은 우리의 열정이 무엇이든 간에 그것은 사실과 증거의 상태를 변화시킬 수 없다. - 존 애덤스

#22 두뇌 계발 비결

기억력 상실은 잘못된 영양 때문이다 -이것을 역전시키는 방법

두뇌력 쇠퇴의 주원인이 영양결핍일 가능성을 고려해 볼 수 있다. 즉, 두뇌가 최고의 형태로 작용하기 위해 필요한 영양소를 얻지 못하고 있다는 것이다. 노인 남녀의 두뇌력 손실의 징후로 볼 수 있는 기본 영양상태를 강화하기 위한 몇 가지 제안을 하고자 한다.[21]

여기서 논의하고자 하는 바는 두뇌력의 부정적 영향이 기본 영양소의 심각한 결핍에서 온다는 점이다. 다음 사항을 유의할 필요가 있다.

- 노인의 경우 많은 영양소가 결핍되는 경향이 있으며 흔히 영양실조를 보인다.
- 최근 병원에 입원한 노인들을 대상으로 한 연구에서, 남자의 53%와 여자의 61%가 같은 연령의 보통 가정에서 살고 있는 노인들에 비해 영양결핍이 있는 것으로 진단되었다.
- 병원에 입원한 노인들은 특히 많은 중요한 영양분에서 성인정규영양기준(RDA)의 2/3에도 못 미치는 영양분을 섭취하고 있었다.

자신의 생활방식, 다이어트, 환경의 어떤 요소가 자신의 자연 지능을 충분히 발휘하지 못하게 하고 있는가에 대해 여러 가지 방법으로 살펴보기로 한다. 이 책의 후반에서 영양분을 통해 두뇌력을 향상시키고 확장시킬 수 있는 여러 가지 방법을 알게 될 것이다.

1. **폴산(빈혈의 특효약) 결핍** 몸에 이 영양소(엽산이라 불리기도 함)가 결핍되면 무관심해지고, 방향감각을 상실하며, 기억력과 집중력이 떨

어질 수 있다. 한 75세의 여성 노인이 심한 치매를 나타내고 있었고 그 노인의 모든 사지에 영향을 주는 주요 뇌 손상을 입고 있었다. 이 노인에게 폴산을 먹도록 하였더니 정신능력이 점차적으로 개선되었으며, 이 노인의 뇌파를 측정한 결과 그녀의 신경세포 혼선이 개선되었고, 나아가서 그녀의 팔다리 반응이 정상으로 돌아왔다(제안된 복용량: 하루에 10～20mg 폴산을 일주일간 복용한 다음 하루에 2.5～10mg으로 줄인다).

2. 비타민 B_3, 니아신(niacin)　　이 비타민이 심각하게 결핍되었을 경우 니코틴산 결핍 증후군(펠라그라)이 나타날 수 있으며 이 세 가지 증후군 중 한 가지는 치매다. 어떤 경우에는 니아신을 보충한 결과 수주 안에 이러한 현상이 역전되었다(제안된 복용량: 하루에 300mg씩 일주일간 복용한 다음 매일 100mg 복용한다).

3. 비타민 B_1(티아민)　　뇌 활동에 중요한 영향을 주는 몇 가지 중요한 뇌 효소는 좋은 티아민 공급에 달려 있다. 티아민이 심각하게 결핍되었을 경우는 기억력에 지장이 있을 수 있다. 이 경우 비타민 B1을 충분히 섭취하면 티아민이 결핍에서 오는 기억력 상실을 완벽하게 역전시키지는 못할지라도 최소한 더 이상의 기억력 손실은 막을 수 있다[22](제안된 복용량: 매일 1g씩 세 차례를 일주일간 복용한 다음 하루에 100mg 복용한다).

4. 비타민 B_{12}　　나이가 들면 노화로 생기는 변화 때문에 흡수력이 낮아져 일상 식사만으로는 내장이 필요한 양만큼의 비타민 B12를 섭취하지 못할 수도 있다.

이 비타민의 결핍은 기억력 상실, 방향감 상실, 무관심, 짜증, 정서적 불안정, 치명적 빈혈증, 근육 경련, 정신력의 일반적 지연, 우울증, 실제적 뇌 손상과 관련되어 있다.

B_{12} 결핍증에 관해 노인 환자들을 평가하고 있는 메디컬 센터에서는 152명의 무선적으로 표집한 남녀 노인들 가운데 29명이 내장 안에 이 비타민 B_{12}가 충분치 않은 것을 발견하였다. 다른 의학 연구에서 밝혀진 내용에 따르면, 일반적으로 노인 환자의 30%가 비타민 B_{12} 결핍을 갖고 있었다. 역으로 13명의 노인 환자들에게 B_{12}를 투여했더니 그중 8명이 50% 이상 두뇌력을 완전히 회복하였다.

한 73세의 여성 노인은 지난 수개월 동안 무얼 잘 잊어버리고 혼미 상태였다. 이 노인은 손가락이 쑤시고 아픈 등의 고통을 수반하고 있었다. 여러 가지 의료 검사를 실시한 결과, 이 노인은 기술적으로 정상이었고 혈관에는 아직도 B_{12}가 충분했다. 그렇지만 그녀의 의사는 그녀에게 B_{12} 투여 프로그램을 시작했다. 이후 수일 내에 이 노인은 많이 개선되었고, 3개월 후에는 모든 증상이 사라졌으며, 두뇌력도 회복되었다[23](제안된 복용량: 일주일 동안 근육 주사로 비타민 B12 100mcg를 놓고 난 다음 한 달에 1000mcg씩 유지 투입을 한다).

5. 콜린(Cholin, 비타민 B 복합제의 하나) 콜린은 아세틸콜린이라 불리는 신경전달물질의 구성에 기본적인 요소다. 과학자들은 기억기능에 매우 중요한 것으로 보고 있다. 이것은 두뇌 생체의 뇌세포 네트워크의 일부로서 과학자들은 이를 콜리네직 시스템(cholinergic system)이라 부른다. 알츠하이머병 진단을 받은 사람들과 단순한 노인성 기억력 상실 환자들까지도 아세틸콜린 수준이 매우 낮고 콜리네직 시스템이 매우 느리게 작용하고 있는 것으로 알려져 있다(제안된 복용량: 포스파티딜 콜린(phosphatidylcholin) 95% 순수액 10～20g씩 매일 6개월간 시험 복용한다).

#23 두뇌 계발 비결

두뇌에 독성 물질을 제거하기-마그네슘 결핍은 두뇌력을 빼앗는다

여기서의 문제는 또 다른 뇌독성을 갖고 있기 때문이 아니라 오히려 몸이 위험할 정도로 활성 영양분이 낮기 때문이라는 것이다. 예컨대 만약 몸에 마그네슘이 부족하면 불쾌한 뇌신경쇠약과 유독한 두뇌를 경험할 수 있다. 심각한 마그네슘 결핍은 식품과 화학물질에 대한 알레르기를 일으킴으로써 두뇌력에 모든 부정적 영향을 야기할 수 있다.

마그네슘은 근육이완에 도움을 줄 수 있는 하나의 기본적 미네랄이며 중요한 뇌화학물질을 종합하고 분해시키는 데 도움을 준다. 또한 자연적인 진정제와 칼슘 채널 블록커(blocker)로 정신과 신체의 건강에 기본적인 요소다. 사실상 마그네슘은 당신 몸 안에서 300가지 효소들이 적절하게 기능할 때 필요하다. 그리고 마그네슘은 심장을 건강하게 유지시켜 주고 혈압을 정상화시켜 준다. 요컨대 마그네슘은 몸이 자연스럽게 작용하도록 하는 거의 모든 주요 생물학적 과정에 기본적인 성분인 것이다.

몸에 마그네슘이 결핍된 것을 어떻게 알 수 있는가

마그네슘 결핍의 가장 공통적인 징후는 다음과 같다.

- 이따금씩 근육 경련이나 그 부분의 떨림을 수반한 만성적 목과 등뼈의 통증
- 불안감

- 격렬한 공격심
- 신경과민 혹은 긴장상태
- 손가락이 차고 창백해짐
- 불규칙적인 심장 박동
- 피로
- 근육 경련 징후
- 천식
- 편두통
- 대장염
- 후두염, 협심증
- 고혈압
- 방광염
- 눈이 떨림
- 신경쇠약, 정신피로
- 현기증이나 술에 취한 것처럼 멍하고, 마약에 취해 현실감이 없어 보임
- 혼미, 우울증
- 명료한 사고력의 부족
- 짜증스러움
- 공격성을 느낌
- 공동(空洞)통증(콧물이 나고, 기침을 하고, 눈물이 남)

두뇌력 체계에서 마그네슘을 빼앗는 요소들

반드시 기억해야 할 점은 마그네슘 결핍은 모든 체제를 약화시킨다는 것이다. 특히 몸이 갖고 있는 해독 능력을 약화시킨다. 또 신체체제

에서 마그네슘을 앗아 가는 추가적 요소들은 다음과 같다.

- 예컨대 알레르기 반응을 일으키는 식품과 화학 물질과 같은 다른 뇌독물질의 영향
- 식품 가운데 일반적으로 다양한 영양분이 결핍된 식품으로 패스트푸드, 다이어트와 현대의 화학적 처방으로 배양한 농산물 식품의 사용
- 스트레스, 만성 질환, 그리고 혈압이나 유동체를 유지하기 위한 이뇨제와 같은 약물 사용으로 발생하는 부정적 영향
- 마그네슘이 들어 있는 음식을 과도하게 요리(overcooking)하는 것은 영양가 있는 미네랄을 다 빼앗는 것이다.
- 비타민 C의 과다 복용, 살찌는 식품, 칼슘이 많이 든 식사(우유 등에서 추출한 각종 식품) 또는 인산염
- 음식 알레르기에서 오는 마그네슘 흡수 부족, 만성 변비, 칸다균 감염으로 불룩해진 창자
- 충치 예방용 물을 마시는 것
- 노화

위에 열거된 이러한 요소들 가운데 어느 하나가 생활에 작용한다면, 두뇌력이 곤두박질쳐서 바보처럼 보일 수 있다.

보통은 건강한 인간의 세포 안에서 마그네슘이 가장 풍부하다. 마그네슘의 약 70%는 뼈에 들어 있고 나머지 30%는 살 속과 체수분에 들어 있다. 현대의 생활양식과 다이어트, 유해 환경의 요소들을 감안할 때 마그네슘이 결핍까지는 아니더라도 낮은 결과가 예상된다.[24]

마그네슘을 어떻게 축적할 수 있을까

다행스럽게도 이러한 모든 것들은 역전시킬 수 있다. 생활양식의 일부가 되어 버린 여러 가지 뇌독 작용을 제거시킴으로써 두뇌력의 자연스러운 상태를 되찾을 수 있다. 마그네슘의 일일권장량은 여자는 300mg이고, 남자는 350mg이다. 일부의 영양학자들은 성별에 관계없이 하루에 200~450mg 정도가 필요하다고 주장하기도 한다.

- 자신이 마그네슘 결핍 상태라고 생각된다면, 임상 환경학자나 환경의학을 전문으로 하는 의사와 상의하라. 또는 혈압이나 소변검사를 통해서 영양 상태를 검사해 보라. 아니면 특수한 상태에 맞게 처방된 완전한 영양 프로그램을 통해서 마그네슘 수준을 회복할 필요가 있다.
- 다음 식품들을 영양식에 첨가하여 마그네슘 섭취를 증가시켜 부아라.

  · 두부(1/4컵) 126mg
  · 메밀가루(1/4컵) 112mg
  · 생맥아(生麥芽, 1/4컵) 97mg
  · 아몬드(1/4컵) 96mg
  · 캐슈(열대 아메리카산 고무나무과 식물, 1/4 컵) 94mg
  · 말린 강낭콩(1/4컵) 75mg
  · 기울을 제거하지 않은 밀가루(1/2컵) 68mg
  · 날비트그린(raw beet green, 1컵) 58mg
  · 바나나(중 사이즈) 51mg
  · 아보카도(avocado, 1/2컵) 56mg
  · 당밀(당밀과 럼주를 섞은 음료, 1큰스푼) 52mg
  · 감자(중간 사이즈) 5mg

· 오트밀(oatmeal, 1컵) 50mg
· 날시금치(1컵) 48mg
· 참치(4온스) 43mg
· 스위스 날근대(1컵) 36mg

• 영양제를 보충하거나 복합 비타민 미네랄 알약을 먹어 보라. 이러한 알약에 이상적인 작용을 위한 마그네슘의 2배 이상 칼슘이 들어 있는지 확인하라. 이러한 조제품들을 지시대로 복용하라.
• 돌로마이트(dolomite)는 흡수력이 있는 마그네슘과 칼슘, 그리고 다른 기본적 트레이스(trace) 미네랄이 들어 있는 고단위 자연식품이다. 지시대로 복용하라.

✠ 두뇌 계발 연습 #13

말도 안 되는 생각 움직이기-마음을 유연하게 하라

가능하지 않은 일을 생각하거나 엉뚱한 방법으로 빠르고 재미있게 두뇌력을 강요하는 방법이 있다.

• 만약 시간이 하루에 2시간씩 거꾸로 돈다면 나의 삶은 어떻게 될까? 이런 사건에 대해서 다른 생각을 할 수 있겠는가?
• 주의 집중 시간을 계속해서 4시간 동안 유지할 수 있을까? 당신은 어떻게 하겠는가? 그렇게 된다면 어떤 느낌이 들까?
• 두뇌가 단세포로 되어 있다면 어떻게 될까?
• 허리케인이 전속력으로 돈다면 어떻게 될까?

• 완전히 열린 공간이 몇 킬로미터의 넓이라면 어떻게 될까?

#24 두뇌 계발 비결

Mickey Finns, Brain Fog, Toxic Mind 등의 옛날 영화 이해하기

아마도 당신은 옛날 갱이 나오는 흑백영화에서 숨겨둔 갱의 정부가 갱의 음료에 무엇인가를 넣어서 한나절 동안 정신을 잃게 한 것을 본 일이 있을 것이다. 사실 이와 비슷한 일이 'The Natural' 이란 영화에서는 로버트 레드포드(Robert Redford)에게, 'The Firm' 에서 진 핵크만(Gene Hackman)에게 일어난다. 누군가가 '미키 핀(Mickey Finns)' 을 슬쩍 넣어서 그들을 무의식 상태로 만든다.

이 '미키 핀' 에 들어 있는 합성 화학물질은 클로랄 마취제다. 그러나 놀랍고 경계해야 할 사실은 몸이 독성에 감염되고 일상생활에서 누적된 유해한 독성을 제거할 수 없게 되면, 두뇌에 미키 핀이 침투하여 '브레인 포그(brain fog)' 상태에서 비틀거리게 된다는 것이다.

다시 말해, 몸이 독성에 감염되었는데 그 유해한 물질을 제거하지 못한다면 두뇌 또한 독성에 감염되어 능력을 최대한 발휘할 수 없게 된다. 이러한 상태를 '브레인 포그' 라고 한다. 지금부터 잠시 동안 신체적 유독성의 새로운 개념에 대해 생각해 보기로 하자.

많은 공해물질이 유독한 신체를 만들고 두뇌에 스트레스를 유발한다

서구 산업화된 사회에서 살고 있는 사람 중에 완전하게 깨끗하고 탈

화학적이고 오염되지 않는 환경에서 살고 있는 사람은 없다. 알래스카의 오두막집에서 살든 몬타나의 농장에서 살든 간에 환경은 결코 깨끗할 수 없으며, 먹고 있는 음식도 전 세대들이 즐겼던 것만큼 깨끗하지 않다.

1980년대에 체르노빌에서 발생한 원자력 발전소의 사고가 보여 주었듯이 오염문제는 국가의 경계를 인정하지 않는다. 사고는 구소련에서 발생하였지만 유독성 연기는 온 유럽 대륙을 휩쓸어 농작물이나 낙농업까지 오염시켰다.

인간의 몸에 해를 끼치는 환경적 식품의 '부정적 영향' 목록은 매우 많으며 언론매체도 점차 관심을 집중하고 있는 상황이다. 오늘날 대부분의 현대인들의 신체에 오염원이 되고 있는 여러 가지 물질들을 알아 보자.

- 의약품과 화학물질
- 항생물질
- 예방주사
- 진통제
- 피임약
- 호르몬 대체 물질
- 향락적 약물
- 알코올
- 인공조미료가 첨가된 식품
- 색소
- 첨가제
- 예방약

- 화학비료, 살충제, 살균제, 호르몬 등을 사용해서 재배한 과일과 야채
- 식품 방사물질
- 중금속으로 오염된 식수
- 염소, 수은, 납 등 기타 독성 물질
- 자동차 배기가스로부터의 오염된 공기
- 산업용 향료
- 방사선 물질과 엑스레이
- 담배
- 전자 오염물질
- 가정에서 나오는 오염원
- 라돈(radon) 가스
- 건축물, 합성물질, 페인트에서 배출되는 포름알데히드(방부 소독제)

IQ가 독성을 띤 뇌로부터 고통받을지도 모른다.

만약 몸이 생활양식에서 발생한 모든 오염물질을 제거하지 못한다면 두뇌는 고통을 받게 된다. 오늘날 대부분의 사람들은 몸 안에 너무나 많은 '전혀 알지 못하는 화학물질(foreign chemicals)'을 갖고 있다. 이러한 일들은 너무 심각해서 심지어 운동을 하고, 식사도 잘하고, 약물복용도 피하고, 깨끗한 물을 마시는 건강한 사람이라 할지라도 여전히 독성 신체를 가지고 있는 것이다.

오염물질을 제거하고 해독시키는 모든 수단, 피부, 호흡, 소변, 배설물, 발한, 심지어 구토까지도 이러한 오염물질의 부담에서 벗어날 수 없을지 모른다. 게다가 자동차와 산업배기물에서 발견되는 중금속, 살충제, 식품첨가제들도 영구적으로 신경세포의 손상을 야기한

다. 이러한 것들은 두뇌에서 회복될 수 없는 신경세포를 파괴한다.

이와 같은 모든 독성은 어깨 위에 있는 '3.5 파운드 우주' 인 두뇌로 곧바로 전달된다. 만약 자신이 화학적으로 민감한 사람이라면, 만성적 '브레인 포그(brain fog)' 에 걸려 있음을 스스로 알게 될 것이다. 정신생활은 쉬지 않는 미키 핀이 침투된 상황처럼 느껴질 것이다. 모든 독성이 갖는 주 목표조직은 당신의 두뇌이기 때문이다.[25]

문제는 이렇다. 정상적 해독 통로가 너무나 많은 독성물질과 만성적 영양실조로 막혀 버려서 신체는 실제로 클로랄 마취제를 생산하여 뇌로 보내게 되는 것이다. 그 결과는 다음과 같다.

- 이상야릇한 느낌이 들고, 현기증이 생기며, 마약이나 술에 취해서 멍한 것처럼 되고 현실감을 느끼지 못한다.
- 생각을 명쾌하게 하지 못하고 집중력이 떨어진다.
- 이루 말할 수 없는 우울증과 탈진상태에 빠지게 된다.
- 기억력이 떨어진다.
- 기억력 결핍증, 학습불능 혹은 비정상적인 활동이 나타날 수 있다.
- 기분이 조병(躁病)상태에서 침울한 상태로 왔다 갔다 한다.
- 신체 일부가 쑤시거나 따끔거리고 마비상태가 될 수 있다.
- 머리가 아프다.

두뇌에 독성이 있는지 살펴보기 위한 질문

다음은 자신이 화학적으로 민감한 상태에 있는가 스스로에게 물어볼 수 있는 몇 가지 질문이다.

- 복사기를 사용할 때 머리가 흐리멍덩한가?

- 하루는 행복하고 또 다른 하루는 기묘하고 멍하고 초점을 잃게 되는가?
- 보통 사람들보다 냄새를 훨씬 잘 맡는가?
- 술을 참기 힘들 때가 있는가?
- 향수와 강력세제로 고통을 받는가?
- 백화점에 들어가기 힘들 때가 있는가?
- 특별히 먹기 힘든 보통약이나 처방약이 있는가?
- 비타민이 가끔 기분 나쁠 때가 있는가?
- 시골보다는 도시에서 운전할 때 반응이 느려질 때가 있는가?
- 갑자기 멍청해지고 마치 다른 사람이 자신의 두뇌를 훔친 것 같은 느낌이 들 때가 있는가?
- 술을 마시지 않았는데도 자주 술에 만취한 것처럼 느껴지고, 멍하고, 기묘하고, 현기증이 나고, 집중할 수 없을 때가 있는가?

만약 이 대부분의 질문에 예라고 대답했다면, 몸에 독성이 있고, 화학적으로 예민하며, 중대한 영양결핍일 가능성이 있고, 해독작용이 불가능할 수도 있다. 또한 앞에서 설명한 '브레인 포그'의 징후가 약간 있다고 할 수 있다.

실제적 용어로 자신이 보다 강력한 두뇌력을 필요로 하고 이미 갖고 있는 자연적인 두뇌력을 사용하고자 한다면, 정신신체 시스템에 있는 이러한 장애물을 제거해야만 한다. 이러한 경우라면 이 책의 뒤에 설명할 두뇌 계발 비결의 좋은 결과를 가져올 수 있을 것이다.

IQ에 가능한 고갈 상태를 방지할 수 있는 몇 가지 간단한 안내

다음은 몇 가지 독성과 두뇌에 대한 경고다.

• **포름알데히드(방부 소독제)** 1970년대에 지은 집이나 사무실에서 흔히 발견되는 요소수지 거품 단열제와 같은 하나의 강력한 오염물질에 노출될 경우 다음과 같은 '브레인 포그' 현상이 나타난다.

· 우울증
· 피로
· 기억력 약화
· 집중력 상실
· 두통
· 올바른 사고력 저하
· 조급증
· 기침
· 통풍

• **트리클로레오틸렌(무색유독의 액체, 용제 추출제)** 만약 트리클로레오틸렌, 기계용제에서 발견되는 화학물질, 카펫, 샴푸, 마룻바닥 광택제, 복사기, 가구접착제, 화이트 용액 등에 노출되면 다음과 같은 증상이 나타날 것이다.

· 집중력과 조정능력 저하
· 피로
· 졸음
· 반응 속도 저하
· 혼미
· 두통
· 의사결정 능력 저하

· 집중시간 제한

• **살충제** 1989년 미국에서 곡물, 목재, 잔디 등에 사용된 살충제는 907.200kg이나 되었다. 살충제에 감염된 공통적인 징후는 다음과 같다.

· 혼미
· 피로
· 집중력과 기억력 상실
· 짜증
· 사고과정의 지연
· 정신분열증과 우울증
· 심각한 기억력 손상
· 집중하기 어려움
· 집중력 감퇴
· 느린 사고과정과 계산능력
· 기억이 중간 중간 끊김
· 언어장애
· 불안감
· 짜증

가정이나 사무실에서 발견되는 화학용해물질에 노출될 경우 기억력 감퇴, 집중력 상실, 혼미, 우울증, 현기증, 흥분반응, 마비현상, 따끔거림, 신경과민, 탈진 징후가 나타날 수 있다.

이와 같은 복합 현상에 스트레스를 받으면 IQ 점수도 낮아질 수 있다

만약 대부분의 시간 동안 스트레스를 받으면, 이러한 상황은 더욱 악화된다. 독소를 띤 신체에 영양실조가 겹치고 정서적, 신체적 스트레스까지 받게 되면 두뇌력은 둔해지고 감퇴되기 시작된다. 자연적인 IQ는 점점 고갈되고 뇌는 '독성 뇌 증후군'을 일으키게 된다.

신체가 독성을 띠게 되고 그 독성을 더 이상 제거할 수 없게 되면 그 독성의 주요 목표조직은 뇌가 되어 뇌는 첫 번째로 영향을 받게 된다. 살충제, 화학성분, 식품에 대한 알레르기 반응, 영양실조, 비정상적인 내장 프로라(flora)까지 겹치면 만성 피로와 독성 뇌 증후군을 유발하게 되는 것이다.

이러한 독성이 계속되면 될수록 그만큼 더 빠른 속도로 화학적으로 민감해진다. 즉, 이러한 가정용 제품들이 증가하면 할수록 귀중한 두뇌력을 고갈시켜 이러한 증상을 나타낼 것이다.

✠ 두뇌 계발 연습 #14

흩어진 문자들을 제대로 정리한 다음 찾아내기

- 다음 8행의 글은 8개의 단어들을 문자를 흐트려 놓은 것이다. 시간을 3분으로 맞추어라.
- 종이에 쓰지 않고 머리로 이것을 연습하라.
- 각행에 숨겨져 있는 단어를 찾아보라. 그중 일곱 개는 같은 범주에 속해 있으나 한 개는 다른 범주에 속해 있다. 이 한 개를 이 목록으로부터 찾아내라.

• 이러한 연습을 3분 안에 답을 찾을 때까지 계속하라. 답은 뒤에 나오는 자료집에 있다.

ㅐ ㄹ ㅈ ㅡ ㄱ ㅓ ㄴ

ㅇ ㅣ ㅅ ㅍ ㅏ ㅔ

ㄱ ㅐ ㄹ ㅏ ㅋ ㅣ ㄷ ㄹ

ㅏ ㅌ ㅗ ㅣ ㅅ ㅏ

ㅇ ㅏ ㅌ ㅛ ㅌ ㅗ

ㅇ ㅗ ㅂ ㅔ ㅁ ㅏ ㅇ ㅡ ㅎ ㅇ ㅔ ㅅ ㅡ ㅣ

✤ 두뇌 계발 연습 #15

두뇌 계발의 선(禪)

바라건대 당신은 어떤 황당한 질문을 하면서 즉각적인 답을 요구하고 있는 선 스님과 함께 거의 코를 맞대고 앉아 있을 때의 불안한 경험을 한 일이 결코 없었기 바란다. 선 스님들은 곽(Koans)이라 불리는 거의 대답할 수 없는 까다로운 질문을 제자훈련의 한 방법으로 사용하고 있다. 이러한 질문의 목표는 우리의 마음을 최대한 뻗쳐 나가게 해서 뇌세포를 유용한 방향으로 유연하게 하려는 것이다.

1. 어느 날 절 마당에 두 생도가 서서 바람에 나부끼고 있는 만자(卍字)기를 바라보고 있었다. 그중 한 생도가 말하기를 “기가 흔들리고 있구나.” 라고 말하자 다른 생도가 이 말에 반대하여 “아니야. 바람이 움직이고 있는 거야.” 라고 말하였다. 그때 선 스님이 그들 뒤로 다가와서

"아니야. 두 사람 다 틀렸어. 너희들의 마음이 움직이고 있는 거야." 라고 말했다. 이게 무슨 뜻인가?

2. 한 선 스님이 괴나리봇짐을 지고 마을을 걸어가고 있었다. 두 젊은 선 학생이 훌륭한 스님이라 생각하고 스님께 다가왔다. 한 학생이 깨달음을 얻기 위해서 "선의 중요성이 무엇입니까?" 하고 물었다. 그러자 그 스님은 봇짐을 땅에 내려놓고 아무 말 없이 그를 물끄러미 바라보았다. 그러자 또 다른 학생이 "그렇다면 선을 얻는 것을 무어라고 합니까?" 라고 물었다. 그러자 그 스님은 땅바닥에 있던 짐을 다시 걸머지고는 어디론가 가 버렸다. 이 스님은 왜 그렇게 했을까? 이 스님이 이 두 학생들에게 한 대답은 무엇이었을까?

25 두뇌 계발 비결

두뇌 고갈을 방지할 수 있는 9가지 방법 – '학습불능자'가 될 필요가 없다

가정에 학습불능자 혹은 독서장애자가 있다든가, 최소한 두뇌에 어떤 이상이 있거나 일반적으로 학교에서 학습문제가 있는 경우는 두뇌계발 비결이 특히 중요하다. 이는 자녀의 지능과는 아무런 상관이 없으며 오히려 식습관, 영양결핍, 중금속에 노출되어 두뇌에 독성이 있을 가능성이 더 크다.

만성적인 피로나 느슨함 혹은 비정상적인 주의산만을 보이거나 과잉반응을 보이는 아동의 문제는 집중력에 손상을 입어 학교에서 학습능력이 떨어진 것이다. 그러나 이러한 증상들은 아마도 영양상의 문제로 야기된 것이지 IQ나 동기부족 때문이 아닐 것이다.

중요한 점은 영양실조 혹은 어떤 종류의 식사 불균형은 한 아동이 (그리고 성인) 학습을 하고 그들의 온전한 두뇌력을 발휘하는 데 지장을 줄 수 있다는 것이다.

1. 정크푸드와 설탕이 많이 든 식품 설탕이 많은 식품과 과자들은 자녀들의 학습능력에 부정적 영향을 끼칠 수 있다. 한 예를 들면, 과도한 설탕은 아드레날린의 혈액 수준을 높여서 아동의 주의를 산만하게 하고 과잉반응을 일으킨다. 아이들의 몸 안에 아드레날린이 지나치게 많으면 불안감을 증가시키고 긴장시키며 집중력을 저하시켜 학습에 지장을 준다.[26]

2. 카페인 소다나 차, 그리고 커피에 든 카페인은 학습을 더욱 어렵게 만든다. 대학생들을 상대로 한 연구에 따르면, 커피를 지나치게 많이 먹는 학생들의 학점이 낮게 나왔다.

또 '독서장애' 가능성이 있는 아동의 영양을 보충했더니 성적이 급진적으로 향상되었다. IQ검사에서는 이 6학년 아동의 결과가 다른 학생들의 평균보다 높게 나왔으나, 이 아동은 독서장애를 가지고 있었고 인쇄된 글자를 이해하는 데 어려움을 겪고 있었다. 이 아동의 영양상태를 분석한 결과 기본적 지방산의 정도가 균형을 잃고 있었으며 비타민 B6, 철분, 아연이 낮게 나타났다.

그래서 의사는 이 아동의 식사에 포화지방산을 줄이고 고도 불포화유지의 양을 증가시켜 비타민과 미네랄을 충분히 섭취하도록 했다. 또한 우유와 모든 낙농식품을 끊었다. 즉각적으로 그의 신체적 증상은 개선되었고 피부와 머리카락이 좋아졌으며, 식생활을 바꾸고 난 후 일 년 안에 학교성적이 크게 향상되었고 학교에서 활기가 솟아났다.

만약 이 아동이 진짜 '독서장애' 였다면 그것은 전적으로 그의 식생활과 영양에 문제가 있었기 때문이지 다른 문제가 그의 두뇌력에 깊숙이 관련된 것은 아니었던 것이다.

3. 음식 알레르기　음식에 대해 인식하지 못하는 민감성은 영리한 아동의 학습에 직접적인 장애가 될 수 있다. 학습에 장애를 일으키는 식품에 대한 민감성은 출생과 더불어 시작될 수 있다.

어떤 사내아이가 태어난 지 이틀 만에 심한 발진이 나타났다. 이 발진은 곧 이어서 만성적 습진이 되었다. 유아기에 이 아동은 낱말을 제대로 발음하지 못했고, 말을 잘 못했으며, 문장을 완성하지 못했고, 거의 모든 것을 잊어버리고, 혼돈하였다. 이 아동은 교실에 조용히 앉아 있지 못했고 같은 나이의 보통 아동만큼 학습하지 못했다.

초등학교 2학년이 될 때까지 학교 당국은 이 아동을 '발달상의 독서장애로 인한 학습불능아' 로 진단했다. 이 아동의 행동은 예측이 불가능했고 침울했으며 쉽게 주의산만해지고 과민한 행동을 보였다.

9살이 되었을 때 그 아동의 부모는 음식에 민감한 것이 아닌가 해서 낙농제품을 주지 않았고 아이에게 알레르기를 일으키는 식품의 목록도 알아었다. 이러한 식품들은 모두 그의 자연적인 IQ를 방해하고 있었다. 이러한 부모의 조절로 이 아동의 건강은 당장에 개선되었고 행동과 필체가 개선되었으며 학교성적도 올랐다.

여기서 중요한 것은 의사나 교사들과 같은 전문가들이 이 아동에게 내린 진단이 이 아동의 정신능력에 대한 올바른 진단이 아니었다는 것이다. 이 아동의 삶의 양식에서 여러 가지 요소들이 직접적으로 이 아동의 노력을 가로막고 있었다는 것이다. 이러한 모든 것들은 부모가 이 아동의 '학습불능' 의 원인이 무엇인가를 이해한 데서 역전되었던 것이다.

4. 비타민 C 비타민 C가 부족한 아동들은 비타민제를 추가로 섭취함으로써 그들의 IQ를(혹은 그들의 자연적인 두뇌력을 활용할 능력을) 높일 수 있다.[27] 다시 말해, 만약 비타민 C가 부족해서 비타민 C를 보충(매일 500mg)하기 시작한다든가 이미 적정량의 비타민 C를 섭취하고 있었다면 IQ가 상승할 가능성이 보다 높아질 것이다.

5. 요오드(iodine) 아동들의 요오드 결핍은 사고과정의 문제와 관련 있는 것으로 알려져 있다. 요오드의 RDA는 150mcg인데 이러한 요오드는 해초(켈프), 물고기, 대부분의 조개류, 바다새우, 대합조개, 굴, 바다가재, 요오드화한 소금에 포함되어 있다.

- 켈프 가루(1 티스푼), 3,400mcg
- 대구의 일종(haddock, 4온스), 454mcg
- 대구(cod, 4온스), 209mcg
- 바다새우(4온스), 186mcg
- 큰 넙치(4온스), 74mcg

6. 철분 빈혈은 철분 부족으로 나타나며 이 빈혈은 집중력에 어려움을 가져온다. 연구결과에 따르면, 철분 부족은 유아, 아동, 청소년, 성인들의 학습, 정서적 사회적 문제에서 여러 가지 어려움을 가져온다.

철분이 부족한 영아들은 신경과민이 되며 주위 환경에 무관심해진다. 빈혈(심각한 철분 부족, 즉 다시 말하면 두뇌에 산소를 공급하기 위한 헤모글로빈의 부족을 의미)인 유아는 정상적인 철분을 갖고 있는 유아보다 더 긴장하고, 덜 반응적이고, 보다 두려움이 많고, 보다 정서적인 반응을 나타낸다. 하지만 철분이 부족한 유아에게 철분을 보충해 주면 상당히 정상적으로 개선될 수 있다. 빈혈의 또 다른 증상에는 현기증, 두통, 신경과민, 변비, 가슴앓이, 식욕상실, 전반적인 가려움증이 있다.

철분을 위한 RDA는 성별, 연령별로 다르다. 영아부터 10세 아동까지는 6~10mg, 남성은 10~12mg이며 나이가 적을수록 줄어든다. 여성은 10~15mg이며 역시 나이가 적을수록 줄어들고, 임신부는 30mg, 젖을 먹이는 여자는 15mg이다.

철분 흡수를 증가시킬 수 있는 한 가지 방법은 홍차(black tea)를 줄일 수 있느냐에 달려 있다. 홍차 잎에 들어 있는 타닌산(tannic acid)은 철분 섭취를 50% 줄일 수 있지만, 철분이 많은 주스 한 컵과 음식을 함께 먹으면 철분 섭취는 배가 된다.

다음은 철분이 많이 들어 있는 식품들이다.

- 소고기 간(4온스), 10mg
- 소 살코기(4온스), 4.0mg
- 당밀 음료(럼주를 섞은 음료, 1 테이블스푼), 3.2mg
- 말리거나 요리한 리마콩(1/4 컵), 2.6mg
- 해바라기 씨(1/4컵). 2.6mg
- 된장(1/2컵), 2.5mg
- 말린 살구(1/4컵), 1.8mg
- 날브로콜리(broccoli, 1줄기), 1.7mg
- 요리된 야채 비트(1/2컵), 1.4mg
- 건포도(raisins, 1/4컵), 1.3mg

7. 아연 　　만성적으로 아연이 부족한 아동들은 신경과민을 보이고, 침울하며, 울기를 잘하고, 그래서 공부를 못할 가능성이 있다. 아연 결핍인 아동에게 지나친 설탕 섭취까지 더하는 것은 학습불능과 관련된 두 가지 중요한 요인이 된다. 여기 한 예가 있다.

한 13세 소녀가 작은 두뇌장애를 갖고 있는 것으로 진단되었다. 이 소녀는 학습에 어려움을 겪고 있었으며, 학교에서 비협조적이고 적대적이었다. 그리고 이 소녀는 자주 성격이 폭발적으로 나타났다. 그래서 이 소녀의 식사에 설탕기를 제거하고 그 대신 단백질과 비타민 C, 나이아시나마이드(niacinamide), 그리고 피리독신을 증가시켰다.

이 소녀의 의사는 소녀가 아연 성분이 많이 들어 있는 바닷가재를 먹으면 즉시 매우 각성되고 협조적이 될 것임을 알고 있었다. 이 소녀가 아연 성분이 높은 음식을 먹기 시작한 지 하루만에 그녀의 전반적인 행동과 정신능력은 극적으로 개선되었다.

아연의 RDA는 남성은 15mg, 여성은 12mg, 아동은 10mg, 영아는 3mg, 임신부는 15mg, 젖을 빨리는 여성은 16～19mg이다. 영양학자들은 일일 아연 섭취량을 성인은 15～30mg, 아동은 10mg을 권장하고 있으며 더 나아가서 아연과 구리 성분과 셀레늄(selenium)을 함께 섭취할 것을 추천하고 있다. 이것들은 모두 함께 작용한다. 만약 아연을 매일 15～30mg 섭취하면서 구리 성분 1.5～3mg과 셀레늄 50～200mcg을 함께 섭취한다면 최대 효과를 얻을 수 있다.

아연 성분이 많이 든 식품에는 다음과 같은 것들이 있다.

- 소 살코기(4온스), 7.0mg
- 소고기 간(4온스), 5.8mg
- 칠면조 고기, 닭다리 고기(4온스), 5mg
- 콩(1/2컵), 3.2mg
- 호박씨(1/4컵), 2.6mg
- 해바라기씨(1/4컵), 2.0mg
- 브라질 밤(1/4컵), 1.8mg

- 밀 낟알(1/4컵), 1.7mg
- 캐쉬(cashews, 1/4컵), 1.5mg
- 참치(4온스), 1.2 mg
- 구운 땅콩(1/4), 1.2 mg

8. **알루미늄** 몸에 알루미늄이 지나치게 많으면 두뇌력에 나쁜 영향을 끼친다. 알루미늄 독성은 알츠하이머병(치매)과 관련되어 있다.[28] 다음은 알루미늄이 들어 있는 제품들이다.

- 알루미늄 호일(은박지를 통해 식품에 옮겨진다.)
- 알루미늄 그릇과 요판
- 진통제 아스피린
- 케이크와 팬케이크 믹스
- 제산제(antiacids)
- 음료수
- 피클(pickles)
- 조제된 치즈
- 설사를 멎게 하는 지사제
- 반죽 밀가루
- 발한 억제 스프레이
- 여성용 세척제(douches)
- 볼펜식 발한 억제제
- 치질약

9. **카드뮴과 납** 6~14세의 독서장애 아동 26명에 대한 연구에서, 이 아동들은 독서장애가 없는 아동에 비해 호흡과 머리카락에서 높은

수준의 납 성분과 카드뮴 성분이 검출되었다. 또 다른 연구에서 아동들 머리카락의 높은 카드뮴과 납 성분은 낮은 IQ검사 결과와 직접 상관이 있는 것으로 나타났다.

카드뮴은 페인트, 자동차 배기가스, 담배 연기에 있는 납 성분과 함께 검출되는 공기오염물질이다. 과학자들은 미국인들이 매일 평균 70mcg의 카드뮴을 흡입하고 있는 것으로 추산하고 있다.

납 성분은 아동의 두뇌에 직접 영향을 미쳐서 치명적인 결과를 초래한다. 납 성분은 신경과민, 수면장애, 행동변화, 피로, 식욕상실, 복통, 서투른 조절능력, 어색한 동작, 허약함, 구토 등 가벼운 증상에서 두뇌 손상에 이르기까지(노출된 함량에 따라 더 심할 수 있다) 다양한 증상을 유발한다.[29]

납이 몸 안에 남아 있으면 아동은 일반적으로 학습불능과 함께 정서 문제를 야기한다. 납과 관련된 문제는 이것이 신경세포 안에 자리 잡고 있으면서 건강한 두뇌에 필수적인 화학물질인 신경전달물질의 방출을 방해한다는 점이다.

칼슘, 철분, 아연, 구리 성분이 낮을 경우, 식사와 환경 물질로부터 납 성분 흡수를 증가시켜 두뇌력 문제를 악화시킨다. 당신의 자녀가 이러한 영양소를 증가시키면서 비타민 C와 티아민을 많이 먹으면 납 성분의 영향이나 낮은 수준의 독성을 줄일 수 있다.

✠ 두뇌 계발 연습 #16

단기기억 유연 체조

- 아래에 흩어져 있는 문자를 15초 동안에 읽어 보고 무슨 뜻인지 알아 보라. 그런 다음 책을 덮고 고개를 들어라.
- 타이머를 60초로 맞춘 다음 이 문자들을 원래대로 다시 재생할 수 있는지 해 보라.
- 이와 같은 연습을 60초 이내에 해낼 수 있을 때까지 계속하라. 답은 뒤에 자료집에 있다.

ㄱ ㅇ

ㄴ ㅅ

ㅁ ㄴ ㅜ ㅕ

ㄹ ㅈ ㄷ

ㅈ ㅣ

ㅓ ㅏ ㄹ

ㄹ ㅣ

---

26 두뇌 계발 비결

두뇌 고갈을 방지할 수 있는 7가지 또 다른 방법 –'학습불능자'가 되어서는 안 된다

만약 자녀의(혹은 자신의) 학습불능과 관련하여 요인이 의심된다면 납 성분에 따른 독에 몇 가지 주의할 점이 있다. 다음 지침들은 각종 오염에 대한 영양사의 '방지 대책'을 강구하기 위한 것들이다.[30]

1. 규칙적인 식사를 할 것 분명한 것은 식품이 납 노출의 효과를 중화시킨다는 점이다. 자신이 먹는 식품에 납 성분이 있다면 몸에 거의 흡수되지 않지만, 만약 공복 상태에서 납에 노출되면 그중 약 70%는 혈액 속으로 흘러 들어갈 것이다.

2. 식사에서 비만 요인을 줄일 것 비만은 납 성분을 빨리 흡수하고 다른 어떤 음식보다 철저하게 흡수하게 만든다. 따라서 영양가가 높은 식사, 우유로 만든 스낵이나 디저트, 고단백 쇠고기 섭취를 줄여라.

3. 칼슘 성분의 식사를 증가시킬 것 철분, 인, 비타민 D와 함께 작용하는 칼슘은 신체에 납 성분 흡수를 막아 주는 데 도움이 된다. 만약 몸에 납 성분이 이미 있다면, 이것들은 납이 조직 안에 들어가기 전에 뼈나 살 속에서 끄집어 내도록 도움을 준다.

4. 비타민 C와 아연 섭취를 늘릴 것

이러한 영양분들이 함께해서 납 성분의 독으로부터 자신을 보호할 수 있다. 한 의학 연구에 따르면, 공기로 오염된 납 성분 수준이 높은 곳에 노출된 22명의 근로자들이 2000mg의 비타민 C와 60mg의 아연을 매일 섭취하자 24주 후에 그들의 혈액 속에는 납 성분이 26% 줄어든 것을 경험했다.

아연, 특히 혈액 속에는 카드뮴 집중을 감소시키는 데 도움을 주었다. 만약 자신이 심각한 아연 결핍이라면 치매로 알려진 조건에 노출될 수 있다. 왜냐하면 이러한 조건이 뇌세포 손실의 직접적인 원인이 되고 있으며, 두뇌에 알루미늄 수준을 높이기 때문이다.

5. 철분을 더 많이 먹을 것 철분 부족은 납 성분 독성에 빠질 가능성을 더욱 더 높인다. 철분 보유량이 적절할 경우 단지 10%밖에 흡수되지 않는 것에 비해 그렇지 않을 경우 24%나 많이 흡수될 수 있다. 철분 또한 몸에 작용하여 카드뮴으로부터 오는 독성을 막아 준다.

6. 당신의 식이요법에 셀레늄(selenium)과 비타민 E를 더할 것 만약 생선과 해산물에서 발견되는 하나의 중요한 트레이서 미네랄인 셀레늄을 몸 안에 충분히 갖고 있다면, 이는 카드뮴이 신체 조직 안에 침투하는 것을 막을 것이다. 한 동물 실험 연구에서, 혈액 속에 비타민 E 함량이 가장 낮은 동물의 경우 그들이 식품 속에 있는 납 성분에 노출되었을 때 납 성분 수준이 가장 높은 것으로 나타났다.

7. 망간 수준을 검토해 볼 것 망간 수준이 너무 높거나 너무 낮을 경우 두뇌력에 문제를 일으킬 수 있다. 학습불능아로 생각되는 아동들은 학교생활에서 정상적인 학업을 수행하는 다른 아동들에 비해 망간 수준이 높게 나타났다. 그러나 지나치게 많은 망간은 독성물질이 될 수 있고 철분 섭취를 막아 철분 결핍을 일으킨다. 이러한 일이 발생할 경우는 철분 부족으로 생기는 학습지장을 주게 된다.

다른 한편으로 망간은 몸 안에서 해독작용을 하기 때문에 일정량 필요한 효소다. 이것은 두 개의 신경전달물질을 생산하는 데 필요한 중요한 뇌 효소를 만들 때 필요하다. 그중 하나는 자연적인 진정 효과를 만들어 낸다.

매일 10mg을 안전하게 복용할 수도 있지만 망간의 일일권장량(RDA)은 2.5~5mg이다. 적절한 수준의 망간은 정상적인 두뇌 활동을 위해 필요하고 특정 신경계통의 혼란, 심지어 정신분열증을 치료하는 데도 필요하다. 일반적으로 견과류와 자연 곡식 시리얼은 높은 망간 수준을 보장하는 데 좋은 방법이 된다. 망간이 들어 있는 식품에는 다음과 같은 것들이 있다.

- 오트밀(1컵), 11,868mcg
- 껍질을 벗기지 않은 밀가루(1/2컵), 2,580mcg
- 말리고 요리된 완두콩(1/2컵), 1,990mcg
- 현미(1/4 컵), 1,850mcg
- 바나나(중), 1,120mcg
- 요리된 시금치(1/2컵), 745mcg
- 상추(1컵), 682mcg
- 고구마(중), 594mcg
- 콩(1/2컵), 561mcg

망간에 관한 몇 가지 유의 사항은 다음과 같다.

- 제산제, 망간을 함유한 하제(대변을 나오게 하는 약), 왕겨 섬유, 야채에 들어 있는 피타트(phytates), 차 속에 들어 있는 타닌, 시금치에 들어 있는 옥살산들은 몸 안에 들어 있는 망간 함량을 줄일 수 있다.
- 높은 수준의 마그네슘, 칼슘, 철분 혹은 인산염 보충제들을 섭취한다면 망간 흡수를 줄일 수 있다.

• 망간 섭취를 증가시키기 위해서는 적절한 범위의 비타민과 미네랄을 포함한 잘 균형 잡힌 영양제로 망간을 섭취해야 한다.

✠ 두뇌 계발 연습 # 17

어떻게 제논의 역설이 두뇌력을 발달시킬 수 있을까

제논(Zeno)은 흥미 있고 당황스러운 질문을 던지는 희랍의 철학자다. 아래에 소개한 마음을 유연하게 하는 일은 제논의 역설로 잘 알려져 있다. A지점으로부터 B지점으로 활을 쏘았다고 가정해 보자. 그 거리는 50야드다. 이 화살이 50야드에 도달하기 전에 이 화살은 그 거리의 반을 주행하였다고 하자. 다시 말해, 이 화살은 처음 50야드를 완주하기 전에 점차적으로 절반씩 짧게 주행해 나간다. 이렇게 계속해서 주행거리를 무한정 반으로 줄여 나간다면 이 화살은 언제 50야드 목표지점에 도달할 수 있을까?

27 두뇌 계발 비결

어떻게 두뇌를 제독해 나갈 것인가-지금 당장 이 제독 프로그램을 시작해서 두뇌력을 회복하라

당신은 지금 식이요법과 환경의 요인이 자연적인 두뇌력을 고갈시킬 수 있다는 것을 앞에서 배웠기 때문에 두뇌에 좋은 영향을 줄 수 있는 몇 가지 변화 조치를 취해야 한다. 이 장에서는 생활양식에서 두뇌를 방해하는 요소들을 어떻게 제거할 수 있는가에 초점을 맞추고자 한다. 지금부터 식이요법과 환경을 변화시킬 수 있는 또 다른 방법을 부가함으로써 두뇌력을 회복시키는 방법을 보여 주고자 한다.

현 시점에서 식이요법을 즉각적으로 변화시킬 수 있는 몇 가지 방법이 있다. 그 목표는 몸에서 그러한 독소와 수년 동안 쌓아 온 식품, 공기 오염, 환경적 화학성분, 나아가서 당신이 생각하고 느끼는 방법까지도 제거하는 것이다.

이러한 식이요법은 영원히 해야 하는 것은 아니다. 이러한 제안들에 대해 강력한 조치를 지금 취함으로써 다음 몇 주 동안에 몸 안에 있는 독소들을 제거한다.[31]

제1단계: 1주일

- 모든 알코올과 알코올 성분이 들어 있는 식품을 마시지 마라.
- 모든 단 것을 먹지 마라. 이 말은 설탕 성분이 가미되었거나 자연적 인공적 세품을 모두 포함한다. 시럽, 꿀, 흑설탕, 과일즙, 기타 인공적 조미료 등이다.
- 소금 소비를 줄여라. 소금기를 반으로 줄여라.

제2단계: 1~2주 동안

제1단계를 계속해서 줄인 후 취해야 할 다음 단계의 새로운 조치들은 다음과 같다.

- 발효식품을 먹지 마라. 이러한 식품에는 치즈, 이스트를 넣어 만든 빵, 캔이나 박스, 병에 들어 있는 조제된 일반 식품, 커피, 홍차, 식초, 케

첩, 마요네즈, 머스타드, 상품용 샐러드 드레싱 등이 있다.

- 신선한 야채를 먹어라. 예컨대 케일(kale), 부르셀(Brussels) 스프라우트(sprouts, 양배추의 일종), 콜리플라워(cauliflower, 꽃 양배추), 양배추, 양파, 호박, 당근, 터닙스(turnips 양배추의 일종), 방풍나무(parsnips) 등이다.
- 모든 낙농 식품과 마가린, 모든 밀 종류와 흰 밀가루 제품을 먹지 마라. 빵, 머핀, 과자(크래커), 파스타 등의 제품들은 밀가루에 있는 기본 단백질이 들어 있다.
- 자연 곡류를 먹어라. 현미, 조제되지 않은 귀리, 호밀, 메밀, 퀴노아(quinoa), 기장(millet, 아프리카 인디언 수수), 보리, 날것으로 굽지 않은 소금기 없는 씨와 견과류

제3단계: 2～3 주 이상

제1단계와 2단계를 계속하면서 다음 단계를 계속하라.

- 쇠고기, 돼지고기, 양고기 등과 계란을 먹지 말고 대신에 닭고기, 칠면조 고기, 생선, 렌스콩(편두), 병아리콩, 흰 강낭콩, 얼룩덜룩한 강낭콩, 어두키콩(aduki beans), 두부, 말려 쪼갠 완두콩(sprit peas)을 먹어라.
- 가지과의 야채류 제품을 먹지 마라. 예컨대 감자, 토마토, 고추, 칠레 고추, 가지, 엽연초 등을 먹지 마라.
- 제독적 식이요법의 초기단계에 알지 못했던 알레르기 반응을 보이거나 부작용을 일으키는 특정 식품으로부터 금단현상을 경험할 수도 있다. 이러한 금단현상에는 두통, 우울증, 기분의 현저한 변화, 그리고 다른 형태의 배변 후의 해방감이 포함된다.
- pH측정치(수소이온의 이온자수)가 보다 균형을 유지함에 따라 약간의

체중이 감소될 수도 있다.

- 처음에 약간의 징후, 예컨대 알레르기성 반응, 정신적 이완, 초점 부족 등과 같은 증상이 일시적으로 다시 나타날 수도 있다.

독을 제거한 이후의 생활: 건강을 유지하기 위하여 취해야 할 7가지 단계

모든 반대 징후들은 몸이 불필요한 식품들을 정화시키고 건강에 해로운 물질들을 소비하고 있다는 것을 말해 주는 신체적 반응인 것이다. 이 단계는 일시적이며 몇 주가 지나고 나면 그 독성들이 내장과 혈류에서 제거되고, 신체에서 제거됨에 따라 이전과는 훨씬 다른 느낌이 들 것이다.

완전히 제독되었다는 것을 어떻게 알 수 있을까? 점차적으로 당신은 제독 식이요법을 통해 제거되었던 많은 음식들을 스스로 제한하는 식이요법을 하게 될 것이다.

제독 프로그램이 완성되고 나면 식이요법에서 중요하고 영구적인 변화가 일어나고 있다는 것을 알게 될 것이다. 건강한 생활양식을 채택하게 되면 이후에는 동맥경화를 피할 수 있을 것이며, 그렇게 되면 정신 능력의 모든 것을 손상시키는 조건들을 피해 나갈 수 있을 것이다.

이러한 단계들은 다음과 같다.

1. 건강한 생활양식을 택하라　술, 담배, 약물 복용을 끊거나 현격하게 줄여라. 삶에 대해서 긍정적인 태도를 유지하고 건강식품을 먹고, 영양가 있는 식품을 먹고, 몸매관리를 잘하고, 스트레스 관리법을 배워라.

2. 규칙적인 운동을 함으로써 신체활동을 보다 활발히 하라　연구에 따르면, 한 시간 운동하면 두 시간 수명을 연장할 수 있다고 한다. 매일 최

소한 20분 동안 자전거 타기, 수영, 골프, 실내 자전거, 에어로빅, 댄스, 조깅, 테니스, 걷기, 계단 오르기 등의 운동을 계속하라.

3. **규칙적으로 메가 비타민 보충제를 섭취하라** 아무리 식사를 잘한다 해도 영양결핍에 걸려 있을 가능성이 있다.

4. **노화방지 영양제를 섭취하라** 노화방지 영양제와 유리기에 관한 상세한 내용은 두뇌 계발 비결 #52～54를 보라. 여기에는 비타민 C(매일 최소 1000mg)와 비타민 E(매일 800～1,200 IU)가 포함되어 있다.

5. **마그네슘과 칼륨(potassium)을 식이요법에 보충하라** 이 두 가지는 건강의 모든 측면에 필수적이고, 연구에 따르면 대부분의 미국인들에게 특히 부족하다.

6. **기름보충제를 섭취하라** 몸에는 두 가지 고도의 불포화 유지, 즉 알파 리노에익 산(오메가-3)과 리노에익 산(linoleic acid, 오메가-6)이 필요하다. 오메가-3의 좋은 원천은 생선과 아마인(flaxseed) 오일, 오메가-6의 좋은 원천은 금달맞이꽃(evening primrose) 오일, 보리지(borage, 지치의 일종) 오일, 검은 건포도씨(black currant) 오일이다.

7. **식이요법을 저지방분, 복합탄수화물(carbohydrates)로 전환하라** 이 말은 동물성 지방을 적게 하고 신선한 야채와 과일, 자연 곡류, 견과, 씨, 콩 등을 훨씬 적게 처리하여 준비된 영양가를 높인 식품, 일반적으로 지방분이 적은 식품, 섬유질이 높은 채식, 설탕과 정제된 탄수화물을 줄인 음식을 의미한다.

✠ 두뇌 계발 연습 #18

두뇌력 단어 만들기

- 다음 네 개의 흐트러진 문자 그룹을 가지고 60초 동안 생각해 보라. 각 그룹의 문자들을 합치면 하나의 단어가 된다.
- 첫 번째 두 그룹은 원래의 단어를 만들기 위해 45초를 활용하라.
- 두 번째 두 그룹은 책을 닫고 단어를 보지 말고 45초 동안 원래의 단어를 찾아보라. 답은 자료집에 있다.

ㄴ ㅍ ㅗ ㄴ ㅇ ㅣ ㄹ ㄷ ㅔ

ㅊ ㅏ ㅇ ㅡ ㅓ ㅇ ㄹ ㅎ ㅣ ㅁ ㅏ

ㅍ ㅣ ㄷ ㅏ ㅁ ㅗ ㄴ

ㅅ ㅐ ㅂ ㅡ ㄴ ㅣ ㅅ

03
두뇌의 리듬에 맞추어라

더 많은 두뇌력을 위하여
마음과 몸의 리듬을 어떻게 활용할 것인가

두뇌의 리듬에 맞추어라. 뇌에는 몸과 마찬가지로 활동과 휴식의 자연적인 리듬이 있다. 그러므로 이러한 자연적인 리듬을 두뇌 계발 프로그램에 활용해라. 가장 효과적인 기억 근육에 초점을 맞추고 두뇌 활동 최적의 시간을 파악하여 주의집중하는 기술을 배우고 연습하라.

이 장에서는 두뇌의 힘을 보다 많이 기르기 위한 기초로서 정신과 몸의 자연적인 리듬을 활용하기 위한 두뇌 계발 비결을 배우게 될 것이다. 두뇌 기능은 매일 높았다 낮았다 하는 자연적인 리듬을 타고 있으며 이러한 리듬은 90～120분 간격으로 순환하고 있다는 것을 아는가? 코가 지금 두뇌의 힘의 순환이 어디에 와 있는지를 말해 줄 수 있다는 것을 아는가?

이 장에서는 풀잎과 꽃잎으로부터 두뇌력이 최상의 수준에 있도록 하기 위한 교묘한 기법을 배우게 될 것이다. 그리고 마음이 주의 깊게 되기 위한 기법을 마스터하게 될 것이다. 두뇌 스스로의 행동이라기보다는 오히려 자신을 대신해서 두뇌가 행동하도록 하려면 마음에 초점을 어떻게 맞추어야 할 것인가를 배우게 될 것이다.

#28 두뇌 계발 비결
아로마치료욕이 어떻게 정신 상태를 바꿀 수 있으며 두뇌의 힘을 향상시킬 수 있는가

아로마치료 분야에서 다른 정신상태를 고칠 수 있는 치료욕의 기본적 방법으로 에센셜 오일을 사용할 수 있다. 아로마치료에서의 풀잎에서 만들어지는 에센셜 오일은 부정적 생각, 예컨대 우울증, 짜증, 흥분과 같은 부정적 정신 상태를 완화시킬 수 있다. 동시에 보다 긍정적 정신표현, 예컨대 예리한 초점과 명료성 같은 행동을 강화시킬 수 있다. 이러한 에센셜 오일들은 목욕용 제품을 파는 상점 등에서 널리 구할 수 있다.

이제 자연적인 두뇌력을 메마르게 하는 여러 가지 정신상태들을 소개하고자 한다. 아로마치료욕과 같은 기법을 활용하여 정신상태와 일반 에너지 수준을 바꿀 수 있는 방법을 배운다면 두뇌력을 낮 시간에 가장 효과적으로 활용할 수 있을 것이다.

코로 냄새를 어떻게 맡느냐에 따라 뇌가 생각하는 힘을 도와줄 수 있다.

코와 그것의 감각이 뇌와 얼마나 가까이 있는지 생각해 보라. 겨우 7.5cm밖에 안 된다. 코와 방향 감지기로부터 신경섬유가 직접 대뇌변영계에 직접 연결되어 있으며, 이 대뇌변영계는 감정반응과 관련되어 있다. 두 개의 콧구멍은 뇌를 볼 수 있는 부분으로 바깥 환경을 감지할 수 있다.

한 아로마치료사는 이 콧구멍을 '뇌 밖에 있는 뇌세포'라 부르고 있다. 그리고 향내와 방향은 직접 코를 통하여 어떤 방해도 받지 않고 혈뇌벽을 통과한다는 사실을 설명해 준다. 이 때문에 냄새와 방향은 정신과 감정에 즉각적으로 영향을 주어서 쾌감 혹은 불쾌감을 자극하거나 깊은 기억을 남긴다.[1]

에센셜 오일을 들이마실 때 그 효과가 즉각적이고 빠른 속도로 뇌에 영향을 주고 있음을 느낄 수 있는데, 이것은 바로 위의 내용을 설명해 준다. 기술적으로 방향 분자 그 자체가 뇌에 들어가는 것은 아니지만 신경 메시지로 번역되는 것이다.

두뇌의 계발에 도움을 주는 아로마치료 혼합물을 선택하기

여기 몇 가지 스스로 도움을 받을 수 있는 가능성을 살펴보기로 하자. 아래에 제시된 것들 가운데 한 가지를 선택하여 실험해 보고 같은 범주에 있는 다른 것을 또 해보자.

- **분노**: 캐모마일(chamomile), 레몬밤(melissa), 장미, 일랑일랑(말레이, 자바산 꽃에서 채취한 유향)
- **무관심**: 재스민, 주니퍼(노간주나무 종류), 파촐리(꿀풀 속의 식물 향유), 로즈마리
- **혼돈, 안절부절못함**: 바질(향미료, 해열제로 쓰이는 박하 비슷한 향이 강한 식물), 노송나무(꿀풀 속의 식물), 유향, 페퍼민트, 박하(박하유)

- **우울증**: 멜랑콜리, 바질, 베르가모트(배의 일종), 캐모마일(chamo-mile), 유향, 제라늄, 재스민, 라벤더, 네롤리(neroli), 파촐리, 페퍼민트, 장미, 백단향(sandal wood), 일랑일랑, 샐러드 안에 있는 에너지 활력소인 신선한 마르조람(marjoram)과 타임(thyme)을 활용하라. 마르조람, 민트, 베르베나 혹은 타임 등의 엽차를 마셔라. 방에 있는 아로마 버너에 마르조람이나 타임의 에션셜 오일을 확산시켜라. 바질, 마르조람, 네롤리, 타임의 에센셜 오일(포도씨 향유를 섞어서)을 당신의 손등이나 복부, 그리고 명치에 몇 방울 떨어트려 문질러라.
- **혼란, 조각난 느낌, 분산된 느낌**: 로즈마리
- **흥분 상태, 지나친 흥분, 자극**: 레몬, 세이지(실비어의 일종), 타임, 캐모마일, 사이프러스(cypress), 히솝(우슬초), 주니퍼, 라벤더, 마르조람, 네롤리, 장미
- **정서적 스트레스에서 오는 피로**: 레몬, 네롤리, 오렌지, 페티그레인(petit grain)
- **육체적 활동에서 오는 피로**: 바질, 라벤더, 네롤리 혹은 페티그레인(모두 3방울)을 콩기름 2스푼과 맥아기름 2방울과 함께 관자놀이, 목, 가슴에 문지른다.
- **공포, 편집병**: 바질, 클래리(clary), 재스민, 주니퍼
- **슬픔**: 우슬초, 마르조람, 장미
- **신경과민**: 캐모마일, 재스민, 레몬밤
- **불면증**: 캐모마일, 장뇌(camphor), 주니퍼, 라벤더, 마르조람, 네롤리, 장미, 백단향
- **조급증, 성마름**: 캐모마일, 장뇌, 사이프러스, 라벤더, 마르조람, 유향(frankincense)
- **정신적 피로, 집중력 저하, 기억력 약화**: 바질, 카르다몬(cardamom, 생강과

의 다년생 식물), 박하유, 로즈마리

- **근육에 있는 긴장을 풀기 위한 근육 이완**: 캐리 세이즈(실비아)
- **신경 긴장, 근심**: 벤조인(benzoin, 안식향), 베르가모트, 카멜론, 장뇌, 사이프러스(삼나무의 일종), 제라늄, 재스민, 라벤더, 마르조람, 레몬밤, 네롤리, 파촐리, 장미, 백단향, 일랑일랑
- **과거의 유쾌하지 못한 사건에 지나치게 집착**: 벤조인, 유향
- **신경질, 히스테리**: 캐모마일, 클래리, 재스민, 라벤더, 마르조람, 레몬밤, 네롤리, 일랑일랑.
- **충격, 쇼크**: 장뇌, 레몬밤, 네롤리
- **느슨함, 피로, 초점 이탈**: 소나무, 유칼립투스(오스트레일리아 원산의 교목), 로즈마리, 검은 고추, 바질
- **스트레스**: 바질, 라벤더, 만다린, 마르조람, 레몬밤, 네롤리, 오렌지, 페티그레인, 클라리 세이즈, 일랑일랑, 오렌지 꽃, 민트와 같이 진정 작용을 하는 차와 곁들여 따르라.
- **긴장, 지나친 흥분, 근심**: 라벤더
- **기분이 저하되어서 피곤함**: 따뜻한 욕조에 타임 5방울과 마르조람 3방울을 떨어뜨려 목욕을 마친 다음 명치와 천골 부분에 아몬드 오일(1티스푼), 맥아 기름(2방울), 타임(7방울), 마르조람(2방울), 장미오일(3방울)을 발라 문지른다.

두뇌 계발 아로마치료의 또 다른 요령

- 정신이 각성되고 머리를 맑게 하기 위하여 책상 위에 특수 에센셜 오일 버너 안에 로즈마리 오일 2방울을 넣는다. 그런 다음 즐거운 향을 마시는 것처럼 천천히 숨을 들이쉬면서 정신을 자극하는 냄새를 맡아라.

- 운전을 할 때나 움직일 때나 정신을 차릴 필요가 있을 때는 각 손목에 약간의 로즈마리를 가볍게 바른다. 손의 움직임에 따라 정신을 맑게 하는 냄새가 확 풍겨나는 것을 느낄 것이다.

아로마치료 오일을 활용하는 방법

아로마치료 오일은 외용으로만 사용된다. 즉, 이것을 먹어서는 안 된다. 개념상으로는 꽃 에센스와 비슷하지만 사실상 약간의 꽃과 약초가 직접 포함될 수 있으며, 아로마치료 에션셜 오일은 생래적으로 훨씬 더 거칠다. 다시 말해, 식물들로부터 직접 뽑아낸 것이다. 반면에 꽃 에센스는 식물의 꽃에서 나온 추출물을 여러 번 희석하여 혼합한 것이다.

- 꽃 에센스 몇 방울을 아로마치료 욕탕에 떨어뜨려 섞는다. 꽃 에센스를 빈 플라스틱 용기 안에 6~8방울 담은 다음 약간의 거품이 나도록 섞는다.
- 수도꼭지에서 욕탕에 반쯤 물을 채운 다음 천천히 꽃 에센스를 욕탕의 물 흐름을 따라 한 방울씩 떨어뜨린다. 이렇게 하면 물에 고르게 섞여 퍼지게 된다.

✠ 두뇌 계발 연습 #19

숫자 놀이

- 아래의 숫자들을 15초 동안 검토해 보라.
- 7개의 세 자릿수는 공통점이 있으나 한 개는 다르다.
- 공통점이 무엇인가 찾아내고 공통점이 없는 숫자를 찾아라.
- 숫자들을 검토한 다음 30초 동안 그 답을 찾아보라. 답은 자료집에 있다.

---

583 891

495 374

276 165

363

396

#29 두뇌 계발 비결

도가의 '하늘의 문' 두뇌력 명상법을 통해 스트레스를 극복하라

이 명상법은 고대 중국의 도교의 전통에서 유래된 것이다. 도교 선사들은 신체 에너지를 일으키고, 장수하고, 모든 정신능력을 예리하게 하고, 정신과 신체의 조화를 통한 건강관리를 위한 여러 가지 방법들을 개발해 냈다. 두 눈과 콧마루 사이 1인치 떨어진 지점에 도교 선사들이

'하늘의 문' 이라 부르는 약 1인치 평방의 공간이 있다고 한다.

침을 놓기 위한 기준이 되는 그들의 정신-신체 에너지 모델에 따르면, 우주와 지구로부터 오는 기(氣)는 이 특별한 약 1인치 평방의 지점에서 자신의 신체 기(氣)와 만난다. 이와 같은 명상 실행을 하는 목적은 정신을 집중하고 내적 안정을 구축함으로써 신체적 정신적 스트레스를 줄이고 없애는 것이다.[2]

스트레스를 줄이기 위한 명상은 어떻게 하는가

어떤 스트레스나 피로 혹은 자연적인 두뇌력 그 자체에 다른 정신-신체 장애물을 제거시키는 일은 두뇌력과 능력을 최대한 활용할 수 있게 한다는 점을 명심하라.

- 의자에 등을 똑바로 붙이고 두 발은 마룻바닥에 대고 편안한 자세로 앉아라. 신발과 안경을 벗는다.
- 조용하고 천천히 숨을 쉰다. 자신의 숨소리에 귀를 기울이고, 숨을 쉬는 동안 숨의 오르고 내림을 느껴 보라. 기분이 편안하고 주의가 집중될 때까지 숨을 들이쉬고 내쉬어라.
- 오른손 엄지로 왼손바닥의 가운데를 천천히 눌러라. 왼손바닥을 무릎 위에 올려놓아라.
- 오른손 인지를 엄지와 같은 위치의 왼손바닥 바깥쪽에 올려놓은 다음 천천히 눌러라.
- 이와 같은 자세를 유지하면서 왼손 엄지로 왼손 인지 끝을 눌러라. 그리고 이 자세를 실행하는 동안 이 자세를 유지하라.
- 다음, 만약 오른손잡이라면 왼발을 오른발 위에 올려놓아라. 만약 왼

손잡이라면 오른발을 왼발 위에 올려놓아라.

- 지금부터는 입을 다물고 혀를 입천장에 닿게 하라. 잡아당기거나 밀지 말고 이 자세를 연습하는 동안 혀의 위치를 고정시켜라.[3]
- 눈을 감고 주의를 두 눈과 콧마루 사이 1인치 평방 지점에 집중하라. 긴장하지 말고 이 지점을 창 혹은 안식처 혹은 빈자리로 생각하라.

1인치 평방에 두뇌력을 위한 열쇠를 매달자

- 이 지점에 계속해서 내적 주의의 초점을 맞춰라. 하지만 긴장하거나 억지로 어떤 일을 해서는 안 된다. 기억해 둘 것은 호흡을 천천히 유지하고 어느 정도는 주의를 각 호흡에 따르도록 내버려 두라는 것이다.
- 여러 가지 생각이 마음속에 스쳐 지나갈 것이다. 이러한 생각들은 놀라서 도망치기도 하고, 홍수처럼 밀려오기도 하고, 말처럼 달려오기도 하고, 주의를 요구하기도 할 것이다. 이런 생각들을 맑고 푸른 하늘에 빠르게 지나가는 구름이 되게 하라. 그러한 생각들에 주의를 기울일 필요는 없다.
- 그 자리에서 눈을 감고, 주의를 집중시키면서 조용히 숨을 쉬고, 마음속의 초점을 눈앞의 1인치 평방에 맞춰라. 눈을 감고도 볼 수 있다고 가정하고 이 환상적인 1인치 평방의 창을 조용히 조망하면서 그 창을 통해 두뇌에 이르도록 하라.
- 약간 미소를 지으면 정신과 신체가 더욱 조용하고 편안하게 될 것이다.
- 이러한 명상을 5~10분 동안 하라. 만약 시계를 보고 싶거든 살짝 곁눈질로 하되 눈을 완전히 떠서는 안 된다.
- 이러한 명상이 끝나면 천천히 그리고 점차적으로 눈을 떠라.
- 기분이 어떤가 보라. 긴장이 풀리고, 처음 시작할 때보다 조용해지고,

편안해지고, 보다 초점이 잘 맞추어지고, 자연적인 두뇌력을 관리할 수 있다는 자신감이 생기지 않았는가? 두뇌력의 혜택을 최대한 발휘하기 위해서 이러한 명상법을 두뇌 계발 프로그램으로 활용하며 최소한 매일 한 번 이상 실시하라.

#30 두뇌 계발 비결

머리에 있는 소음을 중단시켜서 두뇌력이 작용할 수 있게 하라

모든 사람의 머릿속에는 두뇌력이 자연스럽게 활동하지 못하게 하는 여러 '소음' 이 있다. 이 소음에는 여러 가지 생각, 평가, 감정, 긴장, 흥분, 교란, 반복적 생각, 판단, 기억들, 꿈 조각들, 감각적 인상들, 요구, 무선적 이미지, 그리고 아이디어들이 끊임없이 흐르고 있다.

만약 이러한 모든 비생산적인 찌꺼기들이 수영장 물 위에 떠돌아다닌다고 상상해 보라. 어떻게 수영을 하고 물을 즐길 수 있겠는가. 혹은 이러한 비생산적인 정신활동을 맑게 갠 하늘에 오염물질이 떠서 태양을 가리고 맑은 하늘을 가리고 있는 것으로 비유할 수도 있다.

만약 어떤 문제에 주의를 집중하려고 한다면, 이러한 배경소음들은 주의집중을 방해하고, 짜증스럽게 하며, 어떤 정신적 활동에 결정적 장애물이 될 것이다. 정신적 소음은 정신을 맑게 하는 것을 방해할 뿐만 아니라 왜곡시키고, 두뇌에 드나드는 정보의 흐름과 자료처리능력을 방해하고 왜곡시킬 수 있다.

다른 한편으로 이러한 정신적 소음을 줄여 나갈 수 있다면 정신 활동이 명료해지는 것을 느낄 수 있으며, 그렇게 되면 정신은 맑은 하늘에 날카로운 칼날을 휘두를 수 있는 능력을 갖게 될 것이다.

머릿속에 있는 소음을 제거하는 방법

아래에 아주 간단한 소음제거 방법이 있는데 주의집중과 호흡법이 바로 그것이다.[4]

- 의자에 등을 대고 똑바로 앉아서 두 발을 바닥에 댄 채 편안한 자세로 앉는다. 신발과 안경을 벗고 눈을 감아라.
- 숨을 조용하고 천천히 쉰다. 숨소리에 주의집중을 하고, 가슴이 오르고 내리는 것을 본다. 이렇게 마음이 이완되고 주의가 집중될 때까지 숨쉬기를 계속 하라.
- 마음속에서 인식되는 정신적 소음의 종류를 내적 검사를 통해 5분 동안 느껴 보라. 이러한 정신적 소음의 유형을 분류하여 목록을 만들어라.
- 전체적 신체 형태를 하나의 속이 텅 빈 튜브로 생각해라. 이는 내적신체조직, 뼈, 근육으로 사용된 것이며 지금은 빈 공간이다.
- 천천히, 조용하게 그리고 주의력을 갖고 들이마시되, 다만 바닥에 있는 공기를 마시고 있다는 상상은 하지 마라. 숨을 쉴 때 발, 다리, 골반, 소장, 위, 가슴, 등, 어깨, 목, 얼굴, 뇌를 통해 숨을 들이마시는 것을 느껴라.
- 신체를 통하여 숨을 쉬는 것처럼 이 공기가 속이 텅 빈 튜브를 통과하고 있다는 점을 기억하라. 이렇게 함으로써 공기의 흐름이 둥근 방 안을 지나는 것처럼 '휙휙' 소리를 낸다.
- 위로 솟아오르는 공기가 긴장과 흥분한 느낌, 산발적 생각, 반복되는 기억들의 모든 징후를 말끔히 씻어내도록 하라. 이와 같은 활동을 시

작하면서 이러한 정신적 소음들을 인식하게 된다.

- 숨을 내뿜으면서 마음을 편안하게 하고 모든 것이 사라지도록 하라. 마치 잔디에 호스로 물을 뿌리듯이 서서히 호흡하라. 속이 텅 빈 튜브 안에 스스로 뿜어낸 호흡으로 물을 뿌려라.
- 이와 같은 조치들을 반복하고 호흡 리듬을 계속해서 5분 동안 계속하라.
- 머리가 얼마나 많이 조용해졌는가. 얼마나 많은 정신적 소음이 없어졌는지 유념하라. 또한 자신의 느낌이 얼마나 가라앉고 조용해졌는지 알아보라. 뇌파 활동이 자발적으로 완화된 것이다.
- 만약 어떤 정신활동, 예컨대 계산, 계획 세우기, 작문하기, 분석하기 등을 해야 한다면, 마음 안에 있는 소음 수준이 많이 감소된 상태이므로 지금 하는 것이 좋다.

31 두뇌 계발 비결

언제 생각하고 언제 20분간 휴식을 취해야 할지 두뇌력 리듬을 관리하라

두뇌 기능에 관한 한 모든 순간들이 똑같이 창조되지 않았다는 것을 당신이 알게 된다면 놀라지 않을 수 없을 것이다. 당신의 두뇌 또한 자연의 다른 것들처럼 그 자체가 리듬을 가지고 있다는 것이다. 이 말은 어떤 일을 수행할 때 두뇌가 최대 능력을 발휘하는 데도 좋은 때와 그렇지 않은 때가 있다는 뜻이다.

여기서 터득해야 할 비결은 언제 두뇌가 하던 일을 멈추고 20분간 휴식을 취해야 하는가 하는 것이다.[5] 다시 말해서, 하루 중 어떤 결정적인 시간에 뇌가 계속해서 계산하고, 분석하고, 말을 하고, 일반적으로 논리적으로 생각하는 일을 거부해야 하는가다. 이 시간에는 뇌를 해변에 있게 해야 한다.

신체가 하루 중 중간에 휴식을 취하기를 원한다면, 그것을 받아들이는 것이 현명하다. 혹시 사람들이 자신을 태만한 사람으로 인식할까 봐 염려할 필요는 없다. 이러한 두뇌력의 리듬은 몸의 깊은 곳에 자리 잡고 있는 전반적인 에너지 패턴이다. 이러한 두뇌력의 리듬을 관찰하는 것이 보다 효과적인 두뇌력의 열쇠가 된다.

몸과 두뇌가 20분간의 휴식을 요하는지를 어떻게 자연스럽게 알 수 있는가

단계 1: 이러한 신호를 인식하라.

- 기지개를 키고 싶고 근육을 풀고 싶을 때
- 하품이 나고, 한숨이 나오고, 눈꺼풀이 내려앉고, 동공이 확대될 때
- 몸이 조용해지고, 움직이지 않고, 이완될 때
- 군것질이 하고 싶거나 화장실에 가고 싶을 때
- 행복했던 생각과 기억이 나기나 더없이 행복감이 느껴질 때
- 멍하니 허공을 쳐다보거나 하는 일 없이 낙서를 할 때
- 반사작용이 느려지고, 청력이 손상되고, 약간 둔감해지기 시작할 때
- 발이나 손, 팔꿈치 등이 약간 마비상태가 오는 것을 경험할 때
- 자신감이 생기고, 만족감, 내적인 성취감, 약간의 통찰력이 느껴질 때
- 친근감이 느껴지고, 흥미로운 환상과 백일몽을 할 때, 연령적으로 퇴행을 경험할 때, 일이나 공부가 하기 싫을 때, 내면의 세계로 초점이 맞추어질 때

단계 2: 심호흡에 접근하기

- 호흡의 리듬이 저하되고, 부드러워지고, 깊어지는 것을 감지하라.
- 몸이 이완 모드로 전환될 때
- 몸에 편안함이 강력하게 감지될 때를 발견하라.
- 이와 같은 편안함이 전신에 퍼지도록 도와줘라.

단계 3: 정신 · 신체 치료하기

- 자신을 띄우고, 흘러가게 하고, 순간을 즐겨라.
- 어떤 일을 하기 위해서 의도적으로 노력할 필요는 없다. 정신과 신체는 치유되고 있으며, 깊은 세포조직에서 자연스럽게 활력을 다시 찾게 된다.
- 아무것도 하지 말고 그저 그대로 있어라.
- 마음의 창의적이고 통찰적 측면이 살아나도록 하라. 어쩌면 문제에 대한 해결책이나 새로운 아이디어가 갑자기 솟아날 수 있다.
- 내면에 어떤 일이 일어나고 있는지 조용히 객관적으로 단순히 관찰하라.
- 정신을 있는 그대로 허용하고 방황하게 내버려 둬라.

단계 4: 다시 활기를 찾고 정신을 똑바로 차려라.

- 20분이 지난 다음 정신의 정상적인 각성상태를 다시 회복하라.
- 얼마나 편안해지고, 몸이 유연해지고, 자연스러워지고, 침착해지고, 행복해지는지 확인해 보라.
- 내면으로부터 밖으로 관심을 바꾸고 일로 다시 돌아가라.
- 최적의 건강을 위하여 이러한 일을 최소한 하루에 한 번씩 하라.

이러한 자연적인 리듬이 두뇌력에 대해 무엇을 의미하는가

약 90~120분 간격으로 신체에는 일정한 리듬을 타고 세포 분열, 유전자 복제, 호르몬 분비, 뇌 화학 물질 분비, 그리고 뇌반구 지배 작용이 일어나고 있다. 이러한 것들은 매일 여러 차례 일어나는 리듬이다. 어떤 특정한 90분의 에너지 순환과정에서 두뇌는 최고 절정의 각성과 최고의 수행을 경험하며 그런 다음 정신적 피로의 안식처와 휴식을 취하고 싶은 욕망을 경험하게 된다.

이러한 상승과 하강은 광범위한 정신활동에 영향을 미친다. 이러한 정신활동에는 집중력, 초점 맞추기, 학습, 단기기억활용, 지각과 창의력, 신체적 능력, 손·눈 조정력, 반사 행동, 기민성, 그리고 일반 에너지 수준이 포함된다.

다시 말해, 각 90~120분 동안의 초일주기 리듬(ultradiam rhythem 하루에 2번 이상 반복되는 것을 말한다)에서 20분간은 아무리 영리하다 하더라도 두뇌력이 상당히 감퇴되기 마련이다.

이러한 20분간의 우측 누뇌의 감퇴 현상은 자동적 기능으로 이어진다. 사실상 자기조절기능인 예컨대, 신경계통, 내분비선계통, 면역계통으로서 거의 모든 주요 정신·신체 계통은 이 90~120분간의 순환의 휴식과 활동에 포함되어 있다. 정신기능은 이러한 리듬에 따라 오르내린다.

정신양식 내에서 90분간의 리듬이 있거나 아니면 우리가 두뇌력을 사용하는 전반적인 방법인 것이다. 매 90분마다 언어기능과 공간기능은 서로 교차되면서 서로를 지배하게 된다.

아래에 이 90분 동안 리듬의 영향을 받는 몇 가지 심리적·생리적 과정이 있다.

- 위장활동
- 소변 배설
- 몸의 체온
- 근육상태
- 환상
- 지각
- 성적 흥분
- 심장박동률
- 눈 깜박이는 비율
- 식욕 혹은 입맛
- 기억
- 시간 감각

두뇌 리듬을 효과적으로 활용하는 방법

이러한 정보는 즉각적으로 실제적 관점이다. 만약 초일주기의 리듬이 핵심 두뇌력 범주의 하강 단계에 들어가고 있다면 최대 두뇌력은 기대하지 말아야 한다.

정신-신체가 신호를 보내고 있다면 긴장을 완화하여 20분간 휴식하기를 원하고 있는 것이다. 즉, 정신활동을 지원하고 있는 이와 같은 모든 신체적 과정들이 또한 하강 국면에 접어들고 있는 것이다. 이와 같이 하루 동안에 반복적으로 나타나고 있는 자연적인 리듬을 인정하도록 노력하라.

그런 노력을 할 때, 슬럼프에 빠지고 정신적으로 멍청해지고 똑똑하지 못하다고 느껴질 순간에 두뇌력은 낮은 지점 안에 있으며 현재의 정신상태가 자연적인 지능을 제대로 반영하지 못하고 있다는 것을 시사하는 것이다. 그렇다면 문제의 열쇠는 초일주기의 상승과 하강을 최대한 활용하는 법을 배우는 것이다.

신체가 20분 휴식에 들어가고 회복단계에 있을 때는 정신활동을 최대한 발휘하려고 하지 말고 20분간 기다렸다가 두뇌력에 어떤 차이가 나타나고 있는가를 살펴라.

✽ 두뇌 계발 연습 #20

기억력 건강도 그리기

- 아래 지도를 3분간 연구하라. 시간을 정확히 재기 위해서 타이머를 사용하라.
- 책을 덮거나 이 지도에서 눈을 뗀 다음 1분의 시간을 설정하라.
- 기억으로 거리 이름과 장소들을 포함해서 지도를 다시 그려 보라.
- 이 지도를 60초 이내에 정확히 다시 그릴 수 있을 때까지 계속하라.

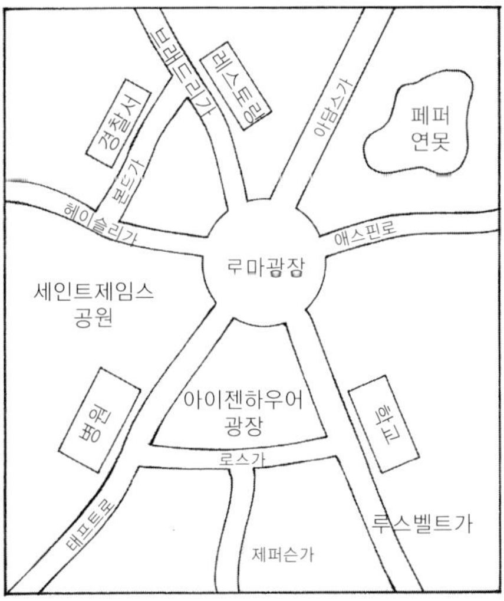

[그림 3-1]

#32 두뇌 계발 비결

일과처럼 나타나는 스트레스를 제거하고 보다 높은 두뇌력을 되찾아라

당신은 이러한 리듬이 있다는 것을 알지 못한 채 열심히 공부하는 사람이거나 자신을 약간 심하게 밀어붙이는 사람인지도 모른다. 지금 만약 초일주기의 리듬이 규칙적으로 일어나고 있다는 것을 무시한 채 세포 수준에서 자연스러운 휴식과 재활력을 필요로 하고 있다는 것을 무시해 왔다면, 매일 모든 정신과 신체에서 병의 근원이 되는 스트레스 증후군을 발전시키고 있는 것이다.

이러한 경우라면 자연적인 두뇌력에 접근하는 데 보다 많은 문제를 갖게 될 것이다. 기억력, 학습능력, 회상력, 그리고 일반적으로 긍정적 자기 태도가 떨어질 것이며, 지능도 대리석처럼 굳어서 기능이 떨어질 것이다. 공부나 일을 위해 두뇌력이 더 많이 필요하다면, 그만큼 더 두뇌와 에너지 리듬의 균형을 유지할 필요가 있는 것이다.

과정의 초일주기 리듬에 대한 아이디어는 대부분의 사람들에게 새로운 것이기 때문에 아마도 누구나 신체의 자연적 신호인 20분간의 두뇌력, 휴식의 필요성을 억누르거나 무시해 왔을 것이다. 그러므로 삶에서 매일 일어나는 스트레스 증후군을 제거하는 것은 매우 중요하다.

매일의 스트레스 증후군을 확인하는 10가지 점검표

- 허리가 아프고, 긴장으로 두통이 있으며, 소화가 잘 안 되고, 피부 문제가 있고, 천식이나 고혈압을 갖고 있는가? 이러한 증상은 스트레스

와 관련된 것일 수 있다.

- 주기적으로 우울증에 빠져 있거나 자신감이 떨어지고, 근심이 증폭되고, 낮 동안에 정서적 피로를 느낄 때가 있는가?
- 자주 이름이나 단어를 잊어버리고, 친숙한 물건을 잘못 둔 적이 있는가?
- 기분이 자주, 일시적으로 변화하는가? 즉, 짜증, 참지 못함, 슬픔, 심지어 소리 내어 울고 싶은 그런 기분이 들 때가 있는가?
- 과식을 하거나 특히 늦은 오후나 이른 저녁에 음식을 너무 많이 먹고 싶을 때가 있는가?
- 자극제를 과용하거나 커피, 설탕, 초콜릿, 알코올 혹은 기타 물질에 중독되었는가?
- 신경증적 몸짓, 예컨대 손톱 깨물기, 머리털 뽑기, 발 두드리기에 빠진 적이 있는가?
- 가장 가까운 관계에서조차 스트레스를 받고 갈등을 일으키는가? 사람들을 오해하고 친구들로부터도 사회적 역할을 오해한 적이 있는가?
- 사고를 잘 내고, 어떤 일에 고의적은 아니지만 어색한 행동을 하고, 물건이나 사람들을 넘어트리고, 마실 물이나 음료들을 엎지르고, 어떤 일을 몇 시간밖에 하지 않았는데도 사소한 것으로 많은 실수를 만드는가?
- 잠이 들 때 오랜 시간이 걸리는가? 여러 가지 잡념과 감정, 그날의 경험 등으로 계속해서 혼란스러운가? 밤에 자주 잠이 깨거나 아침에 일어날 때 머리가 개운치 않고 피곤한 상태로 잠을 깨는가?

이 열 가지 질문에 '예'라고 대답한 것이 네 개 이상이라면, 매일 스트레스 증후군에 빠져 있다고 할 수 있다. 이러한 상황이 계속된다면 가장 소중하고 가치 있는 두뇌력의 순간을 잃고 있는 것이다.

몸은 이와 같이 휴식이 필요하다는 신호를 습관적으로 무시하면서 균형을 유지하려 할 것이다. 그래서 많은 호르몬을 분비하여 정상으로 회복시킬 것이다. 또한 뇌의 기능을 높이기 위해 커피에 의존함으로써 필요한 힘을 지탱해 나갈 것이다. 그러나 곧이어 제 3단계 '기능 부전점'에 이르게 된다. 이 단계는 질병이나 심각하게 불편한 상황으로 치닫게 되는 사각 지대다.

매일의 스트레스 증후군에 빠지게 되면 어떤 일이 일어날까?

- 자주 어떤 물건에 부딪치고, 흔한 단어의 철자법이 틀리고, 사고를 잘 내고, 몸짓이 둔해진다.
- 판단할 때 생각지 못한 실수를 범하고, 잘 알고 있는 것에도 잘못된 결정을 내린다.
- 철자나 계산, 타이핑, 계산, 문법, 심지어 말에서도 불필요한 실수를 반복적으로 범한다.
- 중요한 기억 문제, 우연한 실수, 회상 실패를 경험하고 방금 한 말이나 생각했던 대상조차 기억해 내지 못한다.
- 어색한 발음으로 실수를 하고, 단어를 분명치 않게 말하거나 발음이 틀리고, 마치 술이나 약물에 취한 것처럼 단어들을 부정확하거나 적절치 못하게 사용한다.
- 계획을 세울 때 중요한 점을 간과해서 손해를 보고, 정신활동의 중요한 시점을 놓치고, 농담이나 낱말 놀이를 이해하지 못해서 손해 보는 일이 있다.
- 자주 짜증을 내고 참지 못하는 행동을 보인다.
- 사회적 과오를 범하고, 실수나 실언을 하고, 사람들을 오해하고, 친구들과 동료들 간의 미묘한 관계를 잘못 해석한다.

여기서부터 두뇌력은 꾸준히 아래로 굴러 떨어지고, IQ점수는 공중에서 하강하는 먼지처럼 떨어져서 제 4단계인 '저항적 신체' 에 이르게 된다. 이때 자연적인 두뇌력은 영구적으로 손상되기 시작할 수 있다. 만성적 스트레스의 발달은 20분간의 휴식을 통해 세포부터 다시 활력을 되찾고자 하는 정신-신체의 자연적 촉구를 억제시킬 때 온다는 것을 우리는 알고 있다.

지나치고 만성적인 스트레스는 기억과 학습을 다루는 뇌세포를 실제로 파괴한다. 그러므로 스트레스 증후군이 감지되었다면, 즉시 제거해야 한다. 두뇌 계발 20분 휴식 프로그램을 빨리 시작하면, 두뇌는 고마움을 느낄 것이다.

#33 두뇌 계발 비결
코가 최적의 두뇌력 순간을 알리도록 하라

생물학자인 로시(Rossi) 박사의 연구와 고대 힌두교의 요가법은 또 다른 두뇌 계발 비결을 갖고 있다. 이 방법은 콧구멍과 호흡과 관련되어 있다.

두뇌력 비결에 코를 활용하기

두뇌력 비결에 코를 어떻게 활용할 것인가. 이 연습을 위해서 작은 거울 하나가 필요하다.

• 의자에 편안히 앉아서 손을 무릎 위에 올려놓고 눈을 뜬다. 잠시 동안

조용하고 보통으로 숨을 쉰다.

- 거울을 들어서 코에 바짝 댄다. 정상적으로 숨을 내쉬어라. 거울에 어느 쪽 콧구멍의 김이 더 많이 서려 있는지 살펴보라.
- 또 다른 콧구멍 지배를 체크할 수 있는 방법이 있다. 엄지손가락으로 옆에서 오른쪽 콧구멍을 막는다. 그리고 왼쪽 콧구멍으로 짧고 힘 있게 숨을 내뱉은 다음 공기가 콧속을 통과할 때 나는 소리를 들어라.
- 똑같은 방법으로 왼쪽 콧구멍을 막고 오른쪽 콧구멍으로 짧고 힘차게 숨을 내뿜어라. 콧구멍 소리가 높게 나는 콧구멍이 막혀 있는 것이다.
- 또 다른 방법으로 이 테스트를 시도할 수 있다. 콧구멍을 막지 않고, 계속해서 빠른 속도로 여러 번 숨을 들이마신다. 이 경우 열린 콧구멍이 서늘해짐을 느낄 것이다.
- 아직도 확실치 않다면 다음 방법을 시도해 보라. 오른손 인지나 엄지로 오른쪽 콧구멍을 막고 왼쪽 콧구멍으로 숨을 들이마신다. 이 콧구멍에 얼마나 많은 공기가 통과할 수 있는지를 따져서 열린 것인지 닫힌 것인지 확인할 수 있다. 그런 다음 왼손 인지나 엄지로 왼쪽 콧구멍을 막고 오른쪽 콧구멍으로 숨을 들이마신다.
- 이 콧구멍이 열려 있는지 아니면 닫혀 있는지 확인하라. 어느 쪽 콧구멍이 보다 많이 막혀 있으며 어느 쪽 콧구멍이 열려 있는가?

콧구멍을 통하여 에너지의 흐름 확인하기

예컨대 숨을 들이마실 때 오른쪽 콧구멍이 막힌 것을 느꼈다면 왼쪽 콧구멍은 넓게 열려 있어서 많은 공기가 이쪽으로 들어올 것이다. 즉, 이 순간에는 두뇌의 우반구(이 부분은 공간적, 직관적, 시각적, 전체적, 감정적, 창의적 기능을 관리)가 최대한 작용하고 좌반구(이 부분은 논리적, 분석적, 언어적, 합리적, 수학적 기능을 관리)가 더 많은 휴지 상태라는 뜻이다.

그러나 다음 90~120분 내에 이 상태는 반대로 바뀌게 될 것이다. 오른쪽 콧구멍은 열리고 왼쪽 콧구멍은 막힐 것이다. 이와 같은 오른쪽 뇌와 왼쪽 뇌 사이의 교체는 생활에서 매 90~120분마다 바뀌게 된다.[6]

다시 말해, 콧구멍에서 나는 소리의 주기는 오른쪽에서 왼쪽 콧구멍으로 매 90~120분마다 규칙적으로 바뀌어서 통과되는 공기가 자유롭게 열리게 되고, 이와 동시에 두뇌 하나의 반구에서 다른 반구로 바뀌어 같은 기간 동안 활동하고 지배적이 된다. 왼쪽 콧구멍이 열리면 오른쪽 뇌반구가 활동하고, 혹은 오른쪽 콧구멍이 막히면 오른쪽 뇌반구가 지배하게 된다.

당신의 규칙적인 콧구멍 순환은 두뇌 기능의 신뢰할 만한 창문이 된다. 호흡은 신체와 정신을 연결하기 때문에 신체 기능에 깊은 영향을 준다.

뇌반구 아래에서의 생활

다음은 우반구냐 아니면 좌반구냐에 따라 어떤 부분의 삶인가를 간단히 검토해 볼 수 있다.

좌반구

- **왼쪽 콧구멍이 막히고, 오른쪽 콧구멍이 열렸을 때:** 연설, 글쓰기, 추상적 사고, 언어 기능, 시간 감각, 논리적, 토론, 상세함, 말하기, 사회성, 장기기억, 문제해결, 계획 세우기, 분석하기

우반구

- **오른쪽 콧구멍 막히고, 왼쪽 콧구멍 열렸을 때**: 비언어적 기억, 시각적 공간적 기능, 직관력, 감정적 음악적 감각, 이미지 만드는 능력, 정보의 종합 능력, 전체적으로 지각하기, 전체적 패턴 보기, 예술적 창의성

요가 수도자들은 콧구멍의 순환과학이 정신기능의 핵심이라는 것을 알고 있었다. 또 한 생물 과학자가 말했듯이 코는 두뇌의 피질 활동을 바꾸는 도구다. 구체적 일상 활동이 대부분 언어적, 분석적 활동인지 아니면 공간적, 창의적 활동인지에 따라 콧구멍의 상태를 일치시킬 수 있다.

뇌 · 호흡 연결에 관한 이와 같은 정보는 분명히 실제적으로 적용할 수 있는 것이다. 예컨대 중요한 경영상의 회의나 시험, 글쓸 일, 계산 활동을 해야 할 경우는 왼쪽 콧구멍이 열려 있고 오른쪽 콧구멍은 막혀 있다. 즉, 공간적 · 직관적 기능을 담당하는 오른쪽 두뇌가 지배적이 된다(그림 3-2 참조).

콧구멍을 명령에 따라 변환시키기

만약 콧구멍 지배를 실제로 10분 안에 바꿀 수 없다면, 주어진 과제를 해결하기가 매우 불편할 수 있다. 90~120분 뇌반구 순환을 기다리기보다는 이와 같은 간단한 연습을 통하여 뇌반구를 바꿀 수 있을 것이다.

- 왼쪽으로 누워서 다리를 쭉 펴고 왼손으로 머리를 베고, 오른손은 목에 대고 잠을 자는 것처럼 자세를 취한다.
- 왼쪽 몸의 신경을 자극하기 위하여 왼쪽 겨드랑이 아래에 작은 쿠션을

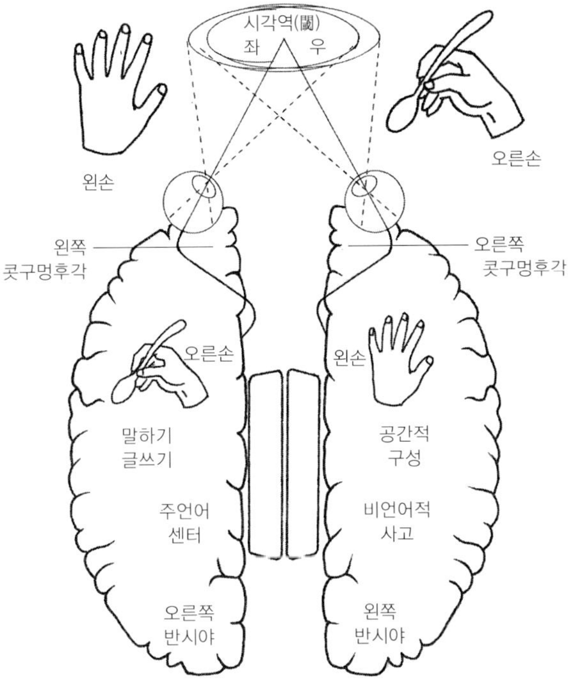

[그림 3-2]

넣어라.

- 일반적으로 3~10분간 호흡을 해서 콧구멍 전환이 느껴질 때까지 계속하라.
- 오른손 인지로 왼쪽 콧구멍을 막고 막힌 오른쪽 콧구멍을 잠시 동안 세차게 불어라.
- 5~10분 이내에 왼쪽 콧구멍의 점막 조직과 혈관이 확장될 것이다. 한편 오른쪽 콧구멍은 열리기 시작할 것이다.
- 뇌반구 지배는 오른쪽 두뇌에서 왼쪽으로 동시에 이동한다. 그렇게 되

면 기분이 전환되고, 생각의 방향과 질이 변화하는 것을 알 수 있을 것이다. 계획을 세우거나 완전 문장을 구상하기 시작할 것이며 아니면 새로운 계산을 시작할 것이다.

인도의 요가 수도자들은 콧구멍 순환의 활용법에 대해 많은 것을 알고 있다. 연결된 콧구멍이 열렸을 때 가장 효과적인 일과 활동 목록은 아래와 같다.

왼쪽 콧구멍이 열렸을 때

- **오른쪽 두뇌의 지배**: 장기적 활동, 장기간의 여행, 학교공부의 시작, 노래하기, 악기 연주, 식목하기, 정원 가꾸기, 결혼하기, 돈 빌려주기, 옷이나 땅 사기, 친척 만나기, 병 치료하기, 영적 관찰하기, 은행계좌 만들기, 명상하기

오른쪽 콧구멍이 열렸을 때

- **왼쪽 두뇌의 지배**: 단기적 활동 실행하기, 단거리 여행하기, 어려운 공부하기, 원고 쓰기, 조각이나 목각하기, 돈 빌리기, 자선기금 수락하기, 의료 행위하기, 자동차 운전하기, 명령 내리기, 식사하기, 음료 마시기, 계산하기, 분노 표출하기

아침에 맨 처음 할 일은 콧구멍 바르게 하기

다음은 두뇌 · 호흡 연결에 관한 이러한 정보를 실현할 수 있는 마지막 방법이다.

- 아침에 잠에서 깼을 때, 즉시 어느 쪽 콧구멍이 우세한지 호흡을 체크해서 그것을 기록해 둬라.
- 120분 후에 우세한 콧구멍이 바뀔 수 있는지 체크해 보라. 그리고 그것을 기록해 둬라.
- 낮 동안에 매 90~120분 리듬 변화를 계속해서 기록하고, 각 시간대별로 가장 바쁜 때 활동 유형을 기록해 둬라.
- 그날의 마지막에 기록을 살펴보라. 두뇌 · 호흡 순환에 익숙해짐으로써 이것을 최대한 활용할 수 있다.

❋ 두뇌력의 해부학 #4

어떻게 환경이 두뇌에 독성을 띠게 하고, 과민하게 만들며, 학습을 어렵게 만드는가 1

왜 아동이나 어른들에게 과격한 행동과 학습곤란, 일반적 문제행동이 빈번하게 발생하는가? 그것은 아마도 그들의 생활환경과 학습환경에서 오는 유독성 때문일 것이다.

1950년대 이후 수없이 많은 합성화학이 개발되고 이러한 것을 원료로 만든 제품들이 주변에 범람하고 있기 때문이다. 지금 현재 연간 최소한 1조 7천억 파운드의 상품, 농산품, 건축자재, 식품들이 약 7만 화학물질로 만들어지고 있다. 그중에 수백 가지의 제품이 뇌에 독성을 일으키는 신경독성물질이다.

과학자들은 이러한 제품들을 휘발성 유기합성물질이라 부른다. 이러한 물질들이 증발해서 빌딩이나 가옥들의 실내공간을 오염시킬 수 있으며, 이러한 물질들은 인간의 지방조직 안에 축적되는 경향이 있다. 이러한 물질들은 인간의 지방조직에 용해되기 때문이다. 그리고 이러한 물질이 가장 먼저 축적되는 곳이 바로 두뇌다.[7]

어째서 브레인 포그(brain fog) 현상이 유독성 화학물질 때문인가

이러한 화학물질이 뇌 조직에 축적될 때 어떤 현상이 일어나는가? 두뇌 능력에 고갈현상이 일어나는 특징적 징후는 다음과 같다.

- 두통
- 건망증
- 현기증
- 정신적 안개 현상
- 집중력 저하
- 조정능력 저하
- 원인을 알 수 없는 분노 혹은 우울증
- 불안감
- 기억력과 학습 손상

이러한 영향은 어른들보다 특히 아동들에게 10배 이상 부정적으로 나타날 가능성이 많다는 데 문제의 심각성이 있다. 이 때문에 많은 의사들은 높은 수준의 오염이 오늘날 학생들의 과격행동과 문제행동의 원인이 아닌가 의심하고 있다. 교실 안의 오염된 공기가 아동들의 두뇌를 오염시킬 수 있다.

사무실 환경도 두뇌력에 위험할 수 있다. 합성물질, 살충제, 훈증제(소독, 살충용), 각종 세제, 분무기, 복사기, 그리고 다른 여러 가지 오염물질의 냄새와 증발물질 등이 우리가 매일 숨쉬고 있는 실내공기에 집중되어 있다.

구체적인 증세는 다음과 같다.

- 무기력증
- 집중력 문제
- 성격변화
- 피로
- 과격한 행동
- 기억력 감퇴

#34 두뇌 계발 비결
꽃을 이용해서 집중력, 기억력, 사고력을 높여라

당장 오늘부터 꽃 에센스를 이용하기 시작하면 두뇌력을 향상시키는 신속하고, 간단하며, 효과적인 조치를 취할 수 있다. 당신이 추구하는 것이 높은 주의력이든 명료한 정신이든 기억력이든 정신적 활력이든 창의력이든 초점을 정확히 맞추는 것이든 꽃의 세계는 매우 효과적이다.

카밀레라는 캘리포니아의 한 40대 어머니는 자녀들을 돌보면서 재택 사업으로 판촉사업을 하기로 결심했다. 그녀는 이 일에 매우 높은 주의 집중력과 예리한 정신력이 필요하다는 것을 알고 있었다. 이와 같은 기술을 연마하기 위해서 그녀는 꽃 에센스를 선택했다. "나는 각성상태를 유지하고 일을 하는 동안 주의력을 집중하기 위해서 이 꽃 에센스를 선택했다. 그랬더니 시작하자마자 그 효과가 나타나는 것을 확인할 수 있었다."

꽃들로부터 두뇌력 증진을 위한 점검표

꽃 에센스를 통해서 두뇌력 증진을 가능하게 하는 점검표에는 다음과 같은 것들이 있다. 이 점검표를 검토해 보고 그중 다섯 가지 조건에 가장 직접적으로 적용할 수 있는 것을 골라서 우선순위 목록을 작성한 다음 가장 중요한 것을 맨 앞에 기록해 두어라. 그런 다음 지금 어떤 정신력이 필요한지 판단하고 필요한 꽃 에센스를 선택하여 2주 동안 매일 사용하라.

그 꽃 에센스가 효과를 발휘함에 따라 두뇌력에 어떠한 변화가 일어나는가 확인하라. 이러한 능력이 개선되었다면 그 다음에는 스스로 작성한 다음 목록의 두뇌력을 위한 작업을 시작하라. 이와 같은 방법으로 두뇌력 증진 프로그램의 나머지 점검표를 통해서 이 두뇌 계발 프로그램을 계속해 나간다.

정신을 맑게 하는 꽃들

정신이 안개처럼 느껴지고, 정신적 무기력감이 생기고, 멍청해지고, 슬럼프에 빠지고, 건망증이 생기는가? 이런 때는 정신적 활기와 명료성, 그리고 보다 분명하고 또렷하게 각성하기 위해 페퍼민트 오일(peppermint)을 사용해 보라. 페퍼민트 오일은 물질대사의 균형을 재조정하는 데 도움을 주기 때문에 보다 많은 아이디어를 '소화' 할 수 있게 하고 보다 명료하게 사고할 수 있게 한다. 페퍼민트 오일은 일반적으로 소화력과 관련되어 있으며 머리를 맑게 하여 명료한 사고력을 촉진시킨다.

여러 다른 문제를 동시에 해결하기 위해서 여러 가지 정신활동을 한꺼번에 한 적이 있는가? 정신적 유연성을 더 많이 갖고 싶은가? **래빗브러시**(rabbitbrush: 북미 서부산의 노란 꽃이 피는 국화과 식물)가 이 질문에 대한 답이다. 래빗브러시는 보다 많은 각성을 일으키고, 정신적 기동성과, 활동성, 유연성을 갖게 하는 데 도움이 된다. 이 식물은 두 가지 정신활동을 동시에 할 수 있도록 도움을 준다. 이를 통해 문제나 그림의 세세한 부분에 초점을 맞추면서 동시에 그 전체를 폭넓게 바라볼 수 있다.

쉽게 정신이 산만해지거나 집중하기 어렵고, 정신적으로 멍청해질 때가 있으며 이상야릇하고, 늘쩍지근한 기분이 들 때가 있는가? 그때는 **매디아**(madia: 해바라기 비슷한 식물, 국화과, 그 씨에서 올리브유 대용으로 오일을 채취함)를 통해 정확한 사고력, 장시간의 집중력, 초점과 집중력을 얻어 새로운 학문을 탐구할 수 있다. 이 꽃 에센스는 어떤 주제에 대해서 집중할 수 있는 정신상태로 되돌아가게 할 수 있다.

커다란 그림을 바라보고, 아이디어와 세부적 상황을 어떤 의미 있는 전체로 조직하는 데 어려움이 있는가? **샤스타 데이지**(Shasta daisy: 프랑스산 국화과, 일본 북부의 국화과의 잡종)가 변화시킬 수 있다. 이 꽃의 에센스는 보다 높은 통찰력을 갖게 하고, 구체적인 사항들을 의미 있는 것으로 크게 바라볼 수 있는 능력을 길러 줄 것이다. 이 에센스는 특히 글을 쓴다거나 연구를 하거나 가르치는 지적인 활동을 하는 사람들에게 권하고 싶다.

너무 많은 아이디어를 한꺼번에 말하려고 할 때 매우 흥분되어서 말이 두서가 없고 초점이 잘 안 맞추어질 때가 있는가? 이때 **코스모스**를 사용하면 말의 속도를 낮추고 어떻게 말할 것인가에 대한 아이디어를 종합하게 하는 데 도움을 줄 수 있다. 그래서 말을 할 때 훨씬 더 침착하고 분명하게, 그리고 일관성 있게 하게 될 것이다. 코스모스는 말을 천천히 하게 하고, 머릿속에서 춤추고 있는 아이디어를 보다 많이 전달하고자 할 때 의미 있게 전달하는 데 도움을 준다.

그런데 이러한 효과는 단순히 정신적 활력을 불러일으킬 뿐이다. 어떤 지적인 일을 시작할 때 어쩐지 망설여지고, 슬럼프에 빠져 드는가? 마치 다리가 질질 끌리는 듯하고, 모든 에너지를 집에다 두고 온 것처럼 느껴지는가? 그럴 때는 더 큰 에너지를 위하여 열정과 기선을 잡을 수 있도록 도와주는 옥수수를 먹어 보라.

사고력을 예리하게 할 수 있는 꽃들

사고력이 강화되고 명료화되기 원하며 이제 더 이상 부정적 생각으로 맑은 정신을 갖기를 원하는가? 마운틴 페니로열(mountain pennyroyal, 박하류)이 도움을 줄 수 있다. 마음이 지나치게 부정적 생각으로 꽉 차 있고 다른 사람들에 대한 혼란스러운 생각들에 사로잡혀 있으면, 뇌는 막히게 되고 사고에는 구름이 끼게 될 것이다. 이럴 때는 마운틴 페니로열이 마음의 부정적 생각과 이미지를 마치 진공청소기로 청소하듯이 깨끗이 씻어내 줄 것이다. 이렇게 함으로써 마음의 자연적인 에너지와 활력을 찾게 되면 즉시 사고력이 예리해질 수 있다.

마음이 어떤 한 가지 생각에 사로잡혀 똑같은 생각이 계속해서 반복되는가? 흰 밤(white chestnut)이 이러한 고정관념을 깨트려 버릴 수 있다. 반복적이고 억압된 생각은 두뇌의 탄력성을 고갈시켜서 사고를 흐리게 하고 심하면 두통과 불면증에 시달리게 할 수 있다. 흰 밤이 동요하는 마음을 진정시키고 근심 걱정에 사로잡히거나 흥분된 생각을 진정시켜 줄 수 있다.

자주 다른 사람들의 생각을 중단시키고 자신의 생각 안에서 조급해지는가? 임페이션스(impatiens, 봉선화속의 초본)가 잡아 줄 것이다. 당신은 정신적으로 매우 기민하고 주어진 문제에 많은 두뇌력을 갖고 있을 수 있지만 내적인 긴장과 흥분이 예리한 정신능력을 방해하고 불태워 버릴 수 있다. 임페이션스는 사고력에 있어 덜 조급하게 하는 데 도움을 줄 수 있을 것이다.

만약 학생이거나 선생이라서 생각이 너무 예리해지고 두뇌가 지나치게 확대된 때가 있었는가? 한련(nasturtium, 旱蓮)이 몸의 탄력을 복구시켜서 지적 활동을 활성화시키는 데 도움을 줄 것이다. 머릿속이 너무 복잡할 때, 한련을 사용하면 현실의 자신을 돌아보게 하여 마음을 따뜻하게 하고 새로운 탄력을 줄 것이다.

정신이 흐리멍덩해져서 구체적 방향감이나 목적 없이 구체적 내용을 빠트리고 중요한 점을 지나쳐 버린 적이 있는가? 아보카도(Avocado, 열대 아메리카 산 녹나무 과의 과일) 꽃 에센스가 정신적 초점을 예리하게 해서 학교에서 배운 것을 빠짐없이 기억하게 하고, 생의 목적에 새로운 의미를 갖도록 하며, 퍼즐과 시험과 같은 도전에 머리를 쓰는 일이나 새로운 지적 활동을 즐기도록 할 것이다.

집중력과 초점 맞추기에 필요한 꽃들

여러 가지 활동으로 둘러싸여 있을 때도 팽팽하게 초점을 맞출 수 있기를 원하는가? 패랭이꽃(Indian pink)은 매우 소란스럽고 스트레스를 받는 가운데서도 초점을 잘 유지하는 것과 각기 다른 활동을 동시에 잘 조정하는 것을 도와줄 것이다. 또한 이 꽃의 에센스는 마음의 평정감을 구축하도록 도와줄 것이며 집중적 활동의 중심에 서게 할 것이다.

어떤 정신적 과제에 집중하려고 할 때 백일몽을 꿈꾸고, 이상야릇한 기분이 들고, 마음이 안정되지 못하는가? 클레마티스(Clematis, 참으아리속의 식물)가 실제로 초점을 맞추게 하고 꿈 같은 안개를 말끔히 씻어줄 것이다. 만약 내면 세계와 상상, 비현실적 생각에 집착하고 있다면, 클레마티스가 초점을 다른 곳으로 옮겨 놓을 것이다.

기억과 사고기능이 휴가를 간 것처럼 느껴지는가? 로즈마리(Rosemary, 상록 관목으로 충실, 기억의 상징)가 제자리로 돌려놓을 것이다. 로즈마리는 기억을 활성화시켜 주고, 건망증을 사라지게 하며, 마음의 공백을 없애 회생력에 도움을 줄 것이다.

현재의 문제에 집중하려고 해도 과거가 자꾸만 떠오르는가? 인동덩굴(Honeysuckle)이 과거에 대한 향수와 감정적 애착에서 현재의 문제와 관계성을 유지하도록 변화시키는 데 도움을 줄 것이다. 일단 과거의 사건, 관계, 장소를 이해하고 나면 그런 것들로부터 벗어나게 되어 정신적 과제에 보다 많은 에너지를 쏟을 수 있게 된다.

다른 사람들에 대해서 생각할 때나 그들의 생각과 감정을 공감하고자 할 때도 자주 주의집중이 안 되는가? 서양톱풀(Pink yellow)이 자신과 상대방 사이의 장애를 찾아내는 데 도움을 줄 것이다. 더 이상 그들의 감정적 혼란이나 정신적 불화를 자신에게 일으키지 않을 것이며, 자신의 집중력을 강화시킬 수 있을 것이다. 자신의 마음은 보다 자족적이고 객관적인 느낌을 갖게 될 것이다.

감각기관들이 너무나 많은 것들이 입력되어 압도당한 기분인가? 마음이 과잉자극을 받아 심지어 과밀한 상태인가? 소회향(Dill)이 열을 내려 줄 것이다. 도시에서 살거나 바쁘게 돌아가는 사무실에서 일을 하거나 텔레비전을 너무 많이 보면, 마음은 감각과 경험과 이미지들로 꽉 차게 된다. 마음의 관점에서 보면, 이러한 현상은 과식한 것과 같아서 정신기능도 둔해질 수 있다. 소회향은 명료한 정신으로 항해하고 현대 생활의 전형적인 감각적 과부하를 벗어나 초점을 맞추도록 도와줄 것이다.

✠ 두뇌력의 해부학 #5

어떻게 환경이 두뇌에 독성을 띠게 하고, 과민하게 만들며, 학습을 어렵게 만드는가 2

어떻게 병든 빌딩이 두뇌력을 빼앗을 수 있는가

폐쇄된 공간에 대한 지나친 익숙함은 건강과 두뇌력에 위험 요소가 될 수 있다. 특히 현대 사무실 빌딩, 백화점, 쇼핑몰 그리고 우리 삶의 엄청난 시간을 보내고 있는 밀폐된 공간의 경우가 그러하다.

• 카펫　　카펫이 신경독성물질이 될 수 있다. 보통 사무실의 카펫에서 흘러나오는 가스들을 화학적으로 분석한 결과, 포름알데히드나 벤젠 등을 포함한 여러 가지 독성 화학물질이 검출되었다. 이와 비슷한 기체를 제거한 공산품들도 비닐 바닥재 타일에서 나올 수 있다.

• 절연체　　포름알데히드가 포함된 요소(尿素)거품 절연체(Urea foam insulation)는 뇌 건강에 매우 나쁘다. 이 제품의 기체제거과정에서 검출되는 이상한 냄새는 다음과 같은 여러 가지 형태의 브레인 포그 징후를 뿜어낸다.

· 우울증
· 피로
· 낮은 기억력
· 흐릿한 사고력
· 집중력 장애
· 비현실감
· 멍함
· 두통
· 얼굴 홍조
· 현기증

여러 가지 상황에서, 예컨대 집, 사무실, 모바일 홈, 병원, 쇼핑센터, 영구 가공된 천, 종이제품 등과 같은 곳에서 나오는 포름알데히드에 노출될 가능성이 있다는 것을 염두에 두어야 한다.

• 복사기 복사기에서 나오는 가스는 다음과 같은 증상을 유발할 수 있다.

· 혼돈
· 주의력 저하
· 피로
· 느린 반응 시간
· 마비와 욱신거림(통증)
· 적절치 못한 조정력
· 두통
· 현기증

· 손상된 의사결정 능력
· 졸음

이 때문에 당신은 내 머리가 어디로 갔는가 두리번거리면서 머리를 긁적거리고 주변을 살펴보았던 것이다. 이러한 증상은 유해환경 때문에 머리가 메말라 있다는 것을 말해 주는 것이다.

꽃 에센스들은 주의력, 학습곤란, 창의력 영역에서 두뇌력을 예리하게 하는 데 도움을 줄 수 있다.

#35 두뇌 계발 비결
정신을 바짝 차려라, 학습문제를 극복하라, 여러 가지 꽃을 통하여 두뇌력에 창의력을 향상시켜라

각성과 주의력을 위한 꽃들

모든 것을 집어치우고 차라리 침내에 들어가서 이불을 덮고 세상일을 잊어버리고 싶은가? 아니면 근무나 학교등교 대신 허드렛일이나 하면서 지내고 싶은가? 밀크위드(Milkweed, 학명: 아스클레피아스)라는 유액을 분비하는 식물은 정신을 가다듬게 하고, 자각에서 벗어나고 싶은 욕망을 강력하고 자율적인 주의상태로 전환시킬 것이다. 만약 스스로 방황하여 음식이나 약물을 과다 섭취하고, 지나친 수면에 빠지고, 잔병에 걸려 각성 상태가 흐릿해지고 있다면 밀크위드가 특히 도움을 줄 수 있다.

어떤 자극제 없이 활력과 신선함과 함께 자신의 두뇌력을 세상에서 최고가 되게 하고 싶은가? 그렇다면 나팔꽃이 정답이다. 많은 사람들의 경우 아침부터 멍하고 축 처져 유독상태에 빠진 채 자극제 없이는 하루 일을 시작할 수 없을 때가 있다. 이러한 상태는 분명히 두뇌력의 손상을 나타내는 것이다.

비디오나 컴퓨터 앞에서 오랜 시간 일을 하고 나서 눈이 피로하고, 머리가 아프고, 고갈된 느낌이 드는가? 서양톱풀로 특별 조제된 제재(Yarrow special formula)가 이와 같은 고갈 상태를 역전시킬 수 있을 것이다. 작업 환경 안에 있는 적은 양의 방사능이나 전자파에서 발생하는 오염물질은 신체 에너지를 고갈시키고 두뇌력에 필요한 에너지를 빼앗아 간다.

신경세포가 고갈되고 지나치게 많은 일을 하여 탈진한 상태인가? 라벤더(Lavender)가 시냅스(신경세포의 자극전달부)를 이완시켜 주고 자연스럽게 각성시켜 줄 것이다. 이런 경우는 신경질적이거나 긴장하고 있거나 정신이 각성되어 있긴 하지만 과잉자극되어 있고 두통이 있거나 눈, 목, 어깨에 긴장이 오는 것이다. 이때 라벤더가 긴장을 완화시켜 주고, 편안한 느낌을 주며, 각성 상태를 잃지 않고 진정시키는 데 도움을 줄 것이다.

학습에 어려움을 극복하는 데 좋은 꽃들

학생의 경우, 수강하고 있는 과목에서 완성해야 할 일이 아직 많이 남아 있는데도 지루해지거나 냉담해지거나 무관심해질 때가 있다. 그렇다면 캘리포니아 야생장미(California wild rose)가 활력을 넣어 주고, 의지력을 길러 주고, 소명의식을 갖게 해서 새로운 변화를 일으킬 것이다.

학습활동 시간에 힘이 들거나 똑같은 실수를 반복하고 있는가? 만약 계속해서 똑같은 퇴행적 사고나 감정이나 경험을 반복하고 있다면 **밤나무 싹**(Chestnut bud)이 두뇌력을 자극해서 어떤 일이 벌어지고 있는가를 파악하게 하여 그 경험을 완수하게 하는 데 도움을 줄 것이다. 결국 빠르고 보다 깊이 있게 인내심을 갖고 배울 수 있을 것이다. 만약 어떤 새로운 과목이나 어려운 과목을 마스터하고자 하지만 진전이 없을 경우, 밤나무 싹을 사용하면 두뇌를 자유롭게 해서 새로운 통찰력을 갖게 하는 데 도움을 줄 것이다.

감정이 매우 격하고, 정서적으로 과잉반응하게 되며, 이 때문에 집중력과 학습력을 방해받고 있다면, **캐모마일**(Chamomile, Camomile, 엉거시과에 속하는 1년 초)을 사용하라. 내적 안정감을 주고 안정감을 갖게 해서 짜증스러운 기분을 사라지게 하고 정서적 긴장감을 방출시켜 줄 것이다. 기분이 잘 바뀌지 않고 지나치게 폭넓으며 '내면의 날씨' 가 동요하지 않을 때 캐모마일을 사용해라. 두뇌가 자연스러운 힘을 발휘해서 마치 떠오르는 태양처럼 빛날 것이다.

태어나면서부터 신체적 · 정신적으로 장애를 가졌거나 사고로 학습의 장애를 받고 있어 이를 극복하기 위해 많은 용기가 필요한가? 갑자기 변화가 일어나고 어떤 충격을 받아서 그 정신적 장애를 다시 겪고 있거나 정신능력을 최대한 발휘할 수 없는가? 재활 프로그램이나 오랜 훈련을 받고 있을지라도 **펜스트몬**(Penstemon, 북미산 현삼과의 식물)은 내적 추진력을 강화시켜 주는 데 도움을 줄 수 있다. 펜스트몬은 새로운 내적 용기와 지구력을 길러 줄 것이다.

보다 나은 창의력을 기르기 위한 꽃들

아마 당신은 마치 '생각하는 사람의 장애물' 을 가진 것처럼 고무되거나 창의적으로 느껴지지 않을지도 모른다. 아이리스(Iris, 붓꽃 속의 식물)는 내적 시상을 다시 살리고, 새로운 지적 혹은 예술적 프로젝트를 시작하게 하고 수행할 새로운 출발을 하는 데 도움을 줄 것이다. 아이리스를 통해 창의적이고 예술적 표현능력을 제한하는 자신에 대한 태도를 극복하도록 하자.

때로 훌륭한 아이디어를 갖고 있으나 이를 관철시키거나 표현하는 데 어려움이 있는가? 검은 딸기(Blackberry)가 목표, 아이디어, 통찰력을 구체적 행동으로 변화시키는 데 도움을 줄 것이다. 이 검은 딸기는 계획을 세워서 우선순위를 정하고 고무시켜서 그 일을 추진하도록 하는 데 도움을 줄 것이다.

계속해서 어떤 일들을 바라볼 때 고정적인 범주에서 진부하게 표현하게 되고, 그러한 고정관념을 깨트리지 못하여 새롭고 창의적인 시각과 아이디어로 바라보는 데 실패하는가? 세이지브러시(Sagebrush: 북미산 쑥의 일종)가 창의성의 깊은 층을 뚫고 들어가도록 도와줄 것이다. 창의적 표현을 손상시키는 정신적 버팀목을 극복하면서 무엇이 본질적이고 기본적인가를 알게 될 것이다.

사고력과 상상력을 통합시키고 양반구를 활용하여 새로운 경험을 하고 싶은가? 큰꽃말이(Hound' s tongue: 큰 유리풀의 일종)가 종합적 사고와 창의성의 감정이 어떠한가를 보여줄 것이다. 이 꽃의 에센스는 새로운 경이감을 느끼게 하고 구체적이고 명료하게 사고할 능력을 줄 것이다.

자신감이나 자기 성찰이 결여되어 능동적 · 창의적 표현이 가로막혀 있는가? 낙엽송(Larch)이 위험스럽고 새로운 방법일지라도 자발적이고 창의적으로 표현할 수 있는 내적 자신감을 줄 것이다. 낙엽송은 목구멍을 이완시켜서 생각을 보다 개방적이고, 쉽게 완전히 표현할 수 있게 할 것이다.

두뇌력 꽃 에센스를 어떻게 활용할 것인가?

꽃 에센스는 불쾌한 부작용이 전혀 없이 안전한 것이다. 일단 첫 번째 에센스를 선택했으면 매일 한 방울씩 하루에 네 번 마신다. 즉, 잠에서 깨었을 때 한 번, 점심 때 한 번, 티타임 때 한 번, 그리고 저녁에 취침 전 한 번이다.

특히 스트레스를 많이 받고, 해야 할 일이 많아서(예를 들면, 주의 집중이 많이 필요할 때) 많은 도움이 필요할 때는 매 세 시간마다 한 방울씩 양을 증가시킨다. 표준 복용량의 경우 복용 용기가 약 일주일가량 계속 같아야 하고, 최소한 2주간 계속하거나 어떤 변화를 느낄 때까지 계속한다.

유념할 것은 꽃 에센스는 미세한 감정적 반응을 지아내는 약품이라는 것이다. 이 에센스의 효과는 조용하고 깊숙하게 반복적으로 작용한다.

#36 두뇌 계발 비결

손가락과 발가락 끝에 존재하는 보다 높은 두뇌력

손가락과 발가락 끝에서 보다 많은 두뇌력에 접근할 수 있다는 것은 매우 놀라운 일이다. 그러나 피부 밑에 신경이나 신경전달물질이 은밀하게 숨겨져 있는 것은 아니다. 두뇌를 마사지하는 치료요법 분야의 간단한 조작적 기법을 소개한다.

이 기법은 반사학이라 불리는 자연요법에서 온 것으로, 여기에는 신체조직, 근육, 신경계통, 두뇌를 자극하는 손과 발에 있는 조작점과 마사지 점이 포함되어 있다. 약 80여 년 전에 개발된 이 반사학에 따르면, 각 발바닥과 손바닥에 신체의 완전한 에너지 지도가 있다고 한다. 그 이론을 뒷받침할 만한 증거는 없지만 수십 년 동안 반사학자들은 손과 발의 여러 곳에 가볍게 마사지를 해 줌으로써 몸의 모든 곳, 계통, 뇌와 그 기능을 포함한 여러 신체 부위에 치료 에너지를 불어넣어 왔다(그림 3-3 참조).

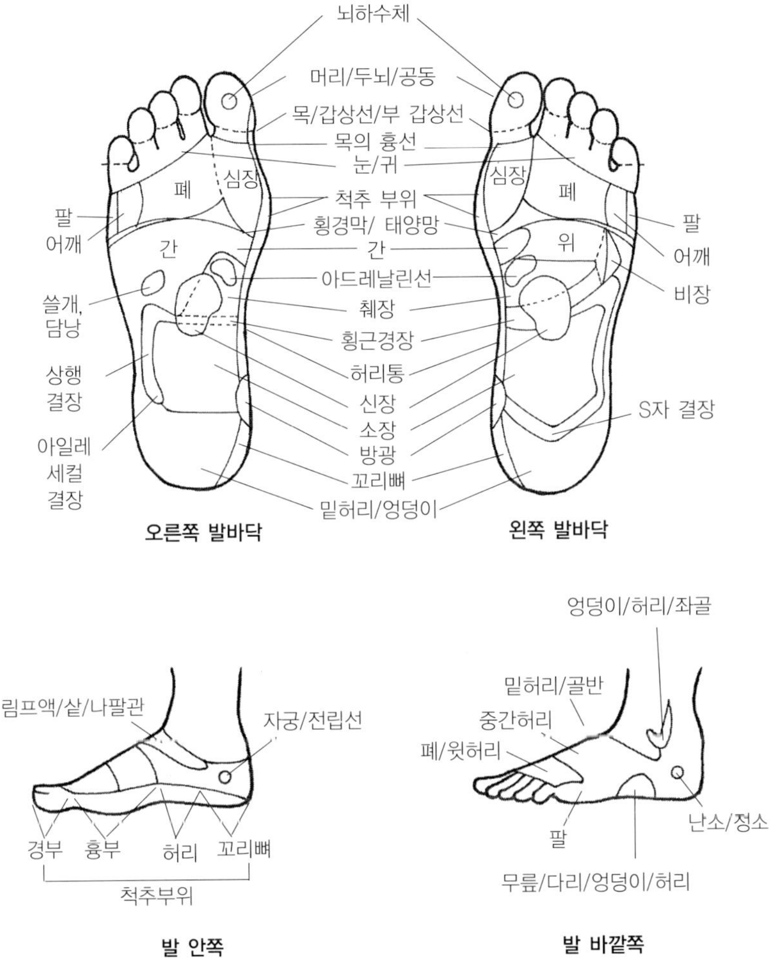

[그림 3-3]

보다 강력한 두뇌력은 엄지발가락에 있다

두뇌에 대한 반사학적 열쇠와 보다 강력한 두뇌력의 입구는 두 엄지

발가락에 있다. 각 발가락의 발톱 뒤에 위치한 살집에서 첫 마디까지가 두뇌, 뇌하수체선과 송과선, 시상하부(視床下部), 관자놀이, 공동(空洞)과 목의 반사점이다(상세한 것은 동반한 그림을 참조할 것). 이러한 것은 두뇌에 매우 중요한 부위다.

뇌하수체선은 몸의 통제선(Master gland)으로서 다른 모든 내분비선과 성장과 물질대사, 혈당량, 에너지 수준의 기능을 통제한다.

시상하부는 자동신경계통을 통제하는 기관으로 정서적 반응, 입맛, 체온, 수면 패턴을 통제한다.

송과선은 신체리듬, 수면, 각성의 순환을 통제하는 데 중요한 역할을 하고 통찰력과 창의력의 기능까지도 통제할 수 있다. 만약 이러한 역동적 두뇌 조직을 계속해서 최대한 발휘시킬 수 있다면 분명 두뇌력은 개선될 것이다(그림 3-4, 그림 3-5, 그림 3-6 참조).

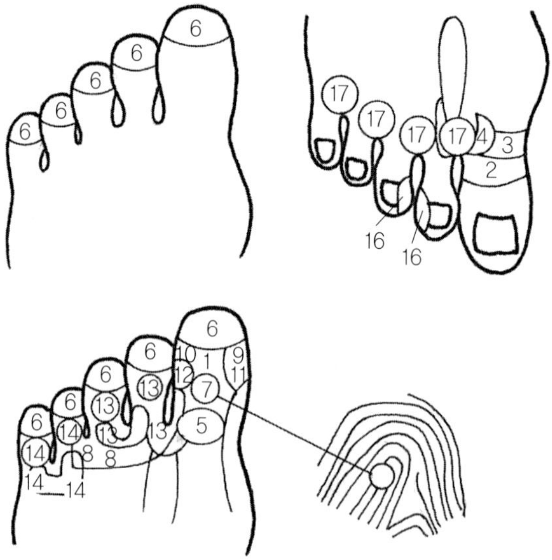

[그림 3-4]

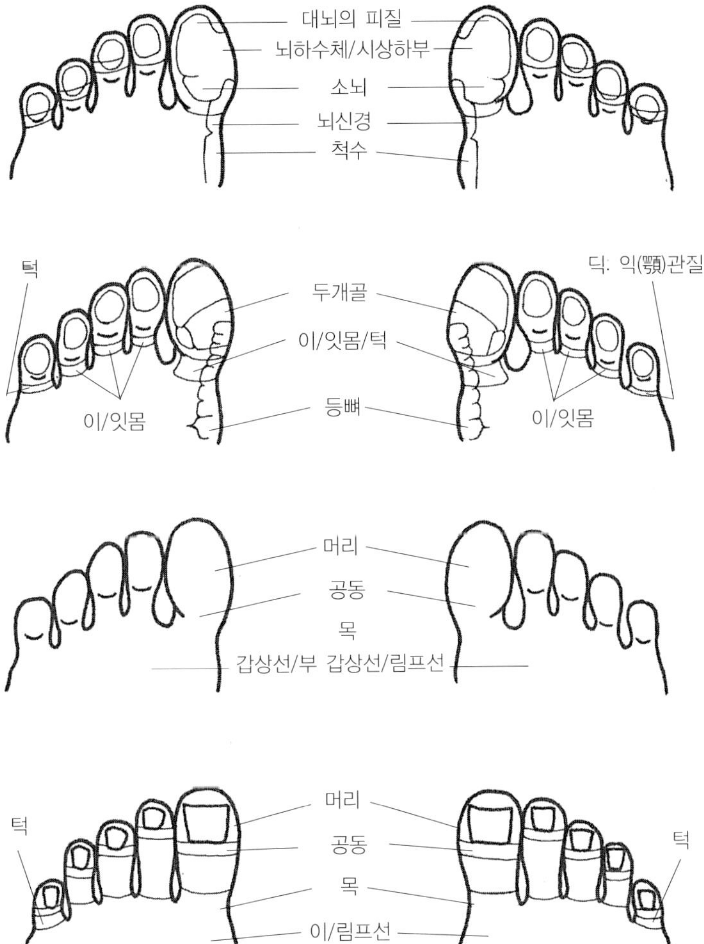

대뇌의 피질
뇌하수체/시상하부
소뇌
뇌신경
척수
턱
두개골
딕: 익(顎)관질
이/잇몸/턱
등뼈
이/잇몸
이/잇몸
머리
공동
목
갑상선/부 갑상선/림프선
턱
머리
공동
턱
목
이/림프선

[그림 3-5]

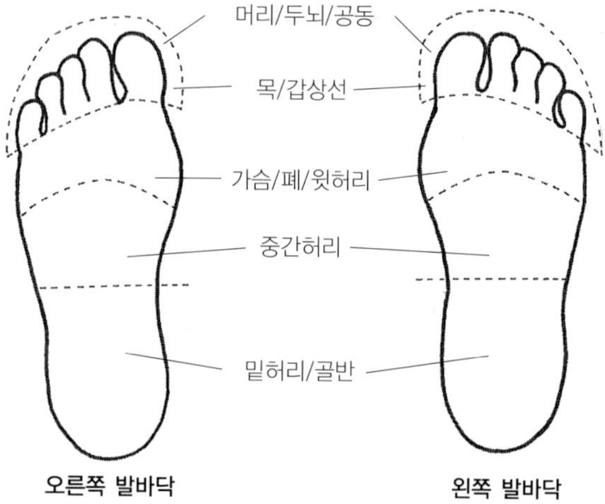
머리/두뇌/공동
목/갑상선
가슴/폐/윗허리
중간허리
밑허리/골반
오른쪽 발바닥
왼쪽 발바닥

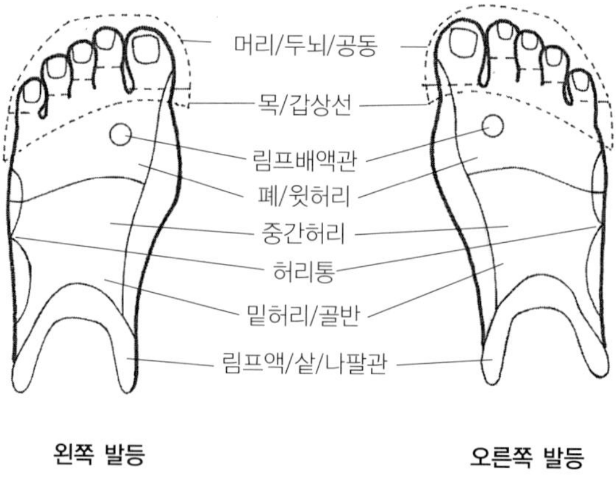
머리/두뇌/공동
목/갑상선
림프배액관
폐/윗허리
중간허리
허리통
밑허리/골반
림프액/샅/나팔관
왼쪽 발등
오른쪽 발등

[그림 3-6]

발가락을 문지름으로써 두뇌를 자극하는 방법

- 신발과 양말을 벗고 의자에 편안하게 앉거나 침대에 누운 다음 오른쪽 다리를 왼쪽 다리 위로 포개서 두 손으로 오른발을 잡을 수 있도록 한다. 긴장하지 마라(그림 3-7 참조).
- 오른손 엄지와 인지로 오른쪽 엄지발가락을 잡아라. 왼손으로는 오른발이 움직이지 않도록 하라.
- 엄지손가락을 사용해서 큰 발가락의 발톱 바로 밑에 보드라운 살 위쪽 끝 언저리를 문질러라. 약간 힘을 주어 조그맣게 둥근 원을 그리면서 지그시 눌러라(그림 3-7참조). 엄지를 굴릴 때 살갗을 꼬집는 기분으로 눌러서 압력을 가하라. 아프다면 약간 가볍게 하라.

[그림 3-7]

- 오른쪽 발가락의 바깥쪽으로 지압을 계속해 내려간 다음 왼쪽 바깥쪽 표면으로 내려가라.
- 엄지발가락 발톱 뒤쪽 바로 밑에서 시작해서 가운데로 내려가면서 돌리는 마사지를 계속해 나가라. 마사지해야 할 부분은 발가락의 뒷면, 즉 발톱의 반대편이다.
- 오른쪽 발가락의 두뇌 반사점을 3분가량 문지른 다음 다른 네 개의 작은 발가락 뒤쪽 살갗으로 옮겨 가면서 차례대로 문지르는 일을 계속하라. 여기서도 물론 두뇌 반사점을 말하며 각각 1분씩 한다.
- 이젠 위치를 바꿔서 왼쪽 엄지 발가락을 똑같은 방법으로 계속하고 이어서 왼쪽 작은 발가락 네 개를 차례대로 계속해 나가라.
- 두 엄지발가락 마사지를 두 번 더 반복하라.
- 정신적 과제, 시험, 회의, 연설 등 두뇌력이 더 요구될 때는 일을 하기 전에 15분간 두뇌 발가락 마사지를 하라.

두뇌력 향상을 위해 엄지손가락을 문질러라

- 여기에 회의시간 동안 손으로 할 수 있는 비밀 두뇌력 반사 마사지가 있다. 엄지손가락과 나머지 작은 손가락들 끝에서 똑같은 두뇌 반사점을 발견하게 될 것이다. 이때 연필을 굴린다거나 안절부절못하는 행동을 중단하고 손가락 끝을 마사지함으로써 두뇌력을 높여라.
- 왼손 인지와 엄지손가락으로 오른손 엄지손가락을 잡아라. 왼손 엄지손가락을 이용해서 오른손 엄지 끝을 마사지하기 위해서 발가락에 했던 것처럼 지압 마사지를 하라. 이렇게 바깥에서부터 가운데로 옮겨 가면서 새끼손가락으로 내려가라.

• 계속해서 다른 작은 손가락 네 개도 끝에서 가운데로 지압 마사지를 한다. 그리고 위치를 바꾸어서 왼손 엄지손가락과 작은 손가락들로 마사지를 계속해 나간다. 이렇게 5분 이상 하면 좋다. 이것을 즐긴다면 계속해도 좋다.

✲ 두뇌력의 해부학 #6

이것은 두뇌 손실이 아닐 수 있다, 다른 요소들이 두뇌를 더 나이 들게 만들 수 있다

두뇌 전문가들의 개략적인 추산에 따르면, 치매기가 있는 노인들의 10～20%는 회복될 가능성이 있는 것으로 보인다. 다시 말해, 그 노인들의 두뇌력 저하는 다른 요인 때문에 일어났을 수도 있다는 것이다. 더욱 고무적인 것은 이 같은 회복을 촉진시킬 수 있는 몇 가지 조치들이 있다는 것이다.

치매로 발생한 누뇌 손실을 최소화하기 위한 회복 조건들

1. 모방성 노인성 치매　　노인성 치매환자들의 10～30%는 가짜 노인성 치매로서 그들의 두뇌 손실은 진짜 두뇌력 감퇴가 아닌 다른 이유 때문이라는 것이다.

2. 뇌에 있는 수분　　예컨대 보통 상태이거나 최소한 치료 가능한 의술상의 상태는 호르몬 불균형이나 감염, 뇌수종 등 '뇌에 있는 수분' 과 같은 노화로 나타나는 증후일 수 있다.

3. **신장 감염**　실제로 최소한 100가지가 넘는 다른 신체적 조직에 앞서 두뇌에 영향을 미치기는 하지만 노화가 아닌 회복이 가능한 신체적 조건들이 있다. 하나의 예로 진단 미확정의 신장 감염이 있는데, 이는 두뇌가 건강한 사람임에도 불구하고 정신분열증처럼 보이게 하는 증상이다.

4. **저혈당**　저혈당증 때문에 허약체질, 현기증, 혼미 증상이 나타난다.

5. **영양 실조**　또 다른 회복조건들이 있다. 예컨대 빈혈증(혈액에 철분 부족), 환경오염물질(탄소 일산화물, 납, 수은)에 노출, 영양실조, 비타민 부족(B_{12} 부족 혹은 폴산(빈혈의 특효약 부족))이 노인들의 노화현상으로 나타날 수 있다.

6. **약물 투입**　노인들에게 보통 투입하는 강력한 약물 중에는 두뇌 혼미 효과를 보이는 것들이 있다. 혼미 상태는 약물들에 대한 역반응으로 노인들에게 공통적으로 나타난다.[8] 노인 환자들의 두뇌력 회복을 신속하게 하는 방법 중 하나는 나쁜 반응을 일으키는 약을 중단하는 것이다. 다음 가짜 노화 현상을 생각해 보자.

두 중년 남성이 한 정신과 의사에게 진료를 받고 있었다. 첫 번째 남자는 근육활동조정이 안되어서 수 계산을 못하고, 최근 기억능력이 떨어졌다. 두 번째 남자는 동작과 정신반응이 느리고, 시간과 공간개념이 잘못되는 경우가 자주 일어나고 있었다. 집중력이 떨어졌고 그 자신이 쓴 글조차 인식하지 못했다. 이것은 노화 현상인가? 아니면 그렇지 않은가?

나중에 알고 보니 이 두 사람은 수년 동안 혈압강하제와 신경과민을 치료하기 위한 특정한 진정제를 복용하고 있었다. 약물 복용을 중단하였더니 이러한 증상이 72시간 이내에 모두 소멸되었다.

7. 우울증　　우울증은 주의력의 곤란 증세와 기억력 손실, 두뇌력 사용에서 저하현상을 야기할 수 있는 매우 중요한 요인이다. 이 요인에 대한 상세한 요인은 두뇌 계발 비결 #14를 다시 살펴보라.

8. 두뇌 계발 프로그램의 지연　　반드시 기억해 두어야 할 점은 두뇌 계발 프로그램을 조기에 시작한다면 노년에 이러한 현상은 일어나지 않을 것이며 두뇌력의 저하현상도 나타나지 않을 것이라는 것이다.

#37 두뇌 계발 비결 뇌반구에 망각현상을 종결시킬 수 있는 메시지

반사학(reflexology)은 두뇌 전체에 접근할 수 있게 할 뿐만 아니라 좌뇌나 우뇌의 자극을 적절히 조절할 수 있게 한다. 이 말은 손가락 끝으로 논리적이고 분석적이며 합리적인 뇌활동을 자극하거나, 직관적이고 공간적이며 창의적인 뇌활동을 자극할 수 있는 열쇠를 갖고 있다는 뜻이다.

좌뇌 반구 활동

언어적이고 합리적인 사고기능을 신장시키기를 원한다면, 이 뇌반구에 대한 반사점에 메시지를 보내라.

- 오른쪽 엄지발가락에 있는 두뇌 반사점에 메시지를 보내기 위해서 두뇌 계발 비결 #36에서 설명하고 있는 지시를 따르라. 그러면 오른쪽 발가락과 그것의 두뇌 반사점이 좌뇌에 '말' 을 할 것이다.
- 이와 같은 운동을 다른 네 개의 작은 발가락에 있는 두뇌 반사점뿐만 아니라 발에도 실행하라.
- 오른쪽 엄지손가락에 이와 같은 운동을 반복하고 난 후 오른쪽 나머지 손가락에도 실행하라.

우뇌 반구 활동

창의적이고 직관적이고 공간적인 두뇌활동을 신장시키고자 한다면, 이 오른쪽 뇌반구에 대한 두뇌 반사점에 메시지를 보내라.

- 왼쪽 엄지발가락에 있는 두뇌 반사점에 메시지를 보내기 위해서 두뇌 개발 비결 #36에서 설명하고 있는 지시대로 따르라. 그러면 왼쪽 발가락과 그것의 두뇌 반사점이 우뇌에 '말' 을 할 것이다.
- 이와 같은 운동을 다른 네 개의 작은 발가락에 있는 두뇌 반사점뿐만 아니라 발에도 실행하라.
- 왼쪽 엄지발가락에 이와 같은 운동을 반복하고 난 후 왼쪽 나머지 손가락에도 실행하라.

반사점을 활용함으로써 건망증을 예방하고 기억력을 향상시키는 활동

스트레스를 받는다거나 주의력이 산만하다거나 충분한 두뇌 에너지를 갖고 있지 않다면 기억력은 최대한의 능력을 발휘하지 못할 것이다.

그러므로 공부를 할 때나 작문이나 논문을 쓸 때, 새로운 주제나 언어를 배우려 할 때 혹은 다른 좌뇌를 활용하는 활동을 할 때, 그 전에 이러한 반사점을 활용한 뇌활동을 하라.

아래에 적혀진 순서대로 발에 뇌활동을 하라. 뇌활동을 위한 반사점을 찾고 싶으면 [그림 3-3]을 참조하라.

1. **태양망**(Solar Plexus) 오른쪽 발바닥의 태양망과 횡경막 반사점을 활용해라. 이러한 운동은 마음을 진정시키고 복부 근육의 긴장과 몸 전체의 긴장을 푸는 데 도움을 줄 것이다.

어느 쪽 손이 세든지 간에 엄지와 인지를 활용하여 엄지의 반사점을 지시대로 문질러라. 엄지를 힘차게 누르고 그 점을 꼬집어 주어라. 그 반사점을 엄지손가락으로 누르면서 16회 시계방향으로 돌려라.

왼발의 같은 반사점에 이러한 동작을 반복하라.

2. **뇌하수체선**(Pituitary gland) 오른쪽 엄지발가락 뒷면 중심에 있는 뇌하수체선 반사점을 활용하라. 엄지로 이 반사점을 천천히 세차게 누르고 짓누르고 꼬집어 주어라. 그 반사점을 엄지손가락으로 누르면서 16회 시계방향으로 돌려라.

이와 같은 동작을 왼발에도 실행하라. 이러한 동작은 모든 신체 기능, 즉 두뇌력에 적합한 기능에 필요한 호르몬을 분비하는 이 뇌하수체(master gland)를 자극하는 데 도움을 줄 수 있다.

3. **두뇌**(Brain) 우측 엄지발가락에 있는 두뇌 반사점을 활동시켜라. 그런 다음 우측 나머지 발가락으로 옮겨 가라. 이러한 동작을 왼발에도 계속하라. 두뇌 계발 비결 #36에서 지시한 대로 계속해라.

4. **갑상선**(Thyroid gland) 각 발의 엄지발가락에 있는 갑상선과 부갑

상선 반사점을 활용하라. 그러면 엄지발가락의 첫 번째 마디와 이것이 발과 연결된 지점에서 반사점을 발견하게 될 것이다. 오른발 측면과 중앙을 활동시켜라. 엄지로 이 지점을 천천히 누르다가 세차게 꼬집으면서 눌러라. 이러한 반사점을 향해 시계 방향으로 16번 회전시켜라.

이러한 동작을 왼발에도 반복하라. 이는 근육 긴장과 물질대사율을 통제할 수 있는 신경선에 에너지를 공급해 줄 것이다.

5. 아드레날린선(Adrenal gland) 마지막으로 오른쪽 발바닥의 발등이나 장심 가운데 있는 아드레날린 반사점을 활동시켜라. 엄지손가락으로 꼬옥 지압을 하고 그 반사점을 지압으로 꼬집어라. 그 반사점을 향해 엄지손가락을 시계 방향으로 16번 돌려라.

이러한 활동을 왼발의 같은 반사점에도 반복하라. 이러한 활동은 각성을 돕는 아드레날린의 방출을 자극하는 데 도움을 줄 수 있다.

✠ 두뇌 계발 연습 #21

결코 잊지 못할 그 얼굴?

- 하루에 한 번씩 무작위로 선택한 물건, 그림, 사람을 2분 동안 열심히 연구 또는 검토하라.
- 본 것에서 고개를 돌리고 이를 그려 보라. 그린 것을 다시 보지 말고 그 날의 마지막에 기억한 것을 다시 그려 보라.
- 매일 각기 다른 주제를 일주일간 연구하라. 이때 일주일 동안 그린 그림을 보지 않고 기억 속에 있는 그림들을 다시 그려 보라.
- 다시 그린 그림들을 비교하고 그 차이점을 살펴보라.

• 주의 마지막 날에 그린 그림이 처음의 그림과 일치될 때까지 수 주일 동안 반복하라.

#38 두뇌 계발 비결
전체 두뇌의 기억 근육을 자극하라

세계적인 인류학자인 마가렛트 미드 여사는 기억력이 뛰어나기로 유명하였다. 미드 여사는 세계 각처의 많은 원주민들의 삶과 환경에 대해서 오랜 학문적 활동기간에 걸쳐 연구하고 수많은 저술을 썼다. 그러나 무엇보다도 유명한 것은 그녀의 뛰어난 기억력이다. 그녀는 세계 각처의 삶의 모습, 기후, 사람들, 사건들을 마치 어제 일어난 것처럼, 마치 영화로 찍어 놓은 것처럼 생생하게 기억할 수 있는 능력을 갖고 있었다.

그녀가 그렇게 생생하고 분명하게 기억할 수 있었던 것은 아마도 여러 사건들을 있는 그대로 '그녀의 기억 은행에 기호화시켜' 어떤 사실, 인물 혹은 추상적 개념으로 기억하기보다는 강력한 신체적 감각과 살아 있는 영상으로 기억하였기 때문일 것이다.

이러한 그녀의 기억력은 기원 일세기경 고대 로마의 웅변가이고 작가였던 키케로(Cicero, M. T.)라는, 인류 역사상 가장 기억력이 뛰어난 사람 가운데 한 사람인 기억 전문가의 아이디어에서 왔다고 볼 수 있다. 키케로가 말하기를, 만약 어떤 일을 먼 미래에까지 오래도록 생생하게 기억하려고 한다면 그 행동, 색깔, 감각의 이미지 전체에 옷을 입혀서 기억해야 한다고 했다.

그 열쇠는 경험한 것이 '매우 아름다운 것이든 추한 것이든 간에'

새로 '장식' 하여 충격적 이미지나 코믹한 이미지로 옷을 입히는 것이다. 이렇게 함으로써 '그것들을 보다 생생하게 기억' 할 수 있다.

어린 시절을 기억하고 기억력을 계발하라

여기에 어린 시절 겪었던 경험들을 보다 상세하고 풍부하게 기억하게 하는 개념에 기반한, '생생하게 지각하고 무비판적으로 받아들인' 정보를 기억 속에 저장하는 연습 방법이 있다.[8]

어린 시절의 생생한 기억들은 기억 속에 그대로 살아 있기 때문에 옛날의 어떤 기억들을 회상할 때 최근의 삶 속에서 기억한 것들을 보다 풍요롭게 할 필요가 있다. 이 경우 어린 시절을 기억하는 과정에서 '기억 뉴런' 은 옛날에 가졌던 것과 같은 흥분된 상태로 채워져 있어야 한다.

이러한 연습을 하려면 약 45분 정도의 시간이 필요하다. 또한 동료에게 질문하도록 하거나 그 질문에 대한 답을 녹음기에 하는 등 오랜 시간을 요구한다면 더욱 더 효과가 있을 것이다. 간단하고 재빠르고 간단한 대답이 상세하고 긴 설명보다 더 좋다. 만약 소파, 침대에 눕거나 마룻바닥에 누워서 잠들지 않고 눈을 감고 있다면 더 효과가 있을 것이다.

숨 고르기를 조용히 천천히 하면서 숨소리에 주의를 기울이고 숨을 들이마시고 내쉴 때 가슴과 배가 오르내리는 모습을 바라본다. 이러한 동작을 마음이 가라앉고 안정될 때까지 지속한다.

내 기억으로 나의 어린 시절은…

동료에게 이런 질문들을 하게 하라. 이때 대답할 시간을 오래 달라고 해라. 어린 시절에 대해서 다음 질문에 답해 보라.

- 아주 어린아이에 대해
- 나이든 아주머니에 대해
- 좋아하는 음식에 대해
- 사랑했던 선생님에 대해
- 아이스크림 먹을 때
- 자신의 침대에 대해
- 나무에 오를 때
- 좋아했던 신발에 대해
- 가족끼리 여행 갔을 때
- 좋아했던 안식처나 은신처에 대해
- 고무풍선에 대해
- 가게에 갔을 때
- 해변가에서 놀았을 때
- 좋아했던 노래에 대해
- 생일 축하 때
- 알고 있던 소녀에 대해
- 늙은이에 대해
- 좋아했던 TV 탤런트에 대해

눈을 뜨고 일어서서 기지개를 킨 다음 몸과 마음에 어떤 느낌이 드는지 보라.

어떤 일을 하거나 당했을 때 어떠했는지 기억하라

그런 다음 의자에 앉아서 조용히 눈을 감고 동료에게 아래와 같은 질문을 하게 하되 각 질문마다 1분 정도의 여유를 주도록 하라. 어떤 느낌이 들었는지 기억하라.

- 오늘 아침 잠자리에서 일어났을 때
- 고등학교 졸업식 때
- 어제 이때쯤 무엇을 했는가
- 1979년 박정희 대통령이 저격당했다는 소식을 들었을 때
- 지난 여름 어떤 특별한 일을 했을 때
- 처음으로 사랑에 빠졌을 때
- 학교에 입학하던 날

한 번도 한 일이 없는 일들을 기억하라

다음과 같은 기억들은 상상력을 확대시키는 데 도움을 줄 것이다. 기술적으로 직접 경험한 일들이 아니기 때문이다. 다음 역사적 사실들은 상상력을 불러일으킬 수 있을 것이다. 설명해 보라.

- 아브라함 링컨 대통령의 게티즈버그에서의 연설(역주: 이 연설에서 링컨 대통령은 민주주의는 국민에 의한, 국민을 위한, 국민의 정부라는 말을 했다)
- 레오나르도 다 빈치의 모나리자 그림
- 중국의 만리장성 구축
- 스톤헨지의 건설
- 이집트의 피라미드 건설

• 습지를 달리는 공룡들
• 지구의 창조
• 지금 이 순간 자신의 몸과 마음, 영혼에 관한 모든 것을 그려 보라.

#39 두뇌 계발 비결 두뇌에 휴식을 주는 동안 두뇌가 '뼈다귀를 쫓지 않게 하는' 방법

역설적인 것처럼 들리겠지만 정신 능력을 최대한 발휘하기 전에 첫 번째로 정신이완기술을 익힐 필요가 있다. 어디에도 주의집중하지 않은 상태에서도 마음에 신경을 쓰지 않는다면 마음은 지나친 정도로 활동적이고 역동적이 될 수 있다. 이것은 마치 정글의 원숭이들이 이 나무에서 저 나무로 그네 타듯 아무런 목적 없이 계속해서 왔다 갔다 할 때와 같은 것이다.

그러나 이와 같은 매우 활동적인 상태(혹은 '원숭이 마음')로 인해 신체적 에너지는 허비되며 이렇게 이에 에너지가 고갈되는 첫 번째 장소 중 하나가 곧 두뇌인 것이다.

마음이 방 안에 있는 텔레비전을 잔뜩 틀어 놓은 것과 같을 때, 무엇을 할 수 있는가

은유적 표현으로 마음을 방 안에 가득 찬 여러 대의 텔레비전을 틀어 놓은 것으로 생각해 보자. 각기 다른 채널로, 아주 큰 소리로 틀어 놓았다고 가정해 보자. 이런 상황에서는 방 안 가득 찬 각기 다른 채널에서 울려 나오는 방송 내용을 들을 수 없을 것이다. 이와 같은 환경에서는 점차 긴장이 되고, 벼랑 끝에 서 있는 느낌이 들어서 긴장을 풀 수 없을 것이다. 삶에서 자주 이와 같은 복잡하고 긴장된 상황이 일어날 것이며 마치 와글거리는 텔레비전 소리처럼 스트레스를 받아 괴로운 느낌을 받게 될 것이다.

다른 한편으로 두뇌에 휴식을 줄 때는 방으로 들어가서 텔레비전의 모든 볼륨을 완전히 꺼라. 기억해 둘 것은 내가 말하고자 하는 이것은 바로 당신의 마음(나의 마음도 또한 마찬가지)이다.

즉, 주기적으로 두뇌는 이상적으로 말해서 최소한 하루에 한 번씩 휴식을 취할 필요가 있다. 이러한 휴식은 자연스럽게 잠자는 동안 이루어지지만, 꿈을 꾸고 있을 때의 마음은 실제로 활동을 하는 것과 같으며 따라서 이는 휴식하는 것이 아니다. 여기서 말하는 일종의 두뇌 휴식이란 잠에서 깨어 있는 낮 동안에 의도적으로 휴식을 취하라는 뜻이다.

'개가 뼈다귀를 쫓는 것' 을 어떻게 중단시킬 수 있는가

개는 본능적으로 뼈다귀를 쫓다가 마음이 지쳐 버리고 만다. 이 말은 불가에서 즐겨 쓰는 독특한 표현이다. 여기서 개는 당신의 관심이고 뼈다귀는 당신의 마음속에 일어나는 어떤 생각이다. 이 경우 누구든 그것을 쫓지 않을 수 없을 것이다. 뛰는 행동은 그것을 쫓아가는 행위이며 이는 뇌를 지치게 해서 두뇌력을 메마르게 한다.[9] 뇌를 쉬게 하거나 긴장이완반응을 촉발시키기 위해서는 다음 네 가지 조건이 필요하다.

1. **조용한 환경** 가전제품이나 가구로부터 그리고 외부의 소음으로부터 자유로울 것

2. **편안한 몸 자세** 신발을 벗고 조용한 소파에 앉기
3. **수동적 태도 혹은 편안하고 안정된 정신상태** 어떤 일이 일어나도 마음의 문을 열고 있기
4. **내적 주의 집중 대상** 정원수, 꽃 혹은 이 책의 앞에서 연습한 내용을 확인하기

여기에서 수동적 태도가 매우 중요하다. 바로 어떤 감각적 자극이나 내적 생각, 느낌, 충동에 반응을 보이지 않는 것 혹은 주의산만요인으로부터의 자유로운 것이다. 이와 같은 무반응의 핵심을 강조하기 위해 "개는 뼈다귀를 쫓는다." 라는 말을 이용한다.

자신이 개라고 생각하고 뼈다귀를 보았을 때 그것을 쫓지 마라(어떤 생각, 지각, 감각 등). 조용히 앉아서 정신을 한군데로 모으고, 그 뼈다귀(생각, 느낌, 지각, 충동 등)에 대해 완전히 관심을 꺼라.

'뼈다귀를 쫓지 않는' 연습은 어떻게 하나

- 전화선을 끊고, TV나 라디오를 끄고, 5분 혹은 10분간 조용히 쉴 수 있는 조용한 방을 찾아라.
- 두 발을 마룻바닥에 대고 등받이가 똑바른 의자에 평안히 앉아라. 이때 신발은 벗고 편하게 하라.
- 몸을 한쪽으로 구부리거나 기대지 말고 곧은 자세로 몸을 일으키고 편안히 앉아라.
- 두 손바닥을 두 개의 접시를 포개 놓은 것처럼 마주 잡고 손등을 다리 허벅지에 올려놓아라.
- 눈을 감고, 숨쉬기에 주의를 기울여라. 숨을 들이쉬고 내쉬는 동안 가

슴과 배의 오르내림을 인식하라. 숨을 들이마실 때 가슴을 부풀리고 내쉴 때 배의 공기를 비워라.

- 숨을 내쉴 때 약간의 미소를 띠고 얼굴에 꽃을 피워라. 의자에 앉아 있는 동안 온몸 전체를 의식하라.
- 점차적으로 몸은 긴장이 풀리기 시작하여 머리끝에서 발끝으로 옮겨가기 시작한다.
- 숨을 들이마실 때 머리가 삶을 되찾는 에너지를 얻었다고 상상하라. 숨을 내쉴 때 모든 스트레스와 생각, 불편함, 머리에 있는 독소를 숨으로 뿜어낸다고 상상하라.
- 그런 다음 목, 가슴, 팔, 다리, 발의 긴장을 같은 방법으로 풀어 나가라.
- 숨을 내쉴 때 미소 짓는 것을 기억하라. 미소를 지으면 긴장이 더 잘 풀릴 것이다.
- 몸에 긴장이 풀렸으면, 이젠 머리도 쉬게 하라. 숨을 들이마실 때 하나 하고 세고, 내쉴 때 둘 하고 세라. 이런 방법으로 중단하지 말고 10까지 센 다음 다시 시작하라. 이러한 동작을 10~20분간 계속하라.
- 기본적으로 긴장을 완화하고 집중력을 높이기 위해 숨쉬는 횟수를 세어 보라. 뼈다귀는 절대 쫓지 마라.

✠ 두뇌 계발 연습 #22

사무실에 무엇을 두고 왔는가

- 실제로는 가지 않은 채 사무실, 공부방, 작업실, 개인 작업실의 상세한 설계도를 그려라.
- 그곳에 있는 클립이나 연필까지 모든 것을 기억하도록 노력하라.
- 실제로 그 사무실에 방문해서 자신이 얼마나 정확하게 그렸는지 살펴보라.

#40 두뇌 계발 비결

두뇌 속에 있는 원숭이 마음(흔들리는 정신)을 어떻게 진정시킬 것인가

무심히 지나쳐 버릴 수도 있지만 오늘날 우리의 정신세계에서 가장 충격적인 요인은 마음이 흐트러지는 것이다. 어떤 주제나 프로젝트에 마음을 집중시키고 있을 때마다 무심결에, 쉽게, 계속적으로, 만성적으로 마음은 흐트러지게 된다. 문제는 바로 마음이 흐트러지면, 두뇌의 힘을 최대한 활용할 필요가 있는 곳에 정신을 집중하지 못하게 된다는 것이다.

정신이 흐트러지면 에너지를 소비하고, 나아가서 어떤 일에 주의를 집중할 수 없을 정도로 피곤해지며, 지나친 운동으로 피로해진 근육처럼 두뇌는 어떤 일에 최선을 다할 수 없게 된다. 다시 말해, 계속해서 마음이 흐트러지기 때문에 두뇌가 피로해져서 활기찬 두뇌력을 잃게 되는 것이다.

주의가 얼마나 빨리 흐트러지는지 살펴보라

초점을 맞추고, 주의를 기울이고, 주의집중을 하고, 경계심을 갖는데 필요한 마음을 갖고 싶어 하는 동안에도 우리의 주의가 몇 초 후에 얼마나 빨리 전환되는가를 관찰할 필요가 있다. 정글 속의 원숭이가 여러 나무 가지들을 건너다니면서 끽끽거리는 모습을 상상해 보라. 원숭이들은 멈추지 않고 계속 움직이면서 늘 끽끽거리고 한시도 가만 있지 않는다.

마음도 이처럼 쉴 새 없이 움직이는 원숭이와 같다. 이렇게 쉽게 흐트러지는 마음을 우리는 흔히 원숭이 마음이라 부른다.

우리의 마음은 종종 이와 같은 원숭이처럼 된다. 어떤 생각들이나 아이디어, 이미지, 계획들, 그리고 불평들이 초개같이 스쳐 지나가고, 이러한 모든 생각들이 혼란스럽게 계속해서 곤두박질치기도 하며, 주의가 흐트러지면 이러한 생각들은 각각 아우성을 친다. 이러한 현상은 많은 에너지를 소모시키고, 뇌를 지치게 하며, 부주의하게 만들어서 어리석어 보이게 한다.

이러한 점에서 두뇌 계발 비결은 간단하지만 강력한 것이다. 이 원숭이 마음의 흐트러짐으로부터 주의를 되찾기 위해 내적 시각화의 힘을 활용하라.

활동할 때 당신의 원숭이 마음을 보는 방법

- 타이머를 5분 후에 울리도록 설정해 놓아라.
- 빈 벽을 향해 앉아라.
- 두 손을 무릎 위에 얹고, 라디오, TV, 녹음기를 끄고 전화선을 빼서 외부의 주의산만 요인을 제거하라.
- 타이머가 울릴 때까지 아무것도 하지 말고 단순히 자신의 생각들을 관찰하라.
- 이 5분 동안 마음에서 우러나오는 모든 것이 다른 사람의 생각이며 그 대화는 텔레비전 연속극이라고 생각해라.
- 이제 이 생각 저 생각으로 왔다 갔다 하는 당신의 원숭이 마음을 살펴보라.

마음속에 있는 그 원숭이가 자신이 원하는 일에 주의를 기울이도록 하려면 어떻게 해야 하나

이제 하나의 꽃잎에서 보다 많은 두뇌력을 얻을 수 있는 방법을 살펴볼 것이다. 5분 동안 다른 일에 주의를 기울임으로써 그 원숭이 마음에 도전해 보자.

여기 그 원숭이 마음이 얼마나 많은 에너지를 요구하고 있으며, 당신이 주의를 기울이는 것으로부터 얼마나 마음을 흐트러지게 하는지 살펴보자. 하나의 꽃에 집중함으로써 이를 직접 관찰해 볼 수 있다. 다음 단계를 따라 해보자.

- 타이머를 5분으로 설정하라.

- 테이블에 꽃 하나를 놓고 앉아라.
- 5분 동안 그 꽃을 바라보는 일 말고 다른 어떤 일도 하지 마라.
- 아무 일도 하지 말고 마음속에 떠오르는 어떠한 생각도 하지 마라.
- 생각을 탐지하기 위해서, 마치 텔레비전을 보고 있는 것처럼 모든 활동을 관찰하기 위한 약간의 의식만을 자유롭게 남겨 두어라.
- 그 원숭이(당신의 주의)가 이 나뭇가지(아이디어)에서 저 나뭇가지(생각)로, 또 다른 가지(충동)로 왔다 갔다 하는 것을 살펴보라.
- 그 꽃을 바라보고 있다가 주의가 산만해질 때마다 다시 그 꽃에 주의를 집중하라. 계속해서 이 활동에 주의를 집중하는 것을 유지하라.

왜 원숭이가 자신을 위해 일하도록 훈련해야 하는가

이 원숭이 마음은 마음의 상태를 기술하는 하나의 시적 표현이다. 심리학자들은 이것을 내적 대화라 부른다. 즉, 매분마다 머릿속에서 어떤 사람이 계속해서 말하고 불평하고 재잘거리는 듯한 계속적인 말이나 언급들을 가리킨다. 우리는 이러한 소리를 쉽게 놓친다. 이러한 소리를 항상 익숙하고 당연한 것으로 받아들이기 때문이다.

텔레비전이나 라디오에서 나오는 계속적인 말은 마음에서 으레 그러려니 받아들이는 생각을 강화시켜 준다. 우리는 마음이 어떤 밀림 속에 있는 것에 익숙해져 있다. 이러한 재잘거리는 소리는 정신건강을 개선하는 데 활용될 수 있는 매우 가치 있는 많은 에너지를 낭비하게 한다. 침묵은 에너지를 절약하고 두뇌력을 향상시키므로 이러한 에너지를 더 이상 낭비할 필요가 없다.

원숭이 마음은 두뇌력 향상에서 가장 큰 장애물 가운데 하나다. '원숭이' 는 매우 쉽게, 그리고 계속적으로 마음을 흐트러트리기 때문에 어떤 문제에 초점을 맞추고 자연스러운 지능발달에 필요한 완전한 주의집중을 하지 못하게 한다.

이 원숭이는 가치 있는 두뇌력을 훔친다. 만약 잠시 동안이라도 이 원숭이를 침묵시킬 수 있다면 이러한 정신적 침묵은 에너지를 불어넣어 주고 동시에 보다 많은 두뇌력을 줄 것이다.

#41 두뇌 계발 비결

눈을 감은 채 한 나무를 어떻게 주의 깊게 볼 수 있는가

그 원숭이 마음이 두뇌력을 빼앗는다는 것을 알게 된 한 일본 학교의 교사들이 그 작은 원숭이를 조용히 시킬 수 있는 묘책을 고안해 냈다. 관례적으로 일본 교사들은 이 원숭이 마음을 훈련시킬 수 있는 방법을 일찍부터 가르치고 있다. 교사들은 주의하고 초점을 맞추는 습관을 격려하고, 이를 통해 그 재잘거리는 원숭이를 자기 위치에 있게 한다.

일본에서는 완전히 성장한 나무의 모든 특성을 갖고 있는 키 작은 난쟁이 나무인 분재를 기른다.

이 나무를 보는 사람들에게는 이 아름답고 작은 세계가 숲 속의 장엄한 수목을 축소화시킨 것처럼 보인다. 이 분재 나무를 숲 속의 치자나무와 같은 큰 나무나 제라늄 나무로 대치시킬 수 있을 것이다. 주의를 집중하는 하나의 방법으로 가정에서 기르는 여러 수목들의 조직과 구성에 따른 각 나무들의 독특한 모양과 구조(잎, 가지, 나무기둥)를 활용하라.

마음속의 나무를 보는 방법

- 앞에 놓인 테이블 위에 눈높이만큼 실내 화분용 화초를 올려놓아라.
- 이 화초를 검토하고 자세히 연구해 보라. 이 여린 잎새와 섬세한 가지를 둘러보라. 이 화초를 세밀하게 들여다본 다음 눈을 감고도 이를 볼 수 있도록 하라.
- 그 목적은 화초의 모습을 잘 기억하여 눈을 감고도 이를 기억해 내기 위한 것이다.
- 이 화초의 모양을 완전히 기억하고 있다고 느끼고 이를 기억해 낼 수 있을 때 눈을 감아라.
- 눈을 감은 채로 앞에 있는 화초를 그려 보라.
- 마음의 눈 속에 있는 화초의 세세한 부분까지 마치 그림을 그리듯 시각화시켜 보라.
- 눈을 뜨고 시각화시킨 화초와 앞에 있는 화초를 비교해 보라. 얼마나 비슷하게 그려졌는가?

당신의 원숭이 마음은 얼마나 활동적인가?

- 이 연습을 하고 있는 동안 마음이 얼마나 쉽게 흐트러졌는가? 이것을 정신 노트로 만들어라. 이것이 바로 행동으로 나타난 원숭이 마음이다.
- 어떤 생각과 감정들이 주의를 산만하게 하고 이 연습에서 벗어나게 하려 발버둥치는가? 이와 같은 경험이 이 장의 뒤에서 논의할 자연적인 두뇌력을 방해하는 정신과 몸의 다른 영역에 가치 있는 단서를 제공할 것이다.

이와 같은 나무응시 연습은 관찰력과 단기기억, 집중력, 정신적 이미지 계발에 도움을 줄 수 있을 것이며, 더 나아가 원숭이 마음을 조용히 가라앉혀 주의를 기울이게 하는 방법을 가르쳐 준다. 이 침묵으로부터 두뇌력을 감지할 수 있을 것이다.

#42 두뇌 계발 비결
아침에 일어나자마자 정신 차리는 연습을 하라

두뇌력 체조법의 새로운 시작으로 매일 5분 정도 이 연습을 하도록 노력하라.

두뇌력을 활용할 수 있는 열쇠 가운데 하나는 각성상태에서 신경세포를 집중시킬 필요가 있는 과제에 주의를 집중하고 초점을 맞추고 있어야 한다는 것이다. 아침에 일어나서 첫 번째로 하는 일로 이것보다 더 좋은 것이 어디 있겠는가? 첫 출발부터 무슨 일을 할 때 정신을 바짝 차리면 나머지 하루가 이 상태로 계속될 것이다. 한 달 동안 매일 아침 이것을 해 보라. 그러면 정신상태가 최상의 상태로 되어 최상의 두뇌력 습관이 형성될 것이다.

당장 내일 아침부터 잠에서 깨자마자 커피잔을 들거나 신문을 들여다보거나 일상적인 근심 걱정과 일과가 엄습하기 전에 아래에 제시한 연습을 시작해 보라.

이러한 연습은 처음에는 15～20분 정도 걸리겠지만 계속 연습하다 보면 아마 5분 정도로 단축될 수 있을 것이다.[10] 여기서의 목표는 이 순간에 자신의 모든 감각을 인식하게 하는 것이다.

이 순간에 자신의 마음을 올려놓은 다음 그것을 계속 유지해 나가라

- 침대에서 일어나 등을 똑바로 하고 앉아서 편안한 자세로 긴장을 풀어라. 잠에 들지 않을 수만 있다면 누워도 상관없다. 눈을 감아라.
- 숨을 조용히, 그리고 천천히 쉬면서 호흡에 주의를 기울이고 숨을 들이쉬고 내쉴 때 가슴과 배가 오르내리는 모습을 편안하게 느끼고 주의력이 느껴질 때까지 바라보라.
- 오른발에 주의를 집중시켜라. 어떤 감각을 이 오른발로 인식하라. 이 오른발이 따뜻하고, 따끔따끔거리고, 가렵고, 긴장되고, 편안하고, 무감각하게 느껴지는가? 자신을 이러한 감각에 푹 젖어 들게 해서 오른발에 의식을 맞추어 따라 가라.
- 그런 다음 오른발 무릎 아래 정강이로 주의를 올려라. 전번과 같이 모든 감각을 이 부위에서 느끼고 이때 오른 다리 정강이에 단순하고 완전한 일이 동반되도록 하라. 여기서 1분간 시간을 보낸 다음 숨소리에 약간의 귀를 기울이면서 그곳에 의식을 집중시켜라.
- 무릎으로 주의를 옮기고 오른쪽 허벅지에 옮겨와서 다시 모든 감각을 느껴라. 여기서도 1분 보내라.
- 계속해서 감각을 조금씩 몸의 윗부분 오른쪽으로 옮겨와서 오른손, 오른팔, 오른팔 윗부분으로 이동시켜라.
- 이제 몸의 위쪽을 가로질러 왼팔로 옮겨와서 차츰 아래로 이동하여 왼손과 왼쪽 손가락으로 이동해 가라. 이렇게 숨쉬기와 감각 운동을 반복해 나가라.
- 왼쪽 다리 허벅지로 주의를 옮겨와서 무릎을 건너 왼발까지 내려 보내라. 이때 각 정지점에서 약 60초간 머물러라.
- 이제 초점을 넓혀 두 발, 두 다리의 느낌을 가져 본 다음 두 팔과 두 손에서 느껴 보라.

이 순간을 이용해서 주변에 어떤 일이 일어나는가 보라

- 주의감각을 발과 팔에 집중하라. 숨소리, 내장 꾸르륵거리는 소리, 위장 꿀꿀거리는 소리, 시계 똑딱거리는 소리를 포함해서 방과 주변의 모든 소리에 귀를 기울여 보라.
- 이러한 소리들에 대해 판단하거나 비판하지는 마라. 단순히 있는 그대로만 들어라.
- 이러한 감각을 팔과 발, 가까운 환경의 소리에 계속해서 귀 기울이면서 점차적으로 눈을 떠라.
- 옷장과 같은 어떤 물체를 골라서 철저하게 뒤져 보라. 마치 처음 보는 것처럼 이것들을 약 20초 동안 살펴보라.
- 그런 다음 또 다른 물체를 골라 똑같이 세밀하게 조사해 보라. 계속해서 소리에 귀를 기울이고 몸을 느껴 보라.
- 지금 정신 차리기 연습, 즉 느끼고, 바라보고, 귀를 기울이는 활동을 하고 있다. 사실상 지금 이러한 모든 활동에 초점을 맞추면서 주의를 분산시키고 있다.
- 신체를 감지하고, 환경에 귀를 기울이고, 시계 안에 있는 물건들을 열심히 바라보고, 숨소리에 귀를 기울이는 등 이러한 일들을 모두 한꺼번에 하고 있다. 현재 이러한 활동으로 가득 차 있다.
- 이와 같은 연습을 정신적 초점을 다시 찾을 필요가 있을 때, 어떤 정신적 과제, 예컨대 시험을 친다든지 작문을 한다든지 계산을 하기 시작하기 전에 하라. 이와 같은 연습을 하면 학습 능률이 오를 것이며, 주의력과 주의집중을 원하는 대로 조절할 수 있을 것이다.

타이머가 울리면 다음과 같이 자신을 환기시켜라

여기 또 하나의 불교의 전통에서 유래한 정신 차리기 연습이 있다. 이 연습은 간단하면서도 일상 활동에서 보다 깨어 있는 의식을 갖게 하는 강력한 방법이다. 보다 깨어 있는 의식을 갖는다는 것은 지각과 사고행위, 분석, 정신의 존재를 활용할 수 있는 보다 큰 두뇌력을 의미한다.

- 타이머를 준비하라. 이 타이머를 45분으로 설정하여 그것을 다른 방에 두고 그 타이머의 재깍거리는 소리가 들리지 않게 해라. 이를 잊어버려라.
- 타이머가 울리면 하고 있는 모든 일을 멈추어라. 그러고 나면 자신의 의식, 신체, 생각, 숨소리, 말하고 있거나 하고 있는 일을 의식하게 된다.
- 스스로에게 이렇게 말하라. "지금 이 순간 나는 내가 하고 있는 모든 활동의 중간에 나 자신을 인식하고 있다. 지금 이 순간 나는 내 주변에서 일어나고 있는 모든 일에 신경을 쓰고 있다."
- 매시간마다 이런 활동을 반복하라. 가능하면 여러 날 이렇게 연습하라. 가능하면 한 달 동안 매일 하라.

✠ 두뇌 계발 연습 # 23

이 책은 도대체 무엇에 관한 책인가

- 소설이나 전기와 같은 책 하나를 선택하라.
- 책의 내용을 보지 말고 각 장의 내용을 마치 그 책의 내용에 대해서 알지 못하는 친구에게 설명하고 있는 것처럼 한 문단으로 요약하라.

- 이 책을 다 읽은 다음 이야기 전체를 요약하라. 그런 다음 요약한 내용을 보지 말고 맨 뒷장부터 시작해서 앞장으로 설명하면서 거꾸로 책을 넘겨라.
- 마치 거꾸로 배역들을 단계적으로 다시 검토하듯이 거꾸로 이야기해 보라.

#43 두뇌 계발 비결
정신 차린 하루를 보내고 나면 두뇌는 감사할 것이다

아마도 이 두뇌 계발 비결은 당신의 호기심을 일으킬 만할 것이다. 다음 몇 달 동안 매 2주마다 하루를 할애해서 생활의 모든 측면에서 완전한 정신 차리기 연습을 실시하라.

만약 이 연습을 몇 달 동안 신념을 갖고 열심히 한다면 학습, 기억, 주의집중 능력이 놀랄 만큼 향상되는 것을 느끼게 될 것이다. 이 연습은 여러 가지 일로 바쁜 주중에 하는 것보다 주말을 이용해서 하는 것이 낫다.[11]

정신 차리기는 학습을 하고, 연구를 하고, 기억을 하는 등 마음 안이든 밖이든 일상생활에서 일어나는 모든 일에 두뇌력을 극대화할 수 있는 비결이다.

목요일에 주의력을 정복할 수 있는 방법

만약 주의를 기울일 수 있고, 그 초점을 계속 유지할 수 있다면, 어떤 것이나 학습하고 기억할 수 있을 것이다. 그러므로 하루를 정해서 하루 동안 완전히 주의집중할 것을 다짐해라. 다음은 두뇌력을 최대한 발휘할 수 있는 방법을 제시해 주고 있다.

- 잠자리에 들기 전에 잠에서 깨어났을 때 그날이 정신 차리기 날이라는 것을 환기시키는 메모를 써라. 자명종 옆에 커다란 검은 글씨로 '정신 차리기' 라는 단어를 써 놓는 것으로 충분하다.
- 이러한 단어들을 집 여기저기에 십여 개 이상 붙여 놓는것도 괜찮다. 진부한 소리로 들릴지 모르지만 이러한 단어들을 보면 오히려 행복한 웃음이 날 것이다. 하루 종일 약간 점잖게 웃는 당신의 미소는 정신 차리기 기법의 일부가 될 것이다.
- 잠에서 깨는 순간 호흡에 주의를 기울여라. 침대에 누운 채로 호흡의 오르내림을 바라보라.
- 잠에서 깨자마자 호흡이 천천히, 길게, 의식적으로 주의를 기울인 호흡이 되도록 심호흡을 하라. 그렇게 되면 그 호흡을 적절하게 왔다 갔다 할 수 있게 된다.
- 이런 말을 하도록 노력하라. 오늘 아침 일어나자마자 미소를 짓는다. 새로운 스물 네 시간이 내 앞에 다가오고 있다. 각 순간마다 열심히 살기를 맹세하고 내 눈 안에 들어오는 모든 것을 열정을 가지고 바라볼 것이다.[12]
- 침대에서 뛰거나 기어오르거나 뒤뚱거리거나 떨어지지 마라. 팔과 다리를 움직일 때, 이것은 하나의 가상적인 내가 처음으로 겪게 되는 전혀 다른 경험이라고 생각하라.
- 주의를 기울여라. 침대에서 내려오는 것을 하나의 드문 사건으로 만들어라. 모든 아침을 맞이할 때, 그러한 모든 것에 완벽하고, 침착하고,

신중한 주의를 기울여라. 호흡에 주의를 기울이는 것을 잊지 마라. 이렇게 말하라. 각 순간마다 주의를 기울이면 나의 마음은 시냇물처럼 맑아진다.

얼굴에 미소를 지으면 주의를 기울이게 된다

- 얼굴에 반쯤 피운 꽃과 같은 미소를 지어 보라. 이는 자신을 편안하게 하고 계속해서 초점을 맞추게 할 것이다.
- 가능하다면 말을 하지 마라. 축복받은 휴식을 취하도록 혀를 내버려 두어라. 입을 다물고 코로 숨을 쉬면 숨 고르기가 훨씬 쉬워질 것이다.
- 호흡을 따라 다음과 같이 말하라. 숨을 들이마시면 내 몸은 조용해지고, 숨을 내뱉으면 미소 짓는다. 이 순간에 충실하다 보면 이 순간이 행복한 최고의 순간이라는 것을 알게 된다.
- 아침에 가족이나 가정의 허드렛일을 하면서 침묵을 지키고 호흡에 초점을 맞추고 몸동작을 하나씩 검토해 보라.
- 마치 처음인 것처럼 비워라. 완전히 가상적인 공간인 것처럼 청구서를 지불하라.
- 말을 해야 한다면 거기에 모든 주의를 기울여라. 말을 천천히 하거나 무의식적으로 하지 마라. 배우가 대사를 읽는 것처럼 이야기하라. 각 낱말들이 입술에서 벗어날 때 모든 주의를 거기에 집중하라.
- 타이머를 45분에 울리도록 맞춘 다음 타이머가 울리면 모든 일을 중지하고 호흡에 다시 주의를 집중하라. 다음과 같은 말을 하라. “들어라. 들어라. 이 아름다운 소리가 진정한 나 자신으로 돌아가게 하고 있다.”
- 식사시간에 완전히 주의를 기울이고 식사하라. 천천히, 그리고 철저히 완전한 흥미와 집중을 갖고 식사를 하라.

입을 다문 채 디저트를 마쳐라

• 수프를 들 때는 디저트를 생각하지 마라. 이 순간에는 단지 수프만을 생각하라. 이렇게 말하라. "이 순간. 이 놀라운 순간."
• 공원이나 정원을 걸어라. 호흡에 주의를 집중하면서 아주 천천히 걸어라. 한 발자국씩 땅바닥에 옮겨 놓을 때마다 땅 위에 아름다운 장미를 새기고 있다고 상상하라.
• 오른발을 디딜 때 백장미 한 송이를, 왼발을 디딜 때 백장미 한 송이를 주듯이 해라.
• 전화 소리가 울리면 그 전화를 받기 전에 세 번의 심호흡을 하라. 그러면 달라진 결과를 느낄 것이다.

활용할 수 있는 또 다른 정신 차리기 훈련

• 이 정신 차리기 훈련을 하는 동안 다른 두뇌 계발 비결, 즉 조용한 음악과 신체 스캐닝(두뇌 계발 비결 #44)을 곁들인 라벤더 목욕이나 나무 심기(두뇌 계발 비결 #41)를 고려해 보라.
• 잠자리에 들기 전에 10~20분 동안 완전집중하여 호흡하라.
• 매끄러운 둥근 조약돌이 천천히 맑은 시냇물 모래 위에 천천히 가라앉는 모습을 상상해 보라. 서서히 이 조약돌을 잔잔한 물을 통해 부드러운 모랫바닥에 놓아라.
• 호흡에 귀를 기울이면서 잠들어라.

✠ 두뇌 계발 연습 # 24

이것을 혼자서 상상해 보라

다음 과제를 완수하기 위해 필요한 모든 조치를 구상해 보라.

- 바다 물개 한 마리를 집에서 훈련시키고 기른다.
- 부엌 밖에 온실 하나를 만들어라.
- 하나의 일간 신문 하나를 시작하라.
- 호주 대륙을 걸어서 횡단하라.
- 32개의 아파트가 있는 6층짜리 빌딩을 분리시켜 비워 보라.

44 두뇌 계발 비결

주의집중과 주의력을 연마하기 위한 신체 스캐닝(走査)하기

이 연습은 보다 나은 두뇌력을 갖게 하는 정신 차리기의 또 다른 기법이다. 오랜 기간 주의를 기울일 수 있다는 것은 이 책에서 배울 기본적 두뇌 계발 비결이다.[13]

이 기법은 몸과 감각과 생각과 느낌에 정신 차리기 접촉을 다시 확립하는 데 도움을 준다. 이 경우 호흡을 통하여 몸의 다른 부분에 초점을 맞추도록 하는 하나의 수단이 된다. 처음에는 2주 동안 일주일에 6일을 매일 45분씩 실시한다.

보다 큰 정신 차리기를 위해서 신체를 스캐닝하는 방법

- 침대나 부드러운 매트와 같은 편안한 표면에 누워라. 하지만 잠들지 않아야만 한다는 것을 확실히 하라. 또한 따뜻하고 방해받지 않는 환경이어야 한다. 눈을 감아라.
- 호흡을 들이쉬고 내쉴 때 배가 오르내리는 숨소리를 의식하게 될 것이다. 이러한 리듬을 몇 분 동안 따라 하라.
- 전신을 하나의 전체로 느껴라. 피부를 감싸고 있는 '봉투'를 감지하라. 신체가 마루에 닿는 것을 어떻게 느끼고 있는지 확인하고, 닿는 면이 실제로 어디인지, 그리고 이러한 접촉이 몸에 어떤 느낌을 보내 주는지 느껴 보라.
- 왼쪽 발가락에 주의를 집중하라. 호흡이 이 부위를 향하고 있는지 확인해서 발가락으로 숨을 들이쉬고 내쉬는 것처럼 느껴라. 처음에는 이상하고 곤란하게 느껴질지 모르지만 발가락이 허파에 있고 또 허파가 발가락에 있다고 가정해 보라.
- 숨을 쉬는 동안 발가락으로 숨을 쉬고 있는 것처럼 모든 감각을 확인하라. 만약 아무것도 느껴지지 않는다면 단순히 이것은 '아무것도 느끼지 않는' 경험이라는 것을 의식하라. 몇 분 동안 발가락과 함께 시간을 보내라.

숨을 내쉴 때 발가락을 잊어버리는 방법

- 왼쪽 발가락 호흡이 끝났을 때 숨을 발가락 끝까지 완전히 내쉬어라. 숨을 내쉴 때 왼발에 대해서 차츰 잊어버려라. 몇 번의 순환 동안 의식은 있되 아무 대상 없이 호흡을 하라.

- 그런 다음 초점을 발뒤꿈치, 발목, 발바닥, 발 등으로 옮겨 가라. 발을 향해 호흡을 들이쉬고 내쉬기를 계속 반복해 나가라.
- 왼발로 숨쉬기를 마친 다음 2분 동안 이런 과정을 왼쪽 다리로 올라와서 반복하고 또 왼쪽 다리, 정강이, 골반으로 이동해 나가라.
- 그런 다음 오른쪽 발가락, 발, 장단지, 허벅지, 골반으로 올라오면서 왼발에서처럼 호흡해 나가라. 그런 다음 천천히 몸통, 내장, 배, 등, 가슴, 어깨, 목까지 올라오면서 계속해 나가라.
- 그런 다음 손가락, 팔, 각 팔의 위쪽으로 한 팔씩 차례대로 호흡해 나가라.
- 이와 같이 턱, 위턱, 코, 볼, 이마, 두피로까지 계속해 나가라.

머리에 구멍이 생기는 것이 왜 두뇌력에 좋은가

- 호흡이 머리 위까지 왔을 때, 그 머리 위 바다에서 고래가 숨을 쉬기 위해 수면에 올라와 물을 뿜듯이 텅 빈 '물 뿜는 구멍'이 있다고 가정하라. 숨을 들이마실 때 머리 위의 이 구멍을 통해서 숨을 들이마신 다음 그 공기를 몸 전체에 통과시켜서 발가락까지 내려와 그곳에서 숨을 내쉰다고 가정하라.
- 이 숨쉬기를 반대로 해서 발가락을 통하여 숨을 들이마시고 그 공기를 몸으로 올려와 머리 위에서 공기를 내쉴 수 있다고 가정하라.
- 이 연습을 마치는 데 자신의 스타일에 따라 약 20~40분가량 걸릴 것이다. 그렇게 되면 여전히 집중한 가운데 매우 편안한 느낌이 들 것이다.
- 이와 같은 숨 고르기를 통해 레이저로 초점을 맞추고 있는 것처럼 마음을 어떻게 활용할 것인가를 알게 될 것이다. 그렇게 되면 근육은 이완되고, 쌓여 있는 많은 긴장을 풀 수 있을 것이다.

이제 전신에 많은 독소를 없애고 일종의 신체 정화를 한 셈이다. 따라서 몸은 한층 가벼워지고 심지어 투명해져서 숨을 들이쉬고 내쉴 때 조용하면서도 텅 빈 갈대처럼 느껴질 것이다. 생각은 상당히 조용해질 것이며 현재의 어떤 문제에 대해 산뜻한 통찰력을 갖게 될 것이다.

✠ 두뇌 계발 연습 #25
이것을 상상할 수 있는가

다음의 약간은 엉뚱한 시나리오에 대한 답을 추측하거나 예상하도록 노력해 보라.

- 집의 응접실을 다시 페인트칠을 하는 데 몇 분이나 걸릴까?
- 풀 한 잎의 무게는 몇 분의 1톤이나 될까?
- 청소차 한 트럭의 무게는 달걀 몇 개의 무게와 같을까?
- 모든 음료와 요리된 음식에 포함된 물을 1년 동안 얼마나 마실까?
- 이 책에는 얼마나 많은 탄소 원소가 들어 있을까?

#45 두뇌 계발 비결

하루의 기억을 영화처럼 세부적으로 두뇌의 기억근육 전체에 한꺼번에 주입하라

이것은 기억력 향상을 위하여 잠자리에 들기 전에 매일 할 수 있는 연습이다. 매일 밤 한 달 동안 열심히 이 연습을 한다면 엄청난 결과를 가져올 것이다.

- 베개를 뒤에 받치고 침대에 앉아 있거나 잠이 깬 상태로 약 10~15분간 누워 있는 등 일단 침대에 올라가 잠잘 준비를 한다.
- 잠시 동안 편안한 자세로 누워서 호흡을 한다.
- 오늘 한 가장 최근의 일로부터 시작해서 상세한 일들을 기억해 낸다. 이는 자신을 편안하게 하면서 호흡을 따라간다.
- 그런 다음 한 단계 뒤로 물러가서 이 일 이전에 있었던 일을 정확하게 기억해 낸다. 아마도 침대에 오르는 일이었을 것이다. 그런 다음 다시 그전 일을 기억해 낸다면 아마 취침 전 칫솔질이 될 수 있다. 이때 어떤 느낌이 들었고 어떤 생각을 하고 있었는가를 기억해 보라.
- 이런 일을 하는 동안 오늘 하루 종일 한 일이 하나의 영화 필름처럼 거꾸로 돌아가고 있다고 상상해 보라. 이것은 거꾸로 걷거나 거꾸로 말하는 것처럼 마치 하나의 영화를 거꾸로 보고 있는 듯한 느낌일 것이다. 이 경우 오늘 하루의 매 순간들이 거꾸로 움직이는 것을 관찰(재검)하는 사람이 되는 것이다.

일생을 마치 하나의 값비싼 영화처럼 다시 점검해 보라

아래와 같이 모든 움직임을 시각적으로 다시 구성하거나 기억해 보라.

- 오늘 하루를 기억하기 시작하면서 침대에 누워 있다.
- 화장실에서 침대로 걸어오고 있다.
- 옷 갈아입는 드레스룸에서 화장실로 걸어가고 있다.
- 드레스룸에 서서 부인이나 남편에게 이런저런 이야기를 했다.
- 거실에서 걸어서 드레스룸에 갔다가 그 옆에 서서 침대로 걸어갔다.
- 텔레비전을 끄고 거실의 등을 껐다.
- 좋아하는 의자에 앉아서 텔레비전 프로그램 '명성황후' 를 봤다.
- 그 이전에 창밖에 지평선 너머로 떠오르는 보름달을 바라보고 있었다.

하루 일과를 거꾸로 한 단계씩 거슬러 간다. 그러면 최근의 일은 상세하게 기억해 내지만 뒤로 갈수록 빠르고 짤막하고 간단히 기억하고 있음을 발견할 것이다.

기억의 열쇠: 그것을 기억할 수 있을 것이다

이러한 연습을 수 주 동안 계속하다 보면 매우 흥미 있는 일이 일어나고 있음을 알게 될 것이다. 여러 가지 다른 일들을 하면서 지금 하고 있는 일을 머릿속으로 찍다 보면 이 일들을 그날 저녁에 더 잘 기억해 낼 수 있게 된다. 이로써 어떤 일을 하면서 각 순간들을 미리 의식을 갖고 기억하게 된다. 이것이 바로 기억의 열쇠다.

하고 있는 일을 그 순간 의식하면 이와 같은 에너지가 늦게까지 남아서 심지어 일 년 후까지도 기억해 낼 수 있게 된다. 당신은 당신 일생에서 이 사건을 미리 기억해 두는 것이다.

즉, 어떤 일을 하고 있는 그 순간 주의력을 갖고 보면 볼수록 그만큼 그 사건들이 더 잘 기억에 남고 추억으로 남아서 몇 년 후에도 현재의 순간이 새롭게 기억된다. 더 나아가서 이러한 연습은 집중력을 기르고, 초점을 맞추고, 정신을 가다듬고, 각성을 하고, 상세한 일에 주의를 기울이게 해서 기억 속에 정보를 처리하고 저장하는 기술을 배우게 한다.

#46 두뇌 계발 비결

일생의 기억을 두뇌의 기억근육 전체에 한꺼번에 주입하라

이것은 꽤 오랫동안 한 어떤 일을 기억해 내기 위해 다른 지원을 통해서 도움을 받는 기억주입 연습이다. 이 연습은 '기억근육'을 위한 안정된 유연 체조법의 관점에서 투자할 만한 가치가 있다.

- 금년에 알게 된 사람들을 열거해 보라. 가까운 친구들부터 시작해서 잘 알지는 못하지만 약간 아는 사람들에 이르기까지 다 열거하라. 예컨대 우체부, 가스 배달원, 미용사 등 다양한 사람들에 대해 가졌던 느낌이나 태도에 대해 열거해 보라.
- 이러한 사람들의 명단을 분류해라. 즉, 학교에서 만난 사람들, 가족원들, 직장에서 만난 사람들로 구분해 보라.

- 그런 다음 작년에 만난 사람들을 포함해서 그 사람들을 이젠 만날 수 없을지라도 그 명단을 확대해 나가라.
- 더 나아가 지난 5년간 만난 사람들로 확대해 나가라.
- 그런 다음 10년 전, 더 나아가서 청소년 시절, 아동기, 심지어 유아기 때까지 확대해 나가다 보면 아마 상당한 시간이 걸릴 것이다.
- 그런 다음 명단의 맨 위부터 시작해서 각 사람들에 대해 기억나는 모든 것과 느낌까지를 기억해 본다. 그리고 그 사람들과 당신이 어떤 대화를 나누고 상호작용을 했는지 기억해 본다. 싸우기도 하고, 언쟁을 하기도 하고, 키스도 하고, 농담도 하고, 심도 있는 대화도 나누고, 간단한 대화를 한 것에 이르기까지 이런 것들을 회상해 보도록 노력하라.
- 이 사람에 대해서 완전히 기억이 나거든 그 사람의 이름을 명단에서 지우고 그들에 대한 모든 것을 해결한 후 다음 사람으로 넘어가라. 이렇게 계속 이름을 지워 나가라. 한 사람에 대해 일주일간 기억해 보아라.

나의 일생: 왜 모든 것을 회상하는 것이 두뇌력을 자유롭게 하는가

다시 말하지만 이것은 하나의 장기기억 증진 연습이지만 그 결과는 괄목할 만한 것이 될 수 있다. 이러한 연습은 당신이 기대한 것보다 더 자유로운 정신 에너지와 각성을 제공한다.

여기 이 이론은 우리가 전반적인 삶의 에너지를 많이 잃고 있다는 것이며, 두뇌력을 위해 가능한 에너지는 과거의 감정에 의존함으로써 회복될 수 있는 것이다. 다음 시나리오를 고려해 보자.

- 이 사람은 나를 기분 상하게 하는 사람이다.
- 이 사람은 나에게 상처를 준 사람이다.

• 이 사람은 나를 배반한 사람이다.
• 이 사람은 나를 미치도록 사랑하는 사람이다.

모든 경우에 기억 속에서 에너지를 갖게 된다. 이는 아마도 당신이 상상할 수 있는 것보다 훨씬 더 관련되어 있다.

옛날의 사건들을 회상하고, 그때 관여되었던 에너지를 경험하게 되고, 기억에서 다시 그 경험을 지우게 될 때 이 과정을 통해 엄청난 두뇌력을 자유롭게 향상시켜 놀랄 만한 장기적 '기억근육' 을 갖게 되는 것이다.

04
두뇌에 영양을 공급하라

식품, 식용식물, 영양제 등이 어떻게
두뇌력을 높일 수 있나?

두뇌에 영양을 공급하라. 이 두뇌라는 하나의 커다란 영양 공급체가 어떻게 생겼는지 자신이 알고 있다고 생각되면 다시 한 번 생각해 보라. 두뇌는 영양학적으로 알려진 모든 음식에 대단한 식욕을 갖고 있으며 매일 흡입하는 모든 산소의 약 20%를 소화해 내고 있나. 그래서 두뇌를 영원한 사춘기 청소년으로 생각할 수 있다. 즉, 계속적으로 성장하고, 만성적으로 허기를 느끼는 시기인 것이다. 따라서 적절한 영양분, 식사방법, 식용식물, 영양보충제를 효과적으로 잘 활용하면 보다 높은 두뇌력을 기를 수 있을 것이다.

이 장에서는 새로운 두뇌 계발 비결을 소개하려고 한다. 바로 식품, 식용식물, 영양제들에 관한 이야기들이다. 이러한 자연식품들은 두뇌 계발의 하나의 강력한 조직기반을 구축하기 위한 것이다. 이러한 두뇌 계발 비결들은 모두 식품, 먹을 수 있는 것들을 다루고 있기 때문에 이러한 아이디어를 실천에 옮기는 일은 매우 쉽다. 우리는 매일 먹어야만 하기 때문이다. 그러므로 약간의 징코 빌로바(Gingko biloba)나 비타민 E 혹은 콜인(비타민 복합제) 첨가제(extra choline)를 식사에 추가한다면 두뇌에 매우 좋을 것이다.

47 두뇌 계발 비결
두뇌의 작은 회색세포에 필요한 단백질의 중요성

영국의 유머 작가 우드하우스(P. G. Wodehouse)의 작품이나 애거서 크리스티(Agatha Christie)의 추리소설을 읽은 적이 있을 것이다. 그 작품 속에 등장하는 영웅들-우드하우스(Wodehouse)의 나무랄데 없는 지브스(Jeeves), 크리스티(Christie)의 까다로운 벨기에 형사 에르큘 포와로(Hercule Poirot)-은 그들의 생선을 많이 먹음으로서 우수한 두뇌력을 유지하고 있다. 생선 속에 들어 있는 많은 성분들이 두뇌 속의 귀중한 작은 회색세포를 형성하기 때문이다.

왜 많은 체스 선수들은 호된 절식 전에 단백질에 기반한 식사를 하는가? 몇 명의 체스 챔피언들을 대상으로 게임 전에 먹는 식사에 대해 비공식적으로 조사한 결과 대부분 비슷한 대답이 나왔다. 두뇌력을 많이 써야 할 때는 새우든 캐비어든 송아지 고기든 쇠고기든 간에 단백질 섭취를 충분히 한다는 것이다.

왜 두개의 단백질이 두뇌에 먼저 들어가려고 경쟁하는가?

흔히 통속적인 표현을 뛰어넘어 바라볼 때 진리의 핵심을 발견할 수 있다. 단백질, 특히 생선은 분명히 두뇌 식품으로 최고 위치를 차지하고 있음을 알 수 있다. 두뇌력 증진을 위한 식사를 할 때 생선을 먹느냐 아니면 탄수화물을 먹는냐에 따라 매우 큰 차이가 난다. 네덜란드의 옛 속담에는 이런 말이 있다. “청어가 많은 곳에서는 의사들이 견디기 어렵다.”

이것은 단백질에서 발견되는 두 개의 경쟁적인 아미노산 티로신(아미노산)과 트립토판(동물 사육에 필요한 아미노산의 일종)과 관련되어 있다. 이 두 물질은 두뇌에 먼저 도착해서 생화학적 효과를 발휘하기 위해 서로 경쟁을 한다. 둘 중 하나가 작은 회색세포에 먼저 들어가 정신활동에 전반적인 식사효과를 지배하게 되는 것이다.

티로신 두뇌는 티로신 공급을 활용한다. 티로신은 신경전달물질 도파민과 노르에피네프린(부신 수질 호르몬)을 만들기 위하여 식사를 통해 제공된다. 이 두 물질은 사고력을 촉진하고, 장기기억과 회상의 핵심이 되며 일반적으로 각성의 질을 높인다. 티로신이 먼저 도착하면 두뇌를 자극해서 수 시간 동안 초점을 최고 수준에 이르게 하고 이를 명료화시킨다. 만약 트립토판이 뇌혈관 벽을 먼저 지나면 식후 낮잠을 즐기게 된다.

트립토판 아미노산 트립토판은 또 다른 신경전달물질인 세로토닌을 만들기 위해 두뇌에 사용된다. 이 세로토닌은 잠이 오게 하고 전반적인 신경전달물질의 속도와 반응시간을 느리게 한다. 두뇌에 도착한 트립토판은 작용을 통해 세로토닌을 얻어낸다. 그렇게 되면 졸음이 오고, 동작이 느려지고, 모든 실제적인 목적을 위해 일시적이기는 하지만 IQ기능을 떨어트린다.

티로신이 많은 식품으로는 소고기, 닭고기, 해산물, 콩 등이 있으며, 이 식품들은 주로 두뇌 자극 영양소로 작용한다. 트립토판은 우유, 낙농 식품, 바나나, 해바라기 씨 등에서 발견되는데, 두뇌력 저하 작용을 한다.

단백질과 관련된 두뇌 계발 비결은 다음과 같다. 만약 식사 후에 각성을 유지하고, 초점을 맞추고, 정신을 차리고 싶거든 탄수화물에 손이 가기 전에 단백질을 먼저 먹어라. 간단히 말해서 생선을 먼저 먹고 감자를 다음에 먹는 것이다.

두뇌 계발! 단백질을 먹기 위한 현명한 안내

직업적으로 두뇌를 사용하고 하루 종일 각성한 상태로 지낼 필요가 있다면, 고단백질과 저탄수화물 위주의 점심을 먹고 탄수화물 식사(곡식, 빵, 낙농 식품, 감자, 파스타)를 나중에 해야 한다. 또 오전에 정신활동을 많이 할 일이 있다면 아침 식사를 고단백질로 시작하고 탄수화물은 조금만 섭취하는 것이 도움을 준다는 뜻이다.

이와는 반대로, 오후 늦게나 초저녁에 침착해질 필요가 있고 조용한 바람과 고요함을 느끼고 싶다면 이때 바로 복합 탄수화물을 섭취하는 것이 알맞다. 단백질이나 탄수화물 섭취의 시간대는 두뇌가 어떤 영향을 받기를 바라는가에 따라 결정하여야 한다.[1] 티로신이 뇌 기능에 미치는 생화학적 효과에 관한 의학적 연구에 따르면, 아미노산은 스트레스와 우울증을 해소하는 데 실제로 도움을 주고 있는 것으로 나타났다.[2]

생선 기름 생선이 두뇌 계발 효과가 있는 것에는 또 다른 이유가 있다.

오메가-3 오일이라 불리는 지방산은 참치 등의 냉수에서 사는 생선에 집중되어 있는 경향이 있다. 오메가-3 오일의 화학성분은 세포 수준에서 질병, 즉 지나치게 많이 분비되면 치명적인 질병을 초래할 수 있는 물질이 과도하게 분비되는 것을 막아 질병을 예방하는 효과가 있다. 또한 오메가-3 오일은 편두통도 막을 수 있다.

오메가-3 지방산이 생선 약 100g당 1g 이상 들어 있는 생선에는 고등어, 연어, 등푸른 생선, 참치, 철갑상어, 은대구, 청어, 멸치, 정어리, 송어 등이 있다.

조개류(갑각류) 조개류는 정신 에너지를 자극하고, 기분을 돋우며, 지방산 민물고기류보다 훨씬 더 두뇌활동을 빠르게 하는 데 상승효과가 있다. 조개류는 탄수화물과 기름기가 가장 적게 들어 있고, 거의 순수한 단백질이기 때문에 티로신을 빠르게 두뇌에 전달할 수 있는 것이다. 조개류를 100g 정도로 입맛 돋우는 양만 섭취해도 즉시 두뇌 회전이 일어난다. 단, 조개류의 단점은 보통 물고기들보다 해양 독성과 오염 물질을 많이 축적하고 있다는 점이다.

두뇌력을 위한 단백질 점심은 얼마나 많이 먹어야 하나?

두뇌력의 최대화를 위해서 얼마나 많은 단백질이 필요한가? 이는 많은 요소에 따라 결정된다. 즉, 몸무게, 정신능력수준, 전반적인 식사 종류, 그리고 식습관에 따라 섭취하는 단백질의 종류에 달려 있는 것이다.

지난 25년 동안 나 자신을 포함해서 많은 사람들은 채식을 경험하였다. 지금까지 대부분의 미국인들이 너무 많은 단백질을, 특히 너무 많은 붉은 살코기를 섭취한다는 점에 대해 영양사들은 많은 논의를 하였다. 지나친 육류 섭취는 여러 가지 건강 조건들과 상관관계가 있었다. 이러한 전반적 경향은 지난 10년간 붉은색 육류 섭취가 감소하는 방향으로 이루어졌다.

나는 이러한 경향과 정반대였다. 지난 10년 동안 나는 많은 단백질을 섭취하였다. 붉은색 육류가 아니라 콩, 생선, 닭을 주로 많이 먹었다. 되돌아보면 이는 나의 일과 직접적으로 관련되어 있었다는 것을 알게 되었고 내가 얼마나 많은 일을 해야 하는가와 관련되어 있었다. 정신활동으로 글을 쓰거나 연구를 할 경우 내 몸이 나에게 말해 주었고, 이러한 여러 가지 심리적 채널을 통해서 내 몸이 단백질을 더 많이 요구했으며, 이를 통해 내 정신적 게임을 계속해 나갈 수 있었다.

여러분에게 충격적인 일일 수 있겠지만 평범한 옛날식 단백질을 줄이는 식사 방법은 더 이상 효과가 있지 않다는 것을 발견하게 되었다. 이러한 발견들로 점차적으로 많은 미국인들이 활기를 찾는 수단으로 보다 많은 단백질을 요구하고 있다.

✠ 두뇌 계발 연습 #26

눈을 움직이는 물체의 각 동작에 집중하라

이 연습은 보다 나은 손과 눈의 협응력(hand-eye coordination)을 길러 주어 두뇌기능을 효과적으로 하는 데 도움을 준다.

- 움직이는 물체를 따라 눈을 움직이는 연습을 하라. 이 연습은 어두운 방에서 하라.

- 연필 손전등 양쪽 끝에 실을 맨 다음 이것을 머리 위에 매라. 이것을 앞뒤로 흔들게 해서 멀고 가까이 만들어라. 눈으로 이것을 가깝게 따라가라.
- 더 좋은 방법은 친구로 하여금 이 연필 손전등을 붙들고 있게 하고 이것을 반원, 원, 정사각형, 그리고 지그재그로 움직이게 하라.
- 눈으로 이 손전등을 조심스럽게 따라가라.
- 또 다른 방법으로는 손전등을 들고 다른 형태와 모양으로 움직이면서 이를 눈으로 따라가라.

#48 두뇌 계발 비결

징코 빌로바-중국에서 전해 온 두뇌 계발 꿈의 풀

징코 빌로바(Ginkgo Biloba)는 이 지구 역사상 가장 오래된 삼 억년 된 나무의 한 종류다. 이 징코 빌로바는 중국에서 정신적 각성을 높이기 위한 머릿기름으로 사용되어 왔다. 이 기름은 두뇌의 산소공급을 증가시켜 기억력 상실이나 우울증, 현기증, 노인들의 귀울림을 치료하고, 노인성 치매까지 예방하는 데 도움이 되고 있다.[3]

약초 전문가들은 징코 빌로바의 잎들이 두뇌의 모세관으로 혈액순환을 증가시키는 가장 효과적인 물질이라고 보고 있다. 은행나무 잎 모양 자체가 두뇌력 개선에 긍정적인 역할을 하는 것으로 보인다. 이 혈관들은 두 방향으로 퍼져 나가서 잎이 마치 양반구로 잘라 놓은 것처럼 보이는데, 인간 두뇌의 두 개의 반구와 같은 모양이기도 하다.

복용량: 이 용액을 최소한 실제 성분의 24% 농축액 120~160mg을 하

루 세 번으로 나누어서 복용하라. 효능이 24%보다 낮게 나타날 경우는 매일 1g씩 높여라. 하루에 24% 농축액의 600mg까지 복용해도 징코 빌로바의 부작용은 없는 것으로 보고되고 있다.

이 용액은 단기기억장치의 빠른 개선에는 효과가 있다. 그런데 징코는 일반적으로 효과가 서서히 나타나는 약초로, 8일 정도 복용하면 첫 번째 효과가 나타나기 시작해서 3주 정도 복용하면 실제적 효과를 보게 되고 3～6개월간 복용하면 매우 크고 장기적인 효과가 나타난다. 하루에 3번씩 나누어서 복용하면 그 효과는 최대가 되고 한 번 복용 시 3～6시간의 효과가 있다.

세계에서 가장 유명한 약초 가운데 하나인 이것은 무엇을 할 수 있는가

징코는 중국인들만 사용하는 것이 아니다. 유럽의 의사들이 한 달에 약 120만 개의 처방(일 년에 5억불 정도 되는 양)을 지시하는데 이 약초에서 추출한 것을 사용한다.[4] 이 약초의 효험에 대해서 살펴보면 다음과 같다.

- 뇌와 간을 보호하기 위하여 노화방지제로 작용한다.
- 두뇌신진대사를 촉진시킨다.
- 동맥경화를 방지한다.
- '보편적 에너지 분자' 의 생성을 자극한다.
- 두뇌에 혈액과 산소 공급을 촉진시킨다.
- 극도의 뇌조직, 신경계통, 간의 손상을 방지한다.
- 포도당을 신진대사시켜 뇌의 능력을 개선한다. 이 포도당은 신체의 연료와 에너지로 사용되는 기본 설탕 성분이다.

- 전반적 신경전달물질을 개선해서 뇌를 통해 전기 자극을 빠르게 움직이게 한다.
- 노인들의 정신 기능을 향상시키고 뇌의 노화를 방지하는 데 도움을 준다.
- 뇌동맥을 유연하게 해서 혈관의 혈소판이 막히는 것을 막는다.
- 단기기억장치를 빠르게 한다. 각성을 향상시켜서 학습상태를 용이하게 한다.
- 각성하게 하고 좋은 학습상태로 향상시킨다.
- 정신력이 우울증이나 뇌에 산소공급저하가 올 때는 정신력 저하 증후를 조기에 방지시킨다.

#49 두뇌 계발 비결

인삼-두뇌력의 불로장생약

중국에서 유래된 또 하나의 약초로 인삼이 있다. 이 인삼은 '무수히 많은 약 가운데 왕'으로 널리 알려져 있다. 인삼은 건강과 장수의 보약으로 그 질의 우수성이 입증된 것이다. 인삼은 중국에서 최소한 지난 4,000여 년 동안 인체에 좋다는 인정을 받아 왔고 징코 빌로바에 필적할 만큼 인상적이다. 동양에서 가장 널리 쓰인 약초가 바로 인삼이다.

인삼 뿌리는 팅크제 제조에 사용되는 식물의 일부인데 신기하게도 사람 모양을 하고 있어서 고대 사람들은 인삼을 '영생의 뿌리' 혹은 '생명 나무의 뿌리'라 했다. 이렇게 사람 모양을 하고 있어서 신의 영혼이 이 작물 안에 존재한다고 전해진다. 기원 200년경 한 중국의 황제는 인삼에 만병통치약이라는 작호를 주어 '인삼은 만병을 통치할 수 있는 보약' 이라는 의미를 부여하고 그 식물학적 이름은 지금까지도 전해 오고 있다.

복용량: 인삼은 여러 가지 형태로 제조되어 공급되고 있다. 알약, 농축액, 팅크제, 캡슐, 정제, 파우더, 연고 형태 등으로 제조된 것도 있고, 건삼, 인삼차, 인삼주 등이 있다. 그 효과도 징코와 마찬가지로 누적되는 경향이 있어서 한 달 정도 복용하면 그 효과를 기대할 수 있다.

고혈압이 아닌 경우 매일 500～3,000mg 정도의 범위 내에서 농축액이나 팅크를 복용할 것을 권장하고 있다. 고혈압이라면 처음에는 조금씩 인삼을 복용하다가 차츰 혈압이 정상으로 돌아오면 함량을 조금씩 늘려 나가면 된다. 매일 500mg으로 시작한다면 세 번으로 나누어서 복용한다.

인삼은 보통 홍삼과 인삼의 두 가지 종류로 나뉘는데, 홍삼은 효능이 강하여 겨울철에 복용하는 것이 좋고, 백삼은 순해서 여름에 복용하는 것이 좋다.

인삼의 두뇌 계발 효과

- 심장박동을 규칙적으로 만든다.
- 혈압을 조절한다.
- 기억, 학습, 기타 다른 정신능력을 자극한다.
- 소화를 촉진시킨다.
- 피로를 감소시킨다.
- 스트레스에 견디는 능력을 증진시킨다.
- 신체 내 유리기(free radicals)에 도움을 주는 산화(노화) 방지제로서의

역할을 한다.

- 신체의 스트레스의 저항력을 길러 준다.
- 모든 생리적 시스템을 일반적으로 정상화시키고 다시 균형을 유지시켜 준다.
- 진정 효과와 에너지 증진의 두 가지 일을 동시에 한다.
- 집중력, 학습, 기억력을 증진시킬 수 있는 능력을 길러 준다.
- 두뇌의 혈액 순환을 증진시키는 데 도움을 준다.
- 내분비 호르몬 활동을 활성화시키고 물질대사비율을 높인다.
- 정신활동을 부드럽게 하고 효율화하는 데 도움을 준다.
- 혈당치를 정상화시키고 균형을 유지시킴으로써 집중력을 높이고, 각성수준을 높이고, 주로 정신활동을 자극한다.
- 신체의 포도당 증가를 억제시킨다.

인삼의 두뇌에 미치는 또 다른 효과

- **두뇌화학물질**: 인삼은 사포닌이라 불리는(또한 배당체 혹은 글리코시드 혹은 진세노사이드스라고도 불림) 화학물질을 함유하고 있어서 두뇌의 정신수행능력을 최대화하는 데 필요한, 특히 두뇌화학물질에 영향을 미친다.
- **스트레스 감소**: 인삼은 아드레날 피질의 활동을 감소시켜서 스트레스 경고 단계를 억제하는 데 도움을 준다. 아드레날 피질이 효과적으로 작용하게 될 때는 기억력을 보다 효과적이고 빠르게 할 수 있는 능력을 향상시키고 학습 능률을 높이며 단기기억과 장기기억에 쉽게 접근하도록 한다.
- **기분**: 인삼은 특히 스트레스, 피로, 과로 상태에 있을 때 기분이나 기억력에 매우 중요한 노르피네프린이라 불리는 신경전달물질의 수준

을 증가시켜 주기 때문에 정신활동을 촉진시킨다. 보통 스트레스는 두뇌에 이 화학물질이 부족해서 온다. 인삼은 이에 대한 버팀목이 되어 정신 피로나 주의력 상실을 막아 준다.[5]

중국의 두 가지 또 다른 두뇌 계발 약초

1. 에페드라 신카(Ephedra sinca) 중국에서는 마황이라 불리고 있다. 전나무 이음새 줄기에서 추출한 것으로 약학자들은 이로부터 암페타민과 감기가 원인인 축농증에 자극제로 사용되는 에페드린을 개발하였다. 마황의 많은 효능 가운데 에스프레소 커피의 효능을 발휘해서 두뇌 각성에 도움을 주는 효능이 있다. 이 약초는 팅크나 두뇌 계발 영양제(smart foods)로 활용된다.

복용량: 매일 1~2 컵의 마황차를 마셔라. 임신 중이거나 젖을 먹이거나 고혈압, 심장질환, 부정맥, 당뇨병, 녹내장, 갑상선 질환 정신 이상이 있을 경우 사용하지 마라.

2. 에피메디엄 사지타텀(Epimedium sagittatum) '각막초 '라고도 불리는 에피메디엄은 가장 작은 모세관을 통해서 혈액 순환을 자극하는 효과가 있어 한의학에서 건망증, 주의력 감퇴, 기억력 약화 치료제로 자주 쓰이는 약재다.

※ 두뇌력의 해부학 #7

뇌화학물질-뇌를 통해 메시지를 빠르게 전달하는 방법

'사랑의 기적(Awakening)' 이란 영화에서 로버트 드 니로가 맡은 중년 남자가 로빈 윌리엄스가 맡았던 의사 올리버 삭스의 처방대로 '기적의' 약을 먹고 일생 동안의 혼수상태에서 깨어나 정신을 차린 장면(혹은 만약 당신이 그 책을 읽었다면)을 보았다면, 이미 신경전달물질에 대해 알고 있는 것이다. 이것은 뇌세포 간의 정보전달을 담당하는 하나의 특수 뇌화학물질로 볼 수 있다.

알아야 할 뇌화학물질

- 아세틸콜린(acetylcholine)
- 감마아미노낙산(酪酸)(gamma-amino butyric acid=GABA)
- 세로토닌(serotonin)
- 도파민(dopamine)
- 노르피네프린(norephinephrine)
- 엔돌핀(endorphins)
- 티라민(tyramine)
- 타우린(taurine)
- 프로스타글란딘(prostaglandins)
- 특정 펩티드(certain peptides)
- 푸린 뉴클리오사이드(the purine nucleosides)

앞에서 언급한 영화 '사랑의 기적(Awakening)'의 경우, 1969년 의사 삭스(Sacks)는 실제 인물이고 이야기는 실화다. 파킨슨씨 병으로 거의 혼수상태로 넋을 잃었거나 절망적으로 안절부절못하는 환자에게 그는 엘 도파(L-dopa)라는 약을 투여했는데 이 약은 두뇌의 화학 도파민의 전조다. 도파민은 약 50개 두뇌화학물질 전달체 혹은 뇌세포 전달체 가운데 하나로 알려져 있으며, 두뇌의 생명과 건강에 중요한 역할을 한다.

정보가 어떻게 뇌세포를 통해서 전달되는가

생리학적 관점에서 볼 때, 신경전달물질은 보다 많은 두뇌 활동을 하는 데 중요한 역할을 한다. 어떤 신경전달물질은 하나의 특수 뇌화학물질로서 전기신호(혹은 정보)를 한 신경세포에서 다음 세포로 전달하는 데 도움을 준다.

신경전달물질을 이해하기 위해서는 뉴런 그 자체에 대해서 생각해 볼 필요가 있으며, 이 물질이 어떻게 정보를 전달하는지 알아야 한다. 뇌세포 생명의 매초 두뇌는 뇌세포가 시냅스에서 전기 충전을 방출할 때마다 마치 반딧불처럼 수백만의 약한 전기 폭발을 일으키고 있는 하나의 자족적인 우주와 같다. 하나의 뉴런은 단순히 특수화된 신경세포다.

두뇌 안에 있는 수십억의 뉴런들은 각각 정보나 바이오 전자 메시지를 다른 뉴런이나 근육 섬유에 한 신경세포의 축색돌기를 통해 전달하고, 이 뉴런들은 많은 나뭇가지가 달린 나무를 닮은 신경세포의 수지상돌기를 통해서 정보를 전달받는다. 정보는 어떤 형태로 전달되는가? 주로, 생각, 지시, 명령, 충동들이 있는데, 이러한 것들은 기호화되어 있고, 단어나 제스처가 아닌 전기 충전의 형태로 되어 있는 것이다.

전기 충전은 두뇌통신시스템의 핵심이다. 이것은 신경세포의 축색돌기-수지상돌기 네트워크를 통한 전기 에너지의 엷은 파장처럼 되어 있다. 여기서 이것이 어떻게 작용하는가? 대부분의 세포들은 뉴런을 포함해서 내면부터 외면에 이르기까지 전기 충전마다 차이가 있다. 그 차이는 0.0075 볼트 정도로 작다. 뇌세포 안팎에 있는 전기 충전 내의 전반적 생화학적 흐름과 전반적 변화의 흐름은 사고행위의 기본이 된다.

생각이 스파크를 일으키고 그것이 화학물질이 된다

신경세포의 수지상돌기와 축색돌기가 만나는 장소를 시냅스라 부르는데, 여기에서 정보가 작은 틈새를 뛰어넘으며 이를 계속해 나간다. 축색돌기와 수지상돌기 사이의 시냅스나 틈새를 건너 정보가 자연스럽게 전달되며 이는 전체 신경계통의 자연스러운 작용을 위해 매우 중요하다. 그 시냅스에서는 매우 흥미로운 일이 발생한다. 전기 정보가 화학적 정보로 바뀌는데, 마치 특정한 뇌화학물질의 작은 꾸러미가 방출되는 것과 같다.

이러한 것들을 뉴런 전달체라 부른다. 이들이 전기 정보(생각과 명령)를 뉴런에 전달해 주기 때문이다. 기술적으로 이 정보들이 시냅스 사이에 전달되는 속도는 그렇게 빠르지 않다. 이러한 충동들은 1초에 100m 정도로 나아가는데, 이 속도는 컴퓨터칩을 통하여 전달되는 전기 충격보다 약 1백만 배나 느리다.

인간의 두뇌는 인간이 만든 컴퓨터칩보다 느리기는 하지만, 훨씬 더 융통성이 있고, 측정할 수 없을 정도로 정보의 흐름이 유동적이며, 컴퓨터가 자주 막히는 것에 비하면 대안적인 통로가 많다.

두뇌는 얼마나 많은 화학적 직원들을 고용하고 있는가?

얼마나 많은 신경전달물질이 인간 두뇌에서 정보를 전달하고 있는가를 측정한 개략적인 숫자는 지난 50여 년 동안 2배에서 50배로 늘어났으며, 어떤 과학자들은 100배 정도로 보고 있다.

이와 같은 화학적 메시지 혹은 '단어들'의 계속적인 흐름은 생각, 느낌, 욕망, 충동, 의도된 행동을 포함하는 모든 뇌기능의 기초가 된다. 이러한 기능들은 각성과 흥분, 수면, 꿈, 고통 조절, 생각, 기분, 성격과 같은 중요한 삶의 기능에 포함된다. 모든 정신상태, 예컨대 고통, 기억, 성, 기분, 지능, 심지어 정신병까지 모두 두뇌의 메시지 화학물질과 주변 수지상돌기 안에 있는 구체적 수용체 사이트끼리 상호작용한 산물이다. 이 책에서 설명하고 있는 모든, 두뇌 계발 연습은 어떻게 이와 같은 두뇌화학물질이 두뇌에 영향을 주고 효과적으로 작용하고 있는가를 설명하려는 것이다.

실제적 용어로 기억과 망각, 정보처리, 신속한 회상, 억제, 기타 다른 두뇌력에 관한 생리학적 측면을 볼 수 있을 것이다. 이 책은 바로 어디서 배우고 망각하고, 어디서 채택하고 습관화되고, 어디서 지능지수를 확대하거나 중요한 점을 잃는가를 알 수 있도록 돕는다.

✠ 두뇌 계발 연습 #27

왜 두뇌는 수면 아래에서 거꾸로 수영하기를 즐기는가

여기에 중뇌를 단련하고 보다 나은 손과 눈의 협응 구축을 위한 추가적인 다른 방안을 제시해 보고자 한다.

- 수영장에서 물 속에 들어가 원을 그리며 헤엄을 쳐라. 낮은 물에서 머리를 거꾸로 하는 물구나무서기를 하라.
- 깊은 물 속에서 손으로 서라. 일반적으로 물에 있거나 체육관에 있거나 될 수 있는 대로 오랫동안 거꾸로 매달려 있어라.
- 세로 줄이나 그네 혹은 철봉에 거꾸로 매달리고, 그네처럼 흔들고, 빙빙 돌아라.

거꾸로 매달려 세상을 거꾸로 보는 시간을 가져라! 이러한 운동이 위험하거나 몸에 해롭거나 건강에 이상이 없는 한 30～45분간 계속하라.

- 이러한 운동을 하면 두뇌의 혈액순환을 높여 주고, 뇌조직의 산소공급을 촉진시키고, 신체균형과 공간감각을 유지시켜 주는 중뇌에서 무시되었던 영역을 자극해 준다.

#50 두뇌 계발 비결

고대 힌두교 의술의 하나인 장수법 아유르베다를 통해서 두뇌를 강화시키고 정신을 계발하라

고대 힌두교 의술의 장수법의 하나인 아유르베다(Ayurveda)는 '베다의 끝' 이란 의미로 인도에서 가장 오래된 의술이다. 몇몇 학자들은 고대 중국의 의술보다 앞서 있고, 세계에서 가장 오래된 의술이라고 추정하고 있으며, 약 5,000년이 넘는 의술이라고 한다. 아유르베다는 정신, 신체, 건강, 영적인 것과 관련된 사고와 실천의 완성체다. 아유르베다는 하나의 과학이며 철학으로서 인간의 모든 측면, 즉 음식에서 행동, 일기에서 치료에 이르기까지 의식 세계의 존재와 그 효과를 인정하는 과학이며 철학이다. 이 책에서 제시하는 제안이나 아이디어는 그 효과가 신비스러울 정도로 천천히 나타나며 의식 수준으로의 전환이 느리다는 신념에 근거하고 있다. 이러한 방식으로 아유르베다 약초학이 제시한 두뇌력과 마음상태의 변화를 가져올 수 있다고 한다.

이제 소개하는 두뇌 계발 비결은 아유르베다의 원료에서 제시한 다양한 약초, 음식, 금과 보석까지 이용한 여러 가지 제안들 가운데 몇 가지를 선택한 것으로, 두뇌 계발이라는 공통적인 목표를 공유하고 있다.

고투콜라(GOTU-KOLA), 기억과 정신건강, 장수의 약초

고투콜라는 일반적으로 아시아와 호주에서 나는 약초다. 주로 상처를 치료하는 데 사용되어 왔으며, 피부조건을 개선하고, 멍을 없애고, 다리 정강이(脚部)의 정맥확장을 줄이고, 두뇌 강장제와 기억력을 발달시키고, 전신계통에 활력을 불러일으키며, 지능을 발달시키는 것으로 알려져 왔다.

아유르베다 약초학자들은 고투콜라가 노화나 노망을 방지하는 데 효과적이라고 말하고 있다. 고투콜라의 잎은 두뇌의 두 개의 반구를 닮아서 아유르베다의 의사들은 이 약초가 스트레스를 해소시키고, 마음을 진정시키고, 좌우 두뇌 사이의 에너지 흐름을 자극하는 데 도움이 된다고 말하고 있다.

30명가량의 발달장애아들을 연구한 결과에 따르면, 이 아이들에게 2주 동안 고투콜라를 투여하였더니 주의력과 집중력이 향상되었다. 이 약초에는 진정제와 스트레스와 불안감을 완화시키는 데 도움을 주는 트리터펜스라 불리는 화학물질이 들어 있다.

인도 사람들은 장수하고 기억력을 향상시키기 위하여 고투콜라를 먹고 있다. 또한 이 약초는 정신적 활력과 두뇌력의 지구력을 점차적으로 증진시키며, 적극적으로 건강과 뇌의 신경 반응을 부드럽게 하기도 한다. 고투콜라는 뇌를 자극하고, 신체조직의 해독작용을 하고, 세포의 에너지 수준을 높여 준다.

복용량: 이 약초 잎으로 만든 차를 취침 전에 한 컵 마시면 숙면하고, 아침에는 정신이 맑아진다.

마음을 진정시키기는 데는 창포 뿌리

이 뜨겁고 침투력이 있는 약초(Sweet Flag, 창포 뿌리로도 알려짐)는 간질병 치료와 경련을 진정시키고, 기억력을 강화시켜 주고, 정신을 명료화시키고 진정시키는 고도의 뇌기능을 자극하는 데 사용된다. 창포는 신경박동의 흐름을 열어주는 데 도움이 된다.

이것의 에너지 특성을 아유르베다의 용어로 설명하면, 정신을 명료화시키고 의식을 명료화시키는 것과 관련된 세트빅(sattvic)이다. 때문에 아유르베다에서는 이 창포 뿌리를 최고의 정신 약초 가운데 하나로 여기고 있다. 아유르베다의 약초학자들은 수 세기 동안 이 창포를 뇌와 신경계통을 정화시키고 재충전시키며, 뇌에 혈액 순환을 증가시키고, 기억력을 향상시키고, 감각을 증진시키고, 일반적 각성을 자극시키는 능력을 인정해 왔다.

복용량: 아유르베다 의사들은 창포 뿌리의 털끝에서 추출한 한 줌 정도의 가루를 아침이나 저녁에 1/4에서 1/2 티스푼 정도의 꿀에 재어 먹으면 기억력을 향상시키는 데 도움이 된다고 말하고 있다. 이것을 같은 양의

고투콜라와 꿀 한 스푼 정도를 섞어서 먹으면 일반 뇌 강장제로 효험이 있다. 창포 뿌리 가루만 먹을 때는 하루에 250~500mg을 복용하라.

숙면을 위해서 육두구(열대산 상록수)와 우유

육두구를 우유와 섞으면 심장과 두뇌 모두에 하나의 강장제가 된다고 아유르베다 의사들은 주장한다. 육두구를 한 번에 조금씩만 섭취해도 긴장이 완화되며 불면증이 제거되고 편안하게 수면하도록 해 준다.

두뇌 계발 강장제로 금을 활용해 보아라

금을 저장해 두지 말고 물에 담가서 금물을 만들어 두뇌력의 강장제로 활용하라고 아유르베다는 권고한다. 금으로 만든 장식품 반지, 시계줄, 팔찌 등을 2컵 정도의 물에 넣고 그 물이 반으로 줄어들 때까지 끓여라.

아유르베다에 따르면, 금에 있는 에너지 흔적이나 '전자 에너지' 가 물 속으로 스며들 것이다. 하루에 세 번씩 이 금이 들어 있는 물을 한 컵씩 마시면 지능, 기억력, 이해력이 향상되고, 정신이 맑아지고, 심장이 강화되고, 신경조직이 부드러워지고, 정력이 생기고, 분별력이 생긴다.

정신상태를 맑게 하기 위하여 녹주석(에메랄드 등)이나 루비를 몸에 착용하라

아유르베다는 정교한 지능발달을 위해 푸른색이나 녹색 혹은 노란색이 나는 녹주석으로 만든 은반지나 은목걸이를 착용하라고 권장하고 있다.

붉은색 루비도 특히 금이나 은과 함께 왼손 약지에 끼면 집중력이 높아지고 정신력이 향상된다. 아유르베다의 색깔 이론에 따르면, 노란색은 이해와 지능, 그리고 일반적으로 정신에 관련되어 있다.

특히 셔츠나 블라우스 등의 상의는 노란색으로 입는 것이 좋고 주변 환경을 노란색 물건, 예컨대 꽃, 그림, 전등 갓, 불빛이나 보석 등으로 장식하라. 에메랄드나 옥(비취) 혹은 투명 감람석들은 신경계통과 관련되어 있으며, 몸에 좋은 효과를 보려면 몸에 걸치는 것이 좋다고 아유르베다는 말하고 있다.

또 다른 두뇌력 보석으로는 진주가 있고, 감정을 진정시키는 월장석, 지혜를 높이는 노란색 사파이어나 황옥, 마음의 평화와 안정을 위한 푸른색 보석 등도 있다.

또 다른 아유르베다의 음식

- 귀리, 마른 귀리, 오트밀, 귀리가루, 귀리 등의 유액은 두뇌력을 강화시켜 주고 신경계통을 튼튼하게 해 준다.
- 달지만 사탕이 아닌 약초인 감초는 기억력을 강화시켜 주는 데 괄목할 만한 효과가 있다.
- 우유로 만든 기름은 에너지 불균형에서 오는 정신혼란을 고쳐 주고 기

억력을 향상시켜 주며 지능을 안정시켜 준다고 한다.

- 아유르베다에 따르면, 두뇌 발달에 도움이 되는 일반식품에는 사과, 오렌지, 모과(유럽산), 장미향수, 생강, 길초근(쥐오줌풀), 정향나무(꽃봉오리로 만든 향료) 소구근, 닭, 그리고 염소유 등이 포함된다.

두뇌를 명석하게 하고 자극시키는 약재들

- **향료**: 아유르베다는 뇌를 청결하게 하거나 제독을 하거나 '정화' 할 수 있는 약초나 식품을 강력하게 추천하고 있다. 침향(沈香)이나 백단(白檀), 사향(麝香) 혹은 장뇌(樟腦)를 달인 향료를 코로 들이마시면 정신이 건강해지고 성전 앞에서 가슴이 두근거리는 증상이나 현기증, 소심함을 제거할 수 있다.

- **캐모마일차**(chamomile tea): 두뇌를 청결하게 하고 정화시키기 위해서는 캐모마일과 양아욱(marshmallow) 약초를 각각 1/2 스푼씩 섞은 다음, 한 컵 반의 물과 함께 5분 동안 끓여 식힌 후 약초는 짜 내고 그 물을 마셔라.

- **약초로 유성 액체를 바르기**: 두뇌와 신경연결을 청결하게 하고 명료화시키는 것으로 알려진 약초들은 월계수열매, 장뇌(소량 복용의 경우), 몰약(향료), 심황(카레 가루용), 월계수 잎, 박하 향미료 오차가 있다. 버터와 창포 반죽 혹은 고투콜라를 섞어서 만든 혼합물을 코, 이마, 머리에 바르면 직접적으로 뇌에 영향을 미쳐 머리가 명석해진다.

또 다른 아유르베다의 두뇌 계발 약초

- **나륵풀**(약용 향미료): 나륵풀 가루(250mg~1g) 혹은 차(꿀을 함께 타서)는 감

각의 예민함과 신경조직을 강화시켜 주고, 기억력을 높여 주며, 정신적 명료성을 증진시켜 준다.

• **브링가라즈(Bhringaraj)**: 브링가라즈(또한 케사라자(kesaraja) 혹은 라틴어로 에클립타 알바(Eclipta alba))로 알려진 아유르베다의 약초(아메리카 대륙의 남서부에서 자생함)는 두발의 성장을 촉진시키기 때문에 '두발의 지배자'로 불린다. 이 약초는 두발의 성장과 관련 있어서 두뇌 계발 특성을 갖고 있는 것으로 설명되고 있는지도 모른다. 이 약초는 뜨겁거나 찬 것을 주입하거나 버터기름으로 섞어서 사용하고, 하나의 약재 기름으로나 가루(250mg~1g)로 사용하면 두뇌 활동이 매우 활발해져서 숙면하게 되고, 두뇌 강장제로 작용할 때 정신을 진정시키는 데 도움을 준다.

• **샐비어 혹은 세이지(Sage)**: 세이지는 아유르베다에서 정신 속에 숨어 있는 정서적 어려움을 깨끗이 제거할 수 있고 정서적 안정을 가져오는 능력이 있는 것으로 인정받고 있다. 이 세이지를 고투콜라나 브링가라즈와 섞어 쓸 수도 있다. 티베트에서 '의약의 왕'이라 불리는 약초인 하리타키(Haritaki, Cheblic myrobalan 혹은 Terminalia chebula)는 두뇌와 신경을 '성장하게' 하고 정력을 일으키는 원기 회복제다. 하리타키는 탕약, 가루 혹은 반죽으로 구입할 수 있다.

원기회복 두뇌 강장제

아유르베다 약초학의 한 분야로 라사야나(rasayana)라 불리는 요리법이 있다. 이 요리법은 '들어가는 것(ayuana)의 핵심(rasa)'을 의미하는 것으로 신체조직을 회복시킬 수 있고 두뇌에 직접 영향을 미칠 수 있는 특정 강장제를 만들 수 있다. 아유르베다는 이 요리법으로 만든 강장제가 정신과 신체의 핵심 혹은 기본적 본성에 침투하고 활력을 불어 넣는 물체 혹은 심지어 에너지라고 말하고 있다.

아유르베다의 목표는 매일 뇌세포를 회춘시키는 데 있으며, 정신을 일종의 불멸의 것으로 여김으로써 노년이 되어서도 아동기 때의 정신력을 가질 수 있도록 선명하고 열린 마음을 갖도록 한다.[6]

일반적으로 차를 통한 원기를 회복시키는 뇌 강장제는 각 개인의 기본적 기질에 따라 처방된다. 아유르베다는 물, 불, 공기, 흙의 네 가지 요소에 따라 구분하고 있다.

- 바타(vata) 기질(매우 적극적이고, 활동적이고, 말을 빨리 하는 기질)에는 아쉬와간다(ashwagandha), 창포, 마늘, 인삼을 쓴다.
- 피타(pitta) 기질(행동이 점잖고, 단호하고, 열성적이고, 말이 똑똑한 기질)에는 알로에 베라, 나래지치 뿌리, 고투콜라, 샤프란을 쓴다.
- 카파(kapha)기질(동작이 느리고, 조용하고, 게으르고, 자족적이고, 지구력 있는 기질)에는 목향(木香)을 쓴다.

이러한 방법으로 사용되는 다른 약초로는 안젤리카, 감초, 몰약, 오트스트로, 양파, 레마니아, 톱팔메토, 참깨씨, 야생 참마가 있다. 이와 같은 활성 약초나 아유르베다 약초들을 두뇌에 도움을 주기 위해 복용하려면 공복에 복용하지 말고 식후에 복용하는 것이 더 효과가 있다.[7]

✠ 두뇌 계발 연습 #28

탐정과 두뇌력의 작은 회색세포 1

애거서 크리스티(Agatha Christie)의 허영심 많은 벨기에 탐정 에르큘 포와로(Hercule Poirot), 베이커 스트리트(Baker Street)의 지칠 줄 모르는 탐정 셜록 홈즈(Sherlock Holmes), 엘리 스탠리 가드너(Erie Stanley Gardner)의 용감한 변호사 페리 매슨(Perry Mason) 등 나는 항상 탐정소설이나 추리소설에 매료되었다.

탐정 기술을 두뇌 계발에 적용하여 작은 회색세포를 이용하기 위해 할 수 있는 다섯 가지 연습 가운데 첫 번째는 다음과 같다.

- 법정과 재판 사례가 포함된 소설, 탐정소설, 살인과 추리소설들을 읽어라.
- 여기 여러 가지 선택이 있다. 애거서 크리스티(Agatha Christie)의 소설에는 미스 마플(Marple)과 에르큘 포와로(Hercule Poirot), 아서 코난 도일(Arthur Conan Doyle)의 소설에는 셜록 홈즈(Sherlock Holmes)와 왓슨 박사(Dr. Watson stories), 피디 제임스(P.D. James)의 소설에는 5~6개의 아담 달그리쉬(Adam Dalgliesh) 사령관, 조지 시몬(George Simenon)의 소설에는 파리 토박이 탐정, 마이그렛(Maigret) 수사반장, 콜린 덱스터(Colin Dexter)의 소설에는 만성적으로 성난 수사반장 모스(Morse)가 등장한다.
- 여기 정신훈련의 기회가 있다. 자신이 탐정가라고 가정해 보라. 각 장을 읽고 나서 필요한 정보를 분석하여 혐의자 목록을 작성해 보고, 그럴듯한 동기를 계산해 보고, 저자가 의도적으로 숨기고 있는 것이 무엇인가 혹은 어느 곳이 주의를 산만하게 만들고,

오도하게 하는가 생각해 보고, 이를 추측해 보라.

- 즉, 저자를 앞질러 생각해 보고 범죄자 입장에서 한 발자국 앞서 보라. 두뇌력은 좋아할 것이고, 그렇게 되면 그 저자보다 훨씬 앞선 결말을 맺을 수 있을지도 모른다. 더 많은 탐정 연습을 두뇌 계발 연습 #29, #30, #31, #32에서 찾아 보라.

#51 두뇌 계발 비결
전통적 한의학에서의 두뇌 강장과 정신 진정

정신을 안정시키고 초점을 맞추게 하기 위해서 식품을 사용한 전통적 한의학에서 추천하는 몇 가지를 소개해 보고자 한다. 한의학에서는 에너지와 심리적 상태를 같은 조건하에 두고 두 가지 측면을 강조하고 있다. 심장과 같은 신체 조직은 다른 신체 조직보다 중요하다는 것과 그들은 전신을 점유하고 있는 완전한 에너지 시스템이라는 것이다.

한의학에서는 정신적으로 과민한 상태를 너무 많은 양기(陽氣, 활동적이고, 뜨겁고, 햇볕이 나고, 밝고, 근육과 단단한 상태)가 심장의 혈맥을 두뇌로 밀어 올린 결과로 보고 있다. 이때 짜증이 나고, 두통이 오고, 불면증이 생기고, 열이 나고, 정신적 혼란을 경험하는 것이다. 한의학에서는 심장의 음기(陰氣, 수동적이고, 냉기를 돌게 하고, 부드럽고, 습기가 있고, 여성적이고, 어두운 상태)를 강화하기 위해서 몇 가지 식이요법을 권하고 있다.

- **굴 껍질**: 굴 껍질은 심장의 음기를 돋우고 치솟는 양기를 낮춘다. 굴 껍질의 칼슘 가루를 이용할 수 있다.

- **모든 곡류**: 생밀, 현미, 맥아는 정신을 진정시킬 때 천천히, 그리고 깊숙이 작용한다.
- **버섯**: 대부분의 버섯들은 긍정적 두뇌에 효과를 발휘한다. 특히 레이쉬(링지)는 보약으로도 사용되고 있다. 레이쉬 버섯은 정신을 진정시키고, 심장을 보양하며, 정신을 진정시킨다.
- **규소 식품**: 규소 식품에는 오트스트로 차, 보리 오트밀 죽, 오트로 만든 차(oat groat tea), 오이, 샐러리, 상추, 셀러리나 상추로 만든 주스들이 있다. 이러한 식품들은 칼슘 신진대사를 촉진시키고, 신경과 심장조직을 강화한다.
- **과일**: 레몬과 오디는 마음을 진정시키고, 중국산 귤(만다린)은 신경을 진정시키며 불면증을 치료하고, 기억, 회상, 집중력을 돕는다.
- **각종 씨**: 여기에는 대추씨, 만다린, 정신을 진정시키는 치아(chia)가 포함된다.
- **약초**: 신경계통을 달래거나 불면증 치료를 위해서 캐모마일, 개박하, 스컬캡(skullcap) 혹은 길초근을 팅크제나 차로 상용할 것을 고려해 보라. 소회향(Dill, 미나리 과)과 나륵풀은 날것이나 가루로 된 차를 이용해서 진정제로 사용하라.
- **동물 제품**: 한의학에서는 소가 아닌 성장 호르몬으로 조제된 낙농유, 염소우유, 정제된 버터는 심장 에너지를 배양시킨다고 말하고 있다.
- **경미한 정신적 우울증**: 일반적으로 침체된 간 정력에서 나타난다. 이때는 현미, 오이, 사과, 양배추, 신선한 맥아, 청록 조류(藻類), 쿠주(kuzu) 뿌리, 애플사이다 식초를 사용하라. 매 식사 때마다 최소한 이러한 식품 가운데 하나씩을 복용하라. 특히 우울증이 있을 때 애플사이다 식초를 약간의 물에 타서 한 티스푼씩 하루에 세 번씩 복용하라.

52 두뇌 계발 비결

노화방지제-두뇌노화를 방지하기 위한 영양섭취 전략

1956년에 미국 네브래스카 대학의 덴함 하만(Denham Harman) 박사는 포괄적이고 대안적 의학에서 지금까지 지배적인 많은 노화에 관한 생각을 바꾸는 새로운 이론을 소개했다. 하만 박사는 인체에서 유리기(遊離基, free radicals)라 불리는 이 물체가 신체조직과 계통의 노화에 많은 영향을 미치는 기본 요소임에 틀림없다고 말했다. 역설적이기는 하지만 산소는 삶의 기본요소이면서 삶의 독소가 되기도 한다.

유리기(遊離基, free radicals)는 세포 수준에서 다른 분자들과 쉽고 재빠르게 반응을 보이는 분자들 안에 전기적으로 충전된 원소다. 이 원소들은 불안전한 상태로, 짝 없이 단체로 있거나 다른 전자들과 결합하기 위해 유리전자(遊離電子, free electrons)로 존재하면서 이상하고, 비자연적으로 건강하지 못한 분자결합을 만들어 내는 것으로 알려져 있다.

인간의 두뇌에 해를 끼칠 준비를 하고 있는 많은 유리기(遊離基)

은유적으로 말하자면, 유리기로 가득 차면 집단적으로 신체조직과 유기체에 심각한 손상을 입힌다. 이와 같이 계속되는 유리기들의 반응은 마치 내분비 기관의 방사능을 흡수하는 것과 같이 된다. 그 결과 노령화의 공통적인 징후와 증상이 많이 나타나게 되고, 주름살이 생기고, 피부가 메마르고, 검버섯이 나오고, 관절염이 생기고, 백내장이 생기고, 노망이 들고, 동맥경화가 되고, 암이 발생하고, 알츠하이머의 기억력 상실증이 되고, 뇌졸중 현상이 나타나는 것이다.

노화는 얼마나 빨리 유리기가 인체조직과 기관을 파괴하는가에 따라 생물학적 과정이 진행되는 것처럼, 하나의 불가피한 쇠퇴의 결과가 그렇게 많이 일어나지 않을 수도 있다. 유리기는 DNA를 변화시킬 수 있고, 산소를 부족하게 하여 두뇌 손상을 야기시키고, 색소 변화를 일으키고, 검버섯이 생기게 한다. 결국 두뇌에 지방갈색소처럼 신경세포를 질식시켜 사망에 이르게 할 수도 있다.

노화는 도대체 어디서 오는 것일까? 이 노화는 신체의 물질대사 과정의 자연스러운 부산물인데 여기서 그들은 유용한 목적에 도움을 주고 있다. 사실상 음식 소화와 운동의 정상적 과정이 유리기를 만들어 낸다. 신체의 세포 수준에서 나오는 유리기는 박테리아나 바이러스, 오염물질, 독성 물질에 대항하는 세포를 방어하는 데 필수적이다. 정상적인 조건에서 신체의 내장 집단인 유리기는 이와 같은 과도한 잠재적 분자를 청소하는 특정의 효소가 유지되도록 하는 역할을 한다. 불행하게도 오늘날 우리 사회의 기술적, 화학적으로 오염된 환경 속에서 지금은 여러 가지 새로운 인공적으로 배출된 유리기가 많이 나타나고 있다.

오늘날의 환경은 유리기로 가득 차 있다

이러한 새로운 자원은 X레이, 마이크로 웨이브, 핵 방사능, 독성 중금속(상수도원에서 발견되는 알루미늄, 카드뮴 등), 스모그, 화학 식품 첨가제, 담배 연기, 자동차 매연, 경화된 채소류, 인공적인 불포화 유지물질, 예컨대 마가린, 쇼트닝, 우유를 함유하지 않은 크림, 대부분의 병 처리된 샐러드 드레싱, 그리고 상업용 오일 등이다.

여기에서의 문제는 우리가 소비하는 이와 같은 식품(대부분 준비되어 처리된 식품이거나 음식점, 패스트푸드점의 음식들이다)들이 신체조직에 있는 유리기에 '폭발적'으로 파고든다는 것이다. 이러한 오일들에 높은 열을 가해서 만든 식품(기름진 음식과 프렌치 프라이), 이러한 가열은 식품을 매우 빠르게 산화시키고 보다 많은 유리기를 배출시킨다. 이러한 유리기들 대부분이 어디로 가는 것일까? 바로 두뇌로 간다. 두뇌는 모든 조직 가운데 아마도 몸에 들어가는 유리기의 공격에 가장 취약한 곳 중 한곳일 것이다.

두뇌 계발 권고: 머리에 노화방지제로 채워라

유리기와 관련한 두뇌 계발 비결은 다음과 같다. 식생활과 삶의 양식에서 유리기 오염 원천을 될 수 있는 대로 많이 제거하고 몸 안에서 이미 진행되고 있는 손상을 막기 위해서 노화(산화)방지제를 섭취하라는 것이다.

인공적으로 요리되고 불포화 지방질 물질을 내포한 식품을 더 이상 섭취하지 마라. 중금속으로 오염된 물(병에 든 음료수)을 피하라. 담배와 간접흡연을 피하라. 식생활에서 노화방지제가 포함된 것을 섭취하기 시작하라.

노화방지제는 자연식품으로서 자연식품은 유리기를 청소하고, 몸의 세포 안에서 실제적으로 유리기를 문자 그대로 소비한다. 노화방지제를 포함하고 있는 식품에는 다음과 같은 것들이 있다.

- 비타민 B_1, B_5, B_6(두뇌 계발 비결 #57 참조)

- 비타민 C(두뇌 계발 비결 #54 참조)
- 비타민 E
- 베타카로틴(체내에서 비타민 A로 전환)
- 인삼(두뇌 계발 비결 #49 참조)
- 징코 빌로바(두뇌 계발 비결 #48 참조)
- 아미노산 타우린(담즙에서 얻어지는 중성의 결정 물질), 시스테인(아미노산의 하나), 메디오닌
- 아연과 셀레늄
- 조효소 Q10 복합 효소
- 굴루타티온 퍼록시다제와 초산화물 디스뮤타제

일반 노화방지제 처방전

많은 건강식품 가게에서 노화방지 상품을 볼 수 있다. Twin 연구소에서 제조된 Maxi-Life CoQ10은 가루나 캡슐로 만들어져 있다.

스스로 만들고자 한다면, 다음의 노화방지 처방전 구입 목록을 참고하라.[8] 가장 실제적으로 유리기 방어를 적절히 하려면 하루에 두세 번씩 당신이 알맞은 분량을 얻을 때까지 몇 가지 종합비타민과 보조약을 섞어야 한다.

- 베타카로틴(Beta-carotene), 25,000 IU
- 비타민 E(토코페롤과 섞어서), 800 IU
- 비타민 C(칼슘 아스크로브산염), 2gm
- 아스코르빌 팔미산염, 100mg
- 비타민 B_1, 25mg

- 비타민 B_2, 25mg
- 비타민 B_3, 120mg
- 비타민 B_5, 250mg
- 비타민 B_{12}, 100mcg
- 엽산(葉酸, folic acid) 800mcg
- 이노시톨, 근육당(筋肉糖, 비타민 B 복합제의 하나) 100mg
- 아연 구연산염, 30mg
- 구리(포장된 것으로 그루코네이트) 2mg
- 셀레늄, 200mcg
- L-글루타티온(L-glutathione), 500mg
- L-메티오닌(L-methionine), 250mg
- L-타우린(L-taurine), 250mg
- 조효소 Q10, 30mg

• **조효소 Q10**: 유비퀴논(ubiquinone)으로 알려진 이 물질은 자연적으로 나타나는 물질로 인체 내에서 노화를 방지하는 역할을 한다. 이 물질의 주요 활동 가운데 하나는 유리기의 손상으로부터 신경세포를 동시에 보호하면서 뇌세포에 에너지를 일으키는 것이다.

조효소 Q10(코엔자임 Q10)이 들어 있는 음식에는 콩과 같이 많은 양을 포함한 고도 불포화 유지, 올리브와 같은 단순 불포화 유지가 있고, 보통 정도를 포함한 식품으로는 쇠고기, 볶은 호두와 땅콩, 정어리, 시금치, 하얀 날개 다랑어 참치 등이 포함된다.

일반적으로 조효소 Q10은 몸에서 아미노산 L-티로신과 L-메티오닌으로부터 만들어진다. 그러나 스트레스, 감기, 질병, 신체활동, 호르몬 집중, 처방된 약물의 사용은 모두 두뇌 안에 있는 조효소 Q10의 양을 낮추게 할 수 있다(복용량: 매일 10~90mg).

• **셀레늄**: 이 노화방지 미네랄은 비타민 E와 결합해서 몸에 유리기를 막아 준다. 또한 이 셀레늄은 자연 효소 산화방지 시스템 글루타티온 페록시다제의 복합체이기도 하다. 셀레늄은 몸에 이러한 유효한 효소 수준을 증가시키는 데 도움을 준다(복용량: 매일 250~350mcg, 셀레늄을 하루에 2,400mcg 이상 오랫동안 지나치게 많이 복용하면 독성이 될 수 있다).

• **아연**: 하나의 미네랄로서의 아연은 두뇌 기능에 필요한 영양소다. 두뇌 기능에서 아연은 구리와 협력하여 과도한 산소를 중화시키는 노화 방지 초산화물 디스뮤타제(dismutase)활동을 포함하고 있다. 일반적으로 두뇌는 아연을 적당량 보유하고 있다. 그래서 납 오염으로부터 뇌 조직을 보호하는 데 도움을 주고 있다. 따라서 아연은 구리와 함께 섭취해야 한다. 너무 많은 아연은 구리 저장고를 고갈시키기 때문이다(복용량: 아연 매일 15~30mg, 구리 매일 1~2mg).

✻ 두뇌 계발 연습 # 29
탐정과 두뇌력의 작은 회색세포 2

작은 회색세포를 효율적으로 활용하기 위해서 탐정 기술을 활용할 수 있도록 다섯 가지 연습 중 두 번째 방법을 제시하고자 한다.

탐정소설이나 추리소설을 읽으면서 그 이야기가 끝나기 전에라도 그 소설의 혐의자들과 그 탐정내용을 추측하려고 노력해 본다. 때로는 나의 추측이 들어맞기도 하고 때로는 저자가 의도했던 것보다 더 교묘하게 이야기를 끌고 나아가 문제를 해결해 가기도 한다. 이렇게 쓰여 있지 않은 스릴을 느끼게 스스로 이야기를 끌고 나가기도 한다.

그러나 내가 알지 못했던 것을 알게 되면, 탐정소설을 주의 깊게 읽을 때마다 혹은 심지어 텔레비전에서 볼 때도 두뇌력이 발달된다. 에르큘 포와로는 흔히 이러한 가장 가치 있는 재능을 '작은 두뇌 세포'라 부른다.

- 두뇌 계발 탐정을 다양화시키기 위해 훌륭한 추리소설의 마지막 장을 읽어라.
- 애거서 크리스티의 『나일강의 죽음(Death on the Nile)』이란 소설을 골라서 이 소설에서 누가 범인인지 이해할 때까지 주의 깊게 마지막 장을 읽어라. 그런 다음 처음부터 읽어 나가라.
- 그 결과를 알고 있기 때문에 어떻게 크리스티가 이 이야기의 줄거리를 끌고 나가고 있는지, 잘못된 단서를 빼 나가면서 실제 범인으로부터 독자의 주의를 빗나가게 하는지 보라.
- 모든 상세한 내용과 단순한 단서를 살펴보면서 그 이야기가 어떠한 방법으로 결론으로 끌고 가는지 주의 깊게 살펴보라.
- 크리스티(혹은 다른 저자)가 그 이야기의 추리를 함께 엮어 나가는 방법을 분석함으로써 탐정가가 될 수도 있을 것이다.
- 다시 한 번 즐거운 마음으로 분석하고, 연역하고, 추출해 보려고 노력하면 두뇌에 있는 소중한 작은 회색세포를 구축하게 될 것이며 이것은 곧 보다 높은 두뇌력을 의미하는 것이다.

더 많은 탐정연습은 두뇌 계발 연습 #30, 31, 32에 소개하였다.

#53 두뇌 계발 비결

정신을 예리하게 하기 위한 또 다른 약초들

정신적 각성을 구축하고 노화를 억제시키거나 두뇌 고갈을 억제시킬 수 있는 두 가지 약초 요리법을 소개하고자 한다.[9]

약초를 이용한 두뇌력의 스태미나

이러한 재료들을 혼합해서 차를 만들거나 빈 캐슐 안에 넣어 사용할 수 있다. 다음 물질을 같은 양으로 혼합하라.

- 박하
- 시베리아 인삼
- 골무꽃
- 나무 석삼풀(Wood betony)
- 고투콜라
- 겔프

이 혼합물은 기억력을 향상시키고, 집중력을 높이며, 정신적 스태미나를 일으키고, 일반적으로 정신적 과정에 노화의 부정적 영향을 극복하는 데 도움을 준다.

복용량: 일반적으로 성인들이 사용할 때는 심한 경우 하루에 12캡슐까지, 3~4캡슐씩 하루 세 번 복용한다. 신경과민 아동은 아침에 2~3캡슐, 저녁에 1~2캡슐에 하루에 생강 뿌리 3~4캡슐을 더해 복용한다.

이제 두뇌력을 위해서 이 약초들의 혼합을 선택한 이유들을 설명하고자 한다.

• **박하**: 박하는 신경을 강화시키고 안정시키면서 뇌에 흐르는 혈액 순환이 막히는 것을 막아 주는 작용을 한다. 즉, 어떤 일을 할 때 집중력과 초점 맞추기를 개선시키는 효과가 있다. 시험 보기 전에 박하를 먹은 학생은 시험에서 더 높은 점수를 얻었다.

• **인삼과 고투콜라**: 인삼이 두뇌력 향상에 도움이 된다는 것(두뇌 계발 비결 #49 참조)은 이미 설명하였고, 고투콜라가 두뇌에 미치는 긍정적 효과(두뇌 계발 비결 #50 참조)에 대해서도 앞에서 설명하였다.

• **골무꽃**: 골무꽃은 높은 신경진정제로서 불면증 제거에 효과가 있으며, 이 꽃이 정신능력에 긍정적 영향을 미치는 이유는 학습에 방해를 일으키는 신경 긴장을 제거하기 때문이다.

• **나무 석삼풀**: 나무 석삼풀은 긴장과 신경과민을 줄여 주는 효과가 있어서 진정제로 작용하며 신경안정제로도 알려져 있다.

• **켈프**: 켈프는 영양학적으로 풍부한 해초로서, 긴장완화제로 사용되며 심장과 신경조직을 적절치 못한 스트레스로부터 격리시킴으로써 그 효과를 발휘할 수 있는데, 그대로 두면 그 효과는 빠르게 줄어든다.

두뇌 에너지 처방서

이러한 재료들을 혼합해서 차를 만들거나 빈 캡슐 안에 넣어 사용할 수 있다.

- 벌 가루, 125mg
- 인삼, 100mg
- 고투콜라, 100mg
- 은매화나무(도금 양), 75mg
- 자주개자리, 75mg
- 에치나시아(Echinacea), 75mg
- 박하잎, 60mg
- Fo-Ti, 50mg
- 감초 뿌리, 50mg
- 인삼 뿌리, 50mg
- 푸른 마편초, 50mg
- 사르사파릴라 뿌리, 50mg
- 고춧가루, 40mg
- 켈프, 35mg
- 나무석삼풀, 15mg

복용량: 하루에 한 번씩

밀과 보리풀로 뇌 기능 높이기

밀싹과 보리풀로 만든 풍성한 녹색 주스를 만드는 일은 건강식품 연구가들 사이에서 지난 수년 동안 인기를 끌어 왔다. 자연식품점에서 신선한 밀풀이나 냉동시킨 밀풀로 만든 주스를 쉽게 살 수 있다. 필요한 간단한 기구가 있다면 집에서도 이것을 만들 수 있다. 주스 만드는 과정을 약간 달리한다면 먹을 수 없는 풀들을 소화시킬 수 있고 흡수할 수도 있다. 유념할 것은 이러한 효능 있는 주스는 많은 양의 엽록소를 갖고 있어서 강력한 독소 제거와 항박테리아 작용을 하며, 일단 이것이 신체에 들어가기만 한다면 반방사능 기능을 한다는 점이다.

복용량: 하루에 두 번씩 복용한다.

미조류(微藻類)를 통한 두뇌력

민물에서 자라는 단세포 녹색 식물 중 가장 큰 인기를 끄는 것은 스피룰리나(spirulina)와 클로렐라(chlorella, 녹조(綠藻)의 일종)다. 밀과 보리처럼 조류(藻類)에는 염록소가 많이 들어 있으며, 미조류 중에서도 클로렐라에 매우 많이 들어 있는데 약 76%의 염록소가 들어 있다. 미조류에는 엽록소가 많이 들어 있을 뿐만 아니라 쇠고기와 그 밖의 육류, 콩보다 더 많은 단백질이 들어 있다.

일본에서 자라는 태양 클로렐라라 불리는 조류의 일종에는 글루타믹 산이 들어 있어서 이것을 이용하여 두뇌는 암모니아로부터 물질대사의 낭비를 중성화시킬 필요가 있다. 또한 신체에 스퍼민으로 전환되는 아르기닌(아미노산의 일종)이 높다. 스퍼민의 낮은 수준은 기억력 손실과 관계 있으며 노화의 시작과 관련되어 있다.

일반적으로 클로렐라는 뇌기능을 최적화하는 데 필요한 많은 영양소를 갖고 있어서 유리기를 감소시켜 노화방지에 도움을 준다. 여러 가지 다양한 클로렐라와 스피룰리니 제품은 자연식품 가게에서 구입할 수 있으며 지시된 복용량을 참고하면 된다.

레몬밤을 통한 학습 스태미나

시험 공부를 열심히 하거나, 마감시간을 지키기 위하여 열심히 글을 쓰고 있거나, 시장분석을 위하여 통계치를 열심히 연구하고 있다면 레몬밤(멜리사)을 복용하라. 이는 학습 스태미나의 답이 될 수 있다.

존 에버린이라는 17세기의 약초학자는 레몬밤에 대해 "레몬밤은 두뇌에 특효가 있으며, 기억을 강화하며, 우울증을 강력하게 제거한다."라고 글을 쓰기도 했다. 초창기의 카르멜회의 전통에서 레몬밤, 레몬 껍질, 육두구, 안젤리카 뿌리로 수액을 만든 리난시안츠(renunciants)는 신경과민성 두통과 신경통을 제거하는 방향제로 사용되었다.

복용량: 매일 서너 번 정도 큰 컵으로 서너 시간 간격으로 복용한다.

두뇌력의 해부학 # 8

뇌의 신경전달물질에 대한 이용 수칙

1. 아세틸콜린 신경세포의 축색돌기 안에서 초산염, 콜린 플러스 포도당, 산소로 만들어진 이 신경전달물질은 기억에 매우 중요하다. 아세틸콜린은 신경 사이의 전기 흐름의 전달물질을 도와서 자극과 새로 들어오는 자극에 신속하게 반응하도록 두뇌 능력을 증가시킨다. 이 물질은 계속 생산되고 분리되므로 두뇌에는 계속적인 에너지(포도당)와 산소 공급이 필요하다.

2. 감마아미노뷰티릭산(GABA) 이 두뇌화학물질은 신경 신호의 전달을 방해하는 매우 중요한 역할을 한다. 뇌 안에는 수천만 개의 잠재적인 신경 연결이 존재하는데 이러한 신경에 불이 나지 않도록 하기 위하여 억제가 필요하기 때문이다. 감마아미노뷰티릭산(GABA)은 가

장 중요한 뇌 화학물질의 억제력 가운데 하나다.

3. **세로토닌** 세로토닌은 또 하나의 뇌화학물질로서 신경전달을 정지시키고 신경계통의 속도를 낮추는 일을 돕는다. 이는 빛과 어둠의 순환의 일부로서 수면을 일으키는 데도 간여한다. 또한 아미노산 트립토판으로부터 만들어진 세로토닌은 뇌의 일반 기능과 무드에 영향을 미칠 뿐 아니라 고통을 조절한다. 그러나 세로토닌이 지나치게 많을 때는 우울증을 유발할 수 있으며, 인기 있는 우울증 제거약인 프로작(Prozac)은 시냅스로부터 뇌에 세로토닌이 다시 흡수되는 것을 막아 주는 효과가 있다.

4. **도파민** 도파민은 의사 올리버 삭스(Oliver Sacks)가 그의 입원 환자들을 혼수상태에서 각성시키는 데 사용한 신경전달물질이다. 도파민은 신체동작의 활동과 통제의 중심에 있다. 두뇌의 도파민 생성활동이 이완되거나 작동이 중단되면 그 결과로 흔히 파킨슨씨 병이 유발되는데 이 파킨슨씨 병은 몸동작이 자유롭지 못하고, 통제가 불가능하며, 몸이 떨리고, 뒤틀리는 증상을 나타낸다. 뇌에 지나치게 많을 경우 정신분열증이나 신체발작을 유발할 수 있다.

5. **노르에피네프린** 이 뇌 화학물질은 뇌를 흥분시키고, 뇌의 모세혈관에 아드레날린과 암페타민과 같은 작용을 하며, 일반적 두뇌활동을 일으키면서 뇌에 혈액순환을 증가시킬 수 있다. 노르에피네프린은 뇌의 뿌리에서 만들어져서 뇌로 다시 흘러 들어간다. 노르에피네프린은 아드레날린 선에서 분비되는 아드레날린과 비슷해서 '싸울 거냐 아니면 도망칠 거냐' 반응에 필요하며 일반적 두뇌 자극제로서 뇌 활동과 각성을 높여 준다. 노르에피네프린은 어떤 행동에 대한 공포의

기억과 같은 장기기억을 촉발하는 것으로 보인다.

6. 엔도르핀　　엔도르핀은 두뇌의 행복감을 일으키는 '내적 약품' 가운데 하나다. 기술적으로 엔도르핀은 자연적 진통제이며 스트레스를 해소시키거나 신체가 소망한 목표를 성취했을 때 나타나는 자연적 고통 경감제(pain-killers)다. 엔도르핀은 두뇌의 통증과 괴롭힘을 감소시키고, 일반적으로 '행복감' 을 일으키며, 기분을 상쾌하게 한다. 이와 같은 개선된 행복감은 열심히 일하게 하거나 창의성, 깊은 사고력, 보다 효율적인 정신과정을 일으킨다.

이상 뇌의 수많은 신경전달물질 중 이 여섯 가지에 대한 간단한 논의에 근거해서, 신경과학자들이 왜 '화학을 통한 보다 나은 사고' 의 관점을 이야기하는지 이유를 알 수 있을 것이다. 이와 같은 화학물질들은 뇌에 영향을 미치는 식품과 물질들에 관련되어 있다. 예컨대 아미노산의 초기 형태 구성체는 신체가 신경전달물질, 특히 아세틸콜린과 세로토닌을 만드는 데 이용되기도 한다. 이는 이 책 후편에 두뇌 계발 비결의 하나인 '왜 적당한 영양소 배합이 보다 많은 신경전달물질을 만드는 데 도움이 되는지, 이로써 어떻게 두뇌력을 향상시킬 수 있는지' 를 명료히 하는 데 도움이 된다.

#54 두뇌 계발 비결

중요한 비타민 C, 두뇌력 향상

우리는 이 책의 앞에서 여러 가지 영양실조가 두뇌에 미치는 영향을 알아보면서 비타민 C(ascorbic acid)의 역할에 대해 논의하였다. 이제 영양학적으로 적당한 비타민 C의 섭취가 두뇌력의 가능성을 최대화시키는 데 어떠한 긍정적 효과를 미치는가를 설명하고자 한다. 정신능력을 높이기 위해서 비타민 C를 활용함으로써 얻어지는 이점과 전략을 생각해 보기로 하자.

비타민 C는 뇌 생화학에 하나의 주요 산화방지제로서 중요한 역할을 하고 있다는 것을 명심하라. 사실상 뇌는 노화방지를 위해서 다른 어떤 신체 부분보다도 15배 이상 많은 비타민 C를 필요로 한다. 그런데 신체는 스스로 비타민 C를 생산해 내지 못한다. 그러므로 신체 밖에서 이러한 영양소를 공급받아야 한다. 비타민 C는 다른 산화방지제, 아미노산 글루타티온과 밀접하게 관련되어 있으며, 이 글루타티온은 비타민 C가 침투할 수 없는 영역인 뇌세포 내 지방 세포막 안에서 작용한다.

또한 비타민 C는 뇌의 다른 산화방지제인 비타민 E(두뇌 계발 비결 #56 참조)의 공급을 돕는다. 비타민 E는 유리기의 강력한 활동으로 고갈되기 쉬운 영양소다. 비타민 C는 불안감을 해소시키고, 수면을 촉진시키며, 정신적 각성을 강화시켜 주고, 나아가서 잠재적 해독제작용을 한다. 또한 유리기로부터의 해를 막기 위해 신체의 모든 세포를 목욕시키고 유리기와 일단 접하면 비타민 C 분자가 그 유리기들을 중화시킨다. 이러한 중화작용은 몸에 비타민 C가 충분히 공급될 경우

매초 수백만 번 일어난다. 그리고 비타민 C는 IQ를 5점 정도 높여 줄 수 있는 것으로 보인다.[10]

복용량: 매일 1000~3000mg을 복용하되 500mg씩, 비타민 정제나 분말을 충분한 물로 복용하여 몸에 흡수를 용이하게 할 수 있다. 기술적으로 비타민 C는 건강한 사람이라 할지라도 하루에 10,000mg까지가 안전하다. 즉, 설사를 일으키지 않는다는 뜻이다. 분명한 것은 몸이 아플 때는 비타민 C 섭취량을 급격하게 증가시켜 신체의 저항력을 기를 필요가 있다. 흡연자라면 담배 한 대당 몸에서 비타민 C 25mg을 빼앗긴다. 만약 65세 이상이면 매일 3~9mg의 비타민 C를 빼앗기고 있는 것이다.

비타민 C는 어떻게 두뇌에 펌프질을 하는가

자연은 비타민 C의 펌프라 불리는 하나의 특성을 두뇌와 척수에 제공한다. 즉, 비타민 C가 필요할 때 신체의 비타민 C 공급은 중추신경계 유체와 같이 특수영역에 펌프질을 하고 집중시킨다는 의학적 개념이다. 중추신경계통에는 불포화 지방이 고도로 집중되어 있다. 이 말은 산화와 유리기의 치명적 영향을 받을 수 있다는 것을 의미하기도 한다.

다시 말해, 비타민 C 공급은 일반적 혈액 공급을 할 때 그 펌프를 통해 이루어지며 중추신경 유체 안에 정상적 양의 10배나 집중되어 있다는 뜻이다. 비타민 C 펌프는 이때 이 중추신경 유체에서 비타민 C를 뽑아내 이것을 두뇌에 공급한다. 즉, 10의 인수만큼 여기에 집중한다.

뇌세포는 신체의 다른 어떤 부위보다 100배나 더 많은 비타민 C가 집중되어 있는 바다에서 항해하고 있다고 볼 수 있다. 따라서 이렇게 신체에 비타민 C를 계속적으로 적절하게 공급하는 것이 얼마나 중요한가를 알 수 있다.

✠ 두뇌 계발 연습 # 30

탐정과 두뇌력의 작은 회색세포 3

작은 회색세포에 도움을 주기 위해 탐정 기술을 활용할 수 있도록 다섯 가지 연습 중 세 번째 방법을 여기에 제시한다.

셜록 홈즈는 매우 많은 작은 회색세포를 가지고 있었는데, 만약 그가 해결해야 할 문제에서 요구되는 일류급 추리력을 갖고 있지 않았다면 주의산만하고 성마른 사람으로 성장했을 것이다. 그가 계속 바쁜 슈퍼맨 같은 인간이 아니었다면 주의산만하고 짜증스러운 인간으로 성장했거나 빅토리아 홈즈처럼 마약에 의존했을 것이다.

당신의 탐정가로서의 분석 능력을 뉴스와 아파트 광고에 적용해 보라.

- 마치 모든 사람들이 거짓말을 하고 오도하고 있거나 아니면 단지 반 정도만 진실을 말하고 있는 것처럼 행동하라.
- 모든 광고가 당신을 특정한 의도대로 움직이게 하고 그것이 진실이 아니거나 그 제품이 적절하지 않음에도 불구하고 열심히 선전하고 있다고 가정해 보라.
- 그것의 액면 가치에 대해 일주일 동안 어떤 조치를 취하지 말고 기다려 보라. 그 미디어가 보여 주고 있는 모든 것의 이면에 숨어 있는 진실을 바라보라.
- 그 제시된 정보대로 당신이 무의식적으로 행동하지 못하도록 하라.
- 그 이야기의 진실을 그려 보라. 어째서 진실을 말하고 있지 않는가?
- 누가 그 혜택을 보고 있는가?
- 그 제시된 정보의 이면에 숨어 있는 편견이 무엇인가?

- 어떤 정보가 빠져 있는가? 아무도 그것을 눈치 채지 못하도록 하는 '속임수'가 무엇인가?
- 그 광고가 자신에 대해서 좋은 느낌을 갖게 하는가, 아니면 나쁘게 하는가?
- 이 광고에 나오는 인물이 무엇을 생각하게 하고 행동하게 하고 사고 싶은 마음이 들게 하는가?

두뇌 계발 연습 #31과 #32에서 더 많은 탐정들을 찾아보라.

#55 두뇌 계발 비결
가정에서 만드는 두뇌화학물질 - 두뇌력 식단에 콜린을 넣어라

과학자들이 기억력에 필수적인 것으로 믿고 있는 신경전달물질인 아세틸콜린은 콜린과 초산염(아세테이드)에서 만들어지는 것이다. 이와 같은 두뇌화학물질이 적절히 공급되지 않는 한 두뇌는 새로운 정보(기억들)들을 완전히 저장할 수 없으며, 그 기능을 자연스럽게 발휘하지 못한다.

이것은 두뇌 계발 비결에 즉시 그 자체로 이용할 수 있는 적합한 생화학적 성분이다. 두뇌에 충분한 아세틸콜린을 공급하려면 콜린과 레시틴을 영양 보충제나 음식으로 섭취해라.

레시틴은 몸에 있는 모든 세포 구조의 일부로서, 특히 신경계통과 두뇌에 있는 하나의 자연물질이다. 실제로 레시틴은 두뇌의 수분을 제외한 무게의 약 30%를 차지하고 있다. 레시틴은 신경 섬유의 지방 같은 덮개(미엘린이라 부르기도 함)에 영양을 공급하며, 아세틸콜린의 전조다. 영아들은 신체조직에 높은 수준의 콜린을 갖고 있다. 왜냐하면 신경 주변에 미엘린을 구축할 필요가 있기 때문이다.

복용량: 만약 포스패티딜콜린(10%의 콜린)을 섭취하고 있다면, 매번 섭취량에 2.5~3g을 매일 네 차례 주입하거나 매일 10g까지 주입할 수 있다. 콜린 그 자체만 섭취하고 있다면 매일 1g까지 섭취하고, 레시틴(20%의 포스패티딜콜린을 함유하고 있는)을 섭취하고 있다면, 이것은 신체조직에 천천히, 그리고 꾸준히 유출되므로 하루에 두 번 복용하라. 영양학자들은 6개월 이상 지속적으로 섭취할 것을 권장하고 있다.

비타민 B_5(판토텐 산, 비타민 B복합제의 하나) 혹은 칼슘 판토데네이트를 동시에 복용하라. 뇌는 콜린을 아세틸콜린으로 전환시켜 주는 이 물질을 필요로 하기 때문이다. 처음에는 콜린을 소량씩 복용하고 그런 다음 설사가 날 수 있으므로 점차적으로 증가시킨다. 조병 우울증으로 진단받은 사람은 콜린을 먹어서는 안 된다.

왜 두뇌에 콜린이 필요한가

모든 인간에게 콜린은 기억과 정보저장의 신경전달에 필수적인 물질이다. 이와 같은 역동적 활동에서 아세틸콜린은 핵심적 역할을 한다. 신경세포 사이의 메시지 전달에 없어서는 안 될 두뇌화학물질인 것이다.

사람이 나이가 들면 두뇌의 아세틸콜린이 줄어들게 되는데, 그 이유는 이 효소가 점점 덜 활동하게 되기 때문이다. 노인에게 나타나는 다른 생화학적 변화에 두뇌 역시 영향을 받으며 이 신경전달물질의 활동이

기가 꺾이거나 심하게는 파괴된 결과로 기억력이 쇠퇴된다.

다행스러운 소식은 음식을 통해서 몸에 들어오는 콜린은 뇌혈장벽을 횡단할 수 있어서 이것을 사용하여 아세틸콜린을 만들 수 있다는 것이다.[11] 연구자들은 현재 콜린 보충이 기억력을 향상시킬 수 있다고 보고 있다. 만약 콜린의 보충이 중단되면 일반 젊은이들의 기억력도 감퇴될 수밖에 없다.

또한 과학자들이 가정하기를 인간의 결정적 발날시기인 영아기에 콜린 섭취를 증가하면 조기에 기억력을 영원히 발달시킬 수 있다고 가정하고 있다.[12] 인간의 초기 성장 단계에서 콜린을 투여하면 신경세포의 발달에서 중요한 생화학적 변화를 일으켜 기억력과 정신적 정확성을 촉진시키고, 나이와 관련된 기억력 쇠퇴를 완화시킬 수 있다는 것이다.

콜린을 부가적으로 투입하면 어떻게 부진한 학생들의 능력증진에 도움이 될까

유명한 영양학지 칼슨 웨이드는 콜린이 학습부진과 다른 두뇌 결핍 문제를 어떻게 해결했는가에 대해 하나의 생생한 이야기를 썼다. 그는 한 고등학교 교사가 교실 수업에서 많은 실수를 하고 그의 학생들도 시험에서 많은 실수를 저지른 이야기를 썼다.

그 고등학교 교장은 교실을 방문했을 때 그 교사가 학생들의 이름을 혼돈하고, 오답을 하고, 잘못 이해하고 있는 것을 보고 깜짝 놀랐다. 그리하여 이 교장은 교사에게 영양학자에게 가서 영양검사를 받아 보라고 권했다. 다행히도 이 영양학자는 이 교사의 두뇌력과 관련된 영양에 문제가 있는 것을 발견했다.

이 영양학자는 이 교사의 콜린 수준이 심각하게 낮았고 아미노산 트립토판(동물의 무색아미노산)과 티로신이 심각하게 결핍되어 있는 것을 발견했다. 그래서 그는 이 교사에게 영양 보충 다이어트 처방을 하고 매일 레시틴 함유물(신경세포 및 알의 노른자 속에 있는 지방과 비슷한 화합물)을 4스푼씩 복용할 것을 권했다. 이 영양보충을 통해 이 교사의 두뇌에 올바른 영양이 공급되었고 부족했던 신경전달물질이 점차 증가하기 시작했다.

10일 이내에 이 교사는 전혀 다른 사람으로 변했다. 52세에도 불구하고 그는 젊은 사람 못지않게 각성되었으며, 마지막에는 말을 똑바로 할 수 있었고, 혼란스러운 사고도 멈추었으며, 말실수도 하지 않게 되었다. 결국 기억력은 다시 상당히 예리해졌고 이제는 학생들의 이름, 날짜, 장소, 사건들을 정확하고 빠르게 거침없이 말할 수 있게 되었다. 그리하여 그의 직책을 유지할 수 있었다.

콜린이 풍부한 식품들

레시틴이 들어 있는 식품은 대부분의 씨앗 오일인데, 정제되지 않은 식물성 오일이 있다. 특히 콩기름은 2%의 레시틴을 함유하고 있다. 콜린과 레시틴 보충제들은 정제나 가루, 작은 낟알 혹은 용액을 통해 손쉽게 구할 수 있다. 최선의 효과를 거두기 위해서는 레시틴에 최소한 30%의 포스패티딜콜린이 포함되어 있어야 한다. 포스패티딜 콜린은 포스폴리피드(phospholipids)라 불리는 한 복합물의 일부인데 이것의 전문 용어가 레시틴이다.

콜린이 많이 들어 있는 식품은 다음과 같다.

- 맥아(1/2 컵), 2,820mg
- 땅콩(1/2 컵), 1,113mg
- 달걀(큰 것 2개), 800mg
- 송아지 간(3.5 온스), 850mg
- 밀가루(1/2 컵), 613mg
- 백미(1/2 컵), 586mg
- 송어(3.5 온스), 580mg
- 피칸(미국의 호두의 일종, 1/2 컵), 333mg
- 레시틴 미립(1 티스푼), 250mg
- 레시틴 캡슐(1,200mg), 25mg

두뇌활동을 하기 전에 콜린 칵테일을 시험해 보라

영양학자 로버트 하스는 '정신적 에너지와 기억력 향상, 그리고 노화를 촉진하는 유리기를 막기 위한 노화방지제가 필요한 환자들에게' 특별히 가정에서 만든 콜린을 많이 권하고 있다.

다음 성분의 정제를 가루로 만든 다음 과일 주스와 함께 믹서에 2~4개의 얼음조각을 넣어서 부드러워질 때까지 갈아라.

- 1,500mg 콜린
- 100mg DMAE(두뇌 계발 비결 #59 참조)
- 100mcg 크롬 피콜리네이트(picolinate)
- 60mg 징코 빌로바
- 1~5mg 비타민 B_1
- 1~9mg 비타민 B_2

- 20mg 비타민 B_3
- 100mg 비타민 B_5
- 2mg 비타민 B_6
- 1,000mcg 비타민 B_{12}
- 1,000mg 비타민 C
- 400mcg 엽산
- 15mg 조효소 Q10
- 100mg 카페인(녹차 추출물이 더 좋음)
- 8온스 과일 주스
- 400 IU 비타민 E

하스에 따르면, 이 칵테일을 복용한 후 30~60분 지나면 정신능력이 두드러지게 맑아진다고 한다. 이 칵테일을 매일 아침 습관화된 커피 대신이나 어떤 중요한 두뇌를 활용할 과업을 시작하기 전에 마셔 보라.

✠ 두뇌 계발 연습 # 31
탐정과 두뇌력의 작은 회색세포 4

이 연습은 작은 회색세포에 도움을 주기 위해 탐정기술을 활용할 수 있는 다섯 가지 연습 중 네 번째다.

한때 나는 6주 동안 일주일에 한 번 PBS방송의 미스터리 극장 제임스의 디바이스와 디자이어(Devices & Desires) 버전을 한 시간씩 본 일이 있다. 나는 일부러 그 원전을 읽지 않고 마지막 에피소드가 끝날 때까지 그 이야기의 비밀을 즐겼다.

나의 해결방법은 제임스가 생각했던 것보다 훨씬 복잡했다. 나는 제임스보다 훨씬 더 이야기를 왜곡시키고 전환시켜서 정도를 벗어나 더 탐정적이 되게 하였고 제임스가 구상했던 것보다 훨씬 더 장대한 음모를 꾸몄다.

마지막 에피소드가 가까워졌을 때 나는 실망했고 내가 만든 버전이 보다 만족스럽고 문체가 화려했다고 생각하였다. 나는 이 저자가 일부러 의도적으로 어떤 미로를 구성하고 있는지 보고 싶었고, 이야기가 명쾌한 해결책을 보여 주기 전에 아마추어 탐정 소설가인 내가 생각해 낼 수 있는지 알고 싶었다.

이와 같은 맥락에서 기계부속품들을 해체시키고 나서 그 부속품들을 어떻게 한데 모아 재조립할 수 있는지 연구해 보자.

- 이것은 두뇌 계발 탐정 작업의 또 다른 측면이다. 시계나 풀 깎는 기계, 라디오, 녹음기, 세탁기, 자동차 엔진을 해체시켜 볼 수 있을 것이다.
- 이 기계가 이미 부서져 있거나 매우 낡은 것이거나 불필요한 것이거나 값이 별로 나가지 않는 것이라면 더 좋을 것이다.
- 만약 당신이 부자이고 차고에 자동차 한 대를 더 갖고 있어서 자동차를 분리해 볼 수 있는 여유가 있다면 보다 더 많은 두뇌력을 얻을 수 있을 것이다.
- 이와 같이 야심차지만 간단한 연습은 매뉴얼 없이 이루어질 때 더 많은 분석적 능력을 연마할 수 있다.
- 시각적 검토와 사고를 통해서 그 디자인 원리를 만들어 낼 수 있는지 살펴보라.

두뇌 계발 연습 #32에서 탐정 연습을 더 찾아보라.

#56 두뇌 계발 비결

두뇌력 저장고를 지켜라, 다른 스마트 정신 영양소를 가득 채워라

좋은 영양식은 어떤 경우에나 이로운 것이지만, 특히 두뇌력을 기르고자 할 때는 더욱 더 필요하다. 이 장에서 두뇌력 저장을 위해 보통 이상의 높은 양이 요구되는 어떤 중요한 영양분을 찾아볼 것이다.

비타민 E, 두뇌력 보장

비타민 C와 같이 비타민 E는 기본적 노화방지물질로서 여덟 개의 영양소를 갖고 있는 토코페롤이라 불리는 복합물질의 일부다. 비타민 E는 자연상태로 존재하는 것으로 알려진 가장 강력한 지용성 산화방지물질이다. 이 영양소는 신경세포를 보호하고 일반적으로 유리기의 손상으로부터 뇌조직을 보호한다.

비타민 E는 두뇌력 지킴이로 여길 수 있다. 예컨대 징코 빌로바만큼은 두뇌력에 많은 도움을 주지 못하지만, 이미 갖고 있는 두뇌력을 보존하는 역할을 하며, 유리기의 파괴적 효과와 노화에 따라 손실되는 두뇌력을 보호한다. 비타민 E는 셀레늄과 협동해서 산화방지제로 작용하고 있기 때문에 비타민 E의 효과를 보려면 셀레늄 수준을 적절히 유지하도록 하라(두뇌 계발 비결 #52 참조).

비타민 E가 많이 든 식품에는 차게 누른 정제되지 않은 견과류, 씨앗과 콩기름, 맥아, 알곡, 견과류, 달걀, 검은 잎 야채들이 있다. 비타민 E는 영양보충제를 통해서도 얻을 수 있는데, 특히 '자연 혼합 토코페롤’ 의 형태로 된 것은 자연적인 종합 비타민 E이며, 특별히 ‘균사체화된’ 형태로 지용성 비타민이 잘게 부서져 있어 물에 잘 녹으며 빠르게 흡수된다.

복용량: 하루에 800~1,220IV를 복용하고 1,600IV를 초과하지 않는다. 비타민 E는 지용성이기 때문에 신체 조직에 저장할 수 있다(수용성인 비타민 C와는 다르다). 그러므로 과용하면 해로울 수 있고, 지나치게 많이 복용하면 아드레날린과 티로이드(thyroid), 그리고 생식선에 해로울 수 있다.

비타민 A, 최고의 노화방지제

비타민 E와 같이 비타민 A는 두뇌에 있는 유리기에 저항하는 신경세포를 보호하기 위하여 지용성 산화방지작용을 하여 지능을 보호하는 데 도움을 준다. 베타카로틴이 비타민 A의 전조인데, 이것이 일단 몸 안에 들어오면 비타민으로 전환된다. 베타카로틴은 ‘단일체’ 라 불리는 산소 유리기의 한 특수 형태의 활동을 억제할 수 있는 능력을 가진 유일한 항산화제다.

이 단일체 산소 유리기는 물질대사의 자연스러운 과정에서 형성되며 오존이나 직사광선에 몸이 노출되어 발생한다. 또한 흡연이나 공기오염, 다른 환경 독소를 통해 몸 안으로 들어온다. 이것이 일단 몸 안에 들어오면 혈액 두뇌 장애물을 쉽게 건널 수 있으며 예민한 두뇌 조직을 파괴하기 시작한다.

베타카로틴만이 유리기의 파괴적 형태를 중화시킬 수 있다. 비타민 A가 많이 함유된 식품에는 동물(소, 닭)의 간, 생선 기름, 당근, 시금치, 케일, 고구마, 호박, 살구, 파파야 등의 모든 황색과 오렌지색 야채들이다.

복용량: 높은 수준의 건강을 위하여 대부분의 영양학자들은 매일 10,000~35,000IV를 권장한다. 어떤 영양학자들은 매일 15~30IV 베타카로틴(25,000~50,000IV)을 권장한다. 유념할 점은 이때 납 수준을 적절히(매일 20~25mg) 유지시켜야 하는 것인데, 그 이유는 납 성분은 간 속에 있는 저장소로부터 비타민 A를 뽑아내는 데 필요하기 때문이다.

비타민 A는 영양보충제나 지방분이 함유된 식사에서 식품 형태로 섭취하는 것이 좋다. 단, 비타민 A를 지나치게 과용하지 않도록 해야 한다. 왜냐하면 매일 500,000IU나 300mg보다 많은 양은 높은 수준인데 이와 같은 높은 양의 섭취는 여러 가지 가벼운 중독 증상을 나타낼 수 있다. 그러나 이러한 가능성은 매우 희박하다. 영양학자들이 예상하기로는 약 37%의 미국인들이 비타민 A 결핍이기 때문이다.

#57 두뇌 계발 비결

보다 많은 두뇌력을 위하여 보다 많은 노화방지 영양식을 하라

이 부분에서 제시하는 비타민과 영양소들은 이 책의 앞부분에서 언급한 결핍의 가능성이 있는 것들이다. 여기서의 목적은 두뇌력을 표준 RDA보다 약간 높은 수준으로 향상시키기 위해서 영양공급의 효과를 높이는 방안을 알려 주기 위한 것이다. 비타민 B는 모든 비타민 B군의 최소 필요량을 함유한 한 개의 알로 정제된 것을 섭취하는 것이 효과적이다.

비타민 B_1은 신경계통을 활성화시킨다

이 책의 첫머리에서 언급했듯이, 만약 비타민 B_1의 심각한 결손이 있을 경우 정신적 신경계통에 약간의 이상 징후가 나타난다. 이러한 징후에는 불안, 우울증, 기억력 감퇴, 정신혼돈, 집착, 반복적 생각이 포함된다. 또한 이러한 징후는 스트레스를 받을 때 더욱 악화되는 경향이 있다. 만약 술을 많이 마시는 사람이라면 특히 티아민을 많이 보충해야 한다.

티아민은 또한 신경계통 기능에 에너지를 공급하는 강력한 산화방지 물질이다. 실제로 티아민은 신체가 식품으로부터 유용한 에너지로 전환시키는 과정에서 매우 중요한 역할을 한다.

복용량: 매일 25～100mg 혹은 250mg을 세 번으로 나누어 5시간 간격으로 복용한다.

기억력 손실을 막기 위한 비타민 B_3

비타민 B_3는 비타민 B군에서 매우 중요한 영양소인데 노화방지 영양소라고도 불린다.[13] 니코틴산(Niacin 혹은 Nicotinic acid)은 보다 많은 산소 공급을 위해 적혈구 세포의 능력을 개선하는 데 도움을 준다. 즉, 이 니코틴산에 적혈구 세포 개선 능력이 있다는 것은 뇌가 식품을 산소 형태로 더 많이 얻을 수 있다는 의미가 되는 것이다.

연구 결과에 따르면, 니코틴산은 손상된 기억력을 되살릴 수 있을 뿐 아니라 이미 기능을 발휘하고 있는 기억력을 향상시킬 수 있다. 청장년의 건강한 연구 대상들에게 매일 니코틴산 141mg을 한 달간 투입한 결과 표준검사에서 10～40 %의 개선 효과가 나타났다.

복용량: 니코틴산 복용은 두뇌력을 향상시키는데 기억력 강화는 다음과 같이 연령에 따라 다르다. 20~29세는 매일 100mg, 30~39세는 300mg, 40~49세는 500mg, 50세 이상은 1,000mg을 복용하는 것이 효과적이다. 통계적으로 말한다면 전형적인 노화의 초기, 즉 60세 정도에 영양보충을 시작해서 노화를 미연에 방지하는 것이 효과적이다.

니코틴산은 식사 직후 복용할 때 가장 잘 흡수된다. 일반적으로 50mg 이상일 때 볼이 붉어지거나 가렵거나 따끔거리는 느낌을 경험할 것이다. 그러나 몸에는 아무런 해가 없다. 이 니코틴산을 규칙적으로 복용하면 몸이 적응되면서 사라지게 될 것이다.

두뇌의 노화를 방지하기 위해서 비타민 B_5

비타민 B_5는 정력을 증가시키고 스트레스를 감소시킬 수 있는 하나의 강력한 노화방지제다. 신체에서 콜린을 필수신경전달물질인 아세틸콜린으로 전환하기 위해서는 판토텐산(B_5)의 적절한 공급이 필요하다. 이 신경전달물질은 한 두뇌세포에서 다음 두뇌세포로의 메시지 전달을 가속화시킨다.

비타민 B_5는 신경계통의 정상적 기능을 유지시켜 준다. 생쥐를 실험실에서 연구한 결과, 과학자들은 비타민 B_5가 노화를 방지하는 자산을 가지고 있다는 것을 발견하였다. 또 한 연구 결과에 따르면, 비타민 B_5를 많이 먹인 쥐들은 먹이지 않은 쥐들이 550일밖에 살지 못한 것에 비하여 653일간이나 살았다. 이를 인간의 수명에 비추어 환산한다면 수명이 75세에서 89세로 늘어난 것과 같다.

복용량: 매일 250~750mg

비타민 B_6는 두뇌화학물질을 더 많이 만드는 데 도움을 준다

이 비타민은 또 다른 스트레스 방지 영양소이고 몇 가지 주요 신경전달물질을 만드는 데 필요한 영양소다. B_6가 결핍되면 중요한 두뇌화학물질을 만들 수 있는 신체능력이 심각하게 감소되어 정신력이 감퇴되는 징후가 나타난다.

복용량: 남자는 매일 2mg 여자는 1~6mg이다. 의사의 권고 없이 하루에 500mg을 초과해서는 안 된다.

#58 두뇌 계발 비결
영양분을 활용한 6가지 슈퍼 두뇌력 증진제

1. 페닐알라닌(필수아미노산의 일종)은 두뇌력을 증진시킨다

이 페닐알라닌은 단백질이 풍부한 식품에서 공통적으로 발견되는 아미노산으로서, 흔히 가루약으로 된 특수 두뇌력 증진제로 섭취할 수 있다. 페닐알라닌은 신경전달물질(특히 노르아드레날린)을 구축하는 생화학적 과정에서 중요한 역할을 하며, 스트레스나 위험, 흥분된 순간 즉시 소모되어 버리는 아미노산이다. 또한 노르아드레날린은 두뇌 에너지를 부추기고, 기억력과 파지를 높이며, 감각적 지각을 예리하게 하고, 집중력을 향상시키는 신경전달물질이다. 이 페닐알라닌이 정신적 각성을 높이고 우울증을 없애 준다는 많은 연구결과가 있다.[14]

복용량: 영양학자들은 정확하게 하루에 얼마나 섭취해야 되느냐에 대한 의견은 제시하지 못하고 있다. 그러나 대체적으로 하루에 375~500mg

정도를 공복에 섭취할 것을 권장하고 있다. 또 다른 영양학자들은 페닐알라닌의 D와 L형태(DLPA라 불리는 것)를 섭취하면 정신이 맑아지고 높은 에너지 수준을 유지할 수 있고 기분도 상쾌해질 수 있다고 권고하고 있다. 특히 아침 공복에 DLPA 1,000~1,500mg을 섭취한 다음 오후에 비타민 B_6 100mg, 비타민 C 500mg을 섭취하라.

두뇌력을 높이기 위해서 페닐알라닌 가루에 벌 꽃가루 2스푼, 꿀 2스푼, 징코 빌로바와 인삼액 각각 25방울을 떨어트리고 DMAE 한 방울을 따뜻한 물에 넣어 휘저은 다음 커피 대신 아침 식전에 마셔라.

2. 글루타민은 두뇌를 맑게 하고 에너지를 불어넣어 준다

글루타민은 글루타민산이라 부르는 두뇌화학물질을 만드는 또 다른 두뇌 증진 아미노산이다. 글루타민은 '하나의 두뇌 휘발유, 두뇌 정력제, 두뇌 명료제' 로서의 명성을 갖고 있어서 사고를 명료하게 하고, 각성 수준을 높이며, 전반적인 기분을 향상시켜 준다.

또한 글루타민에는 두뇌혈관장애를 극복할 수 있는 능력이 있어서 영양제로 섭취할 때, 정상적인 음식소화의 정상적인 채널을 통하는 것보다 두뇌에 더 신속히 전달될 수 있다.

일단 뇌에 들어가면 글루타민은 글루타민산으로 바뀌면서 암모니아 제독 작용을 하게 된다. 뇌에 암모니아 수준이 지나치게 높으면(두뇌에 있는 단백질 물질대사의 부작용으로 나타날 수 있음) 짜증이 나고 신경과민을 야기할 수 있다.

뇌에 글루타민 지수가 낮으면 암모니아 수준이 상승하고, 그렇게 되면 피로를 유발하고, 정신이 혼미해지고, 기분이 왔다 갔다 하며, 일반적으로 정신집중이 안 된다. 한 영양학자가 말했듯이 글루타민을 복용하는 것은 "마치 두뇌에 자유 연료원을 틀어 놓는 것과 같다."

잠시 동안 에너지를 공급하는 커피보다 글루타민은 두뇌에 보다 많은 에너지를 실제로 만들어 내는 두뇌 휘발유다. 시험 전에 글루타민 영양제를 복용한 학생들은 보다 더 각성이 되고 자신감이 생기고 정신이 명료해졌다고 보고되었다.

복용량: 처음에는 매일 250~500mg을 복용하고 다음에는 1.5g까지 올려 나간다.

3. 아르기닌, 기억력 상실을 방지하는 아미노산

아르기닌은 일종의 아미노산으로서 정액과 혈관조직, 뇌세포에서 발견되는 스퍼민(spermine)으로 전환된다. 스퍼민이 심각할 정도로 낮으면, 기억상실의 초기 현상이 나타나기 시작하고 노화현상이 나타난다.

긍정적인 측면에서 아르기닌은 노화방지, 노쇠방지 영양소로서 매우 중요하다. 1990년 미국의 뉴욕 타임스 헤드라인에서 선언하기를 "인간 성장호르몬은 노화를 역전시킨다."라고 하였다. 이 종합 성장호르몬을 위해서는 1년에 20,000달러의 비용이 든다. 이러한 액수는 누구나 감당하기 어려운 금액이다. 그러나 이러한 비용 때문에 두 진보적 영양학자가 훨씬 저렴하면서 동등한 효과를 내는 대안을 개발해 냈다.

『생명 연장(1982)』이라는 영양과 노화에 관한 베스트셀러를 쓴 저자 더크 피어슨(Durk Pearson)과 샌디 쇼(Shandy Shaw)는 두뇌의 성장 호르몬 수준을 높일 수 있는 대안적 방법을 개발해 냈다.

정신능력을 향상시킬 수 있는 처방으로는 다른 어떤 것보다도 아래의 제제를 융합하는 것이 효과적이다.

- 아르기닌 6gm
- 콜린 600mg
- 비타민 B_5 500mg

4. 게르마늄으로 두뇌에 더 많은 산소를 공급하라

게르마늄은 1980년대 발견된 이래 성공적인 두뇌력 촉진제로서 점차적으로 관심을 얻게 된 미네랄이다. 일본 학자인 가스히고 아사히가 발견한 이후 그는 연구 실험실에서 이것을 합성하는 방법을 구상해서 건강에 미치는 효과를 검증했다.

게르마늄은 마늘, 인삼, 클로렐라 등과 같은 많은 약초에 들어 있는 구성요소로 약간씩 함유되어 있다. 기술적으로 게르마늄은 흔히 지구의 지각에서 볼 수 있는 하나의 추적 요소이고 화학 주기율표에도 기록되어 있다.

검사 결과 게르마늄은 면역체계를 자극할 수 있는 능력이 있고, 각종 종양이나 암, 바이러스를 억제하는 긍정적 효과를 갖고 있는 것으로 나타났다. 아사이 박사의 연구에 따르면, 게르마늄 100~300mg을 매일 복용할 경우 각종 질환에 긍정적인 영향을 끼친다. 우리의 목적에 비추어 볼 때 게르마늄은 일반적으로 신체 조직의 산소 흡입 능력을 증가시키기 때문에 흔히 비공식적으로 산소를 대신해서 비타민 O라 부르기도 한다.

5. 게르마늄으로 밤 늦게까지 정신을 맑게 할 수 있다

아사이 박사의 이론에 따르면, 우리 신체의 일부나 시스템에 산소 공급이 적절치 못하면 질병의 한 원인이 될 수 있다. 산소 또는 산소 대체 물질을 증가시키거나 적혈구와 잘 결합하는 물질은 분명 두뇌력을 강하게 한다고 말하고 있다.

캘리포니아의 과학자들은 밤 늦게까지 프로젝트를 위해 정신을 맑게 유지하고 초점을 맞추어야 할 필요가 있을 때 일을 시작하기 전 게르마늄 캡슐 몇 알을 먹는다고 한다. 그렇게 함으로써 그의 두뇌력에 요구되는 충분한 산소를 공급받을 수 있고 누적된 독소에서 발생하는 기억력과 정신 능력의 장애를 제거할 수 있다.

또한 게르마늄은 강력한 체계적인 제독 작용을 한다. 예컨대 치아 치료에서 사용되는 아말감에서 납 성분이 독성으로 나타날 만큼 몸 안에 흡수되었거나 식품 비료, 납 중독성 생선 혹은 PCB 독극물로부터 몸은 오염되었을 수 있다. 게르마늄은 몸 안에 있는 각종 중금속 물질을 잡아 24시간 이내에 제거할 수 있는 능력을 갖고 있다.

복용량: 어떤 영양학자들은 매일 60mg을 권하고 있지만 예방적 차원이나 두뇌 계발을 위한 조치로는 매일 30mg을 복용할 것을 권하고 있다. 약간의 문제가 있을 경우는 매일 50~100mg이고 통증 제거에는 매일 1~1.5g을 권하고 있다. 유기 게르마늄 시퀴옥사이드(sequioxide) 또는 Ge-132라 불리는 것을 확인하라. 이러한 영양소는 알로에 베라, 물냉이, 진주보리(pearl barley), 나래 치지, 마늘, 인삼, 쉬이테이크(shiitake), 레이쉬 버섯(reishi mushrooms), 양파, 약초 수마(suma) 등에 들어 있다.

6. 어째서 산소수(Oxywater)가 당신을 영리하게 만드는가

두뇌에 산소 공급을 증가시키는 방법은 게르마늄을 활용하는 것과 운동을 더하는 기법 이외에 또 다른 응용기법이다. 이러한 기법을 산소화합물(약자로 산소수)기법이라고 하는데, 적은 양의 희석된 과산화수소(H_2O_2)를 마신다는 의미다.

게르마늄과 같은 산소수는 독성 물질이나 신체에 있는 박테리아 오염, 두뇌의 산소 부족을 억제시키는 강력한 기관으로 작용한다. 연구결과에 따르면, 산소수를 규칙적으로 활용하면 각성, 반응, 기억, 심지어 지능까지 향상시킬 수 있다. 치매나 파킨슨씨 병 환자들에게 이것의 반응은 긍정적이다. 이것을 연구하고 있는 한 과학자는 말하기를 "산소수는 바보까지도 치료할 수 있다."라고 한다.

복용량: 특히 2~10방울가량의 묽은 식용 과산화수소(0.5~1.0%로 건강유지에 도움이 되는 수준으로 묽게 한)를 약 6온스가량의 순수 샘물에 첨가해서 매일 서너 번씩 마신다.

상업용으로 판매되고 있는 처방제에는 다섯 가지 향이 나는 Dr. 돈스 박사의 '수퍼록시'와 액체 형태로 이용하는 산소 전해질 용액 보충제인 'EQ02'가 있다.

이것을 복용할 때 징코 빌로바와 비타민 A, C, E와 같은 산화방지제를 동시에 복용하면 과산화수소의 물질대사에 영양 흡수를 증가시킨다.

7. 영리한 아동을 위한 영양 보충제

미국 캘리포니아에서 1991년 획기적인 연구가 12주 동안 이루어졌는데, 이 연구에서 615명의 학교 아동들을 대상으로 실시한 결과 대량 영양 보충이 아동들의 IQ에 영향을 줄 수 있음이 밝혀졌다.[15] 실제로 이들 중 3분의 1가량의 아동들의 IQ가 10점이나 증가한 것으로 기록되었다.

이 연구에서 기록된 커다란 개선은 많은 '정상적이고 건강한' 아동들도 비록 외향적으로는 나타나지 않지만 영양적으로 결핍되었을 가능성이 있음을 보여 주는 것이다. 물론 정신력의 어려움은 영양적으로 결핍되었을 때 나타나는 첫 번째 징후 중 하나다.

캘리포니아 연구에서 사용된 IQ증진제(RDA의 100퍼센트)에는 다음과 같은 것이 포함되어 있었다.

- 비타민 A, 5,000IU
- B_1, 1.7mg
- B_2, 1.7mg
- B_3, 20mg
- B_5, 10mg
- B_6, 2mg
- B_{12}, 6mcg
- 비타민 C, 60mg
- 비타민 D, 400IU
- 비타민 E, 30IU
- 비타민 K, 50mcg
- 비오틴 300mcg
- 폴산 400mcg
- 칼슘 200mg단지(RDA의 20%)

- 크롬 100mcg
- 구리 2mg
- 요오드 150mcg
- 철분 18mg
- 마그네슘 80mg
- 망간 2.5mg
- 몰리브덴 250mcg
- 셀레늄 100mcg
- 아연 15mg

※ 두뇌력의 해부학 #9

두뇌 계발에 영양소가 작용한 증거

- 징코 빌로바, 콜린, 하이데르진(hydergine), 피라세탐(piracetam)을 포함하는 여러 가지 두뇌 계발 약과 영양소들(두뇌 계발 비결 #59 참조)을 함께 또는 그중 한 가지를 복용한 어떤 영화 연출가는 정신력이 명료해지고 스태미나가 왕성해졌다고 보고하였다. 그는 작가 일을 하면서 한 번도 장애를 받은 적이 없었으며, 사고력이 매우 향상되어 빠르고도 정확하게 일을 처리할 수 있었고, 불과 3개월 동안에 TV시리즈 20편을 쓸 수 있었다고 말했다. 또한 "최고의 효율성을 지속할 수 있었던 것 같다."라고 말하였다.[16]
- 콜린과 징코, 인삼, DMAE를 5개월 동안 사용한 한 고객은 "나는 단기기억과 장기기억이 향상되고 있음을 인식했을 뿐 아니라 친구들도 나의 전체적 성향이 향상되고 있음을 감지할 수 있었다."라고 말하였다.

- 또 다른 고객은 징코와 DMAE를 사용해 본 결과 그의 사고력이 완전한 문장을 완성하는 데 도움이 되었다고 보고하고 있다. 그는 지난 수년 동안 완전한 문장을 쓰는 데 어려움을 겪고 있었다고 했다. 이러한 영양소들은 말하기 능력 향상에도 도움이 되었다.
- 한 고객은 콜린을 사용한 이후 즉시 그 자신을 포함하여 상대방의 대화에 집중할 수 있었다. 또한 시력도 좋아지고 어휘력과 일반 사고능력이 매우 간결하게 되었다고 했다.
- 콜린을 이노시톨(근육당, 筋肉糖) 혹은 레시틴(300~400mg)과 함께 작업을 하는 동안 매 3시간마다 같은 양을 복용한 한 컴퓨터 프로그래머는 "단기시각기억이 약간 향상되고 있음을 느꼈다(나는 모든 내용을 더 많이 내 머릿속에 간직할 수 있었다). 만약 내가 이 영양소들을 복용하지 않았더라면 같은 수준의 일을 수행할 수 없었을 것이다."라고 했다.

✻ 두뇌 계발 연습 # 32

작은 탐정과 두뇌력의 작은 회색세포 5

이는 작은 회색세포에 도움을 주기 위해 학교 생활에 활용하기 위해서 탐정 기술을 활용할 수 있는 다섯 가지 연습 중 마지막 방법이다. 탐정가로서의 예리한 분석력과 관찰력을 적용해서 하나의 영화 줄거리를 분석해 보라.

- 해리슨 포드가 주연한 '도망자(Fugitive)'란 영화를 본 일이 있을 것이다. 말할 필요도 없이 이 영화는 매우 흥미 있는 스릴러임에는 틀림없지만, 또한 매우 교묘하게 꾸며진 이야기이기도 하다. 좌측 두뇌의 분

석능력을 개발하기 위한 또 하나의 연습으로서 이 영화의 줄거리를 흐름도로 그려 보라.

- 이 이야기의 단서들이 어떻게 풀려 나가는지 주의 깊게 관찰함으로써 리차드 킴블 박사가 실제로 무죄인지 탐정가 제라드가 알게 되었는가를 살펴보자.
- 이와 같은 방법으로 히치콕의 더욱 흥미진진한 탐정 스릴러, '새' '현기증' '이창' 등의 영화 가운데 하나를 선택해서 이야기의 줄거리의 전개과정을 도표로 그려 보라.
- 또 하나의 연습은 정확한 순간을 찾아내는 것이다. 긴장감과 서스펜스를 점점 높이고, 위협감을 깊게 하고 이야기의 줄거리를 마치 단단히 가죽끈에 묶인 개가 그 가죽끈을 풀고 나가는 것 같은 히치콕의 이야기 과정을 살펴보라.
- 히치콕의 이야기 줄거리는 당신의 정신과 감정에 무의식적으로 함께 작용할 것이다. 여기서의 두뇌력 연습은 그 주인공이 어떤 행동을 하고 있는지를 보는 것이다. 이러한 훈련은 관찰력과 연역적 귀납적 사고력을 훈련시키고 늙은 주인공에 대한 존경심을 더욱더 갖게 할 것이다.
- 히치콕의 영화를 한층 눈여겨보면 그 자신이 중요하지 않은 배역으로 항상 등장하고 있는 것을 발견할 수 있을 것이다. 히치콕의 이와 같은 장난기 있는 속임수를 통해 다음의 두 가지 연습을 할 수 있다.
- 첫 번째는 그의 영화 20편을 보고 각각의 영화에서 그가 어떻게 다른 방법으로 등장하는지를 목록화해 보라.
- 두 번째는 이 영화에서 그가 해도 좋을 만한 다른 20가지 방법들을 생각해 보라.

59 두뇌 계발 비결

두뇌력 계발에 필요한 6가지 스마트 약품과 영양소

지난 15년 동안 스마트 약품이라 불리는 두뇌 계발을 위한 새로운 형태의 약품들이 시장에 나타났다. 아직 이러한 약품들은 실험단계에 있어서 FDA의 공식적인 승인을 받은 것은 아니지만 많은 관심과 연구가 이루어지고 있다. 따라서 이러한 약품들은 시판되지는 않기 때문에 필요할 때는 대부분 특별한 공급원을 통해서 주문해야 한다(참고 자료를 볼 것).

미국의 어떤 지역에서는 이러한 스마트 약품에 대한 인기 때문에 '두뇌 칵테일바' 까지 생겼다. 이곳에서 카운터에 앉아서 겟 스마트 싱크 드링크(Get Smart Think Drink)라 불리는 드링크를 당근과 셀러리에 곁들여 주문할 수 있다. 이들 약품 가운데 일부는 상업용으로 시판되고 있으며, Blast, Rise and Shine, Memory Fuel, Energy Elicksure, Psuper Psonic Psyber Tonic 등 색다른 이름으로 제공되고 있다.

이들 약품들의 주성분들은 대체적으로 건강식품으로 비타민, 미네랄, 아미노산과 추적 성분(trace elements)이 포함되어 있으며 페닐알라닌(노르아드레날린을 만드는)이나 콜린(아세틸콜린을 만드는)이 계속 추가되고 있다.

그렇다면 스마트 약품들은 안전한가? 과용하지 않는다면 안전할 것이다. 일반적으로 이 약품들은 적절한 산소공급과 함께 제공됨으로써 두뇌에 활력을 불어넣고, 두뇌의 조직으로부터 세포 찌꺼기를 제거하고, 뇌의 기본적 신경전달물질을 만들기 위해서 뇌에 필요한 자연산물질을 공급한다. 산소는 당신 두뇌를 보호하고 예리하게 하는 양쪽 칼날이다.

또한 산소는 두뇌에 활력을 불어넣고 사고력과 회상력을 보다 분명하고 신속하게 해 준다. 그러나 처음에 산소에서 유발된 형태인 뇌 안에 있는 유리기는 신경 손상을 증가시킨다. 대부분의 스마트 약품이 갖고 있는 독특한 장점은 많은 두뇌 계발에 필요한 산소를 공급하면서 동시에 산소에서 생성된 유리기에서 유발될 수 있는 잠재적 손상으로부터 뇌를 보호한다는 것이다.

1. 피라세탐(Piracetam), 양쪽 뇌를 연결시키는 다리

이 약품은 합성 약품으로 벨기에에서 처음 개발되었다. 흔히 누트로필(Nootropil)이라고 하며, 이 약을 사용하는 사람들은 이를 '뇌 각성제(wakes up your brain)' 라고 부른다. 누트로필이라 불리는 새로운 유형의 약품들의 일부는 '마음에 작용한다.' 라는 뜻으로 오늘날 우리가 활용할 수 있는 스마트 약품의 대부분을 차지하고 있다.[17]

아미노산 피로글루타메이트로 만들어진 화학제품에 가까운 피라세탐은 다음과 같은 작용을 하는 것으로 알려져 있다.

- 기억력 향상
- 산소 결핍 상태에서 일반 뇌기능 강화
- 뇌활력 증가
- 좌우 뇌반구 사이의 정보 흐름을 촉진한다.
- 뇌를 자극해서 콜린과 이와 관련된 물질을 위한 뇌의 신경 안에 있는 수용체의 사이트를 보다 많이 증가시킨다.

피라세탐을 매일 800mg 복용한 한 비서는 자신의 머리가 맑아지고 현명해졌으며 기분이 상쾌해졌다고 말했다. 이 약품의 다른 사용자는 운전을 할 때 정신이 맑아지고 새로운 아이디어를 창출하는 데 도움이 되었다고 하였다. 또 다른 사용자는 피라세탐을 콜린과 섞어서 복용한 결과 최고의 컨디션을 느꼈다고 보고하고 있다. 극단적인 정서 혼란이 멈추고, 집중력이 생기고, 말솜씨가 훨씬 나아졌으며 자신감이 생겼다고 했다.[18]

복용량: 매일 2,400~4,800mg 가량을 세 번으로 나누어 복용한다.

2. 하이데르진(Hydergine), 궁극적인 스마트 알약

이 스마트 영양소는 다양한 정신능력을 강화시키고 노화과정을 지연시키는 것으로 증명되었다. 하이데르진은 호밀에서 자연스럽게 나타나는 진균류로부터 알칼로이드라 불리는 세 가지 물질을 추출하고 다시 그 추출물에서 추출하여 화학적으로 변형시킨 것이다.

이 알약의 효능은 다음과 같다.

- 뇌의 혈액과 산소 공급을 증가시킨다.
- 산소 공급의 감소가 일어나는 동안 두뇌 손상을 방지한다.
- 알츠하이머 병과 같이 뇌에 축적되고 있는 노화색소가 축적되는 것을 지연시킨다.
- 뇌 안에 있는 유리기에 저항하는 산화방지제로 작용한다.
- 지능, 기억력, 회상력, 학습력을 증가시킨다.

최소한 22개의 과학적 연구들에 따르면, 하이데르진을 하루에 4.5~6mg씩 복용하면 노화방지의 작용을 하는 것으로 나타났다.

FDA에서는 하이데르진의 복용량을 제한하고 있지만 유럽 국가들의 연구에서는 하이데르진이 뇌세포 손상을 방지하거나 심지어 역전시킬 수도 있다고 보고하고 있다.[19]

한 아버지와 아들은 크리스마스 때 함께 매일 9mg씩 복용했다. 그리고 하이데르진이 장기기억에 자극을 주는가를 살펴본 결과, 불과 이틀 동안에 긍정적 결과가 나타났다. 40대인 아버지는 갑자기 20대에 가족 간에 일어났던 일들을 선명하게 기억할 수 있었으며, 그의 아들의 기억은 어린 시절로 되돌아갔다. "그때 일어났던 일들이 모두 기억 속에 잘 저장되어 있었고, 약간의 화학적 자극이 그러한 기억들을 자극해서 의식의 세계로 이완시켰으며, 이를 통해 그때의 기억이 되살아났다."는 것이다.

복용량: 알약이나 물약 혹은 액체 형태로 캡슐에 들어있는 것을 1mg씩 하루에 3번씩 먹는다.

3. DMAE 두뇌를 위한 식품

DMAE는 자연식품(생선, 정어리, 멸치)에서 콜린의 화학적 전조로 나타나며, 또한 적은 양의 DMAE가 뇌 속에서 소량 발생하여 아세틸콜린의 수준을 높여 주는 역할을 한다. 영양제로 섭취하면 DMAE는 두뇌로 하여금 아세틸콜린을 더 많이 융합하게 해서 뇌기능을 향상시킨다.

이것은 뇌의 잠재력을 가장 강화시키는 식품 가운데 하나로 간주된다. 중추신경 계통을 자극하고 향상시키는 일반적 능력을 인정받아 다른 스마트 식품 중에서도 가장 우선순위를 차지하고 있다. DMAE는 영양 보충제로 쉽게 구입할 수 있다.

DMAE(Deanol로 알려지기도 함)의 약효는 기억력과 학습능력 향상은 물론 지능을 향상시키고, 기분을 상쾌하게 하며, 신체적 정신적 에너지를 만들어 낸다. DMAE는 가루약, 물약 혹은 캡슐 형태로 판매된다. 1980년대 초기에는 한 제약회사가 Deaner로 불리는 DMAE 버전을 제조하여 시판하기도 했으며, 그의 약효에 대한 연구를 발표했다.[20]

여기 한 사람의 DMAE에 대한 경험담을 들어보기로 하자. "DMAE를 복용했더니 깨어 있을 때는 정신이 멀쩡해지고 잠을 잘 때는 잠이 잘 왔다. 기억력이 향상되었을 뿐만 아니라 원할 때는 언제나 쉽게 백일몽을 꿀 수 있었고 원할 때마다 다시 실생활에 집중하는 것이 가능했다."

복용량: 하루에 250~1,000mg이 정량인데 이상적으로는 아침에 복용하는 것이 좋다. 두뇌력 향상을 위해서 필요한 복용량으로는 매일 400mg이 적당하나 이 약은 비교적 새로운 약품이므로 자신의 몸에 알맞은 양이 어느 정도인가를 알아볼 필요가 있다. 두뇌에 최적의 효과를 보기 위해서는 매일 복용하되 수 주 동안 복용해야 한다. DMAE를 과용했을 경우 불면증이나 멍해지는 두통, 근육긴장이 올 수 있다.

4. 바소프레신/다이아피드, 기억 전문가

이 스마트 약품은 실제로 두뇌에서 자연적으로 나타나는 일종의 호르몬으로써 뇌하수체에서 배출된다. 두뇌 학자들은 바소프레신(Vasopressin)이 새로운 데이터(정보)를 두뇌의 기억센터에 각인시킴으로써 학습을 촉진시킨다고 한다.

어떤 새로운 것을 배우고자 할 때 바소프레신 없이는 불가능하다. 여러 항목들을 조목조목 기억하고자 한다면 뇌에 바소프레신이 잘 저장되어 있는가를 확인해야 한다. 즉, 다이아피드(Diapid)라 부르는 처방된 약이 필요하다.

미국과 유럽에서 연구한 결과 바소프레신의 특성은 다음과 같다.

- 장단기기억을 향상시킨다.
- 집중력과 회상력, 인지, 정보 축적이 요구되는 시험에서 좋은 성적을 올릴 수 있는 능력을 높여 준다.
- 기억력에 손상을 입은 사람들의 학습능력과 기억기능을 높여 준다.
- 신체적으로나 화학적으로 상처를 입은 사람들의 건망증을 회복시켜 주고 기억력 상실을 방지해 준다.
- 이미 정신력이 일찍이 감퇴하기 시작하는 노인이나 환자들에게 특별히 권장되고 있다.

복용량: 매일 3~4번 양쪽 콧구멍에 한 번씩 뿌린다. 그 양은 12~16 U.S.P.로 뇌하수체 단위에 해당하는데, 이것은 이러한 흡입을 위한 측정치다. 많은 의사들에게 다이아피드는 당뇨와 관련된 잦은 배뇨병을 치료하는 데 사용되는 물질로 알려져 있다.

바소프레신은 매일 사용하는 것은 좋지 않다. 이 약을 매일 사용하면 면역이 되어 효과가 절감되기 때문이다. 이 약은 시험을 보기 전이나 집중력이 요구되는 일을 할 때와 같이 정신력을 신속히 올릴 필요가 있을 때만 사용하는 것이 좋다.

5. 루시드릴(Lucidril), 뇌세포를 활성화시킴

루시드릴은 노화색소의 침전(리포푸신(Lipofuscin)이라 부르기도 함)을 제거해 주고, 정상적인 물질대사과정에서 나타나는 두뇌에 축적된 세포 쓰레기를 제거하기 때문에 스마트 약품 전문가들은 '두뇌의 청소

부' 라고 부르기도 한다.

리포푸신 침전물이 뇌에 축적되면 신경세포를 질식시킨다. 많은 신경세포가 이와 같은 방법으로 파괴될 때는 학습능력과 일반 두뇌력이 쇠퇴하기 시작한다. 유의할 점은 이와 같은 노화색소는 회복될 수 없는 자연스러운 노화과정으로 여겨지고 있고, 이러한 노화과정은 결국 활용할 수 있는 IQ의 쇠퇴를 뜻한다. 이와 같은 과정을 중단시키거나 역진시킬 수 있는 물질은 분명 두뇌 계발을 위한 최선의 길일 것이다.

루시드릴의 특성은 다음과 같다.

- 뇌세포를 활성화시켜서 노화과정을 역전시켜 준다.
- 시냅스나 신경세포의 연접부를 고쳐 준다.
- 뇌졸중이나 심장마비 혹은 졸음과 같이 두뇌에 적절한 산소 공급이 저하되어 이러한 증상이 일어나지 않도록 방어해 준다.
- 생물학적 과정에서 나타나는 노화나 두뇌력 저하를 방지시켜 준다.
- 노인들에게서 일어나는 노약현상, 활력저하, 혼돈, 기억 착란현상을 역진시켜 준다.

루시드릴 사용자의 증언을 들어 보자. "나는 피로와 우울증의 문제를 갖고 있었다. 그런데 센트로포넥신을 복용하기 시작했을 때 이러한 증상이 사라지는 것을 느꼈다. 또한 기억력이 빠르게 개선되었다."

복용량: 매일 1,000~3,000mg을 복용하라. 루시드릴은 일반적으로 500mg 알약으로 구입할 수 있는데 이 약은 약효가 매우 신속하게 나타난다. 이 약을 활용하는 사람들의 말을 빌리면, 이 약을 먹으면 각성이 되고, 약효가 빠르게 작용한다고 보고하고 있다.

6. DHEA

이 약품은 인간의 혈액 속에 풍부하게 들어 있는 아드레날 호르몬에서 자연스럽게 나타나고 있으며, 두뇌 속에도 매우 높게 집중되어 있다. 두뇌 안에는 몸의 다른 어느 곳보다도 6.5배의 DHEA가 들어 있다.

과학자들은 DHEA 혈액 수준은 나이가 들면서 저하되며 나이에 따라 나타나는 노화현상을 포함하여 정신력 저하로 이어진다. DHEA는 다른 두뇌 영양소들처럼 어떤 구체적인 일을 하지는 않는다. 이것은 다양한 활동과 기계작용, 특히 다른 몸 안의 스테로이드 호르몬 제조와 같은 일을 일반적으로 도와주는 것으로 보인다.

최근의 연구들은 DHEA가 기억을 향상시키고 일반적으로 인지활동을 개선시켜 준다고 보고하고 있다. 이러한 작용은 신경세포 간의 통신을 개선시킴으로써 이루어지는 것으로 보인다.[21] 여러 연구들에서 DHEA 수준이 낮을 때는 신경감소현상이 나타나는 것으로 보고하고 있다. 또 실험실 연구 결과, 신경세포구조 중 DHEA가 낮은 곳에 DHEA를 집중시킴으로써 다른 신경들과 연결하고 보다 많은 신경의 수상돌기를 성장하게 하는 신경세포를 증가시키는 데 도움을 주는 것으로 나타났다.

복용량: 바소프레신과 같이 DHEA는 예외적으로 안전하며 의사의 처방으로 구입할 수 있다. 두뇌력을 극대화시키기 위한 DHEA 수준은 매일 25~100mg 범위이다.

05
두뇌를 움직여라

운동, 요가, 그리고 다른 활동이 두뇌력을
향상시킬 수 있다

두뇌를 움직여라. 조깅을 할 때 다리 근육을 움직이는 것과 같이 두뇌를 문자 그대로 움직이는 것은 불가능하지만 운동은 두뇌력 향상에 여전히 중요한 열쇠가 된다. 이러한 운동은 뇌세포에 더 많은 산소를 공급한다. 운동이나 요가, 기공, 호흡운동, 몸 흔들기 등을 통해서 두뇌를 움직일 수 있는가 살펴보자.

이 장에서는 두뇌 계발 비결의 하나로 신체동작, 운동, 뇌에 보다 많은 산소를 공급하기 위한 심호흡 등의 방법을 통해서 두뇌에 활력을 불어넣는 방법을 제시하고자 한다. 이러한 운동은 정신 활동을 극대화하는 데 기본적으로 필요한 것이다. 전통적 요가와 기공과 같은 군사 훈련 형태의 운동을 통하여 두뇌력을 향상시킬 수 있을 것이다. 나아가서 몸을 빙빙 돌려서 춤을 추며 항상 몸을 흔드는 것이 왜 좋은지 알게 될 것이다.

#60 두뇌 계발 비결

두뇌 계발을 위해서 어떻게 기고 포복할 것인가

이 두뇌 계발 비결은 이상하게 들릴 수도 있겠지만 이것은 두뇌 발달 이론에 근거하고 있다. 유아기 초기에 손-눈 협응이 이루어지면서 어떻게 기는가를 배우는 데 이 운동은 중뇌의 발달에 영향을 미치고 있는 것으로 알려졌다.

이와 같이 다시 기는 연습을 반복함으로써 두뇌의 중요한 부위가 다시 자극받을 수 있도록 도와주고, 이를 통해 몸의 균형이 이루어지고 수직 활동을 숙달시켜서 이후 일어서서 걷는 과정을 다시 해볼 수 있다. 이러한 운동은 두뇌에서 감각운동 경험을 다시 구성하는 데 도움을 주어 지각하도록 하고, 환경에 관련시켜서 성인이 되었을 때 보다 역동적인 두뇌력을 발휘하게 한다.

이러한 두뇌 계발 비결은 다음과 같이 쉽게 설명할 수 있다. 손과 무릎을 마룻바닥에 대고 2시간 동안 집 안을 빙빙 돈다. 이러한 동작을 21일 동안 계속한다.

좀 우스꽝스럽기는 할 것이다. 두뇌 계발을 위해 상상할 수 있는 가장 이상한 방법일 수도 있다. 하지만 유아 시절에 중뇌와 눈과 손 사이의 관계는 집 안을 빙빙 돌며 방바닥을 기어 다니면서 발달되었으며, 결국 그렇게 일어서서 걷게 된 것이다. 이러한 활동은 그때처럼 중뇌를 다시 자극할 것이다.

집 안을 기어다님으로써 중뇌를 자극하라

- 적절한 방법으로 손과 무릎을 이용해 마룻바닥 위를 기며 앞으로 움직이기 시작하라.
- 결국 몸은 '적응(Groove)' 이 되고 편안하게 반복할 수 있도록 리듬과 동작 유형을 형성할 것이다.
- 일단 기는 패턴이 안정되면 이와 같은 방법으로 움직임의 묘한 차이를 감지할 수 있도록 주의를 기울여라.
- 몸이 지나간 모든 마룻바닥과 움직여 나간 곳들을 확인하라.
- 몸무게가 이런 자세에서 어떻게 재분배되는지 유의하라.
- 근육과 뼈의 확장되어 가는 느낌과 그 마룻바닥의 구조와 딱딱함을 느껴 보라.
- 머리와 눈의 관계가 바닥과 주위 환경과의 관계와 어떻게 연결되는지 확인해 보라.
- 눈 안에 들어오는 의자, 테이블, 벽 등 모든 물체들을 살펴보라. 시각은 입체적이 되고, 풍부해지고, 충만해지고, 보다 종합적이 된다. 이러한 현상들이 두뇌에 피드백을 주고, 신경세포를 재충전시켜 줄 것이다.

중뇌를 재충전하기 위한 또 다른 재미있는 방법들

기는 동작을 보완해 줄 수 있는 다양한 신체적 운동들이 있으며, 눈-손 협응 운동을 통해서 중뇌를 재충전할 수 있다.

그러한 활동에는 다음과 같은 좀 더 섬세한 몸동작이 있다.

- 하나의 표적을 향해 화살을 던져라.

- 얽힌 실타래를 풀어 보라.
- 작은 바늘에 바늘귀를 꿰어 보라.
- 나사를 돌려 보라.
- 매우 세밀한 스케치를 해 보라.
- 복잡한 매듭을 짓는 방법을 배워라.
- 어린아이 요람과 같은 줄놀이를 해 보라.
- 보석 하나를 유심히 살펴보고 이것을 천천히 당신의 손으로 돌려보면서 멀리 그리고 가깝게 관찰해 보라.

이와 같은 선상에서 다른 두뇌 계발 운동이 가능하겠지만 당신에게 맞지 않을 경우는 물구나무서기 요가, 옆으로 재주넘기, 앞뒤로 구르기, 혹은 줄넘기 등을 할 수 있으며 이러한 운동들은 신체적 조건에 따라 다르게 할 수 있다.

✠ 두뇌 계발 연습 #33
하나의 돌이 되어 보라

이 연습은 어떤 물체나 주제에 초점을 맞출 수 있는 능력을 높이는 방법으로, 어떤 물체에 지속적으로 초점을 맞추는 집중력 훈련이다.

- 손바닥 만한 돌이나 다면체의 보석을 선택해서 손바닥에 움켜쥔다.
- 이것을 자세히 살펴보면서 그 물체의 모든 모양을 철저히 조사해 본다.
- 작은 몸집으로 축소되었다고 가정하고 자신의 몸이 매우 작아진 상태로 이 물체와 함께 있어라.
- 이제 이 보석은 당신의 몸이다. 어떤 느낌이 드는가? 무겁다고 느껴지

는가? 아니면 가볍다거나 공허하다거나 꽉 차 있다고 느껴지는가?

- 그 돌이나 보석을 마당에 놓았을 때 비가 쏟아진다. 소가 그 돌을 밟으려고 한다. 당신이 돌이라면 당신은 어떻게 될까?
- 이젠 해가 나오고 당신이라는 돌 표면에 습기가 말랐다. 어떤 느낌이 드는가?
- 하나의 돌이 된 인생을 검토하는 일을 마치고 난 다음 5까지 세고 이제 당신의 정상 크기로 돌아오라.

61 두뇌 계발 비결

뇌 전체와 함께 활동하라, 몸 움직임과 학습 간의 7가지 연결

특별히 조심스럽게 구성된 몸 움직임이 두뇌력을 실제로 향상시킬 수 있다는 사실을 알게 되면 매우 놀랄 것이다. 1964년 폴 데니슨은 학습부진아와 독서 장애아를 돕기 위한 실제적 기법으로 하다 요가, 운동요법, 지압 분야에서의 행동교정법이 그들의 학습을 과연 향상시키는지를 알아보았다.

데니슨은 몸의 양쪽, 양눈, 양반구를 함께 강조하는 동작을 실행했는데 이러한 동작은 점차적으로 함께 작용하도록 격려된다는 것을 발견하였다. 이러한 연습은 횡적으로 교차 작용한다. 즉, 왼팔이 몸의 오른쪽을 혹은 왼눈이 오른쪽 시야에 초점을 맞추게 한다.

이와 같이 횡적으로 교차하는 활동을 하면 양쪽 두뇌가 동시에 작용되는 것이다. 유념해 두어야 할 것은 뇌반구가 이미 횡적으로 교차해서 작용한다는 것이다. 오른쪽 눈이 왼쪽 반구의 시야에 있는 시각 정보를 통과하게 된다. 이와 같은 연습을 실행한 결과 뇌기능이 향상될 수 있었다. 이러한 연습은 학습부진아의 정신능력을 향상시킬 수 있을 뿐만 아니라 '정상적' 성인의 두뇌력 기능 전체 범위를 신속하게 향상시킬 수 있다.[1]

이어서 이와 같은 연습을 실행할 때는 호흡과 신체동작을 조정할 필요가 있다. 즉, 팔과 다리를 펼 때는 숨을 내쉬고 팔과 다리를 오므릴 때는 숨을 들이마신다. 이와 같은 연습은 뇌기능의 구체적 측면을 향상시키는 한편 즉각적으로 신경생리학적 이점을 누리게 한다.

1. 긴급한 결정을 내릴 때 유용한 방법

두 다리를 45cm가량 벌리고 선다. 오른쪽 귀에서 세 손가락 너비 정도 떨어진 곳에 오른손 인지와 중지를 놓고 세게 눌러라. 왼손 인지와 중지로 배꼽 위를 세게 누른다. 양 손가락을 그 자리에서 30초 동안 누르고 난 다음 손을 떼라. 이젠 위치를 바꿔서 왼손 인지와 중지로 왼쪽 귀의 같은 위치를 누르고 오른손 인지와 중지로 배꼽 위를 누른다.

이와 같은 연습은 신체 균형을 다시 바로잡게 하고 눈의 긴장을 이완시키며 신체의 일반적 조직을 개선한다. 그럼으로써 집중력과 동시에 의사결정능력과 문제해결능력을 향상시킨다.

2. 보다 많은 두뇌력을 위해 손가락을 위치시키는 방법

다리를 45cm가량 벌리고 선다. 왼손바닥을 배꼽에 올려놓는다. 쇄골(빗장뼈)이 흉골과 만나는 점에서 약 2.5cm 떨어져서 양쪽 쇄골 아래에 움푹 들어간 공간을 찾아라. 이 움푹 들어간 공간의 양쪽에 오른손 엄지손가락은 한쪽에, 집게손가락을 다른 쪽에 올려놓는다. 다음 60초 동안 이 두 점을 힘 있게 문지른다. 머리를 움직이지 않고 오른쪽을 본 다음 왼쪽을 본다. 이 연습을 하는 동안 이 동작을 계속한다.

이러한 연습은 뇌에 산소를 공급하는 경동맥을 자극한다. 양쪽 뇌반구의 경동맥 순환을 자극함으로써 양쪽 뇌가 함께 작용하고 '교차-대화' 를 가능하게 한다.

3. 제자리걸음을 하는 동안 어떻게 자신을 교차시키는가

제자리에 서 있는 동안 전진하지 않고 제자리걸음을 한다. 이때 오른발이 올라오면 왼손바닥으로 터치하고 왼발이 올라오면 오른손바닥으로 터치한다. 이러한 동작을 약 60초 동안이나 약 8~10회의 완전 호흡을 하는 동안 계속한다. 이러한 연습은 양쪽 두뇌의 활동을 동시에 하도록 할 뿐만 아니라 두뇌의 시각조정과 신체 정보를 개선하는데 도움을 준다. 또한 두뇌의 기억력과 청취력, 독서능력을 개선시켜준다.

4. 왼손과 오른손이 같은 동작을 하기

이 연습을 하기 위해서 커다란 백지 한 장, 두 개의 연필 또는 크레용과 테이블이 필요하다. 양쪽 손에 연필 하나씩을 쥐고 두 손으로 백지 위에 그림을 그리기 시작한다. 오른손이 왼손을 유도하면서 커다란 원 모양을 그린다. 그런 다음 이번에는 왼손이 오른손을 유도하여 커다란 원을 그린다. 이렇게 두 손으로 거울 모양의 낙서를 한다.

두 손이 서로 따라하면서 사각형, 원, 삼각형을 그리면서 종이의 아래위로 움직여 나간다. 이때 두 손이 함께하도록 하면서 양손의 동작이 서로를 따라하도록 한다. 계속해서 손이 움직이도록 하고 스케치를 중단하지 마라.

이와 같은 연습은 두뇌의 평행-교차 능력을 발달시키고, 신체적 균형과 관련하여 공간 안에 방향감을 갖게 한다. 또한 이 연습은 눈-손 조정과 눈-눈 조정을 자극한다. 나중에는 글쓰기 기술을 향상시킬 것이다.

5. 턱에 숨어 있는 두뇌력 에너지를 방출시켜라

다리를 45cm가량 벌리고 선다. 양쪽 볼의 윗니와 아랫니 사이에 양손의 손톱을 올려놓아라. 오른손가락으로 오른쪽 볼을 누르고 왼손가락으로 왼쪽 볼을 눌러라.

매우 길고 온전하게 숨을 내쉬는 하품을 크게 하면서 얼굴을 부드럽게 문지른다. 이러한 동작을 세 번 이상 하면서 볼 언저리에 손가락을 움직여 쓰리고 따끔한 곳을 찾아라.

이 연습은 신경생리학적인 강점을 갖고 있다. 약 50%의 신경 연결이 턱 관절을 통해서 몸에서 두뇌로 전달되기 때문이다.

이 턱 관절 마사지는 턱을 이완시킬 뿐만 아니라 이 관절들의 생리학적인 연결을 자극하고 두뇌력을 향상시킨다. 경우에 따라서 턱을 느슨하게 이완시키면 창의적인 표현이 훨씬 수월해진다.

6. 8자 모양의 그림은 흐름이 느린 것처럼 보이겠지만 두뇌 초점을 도와 준다.

다리를 45cm가량 벌리고 선다. 오른팔을 앞으로 펴서 모든 일이 잘 이루어지고 있다는 신호로 엄지손가락을 천정을 향해 찌른다.

엄지손가락 끝에 주의를 집중하라. 그런 다음 커다란 8자 모양(흐름이 느린 8자)을 엄지손가락으로 그려라. 엄지손가락을 따라 눈을 움직이는 동안 고개를 움직이지 마라.

바로 앞에 8자 모양의 중심에 점을 만들어라. 세 번 반복한 다음 손을 바꿔서 왼손 엄지를 움직여라.

그런 다음 양손의 엄지손가락을 함께 붙잡은 다음 8자 모양을 세 번 만들어라. 이와 같은 방법으로 8자 모양을 따라가면 신체적 균형과 협응을 향상시킴과 동시에 왼쪽 눈과 오른쪽 눈의 시야를 통합하는 데 도움이 된다. 또한 이 동작은 주변의 시야를 넓히는 데 도움을 준다.

이 연습은 책읽기, 글쓰기, 일반적 이해와 같은 활동에 정신적 초점을 유지하게 하는 데 직접적 효과를 줄 수 있다.

7. 눈썹에 명확한 점 만들기

이 연습은 앉아서 해도 좋다. 단, 등을 곧게 펴고 발은 벌려서 마룻바닥에 밀착시켜 편다. 손가락을 이용해서 각 눈썹 위로 약 1~2인치가량 떨어진 곳에서 약간 움푹 들어간 곳을 발견하라.

각 눈썹 위의 이 점에 각각 양쪽 세 손가락을 놓아라. 눈을 지그시 감고 그 점을 살며시 누르고 피부가 팽팽해지도록 그 피부 위를 가볍게 당겨라. 이러한 자세를 10번 숨을 쉬는 동안 지속하라.

이 점들은 정서적 스트레스와 방어감을 풀어주는 데 도움이 되는 침을 놓는 지점이다. 이 방법으로 이 점들을 마사지하는 것은 두뇌가 감정적인 상태에서 보다 합리적이고 조용한 상태로 바뀌는 데 도움을 준다.

✲ 두뇌력의 해부학 # 10

두뇌가 진짜 어깨 위에 있는가?

두뇌는 머리 안에 있으며, 모든 정신활동이 이 회색물질 안에서 일어나고 있다는 것에 의문을 제기할 사람은 없다는 것이 일반적 상식이다. 그러나 두뇌력에 대한 보편적이고 임상적인 논의를 통해 특정한 이론들이 계속해서 제시되고 있다.

뇌에 관한 표준이론과 그 이론들에 동의할 수 없는 이유

인간의 두뇌는 진화과정을 거치면서 세 개의 부위로 구성되었다는 개념이 있다. 소위 파충류의 두뇌(뇌뿌리, 감각운동기능, 생존문제), 포유류의 두뇌(변연계 계통, 감정, 쾌락과 고통, 기억, 생체리듬), 대뇌 신피질(분석적, 추리과정, 언어, 고등 지능)이 그것이다.

또한 좌반구와 우반구로 구분되어 각기 독자적인 기능을 하고 있다는 분리두뇌이론이 있다. 좌반구는 분석적, 논리적, 계산적 과업을 수행하고, 우반구는 직관적, 공간적, 시각적 과업을 수행한다는 이론이다.

또 다른 이론은 두뇌지도 이론이다. 이 이론은 두뇌가 각기 다른 매우 특수 조직을 갖고 있어서 30개 뇌기능 리스트에 따라 각 기능을 두뇌의 특수 부분에서 담당한다는 이론이다.

두뇌에 대한 통합적이고도 틀에서 벗어난 시각에서 바라보는 방법

하나의 두뇌 계발 비결을 함께 생각해 보자. 개인적으로 위와 같은 두뇌이론에는 동의할 수 없다. 이러한 이론들은 기능적으로 제한적이며 경멸적인 느낌까지 든다. 이러한 이론들은 모두 인간의 두뇌력을 모욕하는 것이라고 생각된다. 이들 이론들은 인간 지능을 분리되고 분사된 영역으로 보고, 기계적 기능으로 간주하고 있는 것이다. 여기에 보다 통합적으로 두뇌와 마음과 지능을 바라보는 다른 방법이 있다.

우리의 이와 같은 생각에 앞선 견해가 한 가지 있다. 나는 사고와 정신활동의 위치가 분명히 두뇌 안에 있다고 믿지 않는다. 지능과 사고활동은 온몸 전체에 흩어져 있다고 제안하고 싶다. 오스트리아의 철학자 루돌프 스타이너(Rudolf Steiner, 1861~1925)의 견해는 우리에게 새로운 출발점을 제시해 주고 있다. 스타이너는 의학, 예술, 교육, 과학, 농학, 철학의 분야에서 새로운 연구방법을 개발하였고, 그 당대에 매우 영향력 있는 관찰자였다. 그는 사람을 둘러싸고 있는 에너지와 관련된 기술, 자연 활동, 인간, 전반적인 실재의 세계에 깊고 날카로운 통찰력을 가진 사람으로 널리 알려져 있다. 스타이너가 가르친, 틀에서 벗어난 시각 중 하나를 특별히 여기서 살펴볼 필요가 있다.

두뇌는 실제로 당신 전체를 둘러싸고 있다

스타이너가 말하기를, 각 인간을 둘러싸고 있는 주변은 하나의 사라져 가는 순간적인 현상으로서 계속적인 활동 에너지의 영역 혹은 영기(靈氣)다. 이것은 마치 20개의 영사기가 한꺼번에 켜지는 것처럼 그림과 이미지로 가득 찬 것이다. 이러한 소용돌이치고 나부끼는 이미지가 사고활동의 오묘함을 표현하고 있는 것이라고 스타이너는 말하고 있다.

결국 오늘날 대부분의 두뇌력 전문가들은 이미지를 통한 작업에서 시각정보에 대한 기억이 거의 확실할 때 보다 선명하고, 빠르고, 확실하게 기억된다는 데 동의하고 있다.

스타이너가 우리에게 말하고자 하는 것은 이러한 모든 시각 이미지들은 살아 움직이는 것이지 뇌 안에 있는 것이 아니며, 오히려 몸 주변에 존재하는 하나의 그림 막이라는 것이다. 기억은 여기에 저장되어 있다. 삶에서 당신이 한 모든 행동이나 생각들은 신체의 주변에 있는 그림의 영기다. 생각하고, 계산하고, 문제를 해결하는 등 어떤 정신과 업을 수행할 때 먼저 그림의 영기 안에 생긴 다음, 머릿속 두뇌에 발생한다는 것이다.

두뇌 안의 모든 복잡한 생화학적 활동은 그림의 영기 안에 먼저 발생하는 정력적 사고활동의 결과다. 이 말은 모든 실제적 목적으로 이루어지는 두뇌의 작용은 어깨 위에서 일어나는 것이 아니라 마치 투명한 그림이 채워진 필름처럼 주변에 나타난다는 것이다.

이것은 과학 소설이 아니라 자연 의학의 기본이다

물론 이러한 스타이너의 주장은 과학소설보다 더 이상하게 들릴지도 모르지만 하나의 흥미롭고도 예상 밖의 시각에서 오는 상식과 통하는 점이 있다. 스타이너는 건강문제에 관해서 이러한 몇 가지 개념을 포함하는 양의학을 전환시키는 데 매우 예민한 흥미를 갖고 있었다. 이와 같은 그림 영기('정기(精氣)' 라 부르기도 함)는 건강과 활력의 원천이며, 병이 났을 때 치료하고 활기를 불러일으키는 것이라고 그는 가르치고 있다.

잠시 생각해 보라. 당신의 사고행동과 건강은 몸 주변의 이와 똑같은 야릇한 에너지로부터 단서를 찾을 수 있다. 이러한 점에서 모든 것은 일반 상식과 연결되어 있다.

이 책에서 두뇌 계발 비결은 태도, 신체적이고 정서적인 건강, 정신적 유연성과 관련되어 있다. 또 이러한 모든 것들은 밀접하게 서로 연결되어 있다. 태도를 바꾸면 에너지 필드에 영향을 미치고, 에너지 필드는 결국 사고방식에 영향을 미치며, 그리고 이것은 신체와 두뇌에 발생하는 모든 것의 기초가 된다. 유기적 조직체, 두뇌, 에너지 필드 혹은 그림 영기들 간의 연결고리가 끊임없이 피드백을 주고 있는 것이다. 한 곳에서 당신이 만든 변화는 나머지 다른 회로에 영향을 준다. 사고방식은 신체운동에 영향을 주고 이러한 에너지 필드로부터 오는 일종의 에너지가 사고방식에 영향을 미치는 것이다.

이 때문에 스타이너가 우리에게 준 이 독특한 모델에서 두뇌와 몸은 둘 다 주변의 또 다른 어떤 에너지 필드 안에 있다. 두뇌는 분명 어깨 위에 있는 것이 아니라는 것이 확실한 것이다.

✠ 두뇌 계발 연습 #34
회상 속 검은 동그라미

요가에서는 사실적인 기억을 개발하기 위해, 좀 더 실제적 수준에서 이름, 장소, 정보 등의 잊어버린 항목들을 기억하는 일을 돕기 위하여 이러한 연습을 사용한다. 또한 이 연습은 의식과 무의식 간의 역동적 관계를 개선시킬 것이다.

- 이 연습을 위해 사람들이나 전화가 방해하지 않는 조용한 방이 필요하다.
- 창을 가리고 어둠침침한 불빛이 비추는 카펫이나 침대에 반듯이 눕는다.
- 눈을 감고 모든 생각을 잊어버리거나 최소한 그러한 잡념을 잊어버린다. 볼 수 있는 것은 오직 하나, 검은 벨벳의 따뜻한 스크린만을 시각화하라.
- 눈에서 약 30cm 떨어진 위치에 이 어두운 검은 스크린의 가운데에 가로와 세로가 약 30cm인 흰 정사각형을 그려라. 이 이미지를 고정시키고 명료화하라.
- 이 어두운 검은 배경에 이 흰 정사각형 중간에 500원짜리 동전 만한 검은 동그라미를 그려라.
- 이 검은 동그라미에 초점을 맞춰라.
- 이 세 수준의 이미지를 명료하게 볼 수 있을 때 칠판에 글씨를 지워버리듯이 모든 기억으로부터 이 장면을 지워라. 다른 이미지들은 잠시 주의에 남게 된다.

#62 두뇌 계발 비결

뇌 에어로빅과 뇌 호흡하기－두뇌 계발을 위한 7가지 연습

두뇌 계발을 위한 최선의 방법이 강렬한 운동이라는 것에 많은 사람들이 동의하고 있다. 나는 자주 스스로에게 책상머리, 연구논문, 책, 연구개요, 글쓰기를 떠나 다리 운동을 하도록 환기시킨다. 그동안 나는 운동에 대해서는 '게으른 자' 로 불려졌다. 등산하기보다는 오히려 책을 읽는 편이 더 나았다.

어떤 정신문제로 앞이 막히거나 글쓰는 과제로 지쳤을 때면 20분 정도 걷는 것이 최선의 해결책이라는 것은 누구나 알고 있는 최소한의 상식(누구나 말하듯이)이다. 호숫가에 살았을 때, 나는 여름철에 사무실에서 나와 잔디 위를 15m 정도 가로질러 속보한 다음 20분가량 수영장에 뛰어들곤 했다.

두뇌는 호흡을 통해 발생한 산소의 50%를 필요로 한다

흔히 문장, 아이디어, 통찰력은 신체의 다른 부분을 강렬하게 활용함으로써 느슨하게 흔들린다. 두뇌는 이러한 흐름을 타고 기분 전환을 하게 된다. 신체적 운동은 자연히 혈액과 산소순환을 개선하고, 두뇌에 즐거움을 제공하는 엔도르핀을 방출하고 긴장을 해소시키는 데 도움을 준다. 이 모든 것이 두뇌력에 중요하다.

뇌는 몸무게의 2%에 불과하지만 몸에서 흡수한 전체 산소의 20%를 필요로 한다. 빨리 성장하는 어린이라면 흡입한 산소량의 50%가 필요하다. 강렬하게 운동하면 두뇌가 요구하는 많은 산소 저장량을 배달하게 되는 것이다.

당신은 '뛰는 자의 높이(runner' s high)' 라는 말을 들은 적이 있을 것이다. 이 말은 즐거운 기분으로 전환시켜 주는 자동적 엔도르핀이 뇌를 쉬게 한다는 것이다. 즉, 운동에서 오는 보상이다. 이 엔도르핀은 행복감을 증가시키고 사랑의 극치를 경험하게 한다. 결국 엔도르핀은 일종의 뇌에서 생산되는 자연적 마취제라고 할 수 있다. 그렇기 때문에 운동은 우울증의 완벽한 해독제다. 비유적 의미에서 이것은 무겁고 억압받고 있는 생각을 흔들어 풀어 주는데, 엔도르핀은 그러한 정신적 우울증들을 공중으로 발산시킨다.

두뇌에 필요한 양의 산소를 공급하라

뇌에 혈액을 공급하는 일은 완전한 정신력을 발휘하기 위해 매우 중요하다. 의학적 연구에서 나타난 결과에 따르면, 심장혈관의 문제는 노인들의 정신능력의 점진적 저하에 직접적으로 관련되어 있다.

사실상 33~61세의 나이라면 규칙적으로 운동해야 한다. 그렇지 않으면 뇌 혈액 흐름은 젊은 시절에 비해 무려 23% 저하될 수 있다. 신체적 운동은 두뇌를 자극하지만 한편으로 신체적으로 활동하지 않으면 뇌가 마비된다. 감각적 자극이나 신체적 활동, 의도적 사고행위들은 뇌에 혈액 흐름을 즉각적으로 증가시켜 주는 것이다.[2]

뇌와 배로 호흡하는 방법

사람은 하루에 20,000번 숨을 쉰다. 그러나 매번 숨을 쉴 때마다 최대한의 산소를 뇌세포에 보내고 있는가? 아마도 그렇지 않을 것이다.

- 똑바로 선다. 아랫배 위에 왼손을 올려놓고 힘차게 누른다. 긴장할 필요는 없다.
- 아랫배에서 시작하여 오른손을 누르면서 가슴까지 숨을 들이마신다. 다시 말하면 왼손이 아랫배를 누르는 동안 오른손은 가슴을 누른다.
- 숨을 들이마실 때, 최대한 들이마셔라.
- 천천히 이것을 반복하라. 호흡을 리듬에 맞추도록 노력하라.

- 숨을 내쉴 때, 할 수 있는 데까지 오래 연장시켜 8까지 세라. 긴장할 필요는 없다.

머리를 번뜩이게 하는 방법

이 방법은 뇌에 '번뜩이는 총명' 을 준다는 유명한 전통적 요가에서 온 뇌호흡운동이다.

- 이 운동은 앉아서 하거나 서서도 할 수 있다.
- 입술을 이빨을 가로질러 다물고 공기가 통할 수 있을 정도로 작은 구멍을 낸다.
- 코로 깊은 숨을 들이마신다.
- 짧고 강하게 숨을 내쉬어 다문 입술 사이로 공기가 밀려 나가도록 하라.
- 완전히 숨을 내쉬었을 때 잠시 정상적으로 숨을 쉰다. 그런 다음 이것을 반복한다.

호흡으로 두뇌를 쉬게 하라

- 선 채로 이 운동을 하라.
- 무릎을 약간 굽혀서 무릎이 유연하게 만들되 흔들리지는 않도록 하라.
- 발을 2.4m가량 벌리고 무릎을 약간 굽혀서 발이 몸무게를 느낄 정도가 되게 하라.
- 두 팔을 느슨하게 양쪽으로 늘어트린다. 허리를 꼿꼿이 해서 팔과 일직선이 되게 하라. 아랫배가 툭 튀어나와도 된다. 긴장하지는 마라.
- 복식 호흡운동(brain-belly breathing)을 반복하라.

• 이 자세로 2분간 멈춰라.

에어로빅 운동으로 두뇌 계발을 하라

이러한 운동은 다음과 같다.

• 줄넘기
• 스쿼시 운동
• 핸드볼
• 라켓볼
• 수영
• 테니스
• 에어로빅 댄스 혹은 운동
• 런닝머신, 조정기, 정지된 자전거 등의 운동기구를 사용하라.

이 운동 가운데 한 가지를 일주일에 두 번 이상 하라.

경동맥을 확장시킴으로써 두뇌 계발을 하라

혈액에 탄산가스 함량이 증가하면 머리에 있는 경동맥이 확장되어 보다 많은 혈액이 두뇌에 흘러 들어간다. 이와 같은 생리적 사실이 운동접근의 근거가 되어 보다 많은 혈액(그리고 산소)이 두뇌 속으로 흘러 들어가는 것이다. 구체적 운동을 통하여 두뇌에 영양을 공급하는 경동맥을 항구적으로 확장시킨다.

이는 탄산가스 함량을 올림으로써 문자 그대로 두뇌의 모세관 혈액 흐름을 확대시킨다. 이러한 현상은 결국 두뇌력의 신체적 기반을 자극한다. 즉, 두뇌의 작은 혈관에 산소 공급을 한다. 매일 한 시간씩 3주 동안 집중적으로 하면 경동맥은 더 많이 확장되어 이전보다 더 많은 산소가 두뇌에 공급된다.

이 방법의 또 다른 이점은 지속적으로 넓어지는 경동맥을 통해 많은 독성이 두뇌로부터 제거될 수 있다는 것이다. 뇌혈관에 문제를 갖고 있거나 발작 증세가 있다면 이 운동을 하지 않도록 한다.

종이봉투로 호흡하고 두뇌를 해독시키는 방법

- 작은 종이봉투(마켓용)를 준비하라.
- 이 봉투를 입과 코언저리에 두 손으로 대고 봉투를 향해 숨을 들이마시고 내쉬어라.
- 다음 30분 동안 내쉰 공기를 다시 들이마셔라. 이 공기는 대부분 탄산가스가 될 것이다.
- 몇 시간 동안 매 30분마다 이 숨쉬기를 반복하라. 누군가의 도움이 필요할 수도 있다.

물 밑에서 호흡함으로써 보다 나은 경동맥을 만들어라

수영을 하는 동안 호흡을 멈추고 편안한 상태에서 물 속에서 수영을 하라. 물 속에서 숨을 멈추고 수영할 수 있는 시간을 늘려 가도록 최대한 노력하되 매일 한 번씩 한 달 동안 계속하라.

윈 웽거 박사는 이 운동을 오랫동안 열심히 계속해서 그의 잠수 시간을 4.5분으로 늘렸다. 그는 이 훈련을 집중적으로 3주 동안 매일 1시간씩 하라고 권고하고 있다.

물 속에서 편안한 상태(30~60초 정도)로 숨을 쉬지 않고 총 60분 동안 훈련하는 것이다. 즉, "한 시간 동안 물 속에서 한 번에 2~3분씩 매일 훈련하면서 2~3주 동안 집중적으로 하면 IQ가 5~10점가량 오르고 각성하는 양이 풍부해지며 시간도 길어진다."라고 웽거 박사는 주장한다.

※ 두뇌력의 해부학 #11

운동이 명석한 두뇌를 구축한다는 증거들

여기 강력한 두뇌 계발 효과가 있는 몇 가지 신체운동이 있다. 특히 에어로빅이나 뇌에 산소 공급을 증가시키는 운동이라면 어떠한 종류의 운동이든 상관없다.

1. 생각을 맑게 하는 조깅　60대 이상의 많은 남성과 여성은 심장혈관병으로 고생하고 있다. 시험 프로그램을 진행하는 동안 이 사람들은 26일 동안 하루에 6~10마일씩 걷거나 조깅을 했다. 이 기간 동안 동시에 건강증진 특별 식이요법도 실시했다.

2. 이 달 말에 그들은 검사를 받았다　그들 모두 IQ가 올랐을 뿐 아니라 다른 '심리검사', 예컨대 명료한 사고력, 유창한 언어 표현력, 효율적인 사고, 보다 상세한 지각능력에서 높은 점수를 받았다. 운동과 적절한 음식조절을 했을 때 혈액 순환이 개선되었을 뿐만 아니라 불과 몇 주일만에 정신능력도 분명히 개선되었다.

3. 미용체조법이 지능을 높인다　또 다른 예로 32명의 사람들이 일

련의 정신능력과 이성 검사를 받았다. 그런 다음 10주 동안 뛰기, 신체적 레크리에이션, 미용체조를 하고 똑같은 검사를 받았다. 그 결과 이들 모두의 지능, 수행 속도, 학습능력, 일반 뇌기능에서 큰 변화가 일어났고, 더 나아가서 불안감이나 우울증 수준이 현저하게 줄어들었다.

4. 뛰기가 불안감을 낮추었다 일주일에 불과 두 번만 운동해도 신경을 자극했고 시냅스가 유연해지기에 충분했다. 정규적으로 일주일에 두 번씩 뛴 남자들은 불안감 검사, 호전성 검사, 우울증 검사에서 14～27 % 낮게 나타났다. 얼마나 멀리 뛰었느냐가 아니라 얼마나 규칙적으로 했느냐에 따라 차이를 나타냈다.

중요한 정신능력검사를 앞두고 있거나 책을 쓴다거나 수능시험을 본다거나 사법고시를 보는 것처럼 막막하고 답답한 과업을 해야 한다면, 운동 프로그램을 조금씩 줄여나갈 수 있다. 즉, 큰 두뇌력이 요구되기 전에 2～3주부터 점차적으로 운동량을 짧게 하는 것이다. 운동은 힘차게, 기간은 짧게, 지치지 않게 해야 한다. 그리고 큰 두뇌력이 필요한 이틀 전에는 이 운동 프로그램을 중단한다.

5. 보다 잘 기억하려면 지속적으로 활동하라 65세 이상의 여자 48명을 두 집단으로 나누었다. 한 집단은 매주 세 번씩 운동 프로그램에 참여했고, 두 번째 집단은 앉아서 일하며 자율적으로 행동하였다. 그리고 두 집단 모두를 상대로 일련의 불빛의 속도를 측정하는 능력을 검사했다.

신체활동이 활발했던 여자들은 실험 10분 후에 불빛의 순서를 더 잘 기억해 냈다. 1주일, 심지어 40일 후에도 비활동적인 여자들보다 그 불빛의 순서를 훨씬 더 강력하고 세세하게 기억해 냈다.

결론: 운동이 정보를 보다 효과적으로 처리한다

앉아서 일하는 사람은 항목들을 기억할 수는 있겠지만 신체적으로 활동하는 일을 할 때보다 훨씬 더 느린 속도로 기억할 것이다. 운동을 하면 할수록 추리 속도와 회상 속도는 빨라질 것이며, 연령에 관계없이 반응 속도도 더 빨라질 것이다. 다시 말해, 운동은 두뇌의 정보처리능력과 암산능력 면에서 효율성과 속도를 분명 증진시킨다.

#63 두뇌 계발 비결 호흡으로 두뇌를 맑게 하는 4가지 역동적 방법-거북이 동작

이 운동은 중국의 도교사상에서 나온 것으로, 중국에서 실행했던 전통적 방법이다. 완전한 철학 사상의 하나로 인정받고 있는 도교사상은 일련의 정신 육체 단련 기법을 통하여 지구력과 철저한 건강관리법을 강조하고 있다.

뇌호흡법은 마음에서 스트레스를 몰아내는 전통적 기법의 기본을 이루고 있다. 당신은 마음에서 불필요하고 부정적 생각을 비워내 정신적 안정을 되찾을 수 있는 방법을 배울 것이다. 목에 이상이 있거나 척추치료를 규칙적으로 받고 있다면 의사의 승인 없이 이 운동을 해서는 안 된다.

뇌호흡법은 어떻게 할 것인가

• 이 운동은 두 무릎을 마룻바닥에 꿇고 앉거나 다리를 개고 앉아서 하는 것이 좋다.
• 이 동작을 특별히 장기간 연습하지 않는 한 보통 사람들은 하기 힘들 것이다. 그러므로 의자에 편안히 앉아 마룻바닥에 발을 30cm가량 벌린 상태에서 할 수도 있다.
• 유의할 것은 허리를 쭉 펴되 긴장해서는 안 된다는 점이다. 두 손을 무릎에 가볍게 얹고 엄지손가락과 중지를 편안하게 잡는다(그림 5-1 참조).

[그림 5-1]

먼저, 목을 스트레칭하기 위해 거북이 모양을 하라

이 운동은 전통적으로 뇌 청소 준비운동으로 '거북이' 라 불린다. 이 '거북이' 는 목에 있는 모든 근육을 스트레칭하고, 갑상선과 부 갑상선을 자극하며, 이 부위를 통과하는 중추신경계통을 구성하는 모든 신경들을 자극한다. 이 동작을 아래의 설명대로 시작해 보라.

- 눈을 지그시 감거나 입을 다물고 똑바로 앞을 바라보되 밝은 빛이나 등불을 바라보지 않아야 한다.
- 하고 있는 동작에 주의를 집중하고 아무런 생각을 해서는 안 된다. 모든 손가락으로 엄지를 잡아서 주먹을 쥔다. 이 동작은 이 모든 기(氣)를 몸 안에 가두고 순환시킨다.
- 이때 머리는 위를 향해 스트레칭하면서 천천히 턱을 가슴 아래쪽으로 움직인다.
- 어깨를 아래쪽으로 편하게 한다. 머리를 위로 스트레칭하면서 숨을 들이마신다(그림 5-2 참조).
- 그런 다음 이 동작을 반대로 한다. 천천히 뒷머리를 어깨 쪽으로 움직이고 그렇게 해서 턱을 올려 목을 스트레칭하면서 어깨를 위로 뻗는다.
- 머리를 숙이고 턱을 올리면서 숨을 내쉰다. 어떤 동작에도 긴장하거나 힘을 주어서는 안 된다(그림 5-3, 그림 5-4 참조).
- 이 거북이 동작을 12번 하라.

아직 익숙하지 않은 동작이라도 어느 정도 시간이 지나면 편안함을 느낄 수 있을 것이다. 이 동작을 올바로 한다면 긴장감은 어느새 사라질 것이고 목의 피로감도 틀림없이 없어질 것이다. 이 동작들은 실제로 거북이를 흉내 내게 되어 있는데, 이 동작을 처음 개발한 사람의 뜻

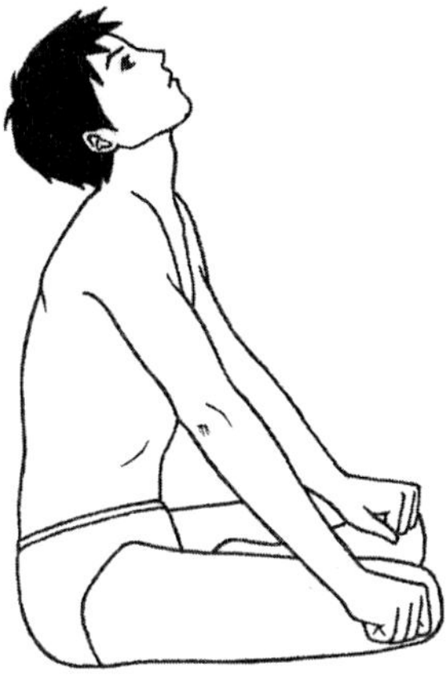

[그림 5-2]

에 따라 이름을 붙였다. 거북이처럼 자신을 방어해 주는 껍데기로부터 머리와 목을 유연성 있게 뻗어 나간다는 뜻이다.

이젠 거북이가 호흡을 통해서 두뇌를 청소한다

이제부터는 머리를 뒤로 젖히고 턱은 위로 치켜올린 두 번째 거북이로 이동해 간다.

- 긴장하지 않고 천천히 숨을 들이마신다. 이 동작을 하면서 항문 근육을 탄탄히 죈다. 고전적 요가에서는 이 동작을 반다(bandha) 혹은 자물쇠라 부른다. 이는 체내에 있는 모든 에너지 혹은 기(氣)를 유지시키는

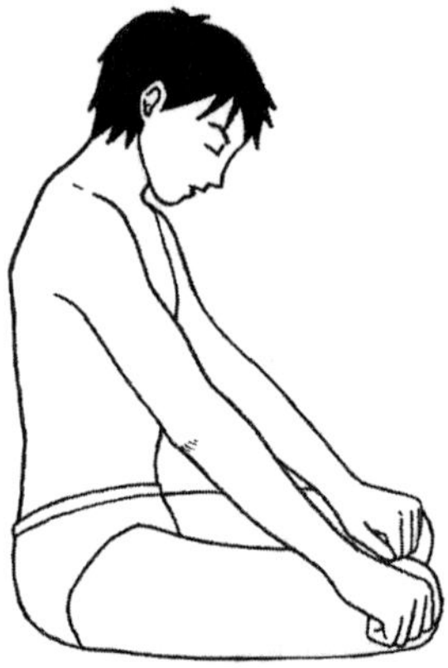

[그림 5-3]

[그림 5-4]

하나의 방법이며 이러한 동작을 강화시킨다.

- 숨을 들이마실 때 그 호흡을 끓는 김이나 타는 연기, 신체의 깊은 조직을 통해서 아랫배부터 솟아오르는 하얀 연기, 가슴 기공에서 머리 위로 솟아나는 연기라고 상상해 보라.
- 이러한 불길이 머리에 하얗게 가득 찬다. 아무것도 볼 수 없고 아무것도 생각할 수 없으며 머리에 가득한 이 하얀 연기 이외에는 아무것도 생각할 수 없다고 상상하라.
- 숨을 들이마시면서 이것을 시각화해라.
- 숨을 들이마시기를 끝마쳤을 때 천천히, 그리고 부드럽게 머리와 목을 똑바로 해서 앞을 바라보라.
- 머리와 몸 안에 있는 하얀 연기를 마치 용이 불을 뿜어내는 것처럼 천천히 모두 뿜어내라.
- 머리가 텅 빈 것처럼 느껴라. 하얀 연기를 뿜어내면서 긴장감, 부정적 생각, 근심걱정, 나쁜 버릇, 화를 잘 내는 성향 혹은 짜증스럽거나 걱정하는 성향 모두를 함께 뿜어내라.
- 또한 머리에 이러한 것들을 비우고, 그 자리에 밝고 신선한 명료성 이외의 다른 어떤 것도 들어설 공간이 없도록 명료히고 밝고 푸른 히늘로 채워라.
- 머리를 푸른색으로 시각화하는 것은 마음을 깨끗이 청소하고 청정하게 하는 데 도움이 된다.
- 이러한 불을 뿜어내는 호흡을 여섯 번 반복하라. 즉, 숨을 들이쉬고 내뱉는 동작을 여섯 번 반복하라는 뜻이다.

서서 청소하라! 그러면 두뇌는 더 잘 활동하게 될 것이다

이 운동은 앞에서 설명한 운동의 변형 혹은 보충 운동이다.

- 이 운동은 두 발을 45cm가량 벌리고 서서 할 수도 있고 다리를 쭉 벌리고 뻗은 채 바닥에 누워서 할 수도 있다.
- 팔을 허리에 자연스럽게 늘어뜨려라.
- 숨을 완전히 내뱉어서 허파를 텅 비게 하라. 부드럽게 머리를 뒤로 해서 어깨 쪽으로 움직여라(거북이 동작을 했을 때처럼). 그런 다음 이 자세로 천천히 숨을 들이마셔라.
- 어깨를 펴고 두 손을 위로 올려 손가락이 천정을 가리키게 하거나, 엎드려 있다면 머리 위의 한 지점을 향해 자세를 취하라.
- 구부리하지 않고 손바닥을 합쳐라. 그럴 수 없거든 손을 될 수 있는 대로 멀리하여 그 자세를 유지하라.
- 두 팔을 머리 위로 쭉 뻗으면서 이러한 자세로 몸 안의 우주로부터 오는 모든 양(陽)에너지(역동적임, 햇볕으로 빛남, 따뜻함, 남성다움, 낮 시간, 에너지를 활성화시킴)를 허파, 체내조직, 두뇌에 초대했다고 상상해 보라.
- 앞의 운동에서 했던 것처럼 이것을 하얀 연기라고 상상할 수 있을 것이다.
- 숨을 한껏 들이마신 다음 입을 다물고 그 호흡을 멈추고 항문 근육을 다시 잠근 다음 팔을 올린 자세를 유지하라.
- 이 자세를 될 수 있는 대로 오랫동안 10~15초 정도 긴장하지 말고 유지하라.
- 이 하얀 연기가 몸의 각 세포와 신경세포에 침투했다고 상상하라. 당신 안에 있는 모든 것을 둘러싼 이 하얀 연기가 아닌 것은 어떤 것도

인식할 수 없을 것이다.

- 앞에서와 같이 이것이 마음의 내용을 청결히 하고 정화시키고 있음을 인식하라.
- 천천히 숨을 내쉬어라. 머리를 천천히 앞으로 가져오고 두 손을 펴서 천천히 양 허리 옆으로 다시 내려라.
- 두 팔을 천천히 내리면서 땅으로부터 오는 모든 음(陰) 에너지(수동적임, 물과 같음, 저녁시간, 차가움, 습함, 축축함, 여성다움)를 손가락을 통해서 몸 안으로 가져오고 있다고 상상하라.
- 숨을 내쉴 때 몸 안에 있는 하얀 연기가 몸 밖으로 나와서 머릿속에 있는 아름답고 선명하고 깨끗한 푸른 텅 빈 하늘로 대치되었다고 상상하라.
- 이러한 운동을 6번 반복하거나 아니면 마음이 조용해질 때까지 반복하라.

어깨로 서는 것을 통해 두뇌를 비워라

이 운동은 전통적 하다 요가에서 온 것으로 두뇌를 자극하고, 신경세포에 보다 많은 혈액과 산소를 얻게 하고, 척추와 목을 유연하게 할 것이다. 이 아사나(asana 혹은 요가자세)는 전신과 모든 신체조직에 활력을 불어넣을 것이다. 이 운동은 산스크리트어로 사르방가사나(sarvangasana)라고 하는데, 이 말은 '모든 부분 동작' 을 의미하는 분명한 윤곽이란 뜻이다.

어깨로 서는 자세는 거북이 자세에서 턱이 가슴을 누를 때처럼 갑상선과 부 갑상선을 자극할 것이다. 앞에서 설명한 두 운동에서처럼 목에 어떤 이상이 있을 때는 전문가의 허락을 받기 전에 이 운동을 해서는 안 된다.

[그림 5-5]

• 바닥에 등을 대고 편안한 자세로 누워서 발을 30cm가량 벌리고, 팔을 옆으로 부드럽게 내려 바닥에 손바닥이 닿도록 한다.

• 옷은 편안한 복장, 즉 작업복, 목욕옷, 파자마 같은 옷을 착용하라. 바닥은 1.5m 정도의 평평한 바닥이어야 한다.

• 숨을 들이마실 때 두 다리를 나란히 쭉 펴서 머리 위로 들어 올리고, 이 때 손바닥은 아래로 향하게 밀어 내린다(그림 5-5 참조).

• 여전히 숨을 들이마신 상태로 다리를 들어 올린 채 엉덩이를 마루에서 들어 올려 머리 위로 다리가 오도록 하고, 몸통이 바닥에서 45도 각도가 되게 한다(그림 5-6 참조).

• 숨을 내쉬면서 엉덩이를 떠받치기 위해 두 팔을 움직이고 두 팔을 가능한 한 어깨에 가까이 접근시켜라.

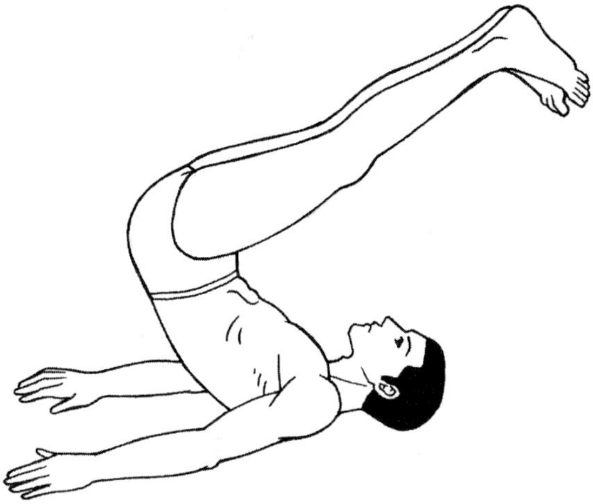

[그림 5-6]

- 자연스럽게 등을 올리고 두 다리도 추켜올려서 두 다리와 발이 똑바로 천정을 향하게 한다(그림 5-7 참조).
- 척추를 쭉 펴서 등뼈를 약간 아치 모양으로 만들어라. 두 발의 발꿈치를 사용하여 윗팔이 몸을 지탱하도록 바닥에 똑바로 안정시켜라.
- 턱을 가슴 쪽으로 단단히 누르기는 하지만 힘을 주지는 마라.
- 이 자세를 취한 채 천천히, 그리고 깊게 숨을 쉬어라.
- 두 발을 편안히 하라. 이 자세로 편안할 때까지 10~30초 동안 또는 그 이상 유지하라(그림 5-8 참조).
- 이 자세에서 천천히 빠져나오기 위해 다리를 천천히 낮추어서 45도 각도로 하라.
- 두 손바닥을 바닥에 다시 대라.

[그림 5-7]

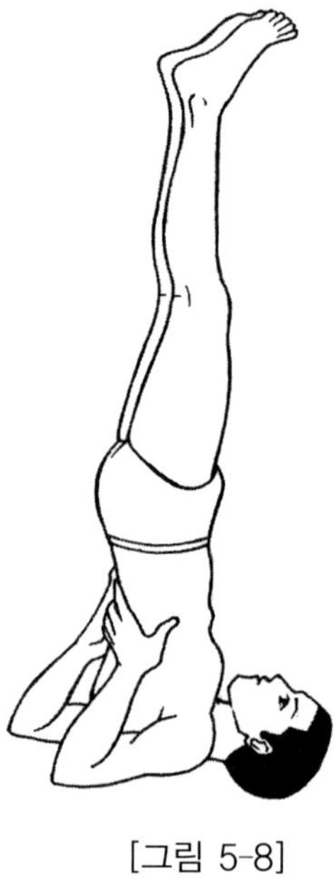

[그림 5-8]

- 허리를 천천히 마룻바닥에 내리고 두 다리를 한데 모은 채로 내려서 몸을 낮추어 바닥에 천천히 내려라.
- 두 다리를 내릴 때 굽히지는 마라. 다리를 내릴 때 척추가 스스로 조정되면서 똑소리가 몇 번 날 것이다.
- 등이 마루에 닿을 때 척추가 어깨에 가까워지기 시작하면서 척추 뼈가 하나씩 펴질 수 있도록 노력하라.
- 팔꿈치가 마루에 닿게 하라.
- 편안히 쉬어라. 이러한 자세를 최소한 1분 동안 유지하면서 조용히 숨을 쉬며 이러한 감각을 즐겨라.

✠ 두뇌 계발 연습 #35

그림으로 마음을 진정시키는 방법

마음속에 하나의 그림을 시각화하는 연습에서 마음을 진정시키는 조건을 얻을 수 있을 것이다. 마음을 진정시킬 수 있는 내적 이미지에는 여러 가지 형태가 있는데 자연 속, 공원, 숲 속, 호숫가, 미술관을 거닐고 있는 상황을 비롯하여 마음을 진정시킬 수 있고 안정시킬 수 있는 상황이면 무엇이든 가능하다.

마음은 당신이 마음의 상태를 자유롭게 바꿀 수 있을 것이라고 믿고 있는 일상적인 어떤 것보다 더 강력한 효력을 발휘할 수 있다는 것을 명심하라.

- 한여름의 따가운 햇빛 아래 아름다운 해변에 서 있다.
- 해변가를 따라 바닷가의 새 소리와 파도 소리를 들으며 거닐고 있다.

발 아래의 모래알은 따뜻하고, 한 발자국 디딜 때마다 발가락 사이로 올라오는 모래알의 야릇한 간지러움이 느껴진다.

- 저 위의 푸른 하늘은 찬란히 빛나고 환하게 열려 있다. 푸른 창공의 베일을 한 꺼풀 벗기고 나면 대낮의 별을 볼 수 있을 것만 같다.
- 산들바람이 피부에 가볍게 와 닿고 머리카락을 날리고 있다. 이 산들바람이 걱정거리, 염려, 절망, 의심, 불편한 심정을 다 날려 보내고 있다.
- 놀랍게도 마음의 안정을 되찾고 그 순간 편안한 마음을 유지할 수 있다. 바다 갈매기가 근심거리를 빼앗아 멀리 날아가 저 깊은 바닷물에 던져 버린다.
- 태양의 빛나는 빛이 수면 위를 비춰 눈이 깜박거리고, 그 찬란한 햇빛을 가리기 위해 계속해서 눈을 가볍게 뜨지 않을 수 없다. 이때 완벽함이 어떤 느낌인가를 느낄 수 있을 것이다.
- 일단 이와 같이 마음 안에서 이미지를 통해 아름다움과 평화를 느낄 수 있다면, 필요할 때는 언제나 위와 같은 모든 절차를 거치지 않고도 진실로 이를 느낄 수 있을 것이다.

※ 두뇌력의 해부학 #12

당신의 몸은 두뇌의 겸손한 운반체에 지나지 않는가

반추를 자아내는 이 암시는 유명한 미국의 발명왕 토마스 에디슨(Thomas Alva Edison)이 한 말이다. 그는 "신체의 주된 기능은 두뇌를 운반하는 것이다."라고 말했는데 이러한 농담을 단순히 농담으로 넘길 수 없는 이유는 그가 두말할 필요 없이 20세기 과학 기술의 모습을 바꾸어 놓은 두뇌를 가진 사람이기 때문이다.

스타트랙에서의 초능력: 두뇌 하나 치고는 너무 크다

이러한 태도는 20세기 후반 삶의 한 방식으로 점점 더 많이 나타나고 있다는 것을 알 수 있으며, 두뇌력에 관련된 어떤 특정의 태도에서 두드러지게 나타나는 현상임을 발견할 수 있다. 두뇌 계발에 관한 많은 책들이 출판되고 있는데, 이러한 책들을 읽으면서 적지 않은 실망을 하게 된다.

그 이유를 설명하기 전에 본지에서 약간 빗나간 것일 수도 있지만 두뇌력과 관련된 '스타트랙: 후세대'에서 한 이야기를 설명하고자 한다.

이 이야기는 초능력을 가진 것도 아니고, 말을 똑똑히 잘하지도 못하고, 자신감이 있는 것도 아닌 한 하위직 선원이 갑작스럽게 올브레인이 되어 이 선박의 슈퍼컴퓨터의 지능을 능가하고 즉각적인 계산능력을 갖춘 슈퍼브레인으로 변화된다는 이야기다. 이야기의 시작은 다음과 같다. 그는 이 선박의 장교들을 위해서 공연된 작은 연극에서 자기가 맡은 부분을 서투르게 수행하고 있었다. 그러다가 그는 전기 충격을 받았고 몸에 손상을 받은 것은 아니지만 이상하게 변하게 된다.

갑자기 별다른 노력 없이도 복잡한 문제를 풀어내고, 이 우주선(Enterprise)의 골치 아픈 문제에 대해서 유일하고 성공적인 해결책을 제안하기까지 한다.

올브레인인 이 사람이 보다 더 총명한 사람을 만나다

스타트랙에서 흔히 발생하는 것처럼 재난이 갑자기 발생하였으나 그를 제외하고는 아무도 그 재난을 예상할 수 없다. 그는 자신의 두뇌를 그 우주선의 컴퓨터에 연결해서 엄청난 계산력을 가진 컴퓨터와 연결된 살아 있는 인터페이스가 되었다. 곧이어 이 컴퓨터가 작동을 멈췄고 이 우주선이 재난으로부터 탈출하기 위해서는 이 사람에게 의존할 수밖에 없다. 이 우주선에 승선한 어떤 사람도 이러한 독특한 형태의 반란과 납치를 원하지 않았고 결국 컴퓨터와 이 사람의 두뇌와의 연결을 끊으려 하지 않았다. 그리하여 이 이야기는 예기치 못한 왜곡된 상황으로 끝나고 만다.

다른 은하계에서 온 훨씬 더 우수한 지능이 이 전체 문제를 조정하고 있었던 것이다. 이 지능은 문자 그대로 올브레인이며, 모든 지각, 정신 혹은 의식이다. 이러한 현상은 이 우주의 다른 세계에 대한 매우 비상한 호기심을 일으키기는 했지만 직접 나가서 이것을 해결하려 하지 않았다. 그리하여 친근한 대화를 통해 우주를 여기에 가져온 것이다.

일단 우주선이 원래 지역에 도착한 이후 선원 모두는 '앉아서' 인생과 우주와 그 모든 일에 대해 활발한 이야기를 나누었고, 이 하위직 선원은 다시 별 볼 일 없는 보통 지능으로 돌아오게 되었다. 그것은 매우 불행한 일이었다. 왜냐하면 이미 그는 평생에 상상을 훨씬 뛰어넘는 IQ, 즉 무한한 지능의 극치를 맛보았기 때문이다. 그는 순간적으로 토털 브레인 파워, 창조의 지위를 가진 두뇌력의 느낌을 경험하였던 것이다.

이 컴퓨터를 능가하는 IQ 이외에 더 중요한 것이 있다

이 이야기가 제시하는 도덕적 가치는 컴퓨터로 생성되는 고도의 지적인 업무를 수행해야 한다는 것 이외에 이 사람 역시 인격을 가지고 있으며, 일대기와 감정, 욕망 등을 가지고 있는 한 인간이라는 것이다. 그의 두뇌력은 뛰어날지 모르지만 지혜와는 비견되지 않고 있다. 그는 올브레인을 가진 사람이지만 이 거대한 우주선을 운전하기 위해 필요한 장비를 제대로 갖추고 있지 못한 것과 같다.

그리고 그 이면에는 모든 것을 끌어당기는 커다란 마음이 있어서 그 마음이 소위 우리가 말하는 컴퓨터칩을 관리하고 있다고 말할 수 있다. 이 관리자 역시 올브레인이다. 즉, 이것은 몸은 가지고 있지 않지만 마음은 가지고 있는 것이다. 이것의 의도는 예상 밖의 것이긴 하지만 친절하고 선한 것이다.

이 이야기를 하는 이유는 에디슨의 말에 동의할 수 없고 에디슨이 그저 농담삼아 한 말이기를 바라기 때문이다. 그렇지 않다면 우리는 두뇌가 전부라는 것과 IQ가 목표이며 두뇌력은 단순히 컴퓨터를 앞설 수 있는 능력이라고 오도할 수 있기 때문이다. 이것은 분명히 무한한 두뇌력이 있다는 것을 믿도록 하는 관점이다. 결국 이 주장은 최소한 이론적으로 두뇌 자체가 '전선으로 연결된' 구조일 수 있다는 것이다.

당신이 계산할 수 있는 가장 큰 숫자는 무엇인가?

1970년대에 모스크바 대학의 피요트 아노킨이라는 러시아의 두뇌과학자가 개략적으로 말하기를, 만약 두뇌의 '궁극적' 정보처리능력을 설명하고자 한다면 엄청난 숫자가 필요하다고 했다. 그 숫자는 학습, 저장, IQ에서와 같은 새로운 패턴을 만들고 이를 연결할 두뇌의 능력을 나타내는 지도에 해당하는 것이다.

이 숫자는 너무나 커서 길게 써내려 간다면 아마도 1억 5백만km의 길이가 될 거라고 아노킨 박사는 주장하였다. "그와 같은 많은 가능성 때문에 두뇌는 수억의 멜로디를 연주할 수 있는 지능 키보드다. 지금까지 자신의 두뇌 전체를 사용한 사람은 없다."라고 말했다. 이러한 개념은 무한한 뇌를 가진 사람에 대한 불가사의한 스타트랙 이야기의 이면에 깔려 있는 것이기도 하다.

이것은 매우 매혹적인 관점이다. 무한한 두뇌력이란 어떤 사람에게는 분명히 궁극적으로 높고, 욕망을 일으키는 삶의 목표임에 틀림없다. 그러나 몸, 즉 두뇌 이외의 것들이 어깨 위에 있는 위대한 뇌의 겸손한 심부름꾼은 아니다. 만약 그렇게 생각한다면 삶에 있어 심각한 문제를 일으킬 것이다. 두뇌력도 좋지만 지혜가 더 중요한 것이다.

초성능 두뇌는 전인의 봉사자다

당신은 두뇌력이 항상 필요한 시간과 장소에 활용되고 있다고 기억하고 있겠지만 그것은 단지 전체의 일부에 불과한 것이라고 말할 수 있다. 초성능 지능은 다른 동물의 세계와 인간의 세계를 구별한다. 그러나 거기에는 훨씬 더 구별되는 점이 있다고 볼 수 있다. 바로 그러한 두뇌력을 적절히 고려해서 사용하게 하는 지혜라는 것이다.

이 책은 두뇌력을 향상시킬 수 있는 기법과 나이가 들수록 우리의 정신 능력에 끼치는 부정적인 영향을 피하는 방법들로 가득 차 있다. 이 책을 통해 바람직한 IQ 지수를 추구하고 그것을 더욱더 많이 저장하는 것은 물론 우리의 전 생애와 우리 자신에게 도움이 되기를 바란다.

#64 두뇌 계발 비결

기공(氣攻)은 에너지를 높일 수 있고 지능을 향상시킬 수 있다

중국의 전통문화는 우리에게 지능의 향상과 두뇌력 증강을 위한 방법을 제시해 주고 있다. 그것을 기공이라 부르는데, '기(氣)의 완성' 을 의미하는 것으로 몸의 탄력과 에너지란 뜻이다. 기공이란 우리의 자연적 기(氣)를 조정하고 신체 구조를 유지하고 움직이는 방법과 관련된 일련의 운동이다.

이것은 복잡한 군대의 기예로서, 기술자는 학생들에게 완벽한 기법을 가르치도록 요구하고 있다. 하지만 이 기법의 초보적 단계는 단순해서 지도자의 도움 없이 책을 통해서도 배울 수 있다.

우선 먼저 기공의 잘 알려진 이점을 생각해 보자. 이 고전적 군사훈련의 기예에서 선사(先師)들이 말하기를, 만약 건강하고 장수하고 싶거든 몸, 기(氣), 정신의 조정과 균형을 유지해야 한다고 설명하고 있다. 기공이 이와 같은 혜택을 줄 수 있다는 것은 이러한 운동을 오랫동안 연습한 사람들이 보고한 놀라운 능력으로 증명되었다.[3]

- 그들은 혈압을 마음대로 올리고 내릴 수 있는 방법을 배울 수 있었다.
- 단 15~20분간의 연습을 통해 손바닥의 온도를 거의 4도 가량 올림으로써 체온을 조절할 수 있었다.
- 3개월간의 연습을 통해 학생들은 폐활량을 높이는 방법으로 '탄력적 능력' 을 극적으로 높일 수 있음을 보여 주었다.
- 육상 선수들은 달리기 속도를 30%까지 향상시킬 수 있었다.
- 기공은 심장계통을 보다 건강한 수준으로 안정시키는 데 도움을 주었다.

- 신체의 산소공급능력을 향상시킨다.
- 기공 연습은 뇌파를 베타에서 알파 패턴으로 변화시킴으로써 정신안정과 집중력을 높였다.
- 기공은 정신이완을 개선하고, 긴장감을 줄이고, 집중력을 높이고, 정신능력의 초점을 높이고, 정신을 맑게 했다.
- 학생들의 식욕을 증진시키고 수면과 주의력을 개선시켰으며 그 외에도 많은 이점을 보였다.
- 아동의 경우 불안정한 행동과 주의산만, 신경과민 행동 경향이 줄어들었다.
- 수학계산능력과 정보처리능력이 개선되었다.

다음의 기공운동은 간단하면서도 효과적인 기공연습으로 기를 순환시키고 허파 안에 있는 침체된 공기를 제거하는 데 도움이 되었다. 이러한 운동은 아침에 일어나자마자 하는 것이 더 효과가 있다.

독수리 기공법을 어떻게 향상시킬 것인가

- 두 다리를 45cm가량 벌리고 똑바로 서라.
- 머리와 몸통을 똑바로 세워서 엉덩이를 약간 앞으로 내밀고 무릎을 약간 구부려서 몸무게가 두 발 위에 고르게 배분된 느낌을 갖도록 한다.
- 어깨를 축 늘어뜨리고 두 팔을 양쪽으로 내려 손가락을 자연스럽게 편다.
- 입을 다문 채 코로 숨을 쉬어라.
- 숨을 들이마실 때는 아랫배를 부풀리고, 숨을 내쉴 때는 아랫배를 오므라들게 하라.

- 시선을 배꼽 약간 아래쪽을 향하게 하라. 이때는 의식의 중심이 그곳에 머물게 하라.
- 이 운동을 계속하는 동안 주의 중심을 그곳에 계속 유지하라.
- 숨을 들이마시면서 손목을 가슴 위에 천천히 올리고, 이때는 두 손목을 천천히 머리 위로 올리는 것처럼 하라.
- 손목이 가슴 수준에 왔을 때 멈춰라. 팔꿈치는 자연스럽게 구부려지고 앞 팔은 가슴에 덩그러니 걸쳐 있는 것처럼 보일 것이다.

손목은 보이지 않는 선으로 위에 매달려 있다

- 각 손목에 예리한 줄이 달려 있다고 상상해 보라.
- 숨을 내쉬기 시작할 때 두 손은 팔이 몸 앞에 올 때까지 거의 완전히 뻗치도록 앞으로 움직여라. 이때 팔은 바닥과 평행이 되고 몸과는 수직이 되게 한다.
- 매우 천천히 움직이고 이때 마치 공기가 물만큼 무거운 것처럼 천천히 움직인다. 긴장하지는 마라. 각 동작을 최소한의 힘을 들여 완수하라.
- 다시 천천히 숨을 들이마시면서 팔과 손이 머리 위에 떠 있게 하고 눈에 보이지 않는 줄이 두 손과 두 팔을 끌어 올린다는 느낌을 가져라.
- 숨을 내쉬면서 몸무게가 무릎에 더 내려 앉게 하고, 두 팔을 옆으로 내리면서 몸의 좌측과 우측 어깨 수준까지 뻗어 내려라.
- 무릎을 굽히고 두 손을 두 다리에 교차시켜 오른손을 왼쪽 허벅다리 위에 올려놓고 왼손은 오른쪽 허벅다리 위에 올려놓아라.
- 무릎을 구부린 자세로 서라.
- 앞 단계에서 구부린 무릎 자세로 두 손을 흔들어 벌리면서 숨을 들이마셔라.

- 두 손을 흔들어 떠 있는 손바닥을 가슴 높이까지 다시 올려라. 좌우측으로 뻗어라. 계속해서 무릎은 구부린 자세를 유지한다.
- 두 손을 반대로 해서 손바닥이 바닥으로 향하게 하라.
- 숨을 내쉬면서 몸자세를 곧게 뻗어서 다시 몸을 똑바로 일으킨다.
- 동시에 두 팔을 내리는데 마치 이러한 동작을 통해 가능하듯이 무릎을 펴고 몸통허리를 편다.
- 이러한 전 과정을 9번 반복한다.
- 이 운동을 10번 한 다음 선 자세로 있게 되면 몸은 에너지로 가득 차 편안함을 느낄 수 있을 것이다.

몸에 에너지로 기가 꽉 차 있는가를 보라

- 몸이 투명하고 가득한 것처럼 느껴질 것이다. 혹은 손가락이 아리고 두 손이 약간 부은 것처럼 느껴질 것이다. 이런 현상은 안개가 병에 꽉 차 있는 것과 같은 것으로 몸 안에 기가 꽉 차 있다는 증거다.
- 이러한 기를 빛이 가득한 것으로 시각화하고 모든 뼈, 내장, 조직으로 휘몰아쳐 들어가고 있다고 상상하라.
- 다음 세 모금의 침이 흐르는 동안 이 타액이 아랫배로 흘러내려 가서 따뜻하고 가볍게 가득 채우고 있다고 상상하라.
- 이 광채점이 잉크가 종이에 퍼져나가는 것처럼 몸 전체에 퍼져 나간다.

비상하는 독수리 기공 연습의 8가지 기능

기공 교사들은 정규적 기공 운동에서 기대할 수 있는 이점이 최소한 8가지가 있다고 말한다. 물론 기억해 두어야 할 것은 이는 비상하는 독수리 수십 가지의 기공 운동 가운데 한 가지(그리고 하나의 초보적 운동)일 뿐이라는 점이다.

이러한 신체조직을 통한 기의 순환의 정상적인 반응으로 기대할 수 있는 효과는 다음과 같다.

- 정신이 선명하게 맑아진다.
- 훨씬 많은 타액이 분비된다.
- 잠이 잘 온다.
- 각기 다른 신체 부위에 따뜻한 촉감을 느낄 수 있다.
- 소화가 촉진된다.
- 식욕이 왕성해진다.
- 보다 강력한 신진대사로 손톱, 발톱, 머리카락의 성장이 촉진된다.
- 정신적 · 신체적 긴장감이 완화되고 조화와 편안한 느낌이 든다.

기공을 통해 많은 효과를 봤다는 두 사람의 이야기

펭 웬장(Peng Wenzhang)은 53세의 중국 정부 관리였다. 그는 중요한 회의의 상세한 부분들을 기록하는 일을 담당하고 있었다. 그러나 그는 여러 회의에 참석한 관리들의 이름을 기억해 낼 수가 없었다. 뿐만 아니라 문서를 읽는 데 어려움을 겪고 있어 잠을 제대로 이룰 수가 없었고 자기 자신을 조절할 수 없었다. 이런 이유로 그는 기공운동을 시작하게 되었다.

운동한 결과 그의 식사와 수면 패턴은 개선되었고 기억력이 정상으로 되돌아왔다. 각종 회의에서 총무로서의 기능을 정상적으로 수행할 수 있었을 뿐 아니라 논문까지 쓸 수 있게 되었다. 이전의 허덕거림도 없어지고 발걸음도 가벼워지고 건강해졌다.

또 한 사람은 64세의 베이징 공업대학의 교수로 지난 11년 동안 고혈압으로 고생하고 있었다. 그런데 단지 2개월간의 기공 운동으로 혈압이 140/70까지 내려가서 어느 정도의 안정 수준을 유지하게 되었고, 이로써 이 기간 동안 다른 혈압약을 먹지 않아도 되었다.

✠ 두뇌 계발 연습 # 36

학습능력을 확인하고 또 확인하라

편안한 마음으로 눈을 감고, 긴장을 풀고 이것을 연습하라. 당신의 학습 가능성을 확인하게 되면 이처럼 긴장을 푼 상태에서 할 수 있으며 이것은 특히 효과적이다.

여기에는 선택할 수 있는 여러 가지 경구가 있다. 그 열쇠는 어떤 사람의 긍정적 분위기는 그 사람 자신의 가능성에 대한 느낌과 같다. 혹은 이러한 느낌은 당신을 그러한 신념에 이르게 하는 데 도움을 준다.

이러한 확인을 소리 내지 말고 마음속으로 5~6번 반복하라. 이 말의 의미에 집중하고 반복할 때마다 당신의 이름을 이 말에 붙여서 해보라. 즉, 내가 말한 것을 나는 믿는다.

다음 말들을 리듬을 붙여서나 장단에 맞추어 암송하라.[4]

- 나는 할 수 있다.
- 지금 나의 목표를 달성하고 있다.
- 배우는 일은 즐거운 일이다.
- 배우고 기억하는 일은 나에게 쉬운 일이다.

- 나의 마음은 효과적이고 효율적으로 작용한다.
- 나는 매우 조용하고 자신감이 있다.
- 나의 기억력은 각성되어 있고 나의 마음은 강력하다.
- 나는 내가 필요하다고 생각될 때 모든 것을 기억한다.

65 두뇌 계발 비결 수피 교도들처럼 빙빙 도는 것과 몸 돌리기가 두뇌에 좋은 이유

회교도 탁발승이 빙글빙글 도는 것을 본 일이 있는가? 오랫동안 빠른 속도로 완전히 정신집중을 하면서 현기증도 느끼지 않은 채 돌고 있는 것을 보며 신비로움을 느꼈을 것이다. 때로 그들은 수백 번이나 돈다.

이것은 수피의 전통(특히 이슬람교의 신비스러운 측면의 하나임) 기도 행동이기는 하지만 이러한 동작은 두뇌에 분명히 도움이 된다. 아동들에게는 이러한 행동이 하나의 놀이로 인식되며, 원을 그리며 돌기도 하고 수레바퀴를 만들고 공중제비를 하고 언덕 위를 굴러 내려오기도 한다.

빙빙 도는 운동이 어떻게 신경세포를 행복하게 만드는가

신체운동, 특히 회전행동이나 빙빙 도는 운동은 신경을 충분히 충전시켜 줄 수 있고 운동 자체가 뇌에 영양이 된다.[5] 다른 무엇보다 회전하는 것과 같은 반복적 운동에는 다음과 같은 기능이 있다.

- 귀 안쪽에 있는 하나의 전정 계통의 일부로서 액체와 수백만 개의 말초 신경을 자극한다.
- 두뇌에 전기충전을 보내서, 쾌락과 학습 모두와 연계된 것으로 알려진 변연계의 일부를 자극한다.
- 전반적인 신경 활동을 자극함으로써 당신의 뇌를 운동시킨다.
- 직접적으로 학습을 촉진시킨다.
- IQ를 최고 30점까지 직접 높인다.
- 뇌파를 즐겁고 편안한 상태로 하강시킨다.
- 임파선을 포함한 모든 신체적 액체를 효과적으로 자극한다.
- 내장과 조직에 내적 수분 마사지를 한다.

회전 활동은 보디빌딩 못지않은 두뇌 계발 운동이다. 빙빙 돌기는 신경세포를 자극해서 보다 많은 신경의 수지상 돌기의 연결을 '성장'시키고, 기존의 신경세포 조직의 네트워크를 증가시켜서 IQ를 높일 수 있는 신체적 기반을 형성한다.[6]

우리의 운동과 학습에 관련한 두뇌 계발 비결은 이렇다. 최소한 하루에 두 번씩 공부를 시작하기 전이나 수업시간 전에 빙빙 돌기 운동을 하라.

보다 효과적인 두뇌력을 위해서 어떻게 도는가

- 두 다리를 약 45cm가량 벌리고 똑바로 서라.
- 두 팔을 앞으로 쭉 펴서 바닥의 면과 평행이 되게 하라.
- 눈높이로 똑바로 앞의 점을 응시하라.
- 그런 다음 서서히 왼쪽에서 오른쪽으로 몸통을 돌리기 시작하라.

- 두 발을 거의 같은 장소에 두고 회전할 때마다 두 눈은 한 곳을 계속해서 응시하라.
- 6번가량 회전한 다음에 정지하라. 그러면 어지러움을 느낄 것이다. 다음 몇 주 동안 현기증을 느끼지 않을 정도로 돌리는 운동을 21번가량 계속하라.
- 예를 들어, 학생이거나 교수이거나 회사 사장으로서 중요한 시험이나 발표를 준비할 때, 중대한 두뇌력 테스트를 받기 전에 1시간가량 이 회전 운동을 하면 도움이 된다.[7]

06
두뇌에 소리를 들려주어라

음악, 소리, 그리고 음파가 두뇌력을 촉진시킬 수 있다

두뇌에 소리를 들려주어라. 음악이나 소리, 심지어 전파까지도 두뇌의 양식이 된다는 것을 아는가? 두뇌는 뇌파라 불리는 에너지의 스펙트럼이나 파장을 분출하며 이것은 활동 여하에 따라 변한다. 두뇌에 영양분 있는 음파를 먹이고 두뇌력이 성장하는 것을 관찰하라.

이 장의 두뇌 계발 비결에서 특정 음악과 소리, 정확한 음파 간에 놀랄 만한 관계가 있다는 것과 두뇌가 어떻게 작용하는가를 알게 될 것이다. 두뇌에 소리를 들려주라는 말의 의미는 두뇌가 필요로 하는 영양에는 스마트 영양분, 약초, 비타민 이외에 또 다른 종류의 영양소가 있다는 뜻이다. 이 장에서는 귀를 활용하고 귀의 힘을 정복할 수 있는 청취능력을 잘 활용하여 두뇌력에 필요한 음성 영양분을 뇌에 공급할 수 있게 하는 방법을 배우게 될 것이다.

#66 두뇌 계발 비결

잘 기억하려면 잘 들어야 한다

기억과 관련하여 인쇄매체만이 정보를 얻을 수 있는 유일한 매체는 아니라고 할 수 있다. 듣기, 청취, 두 귀 등의 모든 것이 정보게임에서 활용할 수 있는 주요 수단이다. 그러나 두뇌력 전문가에 따르면, 100의 숫자로 환산할 때 우리의 평균 청취력은 단지 55밖에 안 된다. 이 검사를 받은 사람들의 85%가 평균 이하의 점수를 나타냈다. 우리가 잘 듣지 못하는 이유에는 주의가 산만해서, 지루해서, 들은 내용을 쉽게 잊어버려서, 소리가 선명하지 못해서 등 여러 가지가 있다.

사람들은 보통 하루 시간의 45%를 듣는 일에 소비하고 있다. 만약 당신이 초·중등학교에 다니는 학생이라면 놀랍게도 60~70%의 시간을 듣는 일로 보낼 것이다. 이와 같은 상황에서 최선의 방법은 새로운 듣는 방법을 계발하는 것이다. 잘 알고 있다시피 듣는 것에서 벗어날 수는 없기 때문이다.

얼마나 잘 청취하고 있는가를 알아보기 위한 질문

청취 습관이 어떠한지를 알아보기 위한 간단한 질문을 들어 보자.[1] 각 질문에 대해 다음 다섯 가지 답 가운데 한 가지를 선택해서 점수를 환산해 보라.

배점: 거의 항상=2, 대체로=4, 때때로=6, 가끔=8, 거의 그런 일 없음=10. 당신의 점수는 어떠한가?

- 주제에 흥미를 느끼지 못하는가?
- 화자의 말하는 스타일에서 어떤 결점을 쉽게 발견하는가?
- 스스로 어떤 특정의 말에 지나치게 자극을 받는가?
- 대부분 어떤 사실만 집중해 듣는가?
- 듣자마자 그 내용을 요약하려 드는가?
- 화자의 말을 듣는 척하는가?
- 주변에서 일어나고 있는 일에 주의가 산만해지는가?
- 들은 내용이 이해하기 어려우면 회피하거나 무시해 버리는가?
- 마음에 들지 않거나 난처하게 만드는 말에 감정이 상해서 격분하는 일이 있는가?
- 화자의 말이 진행되는 동안 백일몽에 빠져 드는가?

보다 잘 청취하기 위해 두뇌력을 향상시키기 위한 20가지 조치

우리 대부분이 갖고 있는 바람직하지 못한 점수를 고치기 위해 여기 20가지의 바람직한 청취 방법을 소개한다.[2]

1. 청력을 건강하게 유지하라. 두 귀가 귓밥으로 꽉 차 있지 않은지 혹은 생물학적으로 손상되지 않았고 기능상으로 정상적인지 확인하라.
2. 귀를 훈련시켜라. 가장 중요한 일에 초점을 맞추면서 주변의 모든 소리에 철저하게 귀를 기울여라.
3. 신체 건강을 유지하라. 건강한 신체가 건강한 정신을 만든다. 그러므로 적절한 운동을 하고 영양관리를 통해서 체력 수준을 유지하면 청력은 그만큼 선명해질 것이다.
4. 시의 적절하게 들어라. 이 말의 의미는 아무리 지루하다 할지라도 모

든 돌을 다 들춰내다 보면 땅 속에서 진주를 찾아낼 수 있다는 뜻이다. 단 하나의 문장이라도 배울 수 있거나 이득이 될 수 있는지 살펴보라.

5. 오래도록 들어라. 그 말이 끝날 때까지, 그리고 완전히 이해할 수 있을 때까지 화자가 주는 메시지의 가치에 대한 판단을 유보하라. 어느 정도의 윤곽이 드러날 때는 어느 한쪽으로 치우치지 않는 평가를 하도록 노력하라.
6. 호의를 가지고 들어라. 즉, 듣는 일에 투자한 만큼의 혜택을 보겠다는 생각을 해라. 이러한 상호작용에서 무엇인가를 얻을 수 있다는 믿음을 미리 갖고 들으면 더 많은 것을 얻을 수 있을 것이다.
7. 자신의 두뇌에 도전하라. 예컨대 푸코의 해체주의에 관한 철학적 토론에 귀를 기울이는 것은 이미 알고 있는 이론보다 더 도전적인 학습 기회가 될 수 있다.
8. 각성 상태에서 들어라. 청취력을 다른 두뇌력 기능만큼 중요하게 만들어라. 되도록 정신을 바짝 차리고 들으면서 현재 잘 듣고 있다는 것을 화자에게 확인시켜 주어라. 듣는 척만 해서는 안 된다.
9. 모든 감각기관을 사용하라. 이것을 공감각이라 부르는데, 감각기관인 시각, 후각, 신체적 각성 등 청취 상황에서 들으며 느끼는 모든 감각기관을 사용하라는 의미다.
10. 마음의 문을 열어라. 감정을 자극하는 말이나 개념들을 들었을 때 움츠리지 마라. 왜 화자가 그러한 말이나 개념을 사용하고 있는가를 이해하려고 노력하라.
11. 두뇌의 속도(brain speed)를 활용하라. 두뇌가 정보를 처리하는 데 말하는 속도보다 약 5배가량 빠르다는 것을 알고 있는가? 이 말은 화자의 몸짓을 보고, 예측하고, 조직하고, 앞에 주어진 자료들을 비교하도록 두뇌를 바쁘게 유지하라는 의미다. 먼저 말을 천천히 하는 사람

을 선택해서 직무 분석 능력에 관한 것을 완벽하게 살펴보자.

12. 전달 방법보다는 내용을 판단하라. 그 화자는 발표자로서 약점을 갖고 있을 수도 있다. 그러나 여기서 중요한 것은 발표된 정보인 것이다.
13. 아이디어에 귀를 기울여라. 이것은 마치 두뇌의 음식과 같다. 이 화자의 말의 강물로부터 전체적 아이디어와 주제를 파악해서 그 사실들을 큰 그림으로 연결하면 이들을 모두 기억하게 될 것이다.
14. 마음의 지도를 그려라. 이것은 두뇌의 좌우 반구를 모두 수반하는 사고과정의 구조에 기반한 기록의 다른 방법이다.
15. 주의산만 요인을 무시하라. 이것은 개가 조용히 앉아 있어야 할 때 뼈다귀를 쫓는 것과 같다. 말하는 사람으로부터 주의를 다른 곳으로 돌리지 마라.
16. 수시로 잠깐씩 휴식을 취하라. 매 30~60분마다 주제로부터 휴식을 취하라. 두뇌는 통합할 시간을 필요로 한다. 청자는 휴식을 취할 필요가 있고 화자는 물을 마실 필요가 있다.
17. 상상은 허용되어 있다. 청취를 할 때 왼쪽 뇌가 활동을 하겠지만 실제로는 두뇌 전체가 활동하는 것이다. 받아들인 정보의 정신적 이미지를 발달시키고 마음대로 만들어 낸 이미지에 방해받지 않도록 노력하라.
18. 귀로 사냥을 하라. 고양이가 새나 쥐를 사냥할 때처럼, 개가 바람에 귀를 쫑긋 세우는 것처럼 주의를 집중해라. 듣는 일에 이렇게 집중하라.
19. 연습을 하면 더 나아진다. 청취기술은 연습을 많이 하면 눈에 띌 정도로 향상될 수 있다. 기술적인 청취자가 될 수 있다고 믿는 만큼 청취력은 그만큼 향상될 수 있을 것이다.
20. 자신의 말하는 기술을 연마하라. 전형적인 대화에서 상대방이 어떻게 하고 있는지 살펴볼 수 있는 대화기술을 연습하라.

67 두뇌 계발 비결

극도의 흥분에서 벗어나는 시간 – 매일 두뇌를 최대한 편안하게 하는 소리 목욕을 하라

현대 문화의 편리함, 풍요, 기술의 발달로 즐기는 쾌락에 대해 우리가 지불해야 할 대가 중 하나가 고도의 스트레스라는 점에 대해서는 이론의 여지가 없을 것이다. 이러한 스트레스의 원인은 직업, 가족, 수입, 도시환경, 건강문제, 출퇴근 문제 등 무수히 많다. 당신이 이미 알고 있듯이 스트레스는 건강과 두뇌력에 매우 나쁘다.

음악을 통해 삶에서 오는 스트레스를 제거하라

우리가 쇠약해지는 이유 중 하나는 스트레스가 신체의 면역력을 약화시키고, 신체활동을 억제하고, 세균 감염, 감기, 전염병 등에 걸릴 확률을 높게 한다는 것이다.

최근의 두뇌 연구에 따르면, 스트레스는 실제로 뇌세포를 파괴하고, 뇌의 노화를 촉진시키고, 기능의 퇴화를 가져와서 탄력과 효능감을 저하시킨다. 뇌 과학자들은 다음 사항에 유의하라고 이야기한다. 뇌세포의 숫자는 고정되어 있는데 나이가 들면서 점차적으로 감퇴하여 너무 많은 뇌세포가 죽게 되고 이에 집중력, 기억력, 계산능력, 새로운 정보를 학습할 능력에 손상을 입는다는 것이다.

누구나 스트레스를 받는 상태에서 오랫동안 일을 하거나 충분한 수면과 식사나 편안하지 않은 상태에서 일을 하면서 일시적으로 두뇌력이 저하되는 경험을 했을 것이다. 그러나 생활 속의 모든 스트레스를 없앨 수는 없으며 심리학자들은 어느 정도의 스트레스는 신경 시스템을 건강하게 한다고 믿고 있다. 당신은 두뇌력을 고갈시키는 경향을 최소화하기 위한 특단의 조치를 취할 수 있다.

우리의 두뇌 계발 비결은 다음과 같다. 스트레스가 진행되는 동안 두뇌력에 활기를 주고 행복하기 위해서 음악을 활용하라는 것이다.

음악의 진정 효과를 생각해 보라. 음악학자이며 작곡가이고 연출가인 스티븐 핼펀(Steven Halpern)은 수년 전에 현대 생활의 문제점을 인식하고, 지나친 스트레스에 따른 신경 시스템의 문제를 해결할 수 있는 음악을 작곡하기로 결심했다. 그는 이러한 음악적 접근법을 흥분억제법(AntiFrantic, 내적 평화 혹은 내향적 음악 처방)이라고 불렀다. 음악은 스트레스에 따른 뇌세포 감소 혹은 손상을 억제하는 하나의 처방이 될 수 있다. 핼펀은 청취자의 긴장을 완화시키고 내적 하모니를 가능한 한 빨리 유도하기 위한 곡을 만들었다. 일반적으로 사람들은 긴장이 완화된 상태가 어떤 것인지 잘 느끼지 못하고 있다는 것이다. 주로 정신의 긴장완화를 위해서 작곡된 그의 곡은 신속한 긴장완화가 어떤 느낌인지 보여 줄 것이다.

음악을 사용할 수 있는 3단계

내가 개인적으로 사용했던 핼펀의 음악 가운데 두 개는 지난 15년간 핼펀의 최고 음반이었던 'Radiance: Spirit in Sound' (SoundRx, CD #7844, 1989)과 명상 상태에서 기본적으로 활용할 수 있고 긴장을 완화시킬 수 있는 'Higher Ground' (Sound Rx, CD #7848, 1992)이다. 여기서 그는 약 15분 이내의 빠른 속도로 뇌파를 깊은 긴장완화, 편안함, 행복감을 느낄 수 있는 상태에 빠지게 하는 '소리 환경' 을 조성한다.

이 두 CD는 정신적 긴장을 상당히 누그러트리고 풍요롭게 마음을 안정시키기 때문에 마치 뼈가 녹아 들어가고 전체 뼈 마디가 안도의 한숨을 쉬도록 하며 용해되는 느낌을 준다.

1. 매일 15분 동안 긴장을 누그러트리기 위해 의도적으로 작곡되고 연주된 음악으로 '소리 목욕' 을 하라. 이와 같은 활동은 스트레스를 줄이는 데 효과가 있다.
2. 스트레스를 감소시키고 긴장을 풀어 주는 음악, 긍정적인 감응을 주는 음악과 자연의 소리를 혼합시킨 음악을 시도해 보라.
3. 이러한 음악보조 긴장완화법에 보충하여 앞에서 설명한 라벤더 거품목욕을 해보라. 이 기포 욕조 안에서 몸을 완전히 담그고 최소한 20분간 있어라. 이 기포 욕조 안에서 음악이 끝날 때까지 있어라. 뇌세포에 도움이 될 것이다.

#68 두뇌 계발 비결

학습을 증진시키는 리듬과 음악-두뇌력을 향상시키는 방법

1956년 벨기에의 심리연구가인 조지 로자노프(George Lozanov)는 신속하고 철저한 학습을 촉진시킬 수 있는 획기적인 방법을 만들었다. 바로 오늘날 유럽과 미국의 수백만의 학교에서 현재 활용하고 있는 혁신적인 학습 촉진 시스템이다. 로자노프 시스템은 긍정적인 암시와 더불어 적절한 시각 · 청각 단서를 곁들인 힘에 근거하고 있다.[3]

로자노프는 최면술, 수면학습, 음악, 초심리학과 드라마를 그의 접근방법에 투합시켰다. 로자노프의 아이디어는 암시의 힘에 의존하고 있는데 이는 그가 왜 그의 암시학 적용법(suggestopedia)을 오랫동안 갖고 있었는가를 말해 주고 있다. 로자노프의 방법을 활용하고 있는 전문가들은 이를 통해 학생들이 단 하루 만에 새 외국어 단어를 1,200개나 학습할 수 있다고 주장한다.[4]

두뇌에 고성능 학습을 달성하기 위한 9 단계

1. **암시에서 벗어나기(desuggest)** 정신능력의 가능성에 대한 태도를 바꿔야 한다. 자신의 암시된 아이디어에서 벗어나야 한다. 그리고 보다 많은 두뇌력을 갖는 데 방해되는 부정적 정신 장애를 제거해야 한다. 이런 부정적 생각을 긍정적 암시로 바꿔야 한다.

2. **몸과 마음을 편안하게 갖기** 몸과 마음을 편안하게 갖는 것은 신속하고 효과적으로 학습하는 과정의 핵심이다. 편안함은 스트레스를 제거하고, 정보를 동화시키는 일을 용이하게 하며, 장기기억을 할 수 있도록 호흡을 조절해 준다.

3. **생각을 그림으로 그리기** 새로운 정보를 마스터하기 위하여 마인드맵을 만들어라. 만약 새로운 언어를 숙달해야 한다면 일단 한국어로 먼저 복습해서 그 전체 정보의 영역을 검토하고 전체적 맥락을 파악하라. 그런 다음 공부하고 있는 외국어를 통해서 공부할 내용을 읽어라.

4. **활기찬 콘서트** 다음은 활기찬 콘서트를 진행시킨다. 예컨대 영어를 공부한다고 치자. 영어로 된 연극을 하는 것처럼 큰소리로 읽을 때 배경 음악으로, 예컨대 바흐, 텔레만, 하이든, 알비노니, 비발디 등

의 바로크 고전 음악을 듣는다. 읽어 내려가는 그 목소리가 함께 연주되는 것처럼 음악의 리듬을 따른다.[5]

5. 교과서를 공부하라 교과서를 공부할 때 한쪽에는 한국어, 다른 한쪽에는 영어로 쓰인 이중 언어 교과서를 사용하여 공부하라. 영어로 쓰인 텍스트에 집중해서 읽는 동안 주변 시야는 한국어의 상대되는 단어에 집중한다. 그와 동시에 정확한 리듬을 가진 음악이 오른쪽 두뇌를 자극한다. 즉, 식역상의 소리와 식역하의 시각 자극이 함께 작용하여 기억 속에 새로운 정보가 들어가는 속도를 촉진시킨다.

다시 말해, 소리와 시각 요소가 의식의 문턱에서 높고 낮은 가장자리에 함께 작용하게 해서 정상적인 학문방법으로 공부했을 때보다 더 많이 배울 수 있게 한다.

6. 휴식을 취하라 그런 다음 휴식을 취하라. 연구에 따르면 정규학습 후 휴식, 예컨대 30분 공부하고 5분 쉬는 방법으로 하면, 나중에 정보를 회상할 때 매우 큰 효과를 볼 수 있다. 5분 휴식을 하는 동안 심호흡을 하고 긴장완화 방법을 활용하면 그 효과는 더욱 좋아진다.

이와 같은 요소들은 정보가 단기기억에서 장기기억으로 이동하는 것을 도와주는 것이다. 이것은 마치 책상 위의 낱장으로 쌓여 있던 종이가 캐비닛 파일 안에 질서 있게 채워지는 것과 같다.

7. 복습하라 새로 습득한 정보를 자주 복습하라. 4년 동안 매일같이 일기를 쓴 한 여자는 처음에 이 일기를 쓴 다음 한 번도 들여다보지 않았더니 65%를 잊어버렸다고 한다. 반면에 일 년 동안에 4번 읽었더니 12%밖에 망각하지 않았다고 한다. 이 말은 똑같은 4번의 복습이 88%의 회상율로 이끌었다는 이야기다.

예컨대 10분간 공부하고 5분 복습하고, 하루가 지난 다음 5분을 다시 복습하고, 1주일이 지난 다음 3분 복습하고, 한 달이 지난 후 3분 복습, 그리고 6개월이 지난 다음 3분 복습하여라.

로자노프 전문가에 따르면, 이와 같이 지속적이고 적극적인 복습으로 회상을 높일 경우 무려 400% 기억 능력을 높여 나갈 수 있다고 한다. 적절하게 관리한 기억의 놀라운 가능성을 보게 될 것이다.

8. 콘서트를 감상하라 다음은 콘서트를 감상하는 일이다. 여기에서는 아무것도 하지 않는 것 같지만 많은 정신활동이 이루어지고 있는 것이다. 의자에 편안히 앉아서 눈을 감고 음악을 들어라. 그러면서 주의가 주변에만 머무르고 있을지라도 영어 텍스트를 여전히 읽고 있는 것이다. 무의식 세계는 각 단어들에 집중되고 그것들을 기억하게 된다.

음악을 통한 긴장완화와 함께 새로운 정보를 아무런 노력 없이 받아들일 수 있는 정신상태가 된다. 발화된 언어는 바로크 음악의 리듬을 타고 두뇌의 '파일 캐비닛' 속으로 자연스럽게 흘러들어 간다. 로자노프 전문가들은 이와 같은 방법이 두뇌 반구의 활동을 소정하여 결국 '학습 속력과 기억이 비약적으로 발전' 하게 된다고 한다.

9. 활성화하기 강의가 2시간 계속되고 난 다음에 하룻밤 잠을 자고 나면 활성화 단계에 들어가게 된다. 여기서 게임을 하고 퍼즐 놀이를 하고 어제 배운 단어들을 가지고 놀이도 한다. 그러한 환경은 아이들처럼 재미를 느끼게 하고 집중적으로 학습한 경우에 나타나는 스트레스로부터 자유롭게 한다.

예컨대 교사가 영어(당신이 배우고 있는 언어)로 질문을 하면서 공을 던진다. 당신이 그 볼을 받으면서 질문에 답을 한다. 정답이 예상 밖으로 튀어 나오는 기분일 것이다.

고성능 학습을 위한 8가지 또 다른 기법들

여기에 로자노프의 고성능 학습방법에 따른 빠른 학습과 보다 철저한 회상을 위한 하나의 기법들이 있다.[6]

1. 긴장 완화는 수용과 새로운 정보를 획득하기 쉬운 이상적인 조건을 만들어 준다. 또한 뇌의 알파 뇌파와 연결되어 있어 에너지를 적게 들이면서 주어진 학습과제를 해결하기 위한 보다 많은 뇌 에너지를 만들 수 있다.
2. 새로운 정보가 마음에 들어가 단기기억장치에 저장된다. 단기기억장치에서 장기기억장치로 전환되기 위해 그 정보를 즉시, 그리고 자주 복습하고 연습해야 한다.
3. 새로운 정보를 기록하기 위한 열쇠는 일정한 형태의 강력한 기호화 혹은 연합을 통해서 의식 속으로 가져와야 한다. 이러한 일은 정서를 통해서 신체적 감각, 운동, 시각적 자극을 통해서 이루어질 수 있다. 보다 선명한 원천적 기호화가 있을수록 후에 더 잘 기억해 낼 수 있다. 즉, 단어들을 그림으로 연결하면 정보를 기억해 내기가 더 용이해지고 데이터가 위와 같은 방법으로 보이게 되면, 시각 기억은 거의 완벽해지면서 시각 정보의 회상은 기억기술을 위한 예술적 상태가 된다. 그러므로 시각화 능력이 개선되고, 시각적으로 보고, 정보를 시각적 연상으로 기호화하는 능력이 향상되면 더 잘 기억할 수 있다.
4. 더 많이 배우고 공부를 많게 하면 좋겠지만 일정한 간격을 두고 연습 하는 것이 더욱 좋다. 이 말은 새로운 정보를 학습하고 나서 즉시 복습하거나 연습을 하고, 회상해 보면서 검사해 보고, 한 시간 후에 다시 복습하고, 아침에 다시 복습하고, 일주일 후와 한 달 후에 복습하라는 것이다.

5. 학습한 것은 내재적 의미가 있다는 점을 인식하고 그 맥락과 배경을 이해해야 한다. 시작하기 전에 전체적 그림을 살펴보고 각각 그 예들의 원리를 배운다. 그리고 맹목적으로 외울 것이 아니라 예를 통해서 학습해야 한다는 점을 명심할 필요가 있다.
6. 어린 시절 어떤 생각을 했거나 야단만 치는 선생님으로부터 어떤 꾸지람을 들었음에도 불구하고 이 정보를 빠르고 철저하게 학습할 수 있었다는 점을 자신에게 자주 암시하라.
7. 학습 환경에 무의식적 단서와 암시를 설정하라. 바로크 전통 음악이 한 예다. 고성능 학습 전문가인 콜린 로즈(Colin Rose)는 "약 90%의 대화가 무의식 수준에서 이루어지고 있기 때문에 학습에 도움을 주기 위해 조화를 이루는 무의식 자극의 수가 많을수록 학습의 효과는 빠르고 보다 효과적이다."라고 설명하고 있다.
8. 학습촉진의 열쇠는 긍정적이고, 창의적이고, 지원적인 암시가 있어야 하고, 이에 따른 진취적 교육환경을 만들어 낼 수 있다. 그러한 환경이라면 어느 연령층의 학생들이나 의식적 노력 없이도 즐거운 마음으로 빠르게 학습할 수 있다. 이러한 접근 방법은 다음과 같다.

- 두 개의 교재를 나란히 제시하면 주변 시각은 한 교재를 보면서 다른 중심 시각은 다른 교재를 볼 수 있다.
- 특정의 정보나 언어를 가지고 놀이를 하고 역할 놀이를 하라.
- 공부하고 있는 방 주변에 포스터나 카드를 전시하라.
- 문법이나 단어 공부를 할 때 목록을 통해서 하기보다는 이야기를 통해서 배워라.
- 학습 자료를 제시할 때 신체 동작과 청각과 시각을 활용하라.

※ 두뇌력의 해부학 #13

뇌파-뇌를 다시 설계하는 열쇠

우리가 뇌에 대해서 이야기할 수 있는 가장 정확한 진술은 전자파로 운영된다는 것이다. 두뇌의 150억 개나 되는 신경세포는 정밀한 전류를 방전한다.

뇌의 전반적 전기 운동은 전파탐지 기록표 혹은 EEG를 포함한 여러 가지 민감한 기록 장치로 측정할 수 있다. 뇌의 전기적 운동을 EEG로 기록하면 뇌세포의 개별적 발화의 모습이 아니라 수백만의 뇌세포가 상호작용하고 있는 전기적 활동의 패턴의 모습을 알 수 있다. 즉, EEG는 뇌 일기도를 알려 준다.

이러한 전기적 활동을 뇌파라고 부르며, 뇌세포 학자들은 그 주파수에 따라 네 개의 범주로 나눈다. 뇌파의 내용을 보면 자신의 뇌의 전기 활동 정도와 정신활동 상태 간의 관계를 이해하는 데 도움이 된다(그림 6-1 참조).

뇌파를 바다의 파도와 같이 생각하라. 뇌파는 뇌 전체의 전기적 패턴을 통합시켜 나타난다. 파장이나 새로운 전파가 형성한 파장이나 비율은 헤르츠(Hz)단위로 측정되는데, 1Hz는 초당 1파장으로 60Hz는 1초에 60파장이다.

4개의 뇌파 상태-두뇌력 열쇠

1. 베타 뇌파　　이 뇌파는 14~100Hz의 범위 안에 드는 것으로서 일상 생활에서 뇌의 전기적 조건을 설명하고 있다. 이것은 보통 의식

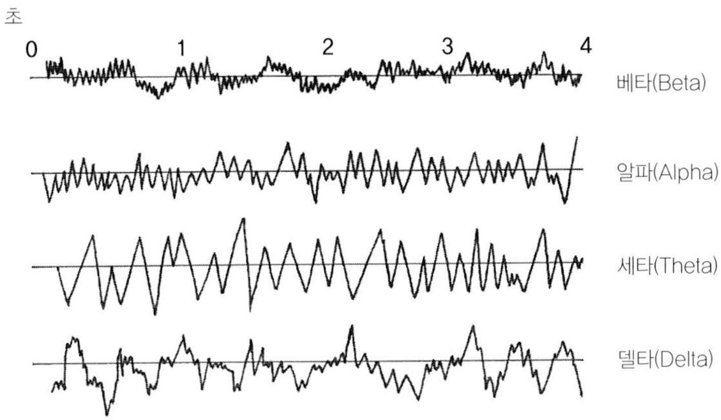

[그림 6-1]

상태에서의 뇌파 비율로 논리적 사고, 분석, 그리고 의지적 행동이 작용하는 수준이다.

두 눈이 떠 있는 상태로 세상일에 초점을 맞추고 있거나 문제를 해결하거나 말하는 것과 같은 구체적 과업을 수행하고 있는 상태다. 정신은 각성된 상태로 집중하고 초점을 맞추고 의식을 갖고 있으며, 약간 긴장된 상태다. 표준적 베타 뇌파상태에 있는 사람들은 가끔 근심, 분노, 공포, 좌절, 긴장, 흥분감을 갖고 있다고 말한다.

어떤 신경과학자들은 베타 뇌파상태를 약 12~16Hz라고 더 상세히 구분하고 있다. 그런 다음 높은 베타(16~32Hz), K-콤플렉스(33~35Hz), 초고도 베타(Superhigh beta, 35~150Hz)로 더 세분한다. 단지 단기적 흥분상태인 K-콤플렉스 상태에서는 고도의 창의성과 통찰력의 '위치' 에 있게 될 것이다. 초고도 베타(Superhigh beta)에서는 신체적 경험의 범위를 벗어난 상태에 있다는 느낌을 가질 수 있다.

2. 알파 뇌파 눈을 감고 보다 수동적인 자세로 초점 없이 명상의 상태에서 안정을 찾기 시작할 때, 뇌파는 속도가 낮아져서 8~13Hz의 범위에 들어가게 된다. 알파 뇌파는 조용하고 상쾌한 기분으로, 특히 내적으로 각성된 상태는 아니지만 잠이 든 상태에 이르지는 않은, 일종의 중립적이면서 아무것도 안 하는 상태다.

알파 뇌파상태에 있는 사람들은 상쾌한 기분, 안정된 신경상태, 즐거움, 안정감, 그리고 그들 자신의 생각과 느낌이 높아지는 의식상태에 있다고 말할 수 있다.

알파란 스트레스를 관리할 수 있는 이상적인 상태다. 다시 말해, 베타에서 알파로 낮은 뇌파상태에 있게 되면 자동적으로 신경안정상태에 들어간다는 것이다.

이러한 뇌파상태는 새로운 언어를 배우고 사실의 신속한 동화를 위한 최적의 뇌에너지 상태다. 왜냐하면 이 상태에서는 부분적으로 새로운 주제를 완전히 학습하는 일과 관련하여 스트레스를 제거할 수 있기 때문이다.

3. 세타 뇌파 여기서는 뇌파가 4~8Hz로 내려간다. 이때의 내적 안정감은 졸린 상태로 들어가서 깊은 명상상태와 망상상태가 된다. 이것은 환상상태이며 수면상태로 빠져들거나 통찰력과 직감상태, 내적 비전, 기억, 그리고 꿈과 같은 상상의 상태에 빠져들 수 있다.

이러한 정신상태는 잠들기 직전 상태이므로 매우 권장할 만한 뇌상태다. 세타상태는 여러 가지 종류의 촉진적 학습에 이상적인 상태로 자가 프로그램(오디오 테이프를 이용하거나 말과 관련된 학습)을 하는 데 가장 이상적이다.

세타상태는 여전히 각성된 상태인데, 사람들은 흔히 문제해결의 느낌, 문제의 기억, 미래 계획, 백일몽, 불확실성, 생각의 전환의 감정상태라고 말하고 있다.

4. 델타 뇌파　　이 뇌파상태는 뇌파가 0.5～4Hz범위 안으로 줄어들어 전문적으로는 수면상태에 들어간다. 요가에서는 이 델타상태에서 아직 각성 상태에 머물러 있기는 하지만 수면상태에 들어갈 수 있다. 몸은 수면상태에 있으면서 어느 정도의 두뇌활동도 정지된 상태다. 하지만 아직도 환경과 자신들에 대한 지각은 살아 있으며 어떤 일에 대해서 사고는 할 수 있는 상태다.

대부분의 다른 사람들은 델타상태에 들어가면 거의 무의식 상태가 된다. 만약 뇌파가 0.5Hz 이하로 내려갔다면 기술적으로 뇌사상태가 된다.

뇌파 상태를 바꾸기: 두뇌 계발 비결

이와 같은 뇌파의 분류는 자동차 변속 장치의 5단계와 같다고 할 수 있다. 따라서 뇌파는 한 가지 뇌파로 운영되기 쉽지 않고 하나의 뇌파가 오래 유지되기도 어렵다. 사실상 뇌파는 특유한 뇌파 신호를 갖고 있다. 만약 뇌주사(腦走査) 사건이 있다면 이 사진에 나타난 뇌파 패턴은 특유한 뇌신경도로 나타나게 된다.

뇌파 상태를 자신에게 유리한 방향으로 마음대로 쉽게 바꿀 수 있다는 것을 안다면 놀랄 것이다. 바이오 피드백이나 명상, 내적 상상력을 통해 뇌파를 마음대로 조정하여 뇌파상태를 마스터할 수 있게 될 것이다.[7]

#69 두뇌 계발 비결

두뇌력을 여는 3가지 고성능 학습 호흡 비결

당신 안에 있는 아이를 위한 호흡법

이것은 초보적 호흡법으로 학교 아동들과 함께 활용하거나 당신 안에 있는 아이를 위한 호흡법이다.

- 가슴에 손을 얹는다. 맥박이 뛰는 것을 느끼고, 그 맥박의 리듬을 느껴 보라. 각 맥박과 함께 자신이 호흡하고 있다는 것을 인식하라. 호흡은 코로 한다.
- 숨을 들이마시고 내쉴 때 가슴이 열리고 닫히는 아코디언이라고 상상해 보라. 숨을 들이쉬면 아코디언이 확장되고 숨을 내쉴 때는 아코디언이 수축한다. 숨을 내쉬면서 아랫배를 밀어올리고 숨을 들이마시면서 아랫배를 끌어당긴다.
- 두 손을 아랫배에 올려놓고 호흡 리듬에 따라 아코디언의 효과를 직접 느껴 볼 수 있다.
- 이 아코디언을 5분간 연주하는 것처럼 자신의 호흡을 따라가라.
- 산만해지지 말고 가슴 아코디언이 열릴 때마다 들이마시는 호흡과 가슴 아코디언이 다시 닫힐 때마다 내쉬는 호흡에 주의를 기울여라.
- 여기에 또 다른 요소 리듬 섹션을 부가해서 숨을 들이마실 때 1, 2, 3, 4, 5를 세고, 내쉴 때 1, 2, 3, 4, 5를 세라.
- 마음속으로 세라. 메트로놈을 갖고 있다면 1분에 60박자로 맞추어 놓을 수 있다. 이와 같은 방법으로 5분간 자신의 호흡을 세라.

호흡에 주의집중을 하라

숨 고르기를 할 때 마음과 몸 사이의 자연스러운 연결이 다시 확립된다. 그렇게 되면 주의집중과 초점이 잘 조화를 이루고 있다는 것을 알 수 있으며, 약간의 에너지가 자연스러운 호흡리듬을 통하여 잘 들어가고 있다는 것을 확인할 수 있다. 이러한 호흡 고르기를 소개한 요가의 전통에 따르면, 호흡기법은 마음을 자주 괴롭히고 있는 근심과 불안감의 순환을 차단할 수 있다.

- 이 연습은 사람들이나 전화 등의 방해를 받지 않는 조용한 방에서 해야 한다.
- 이 연습을 할 때는 카펫이나 침대에 얼굴을 위로 하고 눕고, 머리는 북쪽을 향하게 함으로써 몸이 지구의 자장에 일지선이 되도록 한다.
- 두 발을 함께 모아라. 두 팔을 몸 옆으로 놓고 손바닥은 위로 향하게 한다.
- 입을 다물고 코를 통해서만 숨을 쉬고, 몸으로 공기를 흡입하여 가져올 때 머리 위를 통해서 따뜻하고, 노란 황금 에너지와 태양 빛이 들어가게 하라. 이 사랑스러운 황금빛 에너지가 머리를 통해 내려와서 몸을 타고 발끝까지 내려온다.
- 숨을 내쉬는 것과 동시에 발바닥을 통해서 신선한 찬 공기와 습기, 달에서 오는 푸른 에너지를 끌어내고 있다고 마음속으로 그려보라. 이 찬 에너지가 몸을 통해서 머리카락의 뿌리를 깨끗이 씻어 낸다.
- 다음 15분 동안 주의가 산만하지 않게 황금빛 태양 에너지를 들이마시고 푸른 찬 달의 에너지를 뱉어 낸다.
- 이러한 양극의 전파 에너지가 규칙적인 리듬으로 몸을 통해서 흐르고 있음을 볼 수 있을 것이다. 노란 황금이 머리에서 와서 발 끝까지 모든

것을 진동시킨다. 차고 푸른빛이 발끝을 통해 와서 머리까지 모두 진동시킨다.

- 이러한 호흡을 들이마시고 내쉬는 동안 몸이 두 가지 서로 다른 건강한 에너지를 통해 전기적으로 충전된 에너지 감각을 계속 유지하도록 노력하라.

호흡의 박동

이와 같은 연습의 목적은 호흡을 리듬에 맞추게 함으로써 호흡을 어떻게 통제하는가를 배우는 데 있다. 이는 결국 신체-정신 리듬을 느끼게 해서 진정시키는 것이다.

- 이 연습을 하기 위해서는 신발이나 안경을 벗고 의자에 편안하게 앉거나 마루의 부드러운 카펫에 눕는다.
- 몸 전체의 긴장을 푼다. 할 수 있는 한 많은 공기를 긴장하지 않고 코로 깊이 들이마신다. 그런 다음 매우 천천히 입술로 공기를 조금씩 내뱉는다.
- 숨을 완전히 내뱉었다고 생각될 때 허파에서 약간 더 뱉어 낸다. 이러한 연습을 서너 번 계속한다.
- 호흡을 내쉬면서 복부를 팽창시켜라. 숨을 들이마시면서 복부를 수축하라. 숨을 멈추고 3까지 세고 천천히 숨을 내쉬어라.
- 이제 숨을 들이마시면서 4까지 센다. 숨을 들이마신 채 숨을 중단하고 또 4까지 센다. 그런 다음 숨을 내쉬면서 다시 4까지 센다. 이와 같은 방법으로 숨을 들이마시고 2, 3, 4 멈추고 2, 3, 4 내쉬고 2, 3, 4 센다. 이러한 연습을 네 번 반복한다. 그런 다음 푹 쉰다.

- 이제는 이러한 순서를 반복하되 6까지 세라. 이렇게 하는 이유는 6을 셀 때까지 숨을 오래 내쉬고 오래 들이마실 수 있게 하기 위한 것이다.
- 앞에서 설명한 절차와 마찬가지로 같은 패턴으로 따라 하라. 6까지 세는 것을 네 번 반복한 다음에 편히 쉬어라.
- 이제는 8까지 세는 방법으로 연장시켜 나가면서 같은 순서로 네 번 반복하라.

#70 두뇌 계발 비결

숫자를 통해서 심리적으로 어떻게 긴장을 완화할 수 있는가

신체의 근육, 힘줄, 조직은 고성능 학습을 위해 편안한 느낌을 필요로 하며, 또한 자신의 마음과 심리적 감각에는 냉각이 필요하다.

이러한 운동을 하려면 먼저 신발(안경)을 벗고 편안한 자세로 앉거나 마룻바닥에 부드러운 카펫을 깔고 누워라. 누군가에게 이것을 큰 소리로 읽어 달라고 하거나 카세트 테이프에 녹화해서 준비가 되었을 때 그 테이프를 틀어라.

1. 눈을 감고 호흡을 천천히, 깊게, 억지로 힘들게 할 것 없이 네 번 반복한다. 그런 다음 자신이 빌딩의 7층에 있다고 가정하라. 그 벽들은 밝은 적색으로 되어 있다.
   이 적색 선의 통로를 따라 은빛 에스컬레이터로 걸어 내려간다. 이 에스컬레이터는 아무 소리도 나지 않고, 잘 만들어졌으며, 명상에 잠길 때 안정감이 들게 한다. 에스컬레이터가 소리 없이 내려갈 때 가드레일에 손을 얹는다.

당신은 안전하고 조용하게 이 빌딩의 안쪽 중앙의 에스컬레이터로 내려가고 있다는 것을 알고 있다. 에스컬레이터로 내려가기 시작하면 보다 편안한 느낌을 갖게 된다.

2. 에스컬레이터를 타고 내려가면서 7층을 나타내는 숫자를 상상하며 그 숫자를 몇 차례 큰소리로 외치고 조금 전에 내린 밝은 적색 통로에 새겨진 숫자 7을 보면서 에스컬레이터를 내려간다.

3. 이젠 밝은 오렌지색 벽에 새겨진 숫자 6을 보면서 6층 에스컬레이터를 빠져나온다. 이것을 본 다음 에스컬레이터에 다시 올라 다시 아래층으로 내려간다.

   숨을 크게 쉬면서 오렌지색 벽에 새겨진 6자를 기억하면서 숫자 6을 큰소리로 서너 번 외친다.

   에스컬레이터를 타고 더 내려가면서 한 계단 위에서보다 더 편안하게 느끼고 있다는 점을 인식하라.

4. 이제 밝은 황금빛 벽으로 된 5층에 도착하였다. 이 황금빛 통로를 따라 걸으며 그 에스컬레이터에 다시 올라탄다.

   이 에스컬레이터를 타고 내려가면서 황금빛 벽에 새겨진 5자를 보고 이 숫자를 서너 번 큰소리로 외친다. 이렇게 하면 6층에 있을 때보다 더 편안함을 느낄 수 있을 것이다. 자신의 감각을 방금 본 색깔에 흠뻑 빠지게 하라.

5. 자, 지금은 4층으로 내려왔다. 여기는 벽 색깔이 초록빛으로 물들어 있다. 다시 한 번 초록색 통로를 따라 이 에스컬레이터에 다시 올라탄다.

   이렇게 하면서 초록색 벽에 새겨진 숫자 4를 보고 이 숫자를 큰소리로 서너 번 외친다.

6. 에스컬레이터를 타고 3층으로 내려오면 평화롭고 조용한 푸른 욕조

에 누워 있는 기분이 들 것이다. 벽들은 모두 이 색깔로 되어 있다. 이러한 느낌은 전에 보고 즐겼던 어떤 조용한 호수 혹은 바다나 넓고 푸른 하늘을 연상하게 할 것이다.

그 푸른색은 여전히 깊은 평온의 조화와 균형을 느끼게 한다. 그렇게 숨을 쉬는 동안 숫자 3을 보고 서너 번 큰소리로 외친다.

7. 한 번 더 이 에스컬레이터가 아래로 내려가게 된다. 2층의 벽 색깔은 중후한 보라색으로 칠해져 있으며, 당신은 이 통로를 따라 걸어오면서 이 풍요로운 색깔을 탐닉하게 된다. 이 에스컬레이터를 돌면서, 보라색 벽의 2자를 보면 큰 소리로 이 숫자를 외친다.
8. 마지막으로 빛나는 자주색으로 가득 찬 1층에 이른다. 여기서 내려와 이 자주색 배경에 새겨진 1자를 본다.

   이제 놀라울 정도로 편안한 기분이 되어 있을 것이며, 이전에는 이 정도의 편안한 느낌을 상상도 하지 못했을 것이다. 또한 편안하고, 각성되고, 초점을 맞추고 있으면서도 스트레스를 받지 않을 것이다.

   원한다면 다시 이전의 6층으로 즉시 되돌아갈 수 있으며 그 색깔들의 치료적 분위기를 즐길 수 있을 것이다.

   마칠 때는 3까지 세고 나서 눈을 뜨고 새로이 편안해진 상태를 즐겨라.

#71 두뇌 계발 비결

음악을 통해 고성능 기억력에 도달하기

공부하고 학습할 필요가 있는 구체적 정보를 갖고 있을 때, 예컨대 외국어, 시험문제 혹은 이해하려고 하는 어떤 새롭고 복잡한 일을 갖고 있을 때 이 연습을 하라. 이 연습을 위하여 누군가에게 이 자료를 큰 소리로 읽어 주게 하든가 녹음기에다 직접 미리 녹음을 해서 사용할 수 있도록 하라.

외국어 어휘를 보다 많이 숙달하기를 바란다거나 국어의 어휘를 더 많이 향상시키고자 한다고 해보자.

고성능 학습의 비결은 숫자 4에 있다

- 첫째, 자신의 호흡을 구술된 자료의 리듬에 어떻게 맞출 것인가를 배운다.
- 두뇌 계발 비결 #69에서 설명한 단계를 복습하라.
- 읽었던 학습 자료를 들을 때, 4를 세는 동안 호흡을 멈춘다. 그런 다음 4초 동안 그 소리를 읽는다. house 집 house 집 house 집.
- 그 낱말을 들으면서 숨을 멈추고 4까지 센다. 그런 다음 숨을 내쉬면서 2를 센다. 그런 다음 다시 숨을 들이마시면서 2를 센다. 또 다른 4초 동안 읽혀진 학습 자료를 듣는다.
- 다시 말해, 4씩 잘라서 호흡 순환을 시작한다. 숨을 들이마시고 숨을 멈추고, 숨을 내쉬고 멈추고, 이렇게 나누어서 네 번 한다. 그런 다음 4초 호흡리듬에 맞추어 학습 자료를 삽입한다. 즉, 숨을 들이마시면서 1, 2, 멈추고 1, 2, 3, 4, 숨을 내쉬면서 1, 2, 이런 식으로 다시 반복한다.
- 상대방이 학습 자료를 읽을 때(혹은 녹음기에 자신의 목소리로 녹화된 것을 들을 때) 이 똑같은 자료를 소리 없이 읽고, 따라 한다.
- 이번에는 8비트짜리 호흡 순환을 부가한다. 숨을 들이마시면서 1, 2, 멈추고 1, 2, 3, 4, 숨을 내쉬면서 1, 2, 말로 하는 소리를 4초 동안 읽고 4초 동안 멈추고, 그런 다음 4초 동안 읽고, 이런 식으로 학습 자료를 마칠 때까지 계속한다.

- 화자가 학습 자료를 읽는 동안 4초 동안 숨을 멈추는 것을 기억하라.
- 이제 같은 자료를 갖고 진행해 나가고 음악을 들으면서 리듬 호흡을 계속해 나간다.[8]
- 어떤 음악이나 되는 게 아니고 바로크 음악이어야 한다. 왜냐하면 이 음악의 리듬은 1분 동안 60박자이기 때문에 이 연습에 아주 알맞다.
- 숨을 들이마시면서 1, 2, 멈추고 1, 2, 3, 4, 숨을 내쉬면서 1, 2, 이런 식으로 호흡 리듬을 계속해 나간다. 그러나 마찬가지로 음악을 듣고 있다는 것을 명심하면서 4초 동안 읽혀진 단어들을 습득하기 위해 매 4초 동안 호흡을 멈추며 배경 음악과 그 리듬을 들어라.

#72 두뇌 계발 비결 두뇌를 위한 음악 요리법과 식사 계획

두뇌 계발 비결 #68에서 우리는 고성능 학습을 위한 음성적 기초를 다지기 위해 바로크 음악의 효과적인 활용법에 대해 언급하였다. 여기 또 하나의 두뇌력 증진을 위하여 같은 효과를 낼 수 있는 음악, 음성, 음파의 기본적 적용법을 소개한다.

최고급 두뇌 음식으로서의 성가

약 30여 년 전 프랑스의 이비인후과 전문의인 알프레드 토마티스(Alfred Tomatis) 박사는 소리가 뇌의 영양소라는 것을 발견했다. 토마티스는 실제로 그레고리안 성가가 뇌의 활력소라는 사실을 발견하게 되었다. 토마티스는 이 성가와 같은 스타일의 음악이 뇌에 전기적 잠재력을 몸 전체 충전의 90%까지 충전시킨다고 주장하고 있다.

결국, 두뇌는 각성상태를 유지하고, 초점을 맞추고, 역동적이고, 탄력적으로 생각하고 운영하기 위해서 적어도 하루에 4～5시간 동안 1초에 약 30억 회의 자극이 필요하다. 이러한 자극들 가운데 약 60%는 소리와 진동에서 오며 이러한 소리와 진동은 모두 귀를 통해서 와야 한다. 그러므로 귀는 뇌 자극의 기본적 열쇠이며 귀가 최고의 작동 명령 안에 있어야만 가능한 것이다. 그러나 토마티스는 많은 사람들이 그렇지는 못하다고 말한다.[9]

우리의 두뇌 계발 비결은 직설적으로 말하자면, 공부를 하는 동안 배경음악으로 뇌에 영양을 공급하는 그레고리안 성가나 그에 관련된 음성-영양 음악, 소리 혹은 음파들을 들으라는 것이다. 가능하다면 노래 부르는 방법을 배운다면 더 많은 도움을 받을 수 있다.

귀의 힘= 뇌의 힘

토마티스는 과학에서 귀의 기능을 완전히 무시해 왔다고 덧붙여 말하고 있다. 인간의 귀는 외부에서 오는 자극(소리)을 뇌에 전달할 수 있는 능력이 있다. 여기서 귀는 '외피의 배터리' 를 충전시킨다. 그래서 그는 '귀의 힘= 뇌의 힘' 이라고 말한 것이다. 귀의 힘은 기억력에 대해서 조망할 수 있는 열쇠라고 한다.

내이의 해부학은 귀의 힘의 신비를 풀어 주는 열쇠다. 내이 안에 있는 달팽이 모양의 와우각 안에는 약 24,600개의 감각세포가 있다.

토마티스가 말한 것처럼 이것은 뇌가 없다는 것과 이 세포들에 에너지를 공급하는 물질대사가 없다는 것을 제외하고는, 뇌의 배터리라고 생각할 수 있다. 이것은 외부에서 오는 자극, 예컨대 특수 음파를 통해서만 재충전될 수 있다. 이러한 소리들은 와우각 안에 있는 피질의 세포를 자극해서 소리가 에너지로 변환되어, 뇌 피질이 몸 전체의 신경계통을 통해 이 에너지를 재배분하는 것이다. 고주파 소리는 특히 약 8,000 Hz일 때 뇌 에너지의 마스터키가 된다.

그레고리안 성가는 뛰어난 두뇌 음식이다. 왜냐하면 인간 음성의 모든 주파수, 즉 초당 70주파에서 시작해서 9,000주파를 모두 포함하고 있기 때문이다. 어떤 점에서 이 소리는 우리의 보통 말에서 들을 수 있는 음성과는 다르다. 토마티스는 특히 초당 약 8,000주파의 고성능 음성 파장이 매우 좋은 영향을 준다는 것을 발견했다. 토마티스는 오랜 시간 동안 연구하면서 복잡한 정신적 과제를 수행할 때마다 배경음악으로 그레고리안 성가를 연주했다. 그는 "이 성가가 나의 연구활동을 별 어려움 없이 수행할 수 있게 했기 때문이다."라고 말한다. 이 성가는 그로 하여금 하루에 4시간만 자고도 연구 활동을 계속할 수 있게 했을 뿐만 아니라 매우 생산적인 계획 활동을 유지해 나갈 수 있게 했다.

하루에 60분간의 그레고리안 성가는 두뇌의 에너지 음식이다

하루에 30~60분씩 잘 녹음된 그레고리안 성가를 듣기만 해도 그 소리들이 두뇌에 활력을 불어넣는 신비를 느낄 수 있으며, 독특한 '환상적인 에너지 음식'이 된다. 그레고리안 성가에는 뇌에 활력을 불어넣는 성질이 있기 때문이다.

바로 이 성가에 리듬은 있지만 템포는 없다는 사실에 그 이유가 있다. 이 성가를 들으면 숨을 멈추지 않는다는 느낌을 갖게 한다. 그런데도 듣는 이에게 이점을 주고, 일종의 '호흡 요가'로 작용하며, 서서히 진정상태에 들게 하고, 조용한 호흡을 하도록 한다. 이렇게 그레고리안 성가는 자신의 호흡 리듬을 고요한 상태로 훈련시켜(그리고 심장박동율까지도), 치료 속도를 조절해 준다는 면에서 효과가 있다.[10]

#73 두뇌 계발 비결
워크맨을 통한 전자 귀-두뇌에 유익한 신의 음식

1980년대에 캐나다의 개혁파 극작가이며 방송작가인 팻 조드리(Pat Joudry)는 토마티스 박사의 워크맨을 통한 전자귀라는 아이디어로 히트를 쳤다. 앞에서 소개한 토마티스의 시스템은 두뇌력을 구축한 것을 포함해서 양호한 건강상태로 훌륭한 결과를 성취하도록 해 주었지만 보통 사람들에게는 너무 비싼 것이었다. 그 모든 장비를 구입하거나 토마티스 센터에서 이용하려면 약 20,000달러가 필요하다. 그곳에서는 특수하게 여과된 전자소리를 들을 수 있는데 낮은 악보와 음파가 제거된 상태의 모차르트 음악이 주를 이룬다.

전자적으로 여과된 소리로 두뇌에 활력을 주어라

이 소리는 그렇게 많이 들리지는 않는다. 내이가 대부분 들은 것은 8,000Hz를 초과하는 음파이기 때문이다. 2,000Hz 이하의 저음파 밴드는 억제되며 스테레오가 지배하는 음파는 오른쪽 귀를 선호한다.

순수한 고전 음악을 선호하는 사람들은 불쾌하게 생각할지 모르지만 조드리(Joudry)가 평범한 워크맨 카세트에 녹음하여 청취자들에게 들려주자 깜짝 놀랄 만한 결과를 가져왔다.

8,000～16,000Hz 범위 안의 여과된 소리를 100～200시간 청취한

수백만 명의 경험자들의 증언에 따르면, 이것을 통해 새롭고 극적으로 개선된 믿기 어려울 정도의 활력적인 뇌를 갖게 되었다고 한 것이다.

어떤 사람은 불면증이 나았으며 에너지가 넘쳐흘러서 약 4,000km를 쉬지 않고 운전했다고 했다. 한 교수는 "3일 동안 이 카세트를 듣고 에너지가 넘치는 것을 느꼈으며 정신상태가 맑아졌다. 이러한 현상은 내가 오래전 이 대학에 온 이후 경험해 보지 못한 것이었다."라고 말하였다.

두뇌에 에너지를 공급하는 소리의 이점

소리의 이점은 다음과 같다.

- 창의성의 문을 연다.
- 사용자의 수면, 사고, 글쓰기 등을 돕는다.
- 독서장애아동의 글쓰기 능력을 놀라울 정도로 개선시킨다.
- 에너지, 스대미나와 지구력을 파격적으로 향상시긴다.
- 집중력을 향상시킨다.
- 정신에 초점을 맞추는 능력을 개선시킨다.
- 기억력과 학습능력을 개선시킨다.
- 끝없는 에너지를 제공한다.
- 만성적 편두통을 해소시킨다.
- 자폐증을 도와준다.
- 메스꺼움을 해소시킨다.
- 현기증을 해소시킨다.
- 언어 장애를 개선시킨다.

• 스트레스를 해소시킨다.

더 많이 듣고, 더 적게 자고, 더 집중이 잘된다

한 가지 특별한 결과는 조드리가 말하는 하이퍼솜니아(hypersomnia), 혹은 슈퍼슬립(supersleep)의 상태다. 짧게 자고도 숙면하고 집중하고 시간적으로 효율적인 수면을 취할 수 있는데, 그 이유는 신체조직, 특히 두뇌가 소리 충전을 통해 에너지를 많이 받아 재충전되었기 때문이다. 이를 통해 잠을 적게 자고도 머리가 맑아진다. 하룻밤에 2~3시간만 잠을 자도 충분해진다.

이것을 이와 같은 방법으로 생각하라. 만약 지금 40세이고 소리치료를 지금 시작한다면, 일생 동안 활용할 수 있는 시간을 6년이나 추가할 수 있는 셈이다.

조드리는 "소리치료 경험자들은 첫째, 기억력, 집중력, 파지, 그리고 학습이 쉽게 개선되고 있다고 한결같이 보고했다."라고 말했다. 노인들은 정보 유지가 용이해졌다고 보고했으며 기억력이 덜 나빠졌다고 말했다. 조드리는 소리치료(다른 어떤 효과보다도)가 신경회로를 열어 주고 있기 때문이라고 설명하였다. 즉, 100~200시간 음악을 청취하면 커다란 효과를 얻을 수 있다는 것이다.

#74 두뇌 계발 비결

뇌기능을 배가하기-신경세포육성을 위해 자신의 목소리를 이용하라

두뇌 계발 비결 #72에서 자신의 목소리로 성가를 부를 때 두뇌에 더 많은 에너지가 전달되고 충전된다는 것을 알았다. 이 논의에서 우리는 어떻게 목소리가 신경세포를 육성하는지 알아보도록 하자.

그레고리안 성가와는 많이 다르지만 이와 비슷한 두뇌 에너지 효과를 가져오는 다른 형태의 음악으로 배음성가 혹은 유성하모니라 부르는 음악이 있다. 다시 말하지만 음악은 청취자 혹은 연주자로서 소비할 수 있는 하나의 소리영양이다. 이 학문 분야에서 성악가나 성가연주자들은 소위 '일성화음(one-voice chords)' 이라는 세 개의 다른 음을 그들의 목소리를 활용하여 동시에 연출할 수 있다.[11]

화음이 잘된 음악을 들을 때 이 음은 뇌의 대뇌피질을 활성화하고, 심장박동수를 줄이고, 호흡을 느리게 하고, 뇌파의 활동을 줄이고, 그 뇌를 통하여 뇌 척수유액의 흐름을 자극해서 기본적으로 편안하게 한다. 아직 증명된 것은 아니지만 일부의 음악가나 소리치료사는 그레고리안 성가와 배음화음이 뇌세포를 자극해서 신경세포의 연접부를 보다 잘 발달시킨다고 추정하고 있다.[12]

모음을 두뇌 영양으로 활용하기 위한 8가지 단계

여기에 뇌를 포함한 몸 전체를 자극하기 위해 음성과 특정 모음 소리를 활용하는 연습이 있다. 이 연습은 15분 정도 지속되어야 하며 이 시간 안에 현저하게 편안해지고 에너지가 솟아날 것이다.

1. 적당하게 조명된 조용한 방을 구하라. 등받이가 똑바른 의자에 편안하게 앉되 방바닥에 두 발을 약 5~7.5cm 정도 떨어트리고 앉는다. 가능하다면 신발과 양말을 벗고 안경도 벗는다. 두 손은 무릎 위에 편안하게 올려놓는다. 원한다면 눈을 감아도 된다. 편안함을 느낄 때까지 코를 통해 자연스럽게 숨을 쉰다.
2. 이제 첫 번째 소리를 낸다. 가능한 한 깊고 높은 음성으로 '어허' 하고 소리를 낸다. 숨을 내쉬면서 소리를 내라. 이 소리를 정상적인 크기로 내거나 원한다면 약간 낮은 소리로 내도 좋다. '어허' 하고 소리를 내면서 주의를 사타구니에 집중한다.
   숨을 내쉬면서 마치 척추 밑에서 내는 것처럼 '어허' 하는 소리를 낸다. '어허' 소리가 목청에서 울리는 느낌이겠지만 이 소리가 척추 밑에서 진동하고 있는 것으로 상상하라. 이 소리를 1분 동안 숨을 내쉬면서 낸 다음 중단하고 편안히 쉬어라.
3. 이제 주의를 음부 혹은 배꼽 아래 약 7.5cm 위치로 오게 하라. 숨을 내쉬면서 '우우' 소리를 낸다. 이 '우우' 소리는 '어허' 소리를 낼 때보다 약간 더 높게 낸다.
   앞에서와 마찬가지로 이 소리가 음부에서 나는 것처럼 느끼도록 노력하라. 이러한 소리를 1분 동안 하고 멈춘 다음 편안히 쉬어라.
4. 배꼽에서 제3의 에너지 센터를 발견하라. 이곳은 태양망이라 부르는데 흉골 기반으로부터 배꼽에 이르는 지역에 해당한다. 숨을 내쉬고 '어허' 소리를 내면서 여기에 주의를 집중하라. '우우' 소리를 내면서 했던 음량보다 약간 더 높은 소리로 '어허' 소리를 내라. 이 소리는 목소리의 중간 정도 높이가 될 것이다. 이 소리를 1분 정도 멈춘 다음 편

안히 쉬어라.

5. 이제 주의를 가슴으로 이동하라. 이곳을 흉부라고 하는데 특히 어깨뼈와 흉곽 아래 사이이다. 이곳에 주의를 기울이면서, '어허' 소리를 낼 때보다 약간 더 높은 소리로 '아하' 소리를 내라. 이 소리가 가슴 속에서 울려 나오는 것을 느껴라. 이 연습을 2분가량 하고 멈춘 다음 편히 쉬어라.
6. 다음은 목청과 목에 초점을 맞춰라. 주의를 여기 맞추면서 '아하' 소리를 낼 때보다 약간 더 높은 소리로 '예에' 소리를 내라. 이때 '예에' 소리를 목구멍에서 울리는 소리로 느껴라. 이 동작을 1분 동안 하고 나서 멈춘 다음 편히 쉬어라.
7. 다음 에너지 센터는 두 눈썹 사이가 된다. 여기서 숨을 내쉬면서 '아이' 소리를 내라. 이 '아이' 소리가 눈썹 사이를 울리는 것을 보라. 이 동작을 1분가량 하고 나서 멈추고 편히 쉬어라.
8. 마지막으로 머리 위를 위해서 '이이' 소리를 내라. '이이' 소리를 내는 동안 이 소리가 머리 위를 통해서 진동하게 하라. 이 동작을 1분 동안 한 다음 멈추고 편히 쉬어라.

이것이 에너지 센터의 소리를 내는 동작이다. 아마 머리가 약간 가벼워졌음을 느낄 것이다. 이러한 느낌은 자연스러운 것이며 몇 분 동안 계속될 것이다. 코로 조용히 숨쉬기를 계속하라. 원한다면 이러한 연습을 거꾸로 해 나갈 수 있으며, 계속해서 각 에너지 센터를 내려가면서 이 소리를 역 순서로 다시 해 나갈 수도 있다. 또는 눈을 뜨고 주위를 둘러본 다음 일어서라.

배음이 두뇌의 영양이 되게 하기 위한 8단계

여기 몇 개의 간단한 두뇌를 자극하기 위한 연습이 있다.[13]

1. 음성이 편안할 정도로 '음음음' 소리를 내라. 입술을 강하게 진동시켜라. 다른 모음, 예컨대 '음음음우우우(moo)' '음음음오오오(go)' '음음음아아아(ma)' '음음음이이이(my)' '음음음에이(may)' '음음음이이이(me)' 로 대치시켜라.
   입술을 약간 벌려서 부드럽게 약간 힘을 주며 그 소리들이 빠져나가게 하라. 이런 소리를 낼 때 다른 음역의 소리들을 들을 수 있어야 한다.
2. 휘파람을 부는 것처럼 입술 모양을 한 다음 입술을 약간 벌리고 입을 오므려라. '음음음오오오알알알' 소리를 내라. 이 소리를 천천히 숨을 내쉬면서 입천장 아래에서 내라.
3. 두 손가락을 코 양쪽에 대고 살짝 눌러라. 숨을 내쉬면서 '은은은' '이이이(knee)' 소리를 내라. 코에 있는 두 손가락이 소리를 내고 있을 때 실제로 진동하고 있는지 감지해 보라.
4. 이제 '은은은우우우알알알' 소리를 내도록 해 보라. 처음에 '은은은'으로 코가 진동하도록 한 다음 '우우우' 소리와 '알알알' 소리를 더하라. '알알알' 소리를 내면서 혀를 앞 이빨 안으로 4분의 1쯤에 위치시키면서 입천장 위로 약간 닿게 하라.
5. 이 소리를 계속해 내면서 혀를 입 안에서 앞쪽으로 천천히 움직이면서 실험해 보라. 그때 높은 휘파람 소리가 들리는 특정 지점이 있을 것이다. 이 지점이 발견되었을 때 입 모양을 바꾸어서 다른 소리를 낼 수 있는지 실험해 보라.
6. 이제 '은은은은공' 소리를 내라. 콧소리 '은은은' 을 내면서 '공' 소리

를 내라. 그런 다음 다시 '은은은' 소리를 내고, 대신에 '궁' 소리를 덧붙이고, 그런 다음 '강' 소리를 덧붙이고, 그런 다음 '깅' 소리를 내라.

7. 마지막으로 이러한 소리들을 함께 내 보도록 하라. '음음음오오오알알알' 소리로 시작해서 '은은은우우우알알알'로 진행하고, '은은은공' 소리로 계속해 나가라.
8. 일단 이 기법을 마친 다음 이 연습을 하루에 10분씩 실시해 보고, 제시한 음악 중 몇 가지를 청취해 보라.

✠ 두뇌력의 해부학 #14

결국 두뇌력이란 정말 무엇인가

공부와 고성능 학습기법에 대해서 조지 로자노프(Georsi Lozanov) 박사는 하나의 철학적 질문을 던졌다. 두뇌력이란 결국 단순히 보다 많은 수지상 돌기를 갖고 있는, 보다 많은 신경세포와 보다 빠른 염색체의 결합 문제인가? 아니면 그보다 훨씬 깊은 어떤 작용인가?

보다 많은 두뇌력이란 보다 많은 의식이다

나는 두뇌력은 실제로 의식에 관한 것 그 이상이라고 제안하고자 한다. 로자노프 이론의 경우, 요가에서 고대의 정신수련은 의식 세계를 높이는 것을 목적으로 하고 있으며, 빠른 습득과 깊은 회상을 목적으로 하는 현대 고성능 학습에서도 같은 노력을 하고 있다. 보다 많은 두뇌력은 보다 많은 의식의 문제인 것이다.

우리가 개선하고자 하는 두뇌력의 모든 카테고리를 생각할 때 우리는 보다 각성되고, 주의력 있고, 집중력이 생기고, 초점을 잘 맞추고, 기억력이 있고, 융통성이 있고, 문제해결력과 창의력이 있기를 원한다. 분명한 것은 이렇게 말할 수 있다. 즉, 이것들은 모두 보다 많은 의식, 무한한 의식과 관련되어 있다는 것이다. 이는 결국 로자노프 박사가 암시학 적용법(suggestopedia)을 개발하는 데 동기유발의 주원인이 되기도 하였다.

마음의 여유를 갖기

로자노프는 요가의 특수 정신분야를 20년간 연구하고 나서 결론짓기를 인간의 기억력과 학습력은 실제로 무한한 것이라고 했다. 그 기법은 '마음의 여유를 갖는 것' 에 대한 모든 것으로, 우리 마음에 들어오는 것은 의심의 여지 없이 두뇌력의 커다란 유산이라는 것이다.

로자노프의 이론은 일종의 통합적 접근법이다. 왜냐하면 뇌 좌우반구의 능력은 행동으로 옮겨지고 고성능 학습의 목표를 지원하기 때문이다. 이 프로그램은 학습을 방해하는 장애물, 예컨대 두려움, 자아비난, 부정적 자아 이미지, 부정적으로 조건화된 반응 혹은 계속해서 스스로 '나는 영리한 사람이 아니야' '빨리 배울 수 있는 사람이 아니야' 라고 말하는 무의식적 제안 등을 제거하도록 설계되어 있다.

로자노프는 변화된 마음상태에 적용할 수 있는 유일하고도 성공적인 방법을 발견했는데, 이 마음상태들은 정신적 준심리학적 전통으로 오랫동안 알려진 것이며, 학습과 기억, 직관적 발달을 위한 하나의 새로운 기초가 되고 있다.

그는 한때 인도 뭄바이에 있는 스리 요겐드라(Sri Yogendra) 연구소의 변호사 요기 샤(sha)를 만난 적이 있다고 한다. 그가 '고성능 기억' 을 개발한 후 요기는 수년 동안 매일 요가 수련을 하였고 그 결과, 18단위 숫자를 즉시 회상해 냈을 뿐 아니라 세기, 해, 날짜, 주, 요일, 사람의 이름도 회상해 낼 수 있었다. 또한 그는 사진처럼 선명한 기억을 할 수 있었다.

더 인상적인 것은 인도에서는 요기 샤처럼 수십 명의 사람들이 요가 수련을 통해서 고성능 기억도 개발해 낼 수 있었다는 점이었다. 이러한 수련에는 시각화, 집중력 훈련, 마음을 다스리는 기법, 특수한 호흡기법 등이 포함되어 있다.

요가 전통 안에서는 이러한 기법들이 충분히 활용되었을 때 비상한 힘, 예컨대 사진 같은 기억, 즉각적인 계산능력, 내적 고통을 다스리고 진정시킬 수 있는 능력, 텔레파시와 ESP를 포함한 다른 과학적으로 설명할 수 없는 능력으로 이어지게 된다고 한다.

인간의 기억력은 믿음 이상을 통해 이루어진다

로자노프를 설득시킨 개념은 다음과 같다. "인간의 마음은 엄청난 수량의 정보를 기억하고 있다. 이것은 마치 옷에 있는 단추 같고, 층층대의 계단 같고, 창문의 유리들, 버스 정류장의 발자국과 같다. 이러한 '알지 못하는 지각들' 이 보여 주는 것은 무의식이 놀랄 만한 힘을 갖고 있다는 것이다."

이는 머릿속에 하나의 자연적 비디오를 갖고 있는 것과도 같다. 캐나다의 의사 와일더 펜필드(Wilder Penfield)는 이 점을 확실히 증명해 보였다. 낮은 수준의 마취상태에서 환자에게 뇌 수술을 하고 있는 동안 이 의사는 뇌의 한 부위를 자극하기 위해 가벼운 전기자극을 사용하였다. 이 환자는 옛날 기억을 상세하게 시각적으로 보고하였으며,

사건, 대화내용, 노래, 농담, 생일축하파티, 가족나들이 등을 생생하게 재연출해 냈다.

이렇게 모든 정보가 완전하고 정확하게 기록되어 있었으며 이를 다시 기억해 냈던 것이다. 우리가 해야 할 일은 이러한 자연스러운 능력을 흐트러트리고 방해하는 모든 것으로부터 자유로워져서 스펀지처럼 다량의 정보를 흡수하고 유지시키는 것이라고 로자노프는 말한다.

두뇌의 잠재력은 끝이 없다

그 열쇠는 암시하고, 훈련된 사고를 하고, 각성을 직접적으로 활용하고, 아울러 마음을 보다 많이 각성시키기 위해서 몸과 마음의 기능을 특정한 리듬에 맞추는 것이다.

호흡 연습과 깊은 휴식과 음악을 통해 학생들의 마음을 안정시킨 다음 리듬에 맞추어 정보를 조금씩 분절시켜 제시한다. 그렇게 되면 학생들은 거의 모든 것을 기억할 것이며 로자노프가 지난 30년간 보여준 수천 가지를 기억하게 된다. 더욱이 고성능 기억 활동은 모든 측면에서 각성을 촉진시킨다. 심지어 어느 정도 높은 감각과 텔레파시와 직관력을 배양시킨다.

마음의 잠재력에 어떤 한계나 단절된 외곽이 있는가? 로자노프는 아니라고 말하고 있다. 고성능 학습과 관련하여 마음의 문을 여는 비결을 완수하고 나면, 기억능력은 거의 무한정한 것처럼 보인다. 로자노프의 이론이 제시하고 있듯이, 이 능력은 실제로 인간 의식 그 자체의 능력 이상의 것이 아닌 것이다.

#75 두뇌 계발 비결

두뇌 반구와 소리의 협조관계에 들어서기

뇌파에 어떻게 소리를 들려주는가에 대한 가장 훌륭한 연구 중 하나는 버지니아 파버에 있는 먼로연구소(MRI)에서 나온 것이다. 이 연구소에서는 통증 관리, 중독해소, 신체적 협응, 불면증 치료, 스트레스 관리부터 자가 변환과 심리적 직관적 발달에 이르기까지 모든 것을 소리를 통해 치료할 수 있는 수십여 가지의 녹음테이프를 개발하였다.

이 모든 것들은 이전 기업인 먼로의 유일한 소리기법인 'Hemi-Sync™' 이라는 기법에 근거하고 있는데, 이 기법은 양반구의 활동을 일치시키는 것이다.

여기에서의 두뇌 계발 비결은 이렇다. Hemi-Sync와 다른 접근에 따른 '정신에 영양이 되는 소리' 테이프 가운데 몇 가지를 청취하도록 한다. 그리고 테이프 소리들이 불과 몇 주 안에 두뇌력을 괄목할 만큼 향상시키는지 살펴보라.[14]

먼로연구소의 소리 기술자들이 바람직한 두뇌상태에 정확한 소리를 연결시키는 정확한 뇌파를 발견하기까지 이를 구상해 내는 데 20년 이상이 걸렸다. 그들은 이제 아주 정확하게 만들어져 구체적 음파를 통해 두뇌상태를 변화시킬 수 있는 정교하고 강력한 도구가 되었다. 다양한 일련의 테이프를 통하여 Hemi-Sync는 청취자들에게 자신의 두뇌 자원을 최대 용량으로 활용하는 방법을 가르친다. 이 시스템은 두뇌가 각기 다른 파장에 반응하는 유일한 지도까지 만들 수 있다.[15]

Hemi-Sync는 교실 안에서도 두뇌력을 향상시킬 수 있다

MRI의 Hemi-Sync에 대한 요구 중 몇 가지는 개인 연구로 나타났으며, 특히 학습 촉진 분야에서 많이 사용되고 있다. 미국 육군성에서 수행한 연구에 따르면, Hemi-Sync를 사용한 학생들은 정신과 동작 기능에서 77.8% 향상된 것으로 나타났으며, 나아가서 스트레스 감소, 자아 통제력의 향상, 수행능력, 동기유발이 개선된 것으로 나타났다.

미국 워싱턴의 타코마 대학(Tacoma Community College)의 한 교육자는 대학생들을 대상으로 주의집중력 영역을 포함하여 Hemi-Sync를 실험했다. 그는 Hemi-Sync를 교실의 여러 가지 상황, 예컨대 창의적 작문, 그리기, 심리학, 스피치, 철학, 외국어 수업에 사용하였다. 실험 집단은 Hemi-Sync를 배경음악으로 들으면서 정상 강의를 들었다. 그 결과 Hemi-Sync를 들은 실험 집단이 Hemi-Sync를 듣지 않은 집단보다 모든 영역의 검사에서 평균 10.9%이 높은 점수를 받을 수 있었다.

#76 두뇌 계발 비결
메가 브레인 신경공학적 접근방법

음악과 소리가 두뇌력을 향상시키기도 하지만, 빠른 속도로 성장하고 있는 분야인 신경공학, 즉 뇌에 관한 공학 또한 뇌파를 조절할 수 있다. 지금 현재 새롭게 개인 필수품이 되고 있는 많은 초소형 전자기기들이 이러한 일을 가능하도록 하고 있다.

이 아이디어는 뇌파와 뇌상태 간의 관계를 실질적으로 활용하도록 하고 이 두 가지를 약간씩 조절함으로써 바람직한 결과를 얻게 한다. 이러한 조절은 정신 기계를 통해서 수행되는데, 이 기계는 초소형컴퓨터와 수조작에 기반을 두고 있다.

스스로 전기 볼트를 통해서 마음과 두뇌력을 조정하라.

마음을 조정하고, 뇌파가 대도를 촉진하고, 직극직인 상태를 이끌어 내는 것, 이것이 바로 신경기술이 만들어 내는 일종의 약속이다. '마인드 머신' 이라고 부르는 것처럼(빛과 소리의 정확한 파장을 활용해서 눈과 귀를 통하여 뇌 속으로 전파함) 이는 휴대가 가능하고 쉽게 활용할 수 있게 되어 있다.

제조사의 설명대로라면 마인드 머신은 학습을 촉진할 수 있으며, 창의성을 신장시켜 주고, 손까지 명상의 절정을 이루도록 초소형 컴퓨터의 버튼을 실질적으로 터치하게 한다. 신경공학은 두뇌의 지도 또는 두뇌를 향한 접근 이상의 것을 약속해 주며 메가 브레인을 통해 교통정리를 해 준다.[16]

제조회사들이 주장하는 두뇌 머신의 기능에는 다음과 같은 것들이 포함되어 있다.

- 스트레스를 풀어 준다.
- IQ를 향상시켜 준다.
- 기억력을 자극해 준다.
- 문제를 전체적으로 해결해 준다.
- 시간이나 공간 지각을 교체시켜 준다.
- 자아존중감을 향상시켜 준다.

- 호흡 패턴을 고쳐 준다.
- 심각한 논리적 장애물을 감소시켜 준다.
- 창의성을 신장시켜 준다.
- 깊이 집중하게 해 준다.
- 뇌 전체로 생각하게 해 준다.
- 시각을 개선시켜 준다.
- 학습을 촉진시켜 준다.
- 뇌의 양반구의 균형을 잡아 준다.
- 좌창(여드름 등의 피부병)의 제거
- 혈압의 정상화
- 통증 완화
- 중독증 제거
- 자기주장성의 신장
- 정서안정
- 직관적 능력의 향상
- 에너지 증진
- 기분 향상

마인드 머신에 대한 간단한 소개

전동 연필깎기보다 별로 크지 않은 두개골 전기자극(Cranial electric stimulation, CES) 장치는 두뇌에 미세한 전류(1밀리암페어보다 적은)를 0.5 Hz 그리고 그 이상의 규칙적인 충격을 주면서 공급하게 된다.

귀나 관자놀이에 전극들이 부착되어 있어서 이것을 통해 섬세한 전류가 두뇌를 직접 통과한다. 일단 뇌반구 안에 들어오면 이 전기자극은 긴장완화를 높이고, 깊은 사고를 하게 하고, 조용히 각성하게 하고, 행복감을 느끼게 하고, 심지어 환상적인 행복감을 포함한 다양한 두뇌상태를 조성한다.

이 CES 장치는 원래 아픈 사람의 통증을 다루고 완화시키는 방법으로 개발된 것이다. 최근의 연구들은 약물중독 제거에 관심을 갖고 있으며, 우울증, 불안감과 불면증을 치료할 때 매우 유용한 것으로 나타났다. 또한 CES 장치는 뇌에 손상을 입어 주의력 결핍증이 있는 학습불능 환자들을 치료하는 데 성공적으로 사용된다.

CES 활동을 매일같이 3주 동안 실시한 이후에는 집중력, 속도, 지각을 포함한 두뇌력의 많은 측면들이 정상으로 회복되었다. 또 건망증과 머리 손상으로 발생한 단기기억력 손상에도 상당한 성공을 거두었다.

07
두뇌를 연마하라

신경세포를 '스마트하게' 하기 위해서
두뇌력 '근육'을 어떻게 연마할 것인가

두뇌를 연마하라. 이제 두뇌력 계발에 필요한 바구니가 마련되었으므로 마지막으로 이 바구니에 담기만 하면 된다. 준비된 상황에서 이 훈련을 하면 두뇌 계발 연습이 훨씬 더 좋은 효과를 얻게 될 것이다. 이와 같은 상황을 만드는 일은 1~6장까지의 두뇌 계발 비결에 모두 포함되어 있다. 여기에서 제시하는 연습을 약간만 해도 당신의 두뇌력은 처음 상태보다 훨씬 나은 결과를 얻을 것이다.

이제는 진짜 정신 체육관에 도착했으니 이 시간은 당신이 이온을 뿜어내고 IQ운동을 할 시간이다. 1~6장까지 소개된 두뇌 계발 비결을 통해 확고한 반석을 놓았다. 이제 열심히 노력한 것에 대한 보상을 받을 수 있을 것이다. 이 장에서 설명하는 두뇌 계발 비결에 대한 연습은 앞의 내용 몇 배 이상의 효과를 줄 것이다. 당신은 이미 76개의 두뇌 계발 비결을 통해 두뇌력의 굳건한 신체적 기반을 준비했기 때문이다.

이제 기억력 계발을 위한 일을 시작할 준비가 되어 있다. 단어와 숫자를 위한 정신 능력을 확장하고, 많은 사람들이 기억력의 핵심이라 믿고 있는 시각 능력을 계발하여, 여러 가지 두뇌력 체조로 바빠질 준비를 하라.

#77 두뇌 계발 비결
눈에 담겨 있는 두뇌력이 있으니 그것을 어떻게 볼 것인가

일반적으로 말해서 눈이 움직이는 방법과 움직이는 물체를 따라 공간 안에서 어떻게 움직이는가는 두뇌가 전체적으로 어떻게 작용하고 있느냐의 문제다. 따라서 눈을 움직이는 연습을 하면 두뇌를 실제로 자극할 수 있고 동시에 두뇌력을 구축할 수 있다. 만약 눈으로 물체를 추적하는 데 어려움이 있다면 이런 현상은 두뇌의 처리 센터에 자연스러운 두뇌력을 방해하는 장애물이 있다는 것을 말해 주는 것이다(그림 7-1을 참조하라).

눈이 소중한 두뇌력을 고갈시키고 있다면 다음의 연습을 하라.

- 연필 손전등이나 야광등 하나를 가지고 어두운 방이나 밀폐된 공간에서 불을 켜라.
- 처음에 그 불빛을 바라본 다음 눈을 왼쪽이나 오른쪽 불빛에서 서서히 멀리하면서 움직여라. 이때 그 영상이 부드럽고 똑바른 괘선을 그리고 있다면 문제가 없지만, 만약 그 영상이 불안정하고 고르지 못하다면 다음 동작을 따라 연습하라. 도움이 될 것이다.

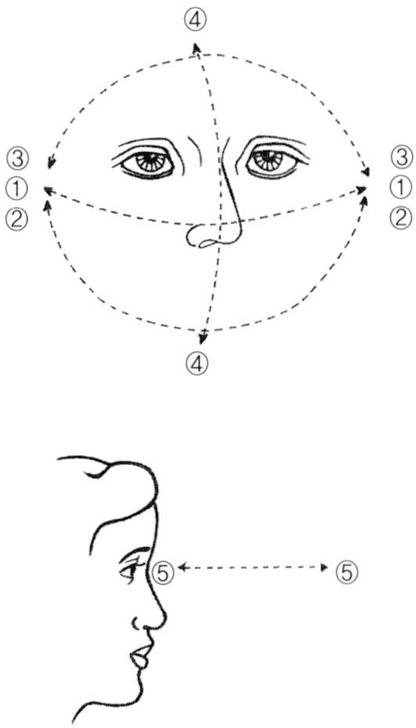

[그림 7-1]

• 다음은 고리에 그 연필 손전등을 걸어 둔다.

• 벽에 걸린 손전등을 향해서 눈의 동작을 오른쪽에서 왼쪽으로 위쪽으로 아치를 그리면서 움직인 다음, 왼쪽에서 오른쪽으로 아래쪽으로 아치를 그리면서 움직인다. 그런 다음 직선으로 오른쪽에서 왼쪽으로 선을 그으며 눈을 움직이고, 다음에는 위에서 아래로 움직이고, 그런 다음 가까운 시야에서 먼 시야로 눈의 초점을 움직인다.

• 눈을 감는다. 그 영상 궤선을 살펴보라.

• 그 궤선이 똑바르고 부드러운가 아니면 불안정하고 방해받고 있는가?

눈의 괘선이 좋을수록 학업수행이 더 좋아진다

눈으로 그려진 영상 괘선의 질은 눈-뇌의 건강상태를 말해 주는 열쇠가 된다. 만약 눈이 연필 플래시의 불빛 끝과 같은 어떤 움직이는 물체를 쉽고 부드럽게 따라갈 수 없다면, 이는 두뇌 활동에 어려움을 가지고 있는 것이다. 두뇌력 전문가인 윈 웽거(Win Wenger)는 독해학습에 어려움을 겪고 있는 6세 여아를 대상으로 한 연구를 보고하였다. 그는 이 여아의 시야를 가로질러 연필 지우개 꼭지를 따라가도록 하면서 여아의 눈을 검사했다.

처음에 이 여아의 눈은 움직이는 물체를 따라가는 것에 어려움을 겪었다. 하지만 몇 분 후에 여아의 눈은 방법을 알아차리고 서서히 움직이는 물체의 괘선을 점점 더 자연스럽게 따라가게 되었다. 이와 같은 방법으로 눈 훈련을 5분씩 나누어서 10분간 하였으며, 이후 곧바로 3학년 수준의 독서능력을 발휘하기 시작했다. 물론 이 여아의 눈 동작은 그렇게 빠른 속도로 변하지는 않았지만 단지 몇 시간만에 눈 동작이 극적으로 개선되었다.[1]

여기 눈 동작의 능력을 개선할 수 있는 몇 가지 즉각적인 조치들이 소개되고 있으며, 두뇌 활동의 일부가 이와 같은 역동적 활동에 포함되어 있다.

- 이러한 훈련을 위해 도와줄 수 있는 상대가 필요하다.
- 괘선을 따라갈 수 있는 볼펜 하나를 선택하고 그 펜 끝에 초점을 맞추어라.
- 상대로 하여금 이 펜을 당신의 눈에서 45~90cm 떨어지게 하고 앞에서 설명한 방법으로 다섯 개의 괘선을 따라 당신의 눈이 움직이도록

한다.

- 아래위로 좌우 횡선으로, 그리고 원근법으로 위쪽으로 아치형을 그리고 아래쪽으로 아치형을 그린다.
- 상대방에게 그 펜의 움직이는 속도를 다르게 하도록 시킨다. 그러는 동안 머리는 든 채 움직이지 말고 눈으로만 그 움직이는 펜을 따라간다.
- 눈은 5개의 괘선을 따라가면서 흔들리고, 깜빡이고, 점프하는 등 곤란을 겪을 것이다. 그런 다음 이러한 괘선 그리기 연습을 눈이 보다 자연스럽게 움직일 때까지 계속해 나간다.
- 이러한 연습을 한 번에 3~5분 이상씩 계속해서 연습한다.

두뇌력 증진을 위한 2가지 눈 동작 연습하기

1. 손바닥 활용하기 시력검사 분야에서 긴장완화기법으로 이 연습을 마쳐라. 이 기법은 윌리엄 베이트(William Bates)가 오래전에 개발한 것으로 손바닥 활용하기라 부른다. 안경을 쓴 사람이면 안경을 벗어라.

손바닥으로 눈을 가리고, 눈을 감아라. 그런 다음 손바닥으로 가볍게 5분간 대고 있어라. 눈을 감은 채로 볼 수 있고 느낄 수 있는 깜깜한 어둠의 깊이를 편안히 느껴라.

2. 깜박 응시하기 이 신경학상의 연습 또한 눈에 작용한다.[2] 이 연습은 정보를 처리하는 정상 속도보다 약 100배 이상 빠르게 처리하도록 두뇌의 약 80%에 작용한다. 아니면 최소한 자신에게 익숙한 속도보다 훨씬 빠르게 처리한다.

이러한 연습은 어디서나 할 수 있다. 집, 옥외, 가게, 미술관, 책방, 음식점, 슈퍼마켓 등 방 주변을 응시하며 깜박거리다가 0.5초 이상 개별 물체에 잠시 멈추어라.

- 0.5초마다 초점을 새로운 물건에 옮기는 동작을 하라.
- 이러한 동작을 3분간 계속하고, 하루에 두 번 이상 2주 동안 반복하라.
- 0.5초마다 두뇌는 새로운 시각 데이터를 해석해서 의자, 토스터, 붉은 머리, 푸른색 신발, 달력 등 결과를 의식 속에 넣어 두게 된다.
- 신경세포는 이와 같은 연습 프로그램을 통해서 민첩해진다.

#78 두뇌 계발 비결

왜 얼굴 때리기가 최선의 기억 방법인가

'해변의 두 여인(Beaches)' 라는 영화에서 기억에 남는 장면이 있다. 이 영화에서 베트 미들러(Bette Midler)는 갑자기 자기 남편의 뺨을 때린다. 남편이 왜 뺨을 치느냐고 묻자 그녀는 "오늘이 나의 일생 동안 가장 행복한 날이에요. 그것을 잊지 마세요." 라고 대답한다.

이 간단한 전략 안에 많은 지혜가 있다. 만약 높은 주의력을 갖고 각 순간들을 기록해 둔다면, 즉 뺨에 어떤 손이 빠르게 지나갔던 순간처럼 이들을 기억할 수 있을 것이다.

물체들에 대한 기억의 스냅사진 기법

이와 같은 접근법의 또 다른 방법은 스냅사진 기법이다. 카메라 사진을 다루는 기술이 있든 없든 매일같이 길을 걸으면서 매 15분마다 중요한 사건을 사진 속에 담으면서 일생을 살아가는 것이다. 이러한 과정을 통해 부지불식간에 각각의 순간, 이야기, 작은 가족 드라마를 기억하는 정신적 사진 찍기를 하는 것이다. 이 사진을 찍으면서 스스로에게 "여기 나는 이 장면을 기억해야 하고 이것이 나의 기억 속에 담겨져 있다는 것을 의식해야 한다."라고 말하는 것이다.

기억하기에 대한 정서적 고정기법

여기 또 비슷한 하나의 기억을 위한 빰치기 기법이 있다. 정보를 감각이나 시각 연상과 관련시켜 보라. 그 정보를 하나의 상황으로 보고, 그 상황에 어떤 정서적 질이나 무게를 두어라. 이 정보 안에 무엇이 다른 것과 구별되고 혹은 무엇이 다른가 살펴보라. 그것이 자신의 생존이나 개인적 중요성 혹은 개인적 관계와 어떻게 관련되어 있는가 살펴보라. 그 인상을 강화하기 위해서 이러한 생각을 자신에게 여러 번 반복하라. 이러한 일을 어떤 기억력 증진 훈련의 처음과 마지막에 하라. 다시 말해, 만약 그 정보가 중요한 항목이라면 이것을 학습의 처음에 하고, 또 끝내기 바로 직전에 하여 학습을 강화하라.

왜 기억하고 싶지 않은지 그 숨겨진 이유를 발견하라

두뇌 계발 비결은 틀림없이 기억력을 개선하기 위해 많은 기법을 주겠지만 기억과 기억 손실에 관련된 많은 우려에 실질적으로 과도하게 과장된 면이 있음을 시인해야 한다.

기억에 관한 이 두뇌 계발 비결을 접한 이상 당신은 이미 정보를 기억하고 회상하기 위한 능력을 향상시킬 수 있는 여러 가지 조치들을 자연스럽게 취하고 있는 것이다.

앞에서 배운 것처럼 아마 지금까지 생활해 온 여러 방식들은 기억력의 자연적 활력과 기억력의 영역을 방해했을 것이다. 이러한 방해요소들을 제거하고 몇 가지 건강증진 운동과 내용들을 추가한다면, 이미 하나의 새로운 기억 영역 안에 들어오게 되는 것이다.

유의할 점은 자연적 기억능력을 방해할 수 있는 여러 가지 요소들이 있다는 점이다. 이러한 방해요소들 가운데 대부분은 이 책에서 이미 논의한 것들이지만 여기서 다시 한 번 간단히 검토하도록 한다. 만약 알츠하이머와 같은 노인성 치매증 혹은 다중경색 치매증을 갖고 있다면, 기억력은 옛날처럼 잘 작용하고 있지 못할 것이다.

기억을 방해하는 조직상의 다른 문제들에는 매독, 뇌염, 뇌막염, 신진대사의 문제, 신체상의 생화학적 불균형, 출혈성 심장마비와 같은 만성질환, 심장혈관 질환, 감기, 독감, 중이염, 기관지염 등이 있다.

이제 수많은 전통적 약과 처방전 없는 약, 처방전 약은 모두 기억처리를 방해할 수 있다는 점을 알아야 한다. 또한 만약 진단받지 않은 시각문제(예컨대 노안, 즉 중년기에 오는 근시) 혹은 청각장애를 갖고 있다면, 이러한 증상이 정보를 처리하고 기억 속에 전달하는 과정에 심각한 장애가 될 수 있다. 또 다른 기억장애 요소에는 피로, 운동부족, 알코올, 흡연이 포함된다.

자신의 태도, 바로 그것이 기억하지 못하는 이유다

기억력의 장애요소로는 심리적 요인도 있다. 이는 매우 분명하지만 쉽게 간과되는 부분이다. 즉, 당신의 태도나 자아개념이다. 만약 어떤 것을 기억할 수 없다고 스스로 믿게 되면, 이러한 믿음이 자성예언이 되어 망각하게 만든다.

만약 자신의 기억력이 약하다고 생각하고 있다면 이러한 태도가 강력한 기억능력을 계속해서 약화시킬 것이다. 우울증, 스트레스, 불안 또한 자연적인 기억력에 장애물이 된다.

이 책 전체를 통해 누차 강조하고 싶은 것은 첫째, 자연스러운 기억력의 장애물을 제거하는 것이며, 둘째, 두뇌력 향상 연습을 하는 것이다. 기억에 관한 책들이 많이 출판되고 있는데 그 책들은 여러 가지 기억력 향상 요령을 제시해 주고 있을 것이다. 그러나 처음부터 기억에 숨겨진 장애요소를 어떻게 제거시킬 것인가에 대해서는 결코 말해 주지 않는다.

왜 최선의 기억장치는 휴대용 수첩인가

내 비결을 하나 소개하고자 한다. 나의 기억력은 비교적 괜찮은 편이고 대체로 나를 실망시키지 않는다. 나는 1940년대나 1960년대 여러 영화에 등장하는 인물들의 이름이나 얼굴을 잘 기억해 낼 수 있다. 이러한 기억력은 친구들에게 좋은 인상을 주고 있다. 심부름을 할 때나 상품 목록들을 필요할 때도 잘 기억하며 또한 회의를 하거나 세미나에 발표를 할 때 나의 기억력은 매우 뛰어나다. 나의 기법은 무엇일까?

첫째, 어떤 정보가 제시될 때 주의를 집중한다.

둘째, 목록을 작성한다.

셋째, 스스로 많은 양을 기록한다.

넷째, 중요한 사건들, 흥미 있는 생각, 만나는 사람들을 일기장에 적는다.

다섯째, 사람들의 이름, 주소, 생일, 결혼기념일이 적힌 휴대용 컴퓨터를 가지고 다닌다.

여섯째, 약속들과 과업들을 열면 두 페이지가 되는 탁상 일기장에 적어 둔다.

나는 이러한 기술적인 체제를 가지고 있기 때문에 그렇게 많은 것을 기억할 필요가 없다. 단지 참조할 것만 기억해 두면 된다. 나의 단기기억 속에 정보를 기억하든, 노트, 목록, 휴대용 컴퓨터, 일기책, 수첩에 기록하든 어떤 차이가 있겠는가?

일이 발생한 처음부터 기억하라

잠시 휴식을 취하라. 그리고 자신에게 정직하라. 때로 그 항목, 그 얼굴, 그 사람을 기억하고 싶지 않는 이유는 감정적 이유 때문이다.

잘 기억할 수 없을 때는 노트를 많이 하라. 그런 다음 흥미가 생겼을 때 주의를 더 많이 기울이고, 정신적 스냅사진을 찍고, 자신의 뺨을 한 번 치고, 뉴스 기자가 하는 것처럼 기억을 위해 처음의 그곳으로 가라.

어떤 중요한 것을 기억해야 한다면 마음을 조용히 진정시키고, 호흡에 주의를 기울이고, 5분 동안 부들부들 떨어라. 내적 침착함과 외현적 주의집중을 발달시키기 위해서 두뇌 계발 비결 #12, #13, #40, #42를 실행하라. 생물학자들은 이것을 상태의존적 학습과 행동이라고 부른다.

마음이 침착해지고 기억해야 할 학습문제와 항목에 주의집중이 잘 된다면, 후에 쉽게 회상할 수 있도록 같은 마음의 진정상태로 되돌아갈 필요가 있다. 다시 말해, 기억력을 개선하기 위해서 할 수 있는 가장 현명한 방법은 두뇌력을 위해 마음과 신체에 최선의 상태를 마련하는 일이다. 조용한 호흡과 주의집중은 가장 신뢰할 만한 기억도구가 될 것이다.

✲ 두뇌력의 해부학 #15

타고난 IQ와 미래의 IQ 1

두뇌력에 대해서 우리가 생각할 때는 대부분 IQ 또는 지능으로 측정된 것을 떠올리기 쉽다. 그러나 이러한 측정치는 어디에서 오는 것이며, 어떻게 작용하고, 정말 얼마나 똑똑한가를 말해 주는 정확한 수치일까?

기술적으로 IQ란, 같은 연령 집단이나 사회집단에 속한 다른 사람들과 비교해서 상대적 지능을 나타내는 상대적 점수다. 지능검사를 개발한 아동 심리학자에 따르면, 이 점수는 한 사람의 정신연령을 그 사람의 역(曆)연령으로 나누고 그것의 소수점 이하를 없애기 위해서 100으로 곱한 수치다.

가장 널리 알려진 지능검사는 스탠포드-비네(Stanford-Binet)로, 1905년 프랑스에서 최초로 사용되었다. 그 당시 프랑스 정부에서는 데오도르 시몬(Theodore Simon)과 알프레드 비네(Alfred Binet)라는 두 심리학자에게 정상적 학습능력을 가진 아동과 학습부진아를 가려낼 수 있는 방법을 개발해 줄 것을 부탁했다. 그 아이디어는 각기 다른 정신연령들의 표준 학습속도를 계산하는 것이었다. 그 후 약간의 개선을 거쳐 이 IQ검사는 129개 범주를 포함하게 되었다.

오랫동안 연구를 거듭해 가면서 더욱 개정을 거듭한 결과, 1960년 미국 스탠포드 대학의 루이스 터만(Lewis Terman)의 노력으로 현재의 스탠포드-비네(Stanford-Binet) 검사라는 이름이 붙여졌다. 이 검사는 2세 유아부터 23세 청년에 이르기까지 어휘력, 수리능력, 독창력, 문장 기억력, 반대 유추의 이해, 문장작성능력, 방향감, 수치의 역산, 반대의 조정능력, 기본적 차이, 지각능력, 다른 언어적 혹은 논리적 주제들과 같은 영역을 검사한다.

이 검사가 개발된 지 100년이 지난 지금 심리학자들은 이 스탠포드-비네 검사에 따라 '정상' '지진' '영재'로 구분하고 있다.

1949년에 또 다른 지능검사인 웩슬러(Wechsler) 지능검사가 개발되었다. 원래 이 검사는 아버지가 아홉 개의 특정 분야에 근무하고 있는 백인 아동들에게 제한적으로 사용되었다. 결국 이 검사는 웩슬러 성인지능검사 혹은 WAIS로 이름이 바뀌었고 다른 인종집단의 배경을 가진 아동들에게도 확대해서 검사지로 사용되고 있다.

그런데 WAIS와 스탠포드-비네 검사는 아직도 잘못된 오류를 범하고 있다는 비난을 면치 못하고 있으며, IQ의 정확한 측정치로 완전히 신뢰할 수 없는 것으로 비판받고 있다. 사실상 심리학자들은 특정 개인 아동의 검사점수는 아동의 심리적 건강상의 조건에 따라 하루나 일주일 사이에도 20~30점의 차이를 보여 주고 있다는 증거를 제시하고 있다. 따라서 누가 8세 아동의 IQ가 110인지 140인지 확신할 수 있겠는가? 그 검사를 받고 있을 때마다 그 아동이 어떻게 느끼고 있는가에 따라 다르게 나타날 수 있는 것이다.

#79 두뇌 계발 비결

뇌의 양쪽에 말하고 그 좌우 뇌반구를 통합하라

19세기 미국의 위대한 판사이며 작가인 올리버 웬델 홈즈(Oliver Wendell Holmes)는 '아침 식탁의 군주'라 불렸다. 그는 두뇌력 증진의 탁월한 방법으로 아침식사 전에 10개의 '불가능한 생각' 을 하는 것이라고 권했다. 인간주의 교육자로 유명한 장 휴스턴(Jean Houston)은 홈즈 박사의 권고를 받아들여 워크숍 참가자들에게 '세 가지 용감한 거짓말' 을 서로 말하게 하면서 하루의 일과를 마치라고 했다.

물론 이러한 아이디어는 현실을 재발견함으로써 두뇌를 확대하는 것이다.[3] 또한 이 연습의 이면에 깔린 아이디어는 단어, 이미지, 감각과 감정, 숫자, 종합적 지각과 같은 좌우 뇌반구의 다양한 기능을 통합하는 것이다.

이러한 두뇌 각성 연습에는 약 25분의 시간이 걸릴 것이다. 이 연습은 이 지시를 녹음하여 중간에 방해받지 않고 눈을 감은 채 들을 수 있다면 더 효과적일 것이다.

마음속으로 뇌 안 왼쪽과 오른쪽으로 들어가라

- 두 발을 마룻바닥에 대고 허리를 곧게 한 채 의자에 편한 자세로 앉아라. 신발과 안경을 벗고 두 눈을 감아라.
- 숨을 조용히, 그리고 천천히 쉬어라. 숨에 귀를 기울이고, 오르내림을 관찰하라. 그런 다음 편안하게 느껴지고 주의력이 생길 때까지 숨을 들이마시고 내쉬어라.
- 왼쪽 두뇌에 초점을 맞춘 다음 왼쪽 눈에 초점을 맞추면서 눈은 여전히 감은 채로 유지하라. 눈을 감은 채로 아래를 바라보고, 그런 다음 위로, 왼쪽으로, 오른쪽으로 바라본 다음 시계방향으로 돌리고, 시계 반대방향으로 돌려라.
- 오른쪽 두뇌에 초점을 맞춘 다음, 오른쪽 눈에 초점을 맞추고 여전히 눈을 감은 상태를 유지하라.

- 눈을 감은 채로 아래를 쳐다보고, 그런 다음 위를 바라보고, 그런 다음 왼쪽, 오른쪽을 바라보고, 눈을 시계방향으로 돌리고, 그런 다음 눈을 시계 반대 방향으로 돌려라.
- 그런 다음 편안한 자세로 눈은 여전히 감고 손바닥을 눈 위에 대고 3분가량 편안한 자세로 휴식을 취하라.
- 눈을 계속 감은 채로 10초 동안 왼쪽 뇌에 주의를 기울이고 난 다음 다시 오른쪽 뇌에 10초 동안 주의를 기울여라.
- 이러한 동작을 반복하라. 좌우 뇌반구에 왔다 갔다 하는 동안 느낌, 내용, 주의집중에 어떤 차이가 있는지 알 수 있는가? 어떤 것이 다른 것에 비해 초점 맞추기가 더 쉬운가?
- 계속해서 눈을 감은 채 두뇌를 교차하면서 다음 항목을 시각화하거나 상상하라. 좌뇌에 숫자 1, 우뇌에 문자 A, 좌뇌에 숫자 2, 우뇌에 문자 B, 좌뇌에 숫자 3, 우뇌에 문자 C.
- 이러한 동작을 알파벳 Z와 숫자 26까지 계속해 나가라.
- 약 3분가량 휴식을 취한 다음 이러한 과정을 역방향으로 계속하라. 우뇌에 숫자 1, 좌뇌에 문자 A, 우뇌에 숫자 2, 좌뇌에 문자 B, 우뇌에 숫자 3, 좌뇌에 문자 C, 이러한 동작을 알파벳 Z와 숫자 26까지 계속해 나간다.

이제는 이러한 일련의 상상하기를 왼쪽에서 오른쪽을 바꿔 가면서 계속한다. 이 상상을 마친 후 다음 동작을 하기 전에 앞의 동작을 먼저 해본다.

- 오른쪽: 결혼한 부부
- 왼쪽: 교회에 짝을 지어 걷고 있는 수녀들
- 오른쪽: 태풍으로 홍수가 난 해변의 도시
- 왼쪽: 원자 하나

- 오른쪽: 은하수
- 왼쪽: 흰 꽃이 핀 사과나무 한 그루
- 오른쪽: 흰 눈으로 덮인 나뭇가지
- 왼쪽: 일출
- 오른쪽: 일몰
- 왼쪽: 열대지방의 밀림
- 오른쪽: 눈으로 덮인 산꼭대기
- 왼쪽: 세 링의 서커스

상상력 활동: 머릿속에서 일어난 모든 것들

이제 좌뇌에서 우뇌로 움직이면서 이어지는 감각을 상상하게 하는 이미지로 옮겨 나가라.

- 오른쪽: 얼굴에 두꺼운 안개 느끼기
- 왼쪽: 바위에 오르고 숨을 세차게 쉬기
- 오른쪽: 어린애의 피부를 만지기
- 왼쪽: 두 손을 따뜻한 진흙에 놓기
- 오른쪽: 맨손으로 눈을 뭉치기
- 왼쪽: 땅콩 버터 캔디 맛보기
- 오른쪽: 베개를 주먹으로 치기
- 왼쪽: 소방차 소리를 듣기
- 오른쪽: 여름 귀뚜라미 소리를 듣기
- 왼쪽: 승용차 시동 거는 소리 듣기
- 오른쪽: 고성으로 노래하는 사람의 소리 듣기

- 왼쪽: 해변의 파도 치는 소리 듣기
- 오른쪽: 위장이 꾸르륵거리는 소리 듣기
- 왼쪽: 소나무 숲에서 향내 맡기
- 오른쪽: 진하고 신선한 커피 냄새 맡기
- 왼쪽: 휘발류 냄새 맡기
- 오른쪽: 빵 굽는 냄새 맡기
- 왼쪽: 신선한 사과주스 맛보기

양반구 사이의 다리 건너기

- 눈을 감은 채로 왼쪽 눈으로 마치 불빛을 가지고 탐색하듯 좌뇌를 바라보라.
- 같은 방법으로 오른쪽 눈으로 우뇌를 바라보라.
- 왼쪽 눈으로 좌뇌 안에 있는 삼각형을 추적하라. 그런 다음 사각형을 보고 별 모양을 보라. 같은 방법으로 오른쪽 눈으로 우뇌를 보라.
- 좌뇌에서 서로 중복되는 일련의 원을 만들어라. 이러한 일련의 원이 좌뇌를 치료하는 빛을 발하고 있다고 상상하라.
- 우뇌에서도 이와 같은 방법으로 상상을 하라.
- 여전히 두 눈을 감은 채 양반구에 다리를 놓는 뇌량이 있는 이마와 머리의 중앙에 원을 그려라.
- 이 지점에서 이 원을 확대시켜서 뇌 전체를 포함시켜라. 그런 다음 두 뇌에 매우 큰 원을 만든 후 그 원을 점점 축소시키고 그 원이 두 눈 사이의 한 점에 이르게 하라.
- 계속해서 주의와 호흡을 뇌의 이 한 점에 맞춰라.

두뇌 안에 상상의 나무, 하프, 독수리를 그려라

- 이 하나의 점으로부터 이마의 중앙에 하나의 커다란 나무가 있다고 상상하라.
- 이제 좌뇌에는 황금빛 하프가, 우뇌에는 드럼이 있다고 상상하라.
- 이러한 그림들을 지우고 좌뇌에 독수리 한 마리가, 우뇌에는 카나리아가 있다고 상상하라. 이 두 그림을 본 다음 한꺼번에 이 이미지를 모두 지워 버려라.
- 주의를 좌뇌에 맞춘 다음 이것이 무엇처럼 보이는지 상상해 보라. 우뇌에도 이와 같은 방법을 적용해 보라.
- 이제 뇌 전체, 즉 좌뇌, 우뇌 모두를 함께 느껴라. 수십억 개의 뇌세포가 메시지와 전기 스파크, 뇌화학물질을 발생시켜 서로 교류하게 하라.
- 이 순간 이러한 주의집중이 이 거대한 양의 뇌신경세포의 활동을 가능하게 하고 있다고 느껴라.
- 호흡을 두뇌 전체와 연결시켜라. 숨을 들이마실 때 두뇌는 확대될 것이며, 숨을 내쉴 때는 오므라들 것이다. 숨을 매번 쉴 때마다 두뇌는 산소와 두뇌력으로 충만해질 것이다.

뇌신경 세포 약국에 새로운 뇌세포를 주문하라

- 이제 뇌에 직접 말할 때다. 뇌세포를 더 많이 만들어 달라고 말하라. 이 경우 세포들 사이를 연결하는 수지상돌기가 더 많아져서 더 높은 두뇌력과 빠른 사고, 더 나아가서 보다 더 많은 정신능력을 갖게 될 것이다.
- 뇌가 원하는 대로 반응할 수 있는 기회를 제공하라.

- 한편, 두 손바닥을 머리에서 몇 cm 정도 떼어서 두뇌력의 에너지 영역을 부드럽게 문질러라. 이러한 동작을 3~5분간 계속하라.
- 몇 분 동안 조용히 숨을 쉬면서 편안한 자세로 휴식을 취한 후 눈을 떠라.
- 기분은 편안해지고 각성이 되고 평생을 어깨 위에 들고 다니던 약 3.5 파운드짜리 우주에 대한 새로운 태도를 갖게 될 것이다.

※ 두뇌력의 해부학 #16
하나의 뇌에 어떻게 두 개의 삶이 가능한가

우뇌 지향인가? 좌뇌 지향인가? 당신은 얼마나 많은 뇌를 갖고 있는가? 우리는 어떤 사람은 지나치게 좌뇌지향적이고, 어떤 사람은 완전히 우뇌지향적이라는 말을 자주 듣는다. 그리고 이 말의 의미를 심각하게 생각하는 경우를 자주 듣는다. 뇌과학자들에 따르면, 물론 하나의 두뇌를 갖고 있지만 각기 다른 정신 기능이 우뇌와 좌뇌에 위치하는 것으로 나타나고 있다.

과학자들은 이것을 뇌기능의 측생화(좌우기능 분화)라 부르고 있으며, 각기 다른 뇌기능이 좌우로 나누어져 있어서 좌뇌와 우뇌로 갈라진다는 뜻이다. 양반구가 생리학적으로 동등하지 않다는 것은 지금까지 잘 알려져 왔으며, 그 형태와 기능의 관점에서도 실제로 자연스러운 균형이 이루어지지 않는 것으로 나타나고 있다.

좌반구는 우반구보다 회색이고 더 규모 있는 비중, 그리고 더 넓은 후두엽을 갖고 있다. 우반구는 좌반구보다 무겁고, 넓은 전두엽을 갖고 있으며 커다란 내골 규모를 보여 주고 있다. 그래서 이러한 두뇌 불

균형 상태를 두뇌의 자연스러운 특징이라 부르는 것이다.[4]

예컨대 각기 다른 과업을 수행하고 있는 연구 대상자를 활용한 뇌파(EEGs) 연구는 이 양반구 간의 기능이 이렇게 다르다는 것을 선명하게 보여 주고 있다. 이 연구 대상자들이 시각적, 공간적 과업을 수행하고 있는 동안 그들의 뇌파를 관찰한 결과, 좌뇌가 일종의 이완된 전기상태로 천천히 움직이는 것을 볼 수 있었다. 그런 다음 연구 대상자들이 활동을 바꾸어 글을 쓰기 시작하자 우뇌의 뇌파가 천천히 움직였다.

두뇌력 비결의 해부학

시각-공간 지향과 언어-분석 활동 식으로 뇌기능의 특징적 핵심은 뇌의 양반구 어느 한쪽으로 분화되어 있는 것으로 나타났다.

좌반구 좌뇌에서는 읽기, 쓰기, 산수, 수기능, 계산하기, 말하기, 언어기능, 과학적 기능, 추리, 선형적 논리적 처리, 오른손 활동을 조정하고 있다. 또한 좌뇌에서는 두뇌의 기본적 언어 센터를 갖고 있어서 선형적 정보처리활동을 관장하고 있다.

우반구 우뇌에서는 음악적 지각, 공간구성, 예술적 지능, 통합적 지각, 상상력, 통찰, 직관력, 입체적인 패턴 지각, 왼손 활동을 조정하고 있다. 우뇌는 기하학 센터로서 마음의 형체를 반복하여 움직이고, 정신적 지도 그리기, 공간적 지각의 모든 측면을 관장하고 있다.

양반구 간의 교량 두뇌는 뇌량으로 연결되어 있다. 이 뇌량은 흰색으로 나타나며 길이가 4~6cm로 2억 개의 두꺼운 신경 다발이다. 이 뇌량은 양반구 간의 즉각적인 의사소통 다리의 역할도 하고 양반구 간에 지나치게 많은 전기자극이 발생하여 뇌기능을 마비시키는 일이 발생하지 않도록 억제하는 역할을 한다. 이 뇌량 안에 있는 2억 개의 신경은 각각 한쪽 반구에서 출발해서 다른쪽 반구로 직접 움직인다.[5]

여자의 두뇌에는 2천만 개의 더 많은 신경섬유가 있다

생물학자들은 남성과 여성 두뇌의 뇌량에 큰 차이가 있는 것으로 알고 있다. 뇌량의 평균치를 비교해 보면, 여성들이 약 10% 큰 것으로 나타나고 있으며 남성보다 일반적으로 9~12세 사이에 3년 더 빠르게 성숙한다. 이러한 규모면에서의 차이는 여성의 뇌량이 남성보다 2천만 개 이상의 더 많은 신경세포의 축색돌기를 가질 수 있다는 것을 보여 준다.

더 나아가서 뇌파는 남성보다는 여성의 뇌량을 통했을 때 5~10% 빠르게 이동한다. 이 말은 여자들이 남자들보다 정보를 더 빠르게 처리하고 암산문제도 빠르게 한다는 의미다.

#80 두뇌 계발 비결
뇌에서 양반구의 만남

여기 뇌반구에 대해서 알아볼 수 있고, 자신은 뇌의 어느 반구가 발달한 사람인지 알아볼 수 있는 연습이 있다.

당신의 뇌는 좌뇌(언어적 · 분석적 · 합리적) 선호형인가 아니면 우뇌(시각적 · 공간적 · 직관적) 선호형인가? 다음 각 질문에 대한 답 하나를 골라라.[6]

1. 백일몽에 대한 생각은? (a)시간낭비 (b)긴장을 푸는 좋은 방법 (c)문제해결과 창의적 사고에 도움이 된다 (d)우리의 미래를 계획하는 좋은 방법이다.
2. 예감에 대한 태도는? (a)나의 예감은 매우 정확하여 따른다 (b)내가 마음에 있는 어떤 예감을 따르게 되는지 잘 모르겠다 (c)나는 예감을 느끼기는 하지만 믿지는 않는다 (d)나는 예감에 기반하여 결정하는 일은 말도 안 된다고 생각한다
3. 문제해결상황에 직면했을 때 어떻게 하는가? (a)심사숙고하고 친구와 함께 걸으면서 계속 생각에 잠긴다 (b)대안 목록을 만들어 그중에서 우선순위를 정하고 우선순위가 가장 높은 것을 선택한다 (c)과거에 이러한 비슷한 문제를 어떻게 처리했는가를 기억하여 결정한다 (d)그 문제가 곧 해결될 것이라 희망하면서 텔레비전을 본다
4. 잠시 긴장을 풀고 이 책을 땅에 내려놓은 다음 눈을 감고, 두 손을 포개서 무릎 위에 올려놓는다. 어느 손이 위에 있는가?
   (a)오른손 (b)왼손 (c)두 손이 나란히 있으므로 아무 손도 아니다
5. 당신은 목표지향적인가? (a)예 (b)아니요
6. 학교 다닐 때 기하학보다 대수학을 더 선호했는가? (a)예 (b)아니요
7. 일반적으로 말해서 나는 매우 체계적이기 때문에 모든 물건을 제자리에 두고 어떤 일을 할 때 특정한 체계를 갖고 있다. (a)예 (b)아니요
8. 말을 하거나 글을 쓰거나 자신에게 말을 할 때 매우 잘하는 편이다. (a)예 (b) 아니요
9. 어떤 모임에 갔을 때 말을 하기보다는 듣는 것이 더 자연스럽다. (a)예 (b)아니요
10. 시간이 얼마나 걸렸는지 정확히 알아보기 위해 시계를 반드시 볼 필요가 없다. (a)예 (b)아니요

11. 육상경기를 할 때 훈련의 양이나 소질에 비해서 약간 더 잘하는 편이다. (a)예 (b)아니요
12. 일에 관한 한 어떤 위원회에서 일을 할 때 여럿이 함께 하기보다는 혼자서 하는 것이 훨씬 편하다. (a)예 (b)아니요
13. 사람들의 얼굴을 기억할 때 거의 사진처럼 기억한다. (a)예 (b)아니요
14. 만약 원하는 대로 할 수만 있다면 집을 자주 새롭게 단장을 하는 편이며, 여행을 자주 하고, 환경을 될 수 있는 대로 많이 바꾼다. (a)예 (b)아니요
15. 어떤 모험을 할 때 제임스 본드(James Bond)가 된다. (a)예 (b) 아니요

자, 이제 점수를 알아보자.

1. (a) 1 (b) 5 (c) 7 (d) 9 **2.** (a) 9 (b) 7 (c) 3 (d) 1
3. (a) 7 (b) 1 (c) 3 (d) 9 **4.** (a) 1 (b) 9 (c) 5
5. (a) 1 (b) 9 **6.** (a) 1 (b) 9 **7.** (a) 1 (b) 9 **8.** (a) 1 (b) 7
9. (a) 6 (b) 3 **10.** (a) 1 (b) 9 **11.** (a) 9 (b) 1 **12.** (a) 3 (b) 7
13. (a) 7 (b) 1 **14.** (a) 9 (b) 1 **15.** (a) 7 (b) 3

점수를 합산한 다음 총점을 15로 나누고 뇌반구의 점수를 계산한다. 점수가 낮으면 그만큼 좌뇌 성향이고, 높으면 우뇌 성향이다. 예컨대 이 측정에서 점수가 1점이면 1급 전문적 좌뇌인이고, 점수가 8점이라면 직관적 화신으로 높은 성향의 우뇌인이며, 점수가 5점이라면 뇌량은 있는 그대로 변하지 않는 상태로 있으며 양반구 사이에는 일정한 교통이 있는 것이다.

양반구의 생물학적 사이클의 전환이 두뇌력의 열쇠다

뇌반구에 대해 한 가지 재미있는 항목을 더해 보자. 신경학자들은 두뇌의 양반구 각각이 그 나름의 독특한 뇌파를 갖고 있다는 것을 보여 주고 있다. 즉, 좌뇌의 EEG뇌파는 항상 일정한 모양을 하고 있지 않거나 우뇌의 뇌파처럼 일정한 모양으로 움직이지 않는다는 것이다.

두뇌는 일반적으로 높은 수준의 반구적 일관성을 보이지는 않지만 특수한 상황에서 일관성을 보일 때는 놀라운 결과가 나타난다. 즉, 창의성 신장, 통찰력 신장, 빠른 학습, 고양된 건강, 내적 평화, 명상적 상태가 그것이다. 양반구의 뇌파가 공통으로 고착되고 통합된 단계에 들어가게 될 때 그것을 생물학적 사이클의 전환이라 부른다(어떤 사람은 이것을 전체 뇌(whole-brain) '공시상태(synchrony)' 라고 부른다). 전파 분야에서 말하는 것처럼 함께 두드리는 두 파장(beating together)이라고도 한다.

생물학적 사이클의 전환이 있으면 신경전달물질이라 불리는 특수한 뇌화학물질—가장 잘 알려진 정신의 주 진정제, 베타 엔도르핀—의 분비를 촉진시켜서 정신적, 정서적, 생리적 기능을 높이고 행복감을 자주 일으킨다.

81 두뇌 계발 비결

공부하고 있는 것과 신경학상으로 친밀해질 수 있는 2가지 방법

두뇌력 전문가인 윈 웽거(Win Wenger)에 따르면, 더 잘 배우기를 바란다면 배우고자 하는 자료와 신경학적 접촉을 증가시켜야 한다. 그렇게 하기 위해서 웽거는 그가 말하는 프리노트하기(freenoting)의 방법을 제시하고 있다. 예컨대 당신이 어떤 강의를 들을 때 그 강의에 귀를 기울이지 않고 수강한다고 하자.

프리노트하기(freenoting)

한쪽 귀로는 강의 내용을 산발적으로 듣되 주의의 일부는 그 강의 주제와 관련하여 연상되는 생각들을 멈추지 말고 '빠른' 속도로 적어 내려가는 것에 돌려 보라.

이러한 일을 약 5～15분간 하라. 똑같은 것을 반복하지는 않되 최소한 그 강의 주제와 아무 상관 없는 내용 적는 것을 계속해 나간다. 이러한 예외적인 행동은 강의자를 능가한다거나 무시함으로써 경멸하려는 것이 아니고, 자신의 내면에서 이용할 수 있는 통찰력의 보물을 보기 위해서다.

사실상 웽거는 독자들에게 그의 책을 읽으라고 하면서 프리노트를 하도록 요청했다. 독자들이 책에서 읽은 내용에 대한 반응으로 그들의 생각을 책의 여백과 겉표지 안에 '열심히' 적도록 요청한 것이다.

이러한 연습을 하면 공부한 자료에 직접, 친숙할 정도로 신경학적 접촉을 하게 된다. 주석, 논평, 이 책에서 영감을 받은 독자적인 브레인스토밍이 실제로 당신의 마음에 친근감을 주고 이 책 자료와 효과적인 관계성을 이루게 한다. 이러한 활동 그 자체가 자극을 줄 뿐만 아니라 기억에도 도움을 주는 것이다.[7]

소리 내어 표현하거나 보고 느낀 것을 자진해서 적어 볼수록 더 많은 것을 실제로 지각할 수 있다. 이와 마찬가지로 자신의 활동으로부터 피드백을 받게 되면 그만큼 더 많은 것을 배울 수 있을 것이다. 즉, 다른 사람의 정보에 대한 당신의 프리노트 주석과 논평이 바로 그것이다.

노트필기에 재치 있는 말을 더해라

이것은 프리노트하기의 한 변형이다. 가령 같은 강의를 수강하고 있다고 하자. 아니면 잠시 휴식시간이 지난 다음 두 번째 이야기를 듣기 위해서 막 자리에 앉았다고 하자.

- 공책 한 쪽의 3분의 2는 왼쪽 칼럼으로 나누고 나머지 3분의 1은 오른쪽 칼럼으로 나눈다.
- 왼쪽 칼럼에는 강의 내용 혹은 공부한 내용, 사실, 그림, 인용문, 이유, 문제 등을 적는다.
- 오른쪽 칼럼에는 생각, 느낌, 인상, 백일몽, 태도, 반응, 논평, 질문, 반대, 같은 내용에 대한 염려 등을 적는다.
- 이 칼럼은 왼쪽 칼럼에 있는 내용에 대해 다른 한 편의 의식이 진행되면서 갖게 되는 논평이다.

여기에서 일어난 일은 의식적, 무의식적 정신이 같은 정신적 사건과 정보에 동시적으로 반응하고 간여하는 것이다. 이는 어떤 사건을 보고

하는 데 두 기자의 기사를 보는 것과 같다.

한편으로는 한 기자의 기사를 통해 사건을 보고 다른 한편으로는 신문의 만평을 통해 사건을 보는 것과 같다. 감상에 집중하기 위해서 상징, 만평, 풍선, 화살, 느낌표, 행복한 얼굴, 별, 십자가 혹은 다른 상징들을 자유롭게 활용하라.

#82 두뇌 계발 비결

마음의 지도를 그리고 아이디어를 분류하는 2가지 방법

입체영상적인 마음의 지도

이에 관한 또 다른 방법은 두뇌력 연구가 토니 부잔(Tony Buzan)이 1970년대에 개발한 마인드맵(Mind Mapping) 기법에 근거하고 있는 것인데, 이 기법의 수많은 두뇌력 교사들은 이러한 기법을 활용해 왔다.

마음의 지도를 그리는 것은 두뇌가 어떻게 실제적으로 정보를 조직하고, 한 가지 아이디어를 다른 것에 관련시키는가에 대한 뇌 전체를 활용하는 접근법(whole-brain approach)이다. 이러한 접근법은 어떠한 방법으로든지 선형적이거나 계열적인 것이 아니며 입체영상적이다. 이 말은 모든 것은 그 밖의 다른 것과 연관되어 있으며 각 부분들은 전체에 관한 어떤 정보를 포함하고 있다는 것이다.

선형적이고, 논리적이고, 합리적인 사고는 정신이 정보를 처리하는 근원적 방법이 아니다. 이것은 두뇌가 명령하고, 선택하고, 찾고, 연결하고, 형성하고, 조직하면서 형상, 상징, 느낌, 소리, 이미지에 의미를 부여하는 수많은 동시적이고 복잡한 정신과정의 결과물로서, 다른 사람들이 이해할 수 있도록 단어와 문장으로 한꺼번에 모아 놓은 것에 불과하다.

다시 말해, 처음에는 두뇌의 내적 생활의 비밀에 관한 한 모든 다양하고, 산발적이고, 심지어는 혼란스러운 인상과 생각들이 논리적으로 표현되도록 조직될 필요가 있다.

그러므로 이러한 사실에 입각해서 두뇌 계발 연습에 적용해야 한다. 이 마인드맵은 두뇌 전체를 이용해서 관련된 아이디어들이 연결된 시각 패턴으로 만들도록 요구하고 있다. 그 결과 마음을 서로 관련시키고, 관계를 파악하고, 아이디어를 창안하고, 계획을 어떻게 만들어 가는가를 보여 주는 일종의 상호작용을 이루어낸다.

강의노트를 작성하고 교재의 내용을 요약할 때 이러한 접근방법을 이용하면 동시에 인상과 생각을 기록하거나 연설이나 논문을 계획할 수 있다.

- 처음에는 커다란 종이와 몇 가지 색연필을 가지고 시작한다.
- 주 아이디어나 주제가 무엇인지 결정한 다음, 이것을 그 종이의 중앙에 적고 원이나 사각형으로 테두리를 친다.
- 몇 가지 관련된 기본 관점을 생각한 다음 중앙에 있는 주제에서 확대해 나가며 연상되는 아이디어들을 종이에 추가한다.
- 그것들을 중앙의 주제와 선 하나로 연결한다. 이때 각각의 선들이 구별될 수 있도록 각기 다른 색연필을 사용한다.
- 각각의 선 위에 그 점의 내용을 안내해 주는 설명적 단어를 쓴다.
- 어떤 영감이 느껴질 때는 여기에 그림이나 심벌 혹은 삽화를 추가할 수 있다. 아이디어맵을 자신의 것으로 만들 필요성이 느껴지면 낱말에

밑줄을 친다.

• 사고과정을 보다 고차원의 창의적 가속장치로 움직이면서 이 마인드맵을 점차적으로 조직화시켜 그려 나가라.
• 그 마지막 결과물은 생각이 단지 하나일 경우를 제외하고는 복잡한 도시의 도로망과 비슷하게 될 것이다.

생각들을 한데 모아라

여기서 제시하는 것은 어떤 한 묶음의 아이디어를 종이에 담아 그 아이디어들이 정신과정을 어떻게 반영하고 정보를 어떻게 창의적인 방법으로 분류하는가를 보여 주는 하나의 방법이다. 빠르게 흐트러진 아이디어의 넝쿨을 통해 분류하거나 판단하거나 편집하지 않고 종이에 그려내는 것이다.

이와 같은 방법으로 두뇌가 많은 양의 분류되지 않은 자연 정보들로부터 하나의 개념을 개발해 내는 방법을 실제로 추적하게 된다. 마인드맵에서와 같이 묶음 만들기는 여러 아이디어들 사이의 관련성이 어떻게 만들어지고 그러한 개념들이 어떻게 확대되어 나가는가를 보여준다.

모든 생각들에게 동등한 지위를 주어서 일련의 연합성과 관계성을 통해 하나의 아이디어 묶음을 만드는 것이다.

• 처음에 커다란 종이 한 장으로 시작한다.
• 하나의 낱말, 예컨대 자유, 휴가, 일 혹은 반대어인 남자 · 여자, 사랑 · 증오, 독신자 · 기혼자 등을 선정한다.
• 이 낱말들에 원으로 테두리를 친다.

• 이제 이 기본 낱말과 관련된 모든 연합 아이디어나 개념들을 생각해 본다.

• 원 안에 들어 있는 각각의 단어(2차원)들을 이 종이의 중앙에 있는 1차 단어에 연결시킨다.

• 이러한 과정을 계속해서 활발하고, 자발적이고, 작위적이지 않은 방법으로 한 페이지의 아이디어 묶음을 만들 때까지 진행시켜 나간다.

이 연습을 하는 이유는 어떻게 한 덩어리(한 묶음)의 아이디어를 틀에 맞추어 편집하지 않으면서 창조적이고 생산적으로 끌어 낼 수 있는가를 보여 주기 위해서다. 당신은 연합들을 검열하지 않고 그대로 두기 때문에, 당신의 뇌는 영감을 불어넣어 가면서 계속해서 보다 많은 연결을 만들어 나아간다.

결국 당신은 이 모든 원으로 둘러싼 단어들 가운데 금덩어리를 발견할 수 있다. 이렇게 함으로써 계속해서 생각에 유연성을 갖게 되고 친구에게 보내는 간단한 편지 정도는 쉽게 쓸 수 있도록 도움을 받을 것이다.

✻ 두뇌력의 해부학 # 17

타고난 IQ와 미래의 IQ 2

여기에 캐나다의 아동 심리학자들이 개발한 새로운 IQ테스트가 있다. 이 검사는 어떤 질문도 지필검사도 아니고, 아동이 학교에서 학습한 것과 관련 있는 것도 아니다. 어떠한 빛을 보고 알아내는 방법으로 독특한 IQ테스트다.

이 검사는 아동의 머리에 전극봉을 씌워 뇌파를 감지하는 것인데 여기서 감지된 정보는 역전류검출관(oscilloscope)이라 부르는 특수 장치를 통해서 컴퓨터로 옮겨져 내용을 보여 준다. 이 정보는 2분간 매초마다 빛을 발사한다. 이는 얼마나 빨리 뇌가 이 번쩍이는 불빛에 반응을 보이는가를 보는 것이다.

이 검사의 발명가에 따르면, 이 정보는 아동이 학습할 수 있는 수용력이 얼마나 되며, 아동이 요구되는 내용을 얼마나 빨리 이해하고, 이러한 결과들이 그 아동의 연령에 적합한지의 여부를 보여 줄 것이다.

심리학자들은 이 정보가 IQ의 근거가 된다고 보고 있다. 물론 여기에 하나의 문제가 있다. 가령 어떤 아동이 단어와 물체, 행동과 결과, 문제와 해결 간의 관계들을 알아서 이끌어내는 속도가 느리다고 하자. 이와 동시에 이 아동이 6세 때 피아노에 대해 뛰어난 영재성을 보이거나 뛰어난 재능을 갖고 있다면 이 아동은 영리한 것인가, 바보인 것인가? 표준 IQ검사는 좋지 않은 인상을 받을 수 있으며, 수년 동안 실망스러운 생각을 갖게 할지도 모른다.

표준 IQ검사가 두뇌력에 관한 모든 측면을 정확하게 측정하지 못했기 때문에 그들은 실제 두뇌력에 대한 심각한 평가절하로 오랫동안 힘든 세월을 보냈을지도 모른다.

창의성에 관한 연구에서는 높은 IQ를 갖고 있는 사람들 중에서도 뇌 전체의 능력에 차이가 있을 수 있는 것으로 나타났다. 그들 가운데에는 독립적인 사고를 할 수 없거나 유머감각이 부족하거나 비합리적이거나 미적 감각이 부족하거나 복잡성, 가상적 사고력, 창조성, 유창성 혹은 기민성을 요구하는 일을 다루지 못할 수도 있다.

IQ 숫자에 속지 마라. 이 숫자들은 기껏해야 어떤 '뇌' 전체가 아닌 당신이 갖고 있는 전체적 능력 중 몇 가지 측면에서의 상대적 지수에 불과한 것이다.

#83 두뇌 계발 비결
지능을 증대시키기 위해서 소리 내어 말하라

이 연습은 이미지 스트리밍(Image streaming)이라 불리는 아이디어에 근거하고 있다. 그 목표는 우뇌가 여러 인상을 모아서 발화된 단어로 번역시켜 이 인상들을 취하는 데 있다. 이 연습은 (좌뇌적인) 주의를 자연적인 정신적 심상의 (우뇌적인) 흐름에 두도록 초점을 맞추는 것이다.[8]

말을 통해서 내적 경험과 인상들을 밖으로 내뿜음으로써 기술(記述)하는 것이다. 이와 같은 방법으로 양반구가 함께 작용하도록 격려하는 것이다. 자신이 경험하고 느낀 감각적 인상과 환상, 비언어적 우반구에서 일어나고 있는 내적 이미지를 소리 내어 기술하려고 할 때, 이러한 연결상태는 당신의 뇌와 뇌의 전반적 능력을 강화시킬 수 있다.

분명한 것은 이러한 행동 하나만으로 당신의 IQ와 언어능력을 향상시키는 데 도움을 줄 것이며, 이 책의 앞에서 본 바와 같이 두뇌력에 아주 중요한 각성, 주의력, 관찰적, 정신적 능력을 개선시켜 줄 것이다. 이를 통해 자신의 정신이 어떻게 작용하고 있는가를 보게 되는 것이다.

당신은 자신의 지각행동을 취재하는 하나의 저널리스트다

• 알고 있는 음악 가운데 자신을 편안하게 하고, 기분을 내면화시키고, 이미지와 인상을 이끌어내는 데 도움을 주는 음악을 선택해서 낮은 음

으로 듣는 것도 좋다. 원한다면 음악 없이 할 수도 있다.

- 주의를 산만하게 하지 않는 조용한 방에 편안한 자세로 의자에 앉는다. 이때 신발을 벗고 안경도 벗은 다음 눈을 감고 편안한 자세를 취한다.
- 좌뇌 기능 향상을 위한 연습의 효과를 극대화하려면 어느 쪽 콧구멍이 지배적인지 보기 위해 콧구멍 순환을 체크해야 한다.
- 만약 왼쪽 콧구멍이 막혔다면, 이는 왼쪽 뇌 즉, 좌반구가 활동적이라는 뜻이고 적합한 연습은 좌반구가 지배적인 활동이란 의미다.
- 만약 오른쪽 콧구멍이 막혔다면, 이는 우반구(비언어적, 공간적, 직관적 기능을 하는 뇌)가 지배하고 있다는 뜻이다. 이 경우 90~120분 정도 뇌반구가 자연스럽게 바뀔 때까지 기다리든지 두뇌 계발 비결 #33을 활용해서 의도적으로 콧구멍 순환을 바꾸어 우세한 쪽의 뇌반구를 바꿔야 한다.
- 숨을 조용하고 천천히 쉰다. 호흡에 주의를 기울여서 숨을 들이쉬고 내쉬며 호흡의 오르내림을 관찰하면서 마음이 편안해지고 주의력이 생길 때까지 계속한다.
- 녹음기에 녹음하기 위해서 손에 마이크를 쥐고 있다고 가정하라. 이제부터 스스로 자신에게 인터뷰를 한다.
- 이제 마음에 어떤 일이 벌어지고 있는지 보라. 마음에 영상, 그림, 꿈 조각, 생각, 추억, 감정 혹은 신체적 감각들이 일어나고 있는가?
- 지금 당장 어떤 일이 벌어지고 있는가 보고 마치 자신이 생방송 라디오나 텔레비전 시청자들에게 중요한 사건을 객관적으로 기술하고 있는 저널리스트처럼 설명하기 시작하라.
- 이때 철저하고 세부적인 상세한 내용, 예컨대 색깔, 모양, 꾸밈새, 소리, 동작 등을 부각시켜라. 이것을 재미있게 꾸미고 현재 보고 있거나 느끼고 있는 것을 생생하게 흥분된 언어로 전달하려고 노력하라.

무엇보다도 중요한 것은 큰소리로 외쳐대는 것이다

- 자신이 말한 것이 아무런 의미를 갖고 있지 않은 것 같다고 해서 염려할 필요는 없다. 이것을 큰소리로 말하는 것 자체가 더 중요한 것이다.
- 이와 같은 말로 설명하는 행동을 15~20분간 계속하도록 노력하라. 당신은 자료와 관련하여 마음속에 흐르는 것에 대해서 염려할 필요는 없다. 마음은 믿을 수 없을 만큼 창의적이고, 생각하는 데 오랜 시간을 보내지 않는 한 새로운 인상과 감각을 만들어 내는 일을 결코 중단하지 않을 것이다.
- 만약 첫 번째 시도에서 자연스러운 영상의 흐름을 만들어 낼 수 없다면 시작을 위한 몇 가지 대안적 전략들이 있다.
- 최근에 꾼 꿈을 하나 생각해서 그 꿈의 가장 드라마틱한 장면 가운데 한 가지를 상세하게 설명하기 시작하라. 만약 그런 꿈을 하나도 생각해 낼 수 없다면 최근에 방문했던 아름다운 장면, 예컨대 공원, 해변, 폭포, 산의 광경 혹은 비행기에서 바라본 광경을 생각해 보라.
- 이것을 큰소리로 묘사하라. 만약 효과가 없다면 약 30~45초 동안 전등 불빛을 직접 바라보라. 그런 다음 눈을 돌리고 나서 눈을 감아라.
- 이 반짝이는 불빛이 망막에 남겨 둔 자상을 검토하여 본 것을 묘사하기 시작하라. 비시각적인 사람일지라도 3~6번 이러한 시도를 하고 나면 영상들이 나타나기 시작할 것이다.
- 이 연습의 목표는 묘사한 대로 새로운 영상을 자연스럽게 나타나게 하는 것이다.

마룻바닥에 누워서 다리 아래 영상(이미지 스트리밍)을 내려다보라

이미지 스트리밍, 즉 영상의 흐름을 상상해 본 다음 이것을 다시 해보고 새로운 요소를 추가하라.

- 마룻바닥에 베개 없이 반듯이 누워서 다리를 의자 위에 올려놓고 그 두 발이 마룻바닥에서 30cm가량 떨어지게 하여 머리보다 높게 하라.
- 무릎을 편안한 자세로 구부려서 잠들지 않고 다리가 의자 위에서 쉴 수 있게 한다.
- 코로 숨을 쉬어서 깊고 편안한 호흡을 몇 번 하라.
- 그런 다음 이러한 자세로 이미지 스트리밍(영상 흐름)을 다시 하라.
- 이러한 동작을 마친 다음 다리를 내리고 천천히 일어나 앉는다. 혈액 순환이 다시 안정될 때까지 얼마 동안 이러한 자세를 유지하라.[9]

두뇌의 작용을 이용한 연습

이 연습은 두뇌에서 생리학적으로 발견된 특정 사실을 이용한 것이다. 오른쪽 뇌(공간적, 직관적 사고와 예술적 기능에 관련된)는 왼쪽 뇌(언어와 분석적, 선형적 활동을 다루는)보다 10,000배 이상 빠르다는 것이 명백하게 드러나고 있다.

좌뇌는 매우 느린 언어의 속도로 움직이고 우뇌는 비유적으로 말해서 빛에 가까운 속도로 처리한다. 실제적 용어로 말하자면, 정신 활동에서 우뇌(그리고 실제, 무의식적 혹은 의식의 세계를 뛰어넘는 속도)는 의식적인 좌뇌보다 수십 배 이상 훨씬 빠른 속도로 정보를 처리할 수 있다.

의식적으로 기록된(좌뇌에서) 사고와 인상에 추가하여 당신의 우뇌는 100개 이상의 많은 주변 인상을 잡아낼 수 있다. 보편적 표현으로 '당신 눈의 한 면에서 나타난' 인상이다.

약간의 경이적인 방법으로 이 모든 우뇌의 감각적 인상은 처음에 간신히 기억하고 있었던 것일지라도 기억의 어느 곳엔가 여전히 저장되어 있다. 이러한 인상들은 일종의 고성능 뇌 자원으로서 여전히 활용할 수 있으며, 통찰의 순간 혹은 자연적 직관(혹은 꿈에)으로 남아 있어서 의식적 정신작용에 활용할 수 있게 된다.

당신은 사실상 일상적으로 회상할 수 없는 방대한 양의 정보 데이터뱅크를 갖고 있다. 영상 유동체 혹은 '초점을 맞춘 묘사'는 이 데이터를 불러내서 의식적인 정신작용에 활용할 수 있게 한다.

이러한 현상은 이상하고 충격적이기 때문에 믿기 힘들 수 있다. 이러한 기법에 대한 독립적인 연구에 따르면, 이 기법은 IQ 요소를 상승시킬 수 있다. 즉, 문제해결능력과 언어사용능력에서 매 80분 동안의 이와 같은 연습을 할 때마다 IQ가 약 1점 정도 상승할 수 있는 것이다.[10]

⁂ 두뇌력의 해부학 # 18

기억력 대가들의 면모와 기억 요령

역사적으로 뛰어난 기억능력을 가진 사람들의 일화가 많이 있는데, 우리는 이런 사람들을 GR이라 부른다.

GR 메조파니(Mezzofani) 추기경은 60개의 언어로 말할 수 있다. 그 중 대부분 유창하게 할 수 있다.

GR 다리오 도나텔리(Dario Donatelli)는 아직도 생존해 있는데, 세계적인 속도 기록을 깼다. 그는 일련의 숫자를 한 번 듣고 단지 48초 만에 73개의 숫자를 고스란히 기억해 냈다.

GR 한 봄베이의 요기인 샤(Sha)라는 사람은 단지 한 번만 듣거나 읽고 1,000절의 문장을 반복할 수 있었다. 또한 그는 어떤 시를 한 번만 듣고도 어떤 언어로든지 완성할 수 있다.

GR 1633년에 이태리에서 태어난 안토니오 드 마르코 마글리아베치(Antonio de Marco Magliabechi)는 놀라울 정도로 속독까지 하면서 사진처럼 정확한 기억력을 보였다. 그는 책을 한 번 읽고 그 책의 전체 내용을 쓸 수 있었다. 그는 속독과 그 책의 전체내용을 기억해 내는 명실상부한 걸어다니고 말하는 백과사전으로 유명하다.

GR 힌두 학생들은 인도의 성서 가운데 하나인 리그 베다(Rig Veda) 전체를 외우도록 되어 있다. 이 성서는 153,826 단어로 되어 있다.

GR 20세기 러시아의 기자인 솔로몬 베니아미노프(Solomon Veniaminoff)는 지금까지 과학자들이 연구한 사람 가운데 가장 놀라운 기억력을 가진 사람 중 하나다. 그는 70개 목록의 숫자를 한 번만 듣고도 한꺼번에 앞과 뒤 순서대로 완벽하게 암송해 냈다. 그는 한 쌍에 4개의 숫자로 13쌍의 수목록을 보여 주었다. 아울러 3분간 이것을 본 다음 이 목록을 치우고 나서 그 숫자들을 정확한 순서대로 혹은 다른 조합으로, 심지어 대각선 방향으로도 정확히 기억해 냈다. 유명한 심리학자인 알크산드르 루리아(Alksandr Luria)는 그에 대해서 30년간 연구하고 나서 "나는 그의 기억 능력이 끝이 없다는 점을 인정하지 않을 수 없다"라며 그의 재주를 파헤칠 수 없다는 점을 인정했다.

GR 크리스찬 프레데릭 허르네이커(Christian Friedrich Hernaker)는 1721년 독일의 루베크(Lübeck)에서 태어난 영아 천재다. 생후 10개월에 이 아이는 들려준 모든 단어를 반복할 수 있었고, 1살 때 구약성서 5권에서 설명하는 모든 사건을 알고 있었으며, 3세 때 라틴어와 프랑스어를 말할 수 있었고, 지리와 세계사, 그리고 성서상의 모든 일들을 종합적으로 이해하고 있었으며, 심지어 자신의 죽음을 4살 때 예언하였다.

GR 터키의 메흐메드 알리 할리치(Mehmed Ali Halici)라는 사람은 코란에 수록된 시 6,500개의 시를 6시간만에 정확하게 인용하였다.

GR 한 에딘버그(Edinburgh) 대학 교수가 파이(π)라 불리는 수학적 함수에서 처음 1,000자리 숫자를 정확하게 기억해 냈다. 한 일본의 천재는 처음으로 파이(π)의 10,000자리 숫자를 기억할 수 있었다.

GR 1806년 영국에서 태어난 조지 파커 비더(George Parker Bidder)는 계산에 관한 아동 천재로 알려져 있었다. 그는 복잡한 수식 계산을 종이나 연필 없이도 주저 없이 암산으로 계산할 수 있었다. 그의 사진처럼 뛰어난 기억력은 마음속에 시각적으로 나타난 수의 긴 행렬을 볼 수 있게 하였다.

GR 뉴질랜드의 마오리족 추장 카우마타나(Kaumatana)는 자기 종족의 전체 역사인 1,000년 동안의 45세대의 이름을 외울 수 있었다. 이것을 외우는 데 3일밖에 걸리지 않았으며 어떤 노트도 사용하지 않았다.

GR 1837년 미국에서 태어난 폴 찰스 모피(Paul Charles Morphy)는 역대의 가장 훌륭한 서양 장기 선수 가운데 한 사람이다. 지금까지 알려진 것 중 가장 인상적인 것은 눈을 가린 채 장기를 둘 수 있는 능력이다. 그는 게임 상황을 보기 위한 어떠한 보조기구도 없이 그가 둔 장기 말의 위치를 정확하게 요구하는 게임을 눈을 가린 채 두고 있었다.

더욱더 놀라운 것은 눈을 가린 채 여러 개의 장기를 동시에 두었다는 것이다. 그는 오랜 기간 지금까지 두어 온 장기 말의 움직임 모두를 눈을 가린 채로 기억해 낼 수 있다고 말했다.

GR 보비 디모터(Bobbi DePorter)가 고안한 '퀀텀 러닝(Quantum Learning)' 을 위한 교육환경단체인 수퍼 캠프(SuperCamp)에서 기억력 지도 강사인 댄 마이클스(Dan Mikels)는 로스앤젤레스의 전화번호부에 수록된 전체 내용 이름, 주소, 전화번호 모두를 기억했으며 이를 증명하기 위해서 전국 텔레비전 방송에 출연하여 시청자들에게 보여 주었다.

GR 역사와 민간 전승에는 영리한 바보 혹은 바보 석학에 대한 이야기가 많이 있다. 이러한 이상한 현상은 영화, '레인 맨' 에서 볼 수 있다. 이 영화에서 더스틴 호프만이 연기한 인물의 두뇌력은 숫자 계산에 관해서만 매우 뛰어난 능력을 발휘하고 있다. 그 이외의 면에 있어서는 그는 심각한 저능아였다.

GR 잭크 이나우디(Jacques Inaudi)는 프랑스의 '영리한 바보' 였다. 그는 13세가 될 때까지 읽거나 쓰지도 못했었지만 9자리 숫자의 입방근과 12자리 숫자의 5제곱근까지 몇 초 이내에 암산하는 능력을 보였다. 그는 보통 지능을 가진 사람이 15일 동안에 계산할 수 있는 복잡한 계산문제를 단 20분 만에 계산해 냈다.

GR 트루만 새포드(Truman Safford)라는 미국 사람은 18자리 숫자의 제곱을 단 1분 만에 계산할 수 있었다. 관찰자에 따르면, 그의 기법이나 마음이 계산을 하고 있는 동안 그의 몸은 신나게 뛰어 노는 방법을 취하고 있었는데 이것이 오히려 충격적이었다. "그는 팽이처럼 방안을 빙빙 돌아다니고 장화 꼭대기 위에 바지를 끌어올리고 손을 물고, 눈알을 돌리고 때로는 미소를 짓고 난 다음 고통스러운 듯 표정을 짓더니 1분이 채 지나지 않아서 답을 했다."[11]

#84 두뇌 계발 비결

다시 한 번 재생하라, 그리고 기억력을 훗날에 반만이라도 발휘하라

이 연습은 영상 흐름을 다루고 있는 두뇌 계발 비결 #83과 비슷하기도 하고 다르기도 하다. 이제 지시된 영상, 그림을 의도적으로 행동으로 옮긴 다음 한 TV 저널리스트가 현장에서 보고하는 것처럼 본 기억의 흐름을 큰소리로 설명하라.[12] 이는 당신이 기억한 사건을 적극적으로 묘사하고 주의를 기울여 관찰함으로써 두뇌력을 계발하는 것이다.

과거로부터 현장 보고를 하라

- 아직도 더 많이 즐기기 위해서 다시 가보고 싶은 어떤 경험, 장소를 환기시키는 기억 은행을 활용하라. 이러한 것에는 다음의 것들이 있다.
  - · 결혼(혹은 이혼)한 날
  - · 고등학교나 대학 졸업하는 날
  - · 상 받았던 날
  - · 오랫동안 잊었던 친구와의 갑작스러운 만남
  - · 직장에서 기대하지는 않았지만 그럴 만한 칭찬이나 승진
- 눈을 감은 다음 기억나는 대로 이 사건의 상세한 내용을 큰소리로 설명하고 녹음기에 녹음하라. 만약 원한다면 중립적인 청취자에게 말하라. 이 아이디어는 기억으로부터 이끌어 낸 어떤 한 가지 사건의 주어진 틀 안에서 지각을 확대하는 것이다.
- 이러한 기억된 장면을 될 수 있는 대로 상세히 묘사하라. 직접 그 시간

에 그곳에 가서 처음으로 그 사건을 경험한 것처럼 현장에 다시 방문했다고 가정하라.

- 기억된 내용을 가능한 한 많은 감각적으로 상세한 내용을 강조하면서 기후는 어떠했고, 공기는 어떤 냄새였고, 어떤 복장을 입고 있었고, 어떤 느낌이 들었고, 주변의 환경은 어떠했는가에 유의하면서 설명하라.
- 텔레비전 뉴스의 앵커처럼 시청자들을 위해서 중요한 뉴스거리를 말해 주는 행동을 하라. 유의할 것은 자신이 소리를 내어 현재형으로 말하고 있는가를 확인하고 그 사건이 지금 당장 일어나고 있는 것처럼 행동하라.
- 과거로부터 또 다른 4~6개 사건을 기억해 내기 위해 소리 내어 말하는 기법으로 묘사하라. 그것들을 다시 한 번 재생시키는 것이다.

우리의 특별 손님, 슈퍼마스터 두뇌력 전문가인 당신

이러한 연습을 완수함으로써, 당신은 마음에 어떤 상을 그릴 다음 준비가 되어 있는 것이다. 이 책에서 제시하고 있는 모든 두뇌 계발 비결을 이미 마스터하고 가장 높은 수준의 두뇌력 가능성을 갖춘 사람으로서 미래의 자신을 상상하게 될 것이다.

- 당신은 미래의 모습에서 기대할 수 있는 훨씬 총명한 사람이 될 준비가 되어 있다. 과학소설의 주인공처럼 자신은 두뇌력 마스터로서 소설과 비슷한 현실을 충족시킬 수 있을 것이다.
- 싱싱하고 감각이 풍부한 상황에 자신이 서 있다는 그림을 그려 보라. 예컨대 해변에, 찬란히 빛나는 태양 아래, 폭포 옆에, 한 열대의 정원에, 사과꽃이 만발한 과수원에, 산 정상에 서 있는 모습을 그려 보라.

- 자신의 모습을 큰소리로 묘사해 보라. 기억해 둘 것은 이러한 자신의 새로운 모습은 두뇌력 마스터, 정신 능력, 기억력, 정보처리속도, 창의성, 그리고 직관력의 측면에서 지금까지 원했던 모든 것을 소유한 모습일 것이다.
- 녹음기에 자신이 어떻게 달라졌고, 현재 모습이 어떠하고, 어떻게 느끼고 있고, 어떤 인상을 주고 있는가를 큰소리로 녹음하라.
- 이제 이런 자신의 달라진 모습에서 한 발자국 더 들어가서 당신의 총명한 모습을 보여 주어라. 그렇게 하면서 어떻게 두뇌력 마스터가 되고, 어떻게 모든 두뇌 계발 비결을 마스터하고, 마스터한 모든 연습, 실시한 기법들, 성취한 두뇌력에서 놀라운 성취를 이루는지 그 과정을 기억하도록 노력하라.
- 인상 그리고 '기억'을 상세하게 소리 내어 암송하라.
- '옛날' 영리하지 못했던 자신으로 다시 돌아가서 자신의 인상을 스스로 어떻게 느끼는지 잠시 동안 겸손하게 영재와는 구별되는 사람임을 꼬치꼬치 따져 보라.
- 이러한 자신의 모든 인상들을 긴급 뉴스를 다루는 중립적인 기자가 된 기분으로 녹음하는 것을 잊지 마라.
- 총명한 사람으로 다시 돌아가서 뉴스에 어떤 센세이션을 일으키고, 생각 혹은 인상을 묘사해 보라.

자신이 반쯤 총명해진다면 어떤 말을 할까?

- 결국 이렇게 총명해진 느낌이 어떤가?
- 이러한 총명한 자신이 다르게 느껴지는가? 자신의 지각이 예리하게 느껴지고 이러한 느낌을 시각적, 청각적, 후각적으로 느낄 수 있는가?

- 이제 총명한 자신이 된 환상적인 경험을 요약하는 구절이나 문장 혹은 단어를 생각해 보라. 아마 다음과 같이 말할 수 있을 것이다.
- '이 지적인 기쁨'
- '이 엄청난 정신'
- '상상을 뛰어넘는 완전무결한 자신감'
- "나는 어떤 것도 생각해 낼 수 있다."
- 마지막으로 '옛날'의 자신으로 되돌아가서 총명한 사람이 된 이 경험을 요약할 수 있는 단어나 문장이나 구절을 만들어 보라.
- 예컨대 '이 지적인 기쁨'이란 구절을 말할 때 당신은 즉시 그러한 마음상태와 총명한 두뇌력으로 이동해서 정신상태는 "그것이 현실로 다가올 때까지 그것을 믿자."라는 상태가 된다.

이것은 마치 자신을 일종의 두뇌력 폭발물처럼 당기는 것과 같아서 당신은 총명한 상태로 스스로 폭발하게 된다. 이러한 총명한 정신상태를 느낄 때 당신은 이미 이러한 것들을 사실상 자신의 것으로 받아들이고 있는 것이다.

#85 두뇌 계발 비결 마음의 눈으로 그림을 보라, 그리고 이것을 묘사해 보라

이 연습은 두뇌 계발 비결 #84의 원리 및 기법과 같은 것이나 그 방향은 역방향이다. 여기서 당신은 실제 그림을 상세히 연구 · 검토하고, 이 그림의 특징을 소리 내어 묘사한 다음 그것을 기억하고 다시 마음속에 만들어 낸다.

이 연습은 자신의 모습을 시각화하는 데 도움을 줄 것이다. 즉, 눈을 뜨고 그것들을 바라봤을 때 그것들에 대한 당신의 기억을 바탕으로 상상력에 완전한 이미지들을 다시 만들어 낼 수 있는 마음을 훈련시키는 일이 될 것이다. 또한 이러한 연습은 당신의 기억과 회상의 정신근육을 강화시켜 줄 것이다.[13]

그것은 모두 여기서 일어나는 잠재의식적 인상들이다. 이는 뇌기능의 시각적 반응을 통해서 공부하거나 일할 때, 괄목할 만한 결과를 얻게 된다는 이유를 보여 주고 있다. 그것은 이미 각성되고 활동적인 부분이 된다. 다시 말하면, 뇌의 반응을 자극한다는 것은 두뇌력에서 계발되지 않은 부분으로 들어가는 하나의 출입문이 된다는 것이다.

자신의 뇌 안에 좋아하는 그림 걸기

- 알고 있는 음악 가운데 편안하게 하고, 기분을 내면화시키고, 이미지와 인상을 이끌어 내는 데 도움을 주는 음악을 선택해서 낮은 음으로 들어도 좋고 원한다면 이러한 음악 없이 할 수도 있다.
- 개인적으로 매력을 느끼는 풍부하고도 상세한 컬러 그림이나 사진이 필요할 것이다. 만약 그것이 매우 상세하고, 조망감이 있고 복잡한 것이라면 하나의 유화나 광고전단 혹은 사진이라도 상관이 없다. 결과적으로 자신의 뇌에 너무 쉬운 것만 아니면 된다.
- 주의를 산만하게 하지 않는 조용한 방에 편안한 자세로 의자에 앉는다. 이때 신발을 벗고 안경도 벗은 다음 눈을 감고 편안한 자세를 취한다.
- 우뇌 기능을 극대화하려면 어느 쪽의 콧구멍이 지배하고 있는지 콧구멍 순환을 확인하라.

• 만약 오른쪽 콧구멍이 막혀 있다면 이는 우뇌가 활동적이고 이러한 활동에 적절한 뇌반구(비언어적, 공간적, 직관적 기능을 하는 뇌)가 지배적이라는 뜻이다.
• 만약 오른쪽 콧구멍이 열려 있다면, 이는 당신의 좌반구(언어적, 분석적, 말하기 기능이 지배적인)가 우세함을 의미하기 때문에 이 연습을 하기에 적절치 않다.
• 그 뇌반구가 자연스럽게 바뀔 때까지 90~120분간 기다리거나 아니면 콧구멍 순환과 현재 지배적인 뇌반구의 종류를 바꿀 수도 있다.
• 눈 바로 앞에 그림을 놓는다. 지금 자신 앞에 이 그림이 어떤 그림인지 알고 싶어 하는 맹인 한 사람이 있다고 가정하자.
• 지금 저널리스트가 되어 이 그림에 관한 모든 특징들, 예컨대 전체적 주제, 디자인, 색깔, 색깔 대조, 조망, 개체, 모양 등 상세한 내용을 설명해 줘라.
• 철저하게 설명하고 필요하다면 5분 정도 사용해도 좋다.

눈을 감고도 예리한 미술 비평가가 될 수 있는 방법

• 맹인 친구가 갖고 있는 한 그림을 보고 있다고 느끼면서 눈을 감고 당신 자신도 맹인이 되어 보라.
• 내적 마음의 눈앞에 이 그림을 상세하고 풍부하게 마음속에 간직하라.
• 계속해서 이 그림을 묘사해 보라. 이제 이 방 안에 자신과 맹인 친구, 두 사람의 맹인이 있다.
• 그 그림의 모든 것을 마음속에 가져와서 자신이 본 것을 모두 묘사하도록 노력하라. 아마 당신은 이 모든 것을 회상해 내지 못할 것이다. 그렇다면 처음으로 되돌아가서 이 그림에 대해 다시 한 번 묘사해 보라.

- 아무것도 기억할 수 없다면 눈을 뜨고 그것을 바라보는 동안 그 그림을 큰소리로 묘사하는 이전의 절차를 반복하라.
- 일단 마음의 눈으로 그 그림의 대부분을 시각화할 수 있고 눈을 감은 채로 이 그림의 대부분을 묘사할 수 있게 된 다음 이 그림을 3차원에서 바라보기 시작하라.
- 이 그림에 깊이와 조망을 주어라. 이 그림의 주변을 바라보고 이 그림 안에 있는 물체의 이면을 볼 수 있다고 가정해 보라.
- 이제 한걸음 더 나아가라. 이 그림에 걸어 들어가서 이를 통과한 다음 주변에 있는 실제 세계를 정상적으로 바라보는 방법과 마찬가지로 이 그림 안에 있는 모든 물체를 3차원으로 바라보라.
- 그것이 그림 안에 있는 것처럼 느껴지는가? 그림 안에 존재하지만 3차원으로 바라볼 때 이것은 다르게 보이는가?

손을 사용하지 않고 과일 그릇을 360도 돌릴 수 있는 방법

- 그림 안에 있는 한 물체, 예컨대 동상, 병, 혹은 과일 사발을 선택하라.
- 이 물체를 천천히 돌려서 그것을 360도에서 볼 수 있도록 해 보라.
- 같은 장소에 머물면서 그 물체를 둥그렇게 돌려라.
- 이제는 천천히 돌아서 완전한 원을 그려라.
- 그 물체 안을 돌면서 눈을 3차원 그림에 유지시켜라.

이러한 마지막 두 단계는 누구나 다 인정하듯이 쉽지 않다. 그리고 이러한 동작을 완전히 마스터하려면 많은 연습이 필요하다. 그러나 마스터한 뒤 우뇌 시각자로서 완벽한 수행자가 된 것을 보고 스스로 놀라지 않을 수 없을 것이다.

#86 두뇌 계발 비결

뇌 에어로빅-신경세포를 위한 간단한 미용체조법

1980년대 중반 프랑스 정부에서는 뇌 노화 방지에 관한 국립연구소를 설립하였다. 이 연구소를 설립한 것은 프랑스 노인들의 정신력이 떨어지고 있는 것에 대한 우려 때문이었다. 그리고 보다 진보적인 관료들 중 몇 사람들은 동시에 그들 미래의 장벽에 관한 저서를 보았다. 노화로 정신력이 저하된 노인 인구의 증가는 사회봉사에 많은 대가를 치르게 하고 정신적으로 부적절하고 건강치 못한 인구를 양산하게 될 것이라는 우려 때문이었다.

뇌 건강 전문가인 모니크 르 포니친(Monique Le Ponicin)이 이 연구소의 소장으로 일하게 되었다. 이 소장은 사람들을 훈련시켜 그들의 정신력에서 속도와 다양성을 계발할 수 있는 일련의 점차적 연습에 근거해서 4주 동안의 뇌 건강 훈련 프로그램을 개발했다.

그래서 그들은 여러 가지 다양한 질문과 상황에 어떻게 응답하고, 신속하게 두뇌력에 관한 주요 문제, 예컨대 언어활동, 지각, 시 · 공간적(거리, 넓이, 부피, 공간에서의 물체의 비율 등의 신속한 예측 능력), 구조화(각기 다른 요소들로부터 논리적 전체를 구성하는 활동), 논리적 활동(추리와 전략적 활동)들에 대처할 수 있는가 등을 연구하였다.

그녀의 기본 가정은 신경기능은 만들어지고 확대되고 빠르게 될 수 있다는 것이다. 르 포니친(Le Poncin)은 어느 특정의 정신 능력을 위해 전문화되지 않은 뇌세포를 작동시킬 수 있으며 어떤 점에서 새로운 두뇌력 기능으로 전환될 수 있다고 믿었다. 그녀는 자신의 가정을 검사하고 측정할 수 있었다. 고도화된 뇌영상 정밀검사기구를 사용하여 그녀는 다른 정신활동에 따라, 연령에 따라, 신경건강에 따라 혹은 알츠하이머와 같은 질병에 따라 뇌에 에너지 패턴을 보여 주는 일련의 뇌파기록표를 준비했다.[14]

두뇌를 하나의 근육으로 생각하기 시작한 것이다. 뇌 근육을 많이 쓸수록 두뇌는 더 많이 발달하고, 민첩하고, 융통성이 있고, 유연해진다. 그래서 뇌 에어로빅이 출현하게 된 것이다. 아래에 있는 연습은 당신의 두뇌력 '근육'을 다듬기 위한 간단한 뇌 미용체조법들로서 새로운 건강관리법을 제시해 주고 있다.

바쁜 가운데 완전한 문장을 쓰는 방법

이 단어들을 15초 동안 공부하라. 그런 다음 이 단어들을 가지고 60초 이내에 하나의 완전한 문장으로 만들어 보라(답은 뒤에 있는 자료집에 있음).

믿었다 저녁에 한 잔을 여자는 편안한 마시면 느낌이 홍차 그 항상 더욱더 든다고

첫 음절만 가지고 슈퍼마켓도 없이 쇼핑하는 방법

이들은 한 단어의 첫 음절이다. 여기의 모든 단어들은 슈퍼마켓에서 찾아볼 수 있는 식품의 이름이다. 이들의 각각을 20초 동안 살펴본

다음 2분 이내에 이것을 첫 음절로 하는 단어들을 만들어 보라. 답은 뒤에 있는 자료집에 있다.

토 강
오 호 건
야
딸 바 배
양

| 발 문 |

축하드린다. 지금까지 당신은 이 책이 담고 있는 140개의 두뇌 계발에 관한 제안을 모두 섭렵하였다. 당신은 예시적인 '두뇌 계발 비결', '두뇌 계발 연습', '두뇌력의 해부학'을 공부하였고 꽤 많은 두뇌 계발 비결을 시도해 보았을 것이다. 더 나아가서 지능과 정신에 대한 새로운 관점을 고려해 보기도 했을 것이며, 당신 두뇌력의 완전한 활용을 위하여 새로운 삶의 양식을 갖게 되었을 것이다.

나는 이 두뇌 계발 비결의 일부가 당신에게 새로운 개념이었기를 활용바란다. 그것이 이 책의 목적이기는 하지만 지금까지 나온 두뇌력의 자기 계발과 두뇌 계발에 관한 책들은 그것의 전체 그림을 고려하지 못했거나 인기 용어를 이용해 독자들을 현혹시켜 왔다. 그런 책들의 개념은 전체적인 것이 못된다. 지능은 두뇌 안에 있는 신경세포와 시냅스의 속도 이상의 것과 관련 있으며 태어날 때 갖고 나온 IQ를 무엇이라 부르든 간에, 태어날 때부터 갖고 나온 신체적 두뇌에 실재하는 일부이기 때문이다.

이 책의 앞부분에서 학습한 것처럼, 당신의 태도와 삶의 양식, 심지어 당신의 생활공간은 장애물로 작용하여 두뇌력을 실제로 떨어트릴 수 있다. 이러한 장애물을 제거한다면 두뇌력 점수는 자동적으로 올라가게 된다. 지금까지 배운 것은, 첫째, '당신의 뇌를 믿어라' 둘째, '두뇌를 해방시켜라' 였다. 이 두 가지 과업을 완수한 후에는 어떻게 뇌에 리듬을 주고, 두뇌력을 보다 많이 얻기 위해서 신체를 활용하여 어떻게 뇌의 자연적인 리듬과 에너지 순환을 최선으로 활용하는지 그 방법을 배웠을 것이다.

이제 당신은 뇌에 영양을 공급하는 방법을 배웠다. 두뇌력 계발을 위한 적극적인 조치들을 취하기 시작한 것이다. 뇌의 건강을 위해서 영양공급이 얼마나 중요한가를 알게 되었다. 그런 다음 뇌를 움직이는 것의 가치를 알아보았다. 즉, 뇌를 움직이는 운동, 신체동작, 두뇌력 계발을 위하여 특수 호흡법까지도 알게 되었다. 이러한 기법들은 여기서 끝나지 않는다. 여섯 번째 두뇌 계발 기법인 뇌에 소리를 들려주는 것, 즉 음악, 소리, 심지어 전자파를 이용해 뇌세포를 자극해서 두뇌력의 효율성을 극대화시켜 준다.

소위 가장 효과적인 두뇌력에 관한 방법이라고 자부하는 책들은 (잘못된 방법으로) 처음부터 소위 운동, 속임수, 수수께끼 등의 연습으로 바로 들어가서 뇌 연습을 시킨다. 당신은 앞의 6개 장들에서 소개한 두뇌 계발 비결의 확고부동한 기틀을 구축한 이후 그 근거에 따라 가치 있는 훈련을 했기 때문에 이러한 정신적 운동으로부터 많은 혜택을 충분히 받았을 것이다. 또한 보다 향상된 두뇌력을 위한 일곱 개의 조치들을 조심스럽게 따라함으로써 이 책에서 소개하고 있는 140가지 방법들로부터 틀림없이 많은 도움을 받았으리라 본다. 비록 이 7가지 두뇌 계발 비결 이외에 다른 어떤 다른 조치를 취하지 않는다 하더라도, 지능에 커다란 이익을 얻을 것임에 틀림없다. 당신은 이미 이를 통해 자신의 뇌(그리고 자신)가 더 나아지고 있다는 것을 믿게 되었기 때문이다. 다시 한 번, 당신이 편안한 마음으로 직접 계발한 새로운 두뇌력에 축하를 보내고 싶다.

| 후 주 |

제 1 장

1. 1,000개의 학교를 대상으로 한 연구 1984년에 미국 캘리포니아 대학의 교육학자들이 27,000명의 교사들, 학생들, 학부모들을 대상으로 한 연구와 비슷하게 실망스러운 결과로 나타났다. 수업시간의 3%도 안 되는 시간에서만 칭찬이나 즐거움이나 유머의 표현 혹은 즐거운 웃음의 자연스러운 폭발을 볼 수 있었던 것이다. 학생들이 의견을 공유하거나 어떤 주제에 대해서 개방적 추리를 하는 데 투자하는 시간은 1%도 되지 않았다. 교사들은 사실상 폭군처럼 학급을 운영하고 있으며 학생들의 창의적 투입은 요청받지도 않거나 기대하지 않고 있다.

   학교시간의 약 70%는 교사들이 학생들에게 말하는 시간으로 채워진다. 사실상 학생들은 사실과 그림으로 억지로 공부하도록 강요받고 있다. 학생들은 주로 교사가 학습 자료를 배부하기만을 기다리거나 그들에게 지시하기를 기다리면서 시간을 보내고 있다. 절반이 채 안 되는 학생들이 배워야 할 학습문제를 이해할 필요를 느꼈을 때 질문하고 싶은 느낌을 가질 뿐이다. 교실 수업의 혁신적 활동, 예컨대 집단학습, 역할놀이, 그리고 창의적 문제해결을 하는 활동 시간은 거의 없고 거의 모든 시간을 교사가 교과서를 가지고 가르치며, 유치원부터 고등학교를 졸업할 때까지 평균 13,000의 학교시간 가운데 별로 소중하지 않은 시간을 실제 활동이나 도전하는 활동에 사용할 뿐이다.

   "다 함께 크게 웃는다든가 과도한 열정을 갖는다든가 분노를 폭발하는 일 등은 보기 힘들다." 고 연구자는 지적했다. 그리고 나이가 들수록 학생들의 상황은 더 악화되고 있다. 그들이 초등학교에서 고등학교까지 학교제도를 거쳐 가는 동안 모든 교과영역에서 학생들의 흥미는 떨어지고 있다. 즉, 초등학생은 56%가 수학을 좋아하지만 고등학교 학생들의 수학 선호도는 27%로 떨어졌다.

2. 1980년 학생으로서 하나의 혁명적이고 새로운 대학 입학 수학능력 시험인 SAT와 GRE의 대비서를 개발한 아담 로빈슨(Adam Robinson)은 두뇌력에 관한 흥미 있는 저서 『영리한 학생들이 알고 있는 것(What Smart Students Know)』를 썼다. 이면에 깔린 아이디어가 바로 대답이다. 십여 년이 지난 후 로빈슨은 수백 명의 성공적인 학생들을 면담하여 탁월한 학습, 즉 어떻게 좋은 점수를 받고, 최상의 학업을 성취하고, 학습시간을 최대한 절약할 수 있었는지의 비결을 발견했다.
3. 이러한 것들과 이전의 12단계들은 로빈슨의 조사연구서 『영리한 학생들이 알고 있는 것』으로 채택되었다.
4. 이 아이디어는 토머스 암스트롱(Thomas Armstrong)에게서 나온 것이다. 그는 두뇌력 교육자이며 가드너의 다중지능이론과 실제를 가르치는 암스트롱 창의성 훈련소의 소장이다.
5. 가드너의 이론은 지능이 무엇인가에 대한 우리의 아이디어를 위해 또 다른 시사점을 제공해 주고 있다고 암스트롱은 말하였다. 기억, 주의, 지각, 그리고 문제해결 영역에서의 고등정신 능력의 표준들은 소위 심리학자들이 '인지적 처리과정' 이라 부르고 있는 것에 관여하는 지능의 종류에 따라 다를 수 있다. 예컨대 만약 당신이 음악적이라면 천부적인 멜로디 기억 능력이 있겠지만 사람의 얼굴이나 이름, 주소는 쉽게 잊어버릴 것이다. 암스트롱은 다중지능이론이 이미 심리학적 검사와 경험적 연구에서 증명되었다고 말한다. "이것은 현재 우리가 알 수 있는 지능에 관한 연구에서 가장 최근의 종합이라고 할 수 있다."
6. 이것은 토머스 암스트롱의 저서 『7가지 스마트(7 kinds of Smart)』의 '다중지능 점검표' 에서 채택되었다.
7. 이와 같은 제안들의 많은 부분은 토머스 암스트롱의 유명한 자료에서 채택되고 환영받았다.
8. 노인들의 뇌세포를 사진으로 찍어서 보면 뇌세포 간의 모수석 가지가 엷어진 것을 알 수 있다. 노인들의 뇌는 신경세포가 일부 부어 있으며 신경전달물질이 극소수인 것을 발견하는데, 사실상 알츠하이머 환자들은 아세틸콜린을 만드는 데 필요한 효소의 60~90%가 부족할 수 있고, 기억에 필요한 뇌 화학 물질과 아세틸콜린을 분비하는 메이너트의 핵 바사리스(nucleus basalis of Meynert)라 불리는 하나의 엷은 뇌에 있는 세포가 90%나 부족하다.
   당신의 로커스 세루루스(locus ceruleus), 수면과 각성 순환과 정서, 그리고 기억과 관계하고 있는 뇌의 일부분이 나이가 들면서 이 가운데 40%의 세포를 잃을 수 있다. 기억에 관여하고 있는 해마 대뇌피질은 60세 이후에 뇌세포가 하강하고 있음을 보여 주고 있다. 이와 같은 모든 현상은 많은 메시지를 뇌를 통해 전달시키

지 못해 결국 정신정보처리가 일반적으로 느려지게 한다. 노화가 이렇게 이루어져서는 안 된다

9. 어떤 의미에서 당신의 두뇌는 그와 같은 놀랄 만한 흑자로 장비를 갖추고 있다. 왜냐하면 당신의 두뇌는 많은 것을 잃도록 되어 있지만, 대부분 나이가 들면서 당신이 자연스럽게 잃게 되는 뇌세포들은 아마도 여분일 것이며, 그것들의 손실은 당신의 두뇌력에 아무런 영향을 미치지 않는다. 현재의 사고 행위는 당신이 정신생활을 하는 동안 뇌의 신경세포형태를 실제로 조각하고, 새로운 물질(뇌세포)을 더하지는 않지만 원래의 원천자료를 만들어서(그리고 버려서) 자연스럽게 작동하는 하나의 지능 조직이 된다. 태어날 때 당신은 필요로 하는 양 이상의 훨씬 더 많은 뇌세포를 가지고 태어나기 때문에 하루에 50,000개의 손실은 별 문제가 되지 않는다.
10. 하나의 건강한 신경세포는 하나의 '수상돌기 나무'를 가지고 있고 이 나무 가지들은 수십만 개의 다른 수상돌기들과 망으로 연결되어 있다. 당신의 뇌가 수상돌기들과 그들의 풍요로운 연결 계통을 잃게 될 때는 소통 네트워크를 느리게 해서 학습을 어렵게 하고 느리게 만든다. 이와는 반대로 당신의 뇌가 더 많은 수상돌기 가지들을 얻으면 학습활동은 빨라지고 보다 효율적이 된다.
11. 21세부터 83세에 이르는 개인의 뇌를 정밀 조사해 본 결과 건강한 노인의 뇌는 건강한 젊은이의 뇌와 마찬가지로 활동적이고 효율적인 것으로 나타났다. 한 신경과학자가 20개의 뇌로부터 뇌 조직을 분석한 결과 그 사람이 받은 교육의 정도와 그들의 신경 수상돌기의 길이는 서로 밀접한 관계가 있음을 발견했다. 즉, 당신의 뇌를 많이 자극하면 할수록 당신의 수상돌기들은 더 많은 연결로 성장하고 있다. 이것은 증명된 사실이다.
12. 이 연습은 신경-언어 프로그래밍을 교육 분야에 적용한 것이다.
13. 리차드 밴들러는 이것을 스위시(휙소리 나다)라 불렀다. 그는 지난 11년 동안 담배를 끊으려고 시도했지만 성공하지 못한 그 여성을 11분 만에 성공적으로 담배를 끊게 했다고 주장하고 있다.
14. 한 63세의 여자는 요소 포름알데히드 포말단열제(UFFI)로 단열한 집에서 살고 있었다. 해마다 그녀의 집은 새로운 카펫, 가구, 마룻바닥 혹은 다른 건축으로 새로 단장을 했다. 이렇게 단열한 이후 4년이 지나자, 그녀는 부정맥, 가슴의 통증, 가벼운 탈모, 관절염과 근육 약화로 고통받기 시작했다. 그녀는 여러 전문가들에게 상담을 했으나 아무도 그녀의 증상을 처방해 주지는 못했다. 2년 후에는 그녀는 지팡이나 남편의 도움 없이는 쇼핑 몰에 들어갈 수 없었다. 밖에 나가 맑은 공기를 마시자 그녀의 증상은 없어지기 시작했다.

    그녀의 방을 검사한 결과 벽은 발포제(foam)로 단열이 되어 있고, 그녀의 침대 매

트도 발포제로 채워져 있고, 침대는 건축용 합판(프롬보드 합판) 머리받침으로 장식되어 있었다. 이러한 자재들이 모두 그녀의 몸 속에 포름산의 수준을 높여서 위험 수준에 달하고 있었다. 이에 침실 구조와 장식을 바꾸어 다른 침실에서 옛날식 간이침대에서 자는 것만으로도 포름산 수준이 50%나 줄었고 새로운 카펫과 가구들을 치운 이후 그녀의 증상은 사라졌다.

15. 학업 성적이 떨어지기 시작한 10세의 우수한 학생이 교실에서 난폭하게 행동하여 도저히 가르칠 수 없게 되었다. 검사를 실시한 결과 이 학생은 페놀이라 부르는 한 화학물질에 매우 민감한 반응을 보였다. 이 화학물질에 노출되자 이 학생은 소리를 지르고 더욱더 난폭하게 행동하였고 마룻바닥에 누워서 벽을 찼다.

제 2 장

1. 오랫동안 고문을 당한 24～39세 남자 정치범들의 뇌들을 검사하기 위해서 1982년부터 CAT정밀검사를 활용하여 실시된 유명한 의학적 연구가 있다.
   이 정밀검사의 결과 이 정치범들의 뇌는 죄수로서 장기간 정당치 못하게 갇혀 있었던 데서 비롯된 스트레스 때문에 신체적으로 그 조직과 신경세포의 수준에서 노화되어 있고 퇴화되기 시작했다. 그들은 비정상적으로 집중과 기억력에 어려움을 겪고 있었으며 두통, 우울증, 불안, 마비, 수면 장애까지 겪고 있었다. 일반적 의미에서 높은 수준의 스트레스 호르몬 분비가 그들의 뇌를 문자 그대로 손상시킨 것이다.
   일상생활에서의 사소한 스트레스를 받고 있는 45～64세의 남녀 100명을 대상으로 한 또 다른 연구에서는 지각 혹은 교통체증, 약속 위반 등의 일이 일어났을 때 외상적이고 극적인 사건보다 더 이들의 전반적인 심리적 건강(그리고 두뇌력)에 강력한 영향을 받고 있는 것으로 나타났다.
2. 약 350,000명가량의 미국인들은 매년 한 번의 뇌졸중을 경험하고 이로부터 살아남는다. 그리고 약 2,700,000명의 사람들은 뇌 혈관이 두꺼워져서 뇌졸중에 노출되어 있다. 심지어 짧은 기간의 뇌졸중, 고혈압, 만성 스트레스도 당신의 정신기능을 약화시킬 수 있다. 고혈압 환자 남녀 1,700명을 대상으로 한 연구에서 고혈압은 그들의 정보유지 능력과 단기기억에 부정적인 영향을 미친다는 것이 밝혀졌다.
3. 예컨대 '정상' 혈압은 140(심장 수축) 이상 85(심장확장) 혹은 이 둘보다 낮은 것을 말한다. 당신의 심장확장이 90～104에 이르면, 가벼운 고혈압이며 115 이상이면 심각한 고혈압이다. 낮은 축을 위해서 심장수축 지수가 고혈압 경계선은 140～159에서 시작된다.
4. 자연건강 분야에서 표준항목 가운데 하나는 꽃 치료법이라 부른다. 이 방법은 에

드워드 바크(Edward Bach)라는 한 영국의 의사가 1930년대 처음으로 특정 식물과 특정 인간의 감정 사이의 직접 치료 연결관계를 발견한 하나의 적당한 접근방법이다.

5. 이 바크 박사의 치료법은 사람에게 깊숙이 스며든 감정을 의식의 수준으로 천천히 옮겨 와서 이 감정의 에너지를 바꾸고 하나의 과정에서 비유하자면 얼음을 녹이고 끓이며 마지막으로 증발시키는 것과 비슷하게 이 감정의 강도를 분산시키는 일을 도와준다. 하나의 꽃 치료법을 취하는 부가물로서 이것은 한 번에 하나씩 하는 것이 더 좋다. 매일같이 일기를 써 두는 것도 고려해 볼 만하다. 이 일기장에는 생각, 사람들, 상황에 대한 감정적 반응, 꿈, 백일몽들을 기록해 두는 것이 좋다.
바크치료법에 있는 38가지 방법 이외에도 몇 가지 다른 유명한 치료법이 있다. 이 모든 꽃 치료법 체제는 간단하고, 화학적인 방법이 아닌 해롭지 않은 접근방법으로 바꾸고자 하는 여러 가지 감정과 정신상태를 크게 증가시키고 있다.

6. 기술적으로 건강한 사람의 혈당치는 1*dl*의 혈액에 70～110mg 사이가 된다. 그러나 저혈당증인 경우는 *dl*의 혈액에 50mg 이하일 수도 있다. 일반적으로 혈당치가 이 수준보다 낮아지면, 우울증과 피로감을 느끼고 신경과민이 되며 불면증에 시달리게 될 것이다. 더욱이 심각한 우울증에 시달린다면 이는 신체 계통에 최소한 L-트립토판과 티로신과 같은 주요 아미노산이 부족하기 때문인 것으로 볼 수 있다.
L-트립토판은 신경전달물질 세로토닌을 만드는 데 도움을 주는 반면, 티로신은 도파민과 노르에피네프린(부신 수질 호르몬)을 제조하는 데 필요한 주요 뇌 화학물질이다. 뇌에 세로토닌과 도파민이 부족할 때 어느 정도 우울증이 생길 가능성이 높다. 그러나 지나치게 설탕을 많이 섭취하면 세로토닌과 도파민의 두 주요 아미노산을 만드는 데 필요한 주요 아미노산에 영향을 미쳐서 뇌의 세로토닌과 도파민 공급이 방해받게 될 것이다.

7. 다이어트 발명가 래리 크리스텐슨(Larry Christensen)이 개발하였다. 그는 『음식-마음 연결(The Food-Mind Connection)』, 『행복한 식사법(Eating Your Way to Happiness: Pro-Health Publications, College Station, TX. 1991)』의 저자이기도 하다.

8. 우울증에 시달리고 있는 여성 12명은 모두 자살을 기도했는데, 이들에 대한 의학적 연구에서 이 여성들은 우울증이나 자살동기를 경험하지 않은 12명의 다른 여성들과 비교해 비타민 C를 적게 섭취한 것으로 나타났다. 즉, 두 집단 간의 차이는 비타민 C 결핍뿐이었으며, 이외에 다른 현상은 나타나지 않았다.

9. 지금 현재 약 3,000명의 행동시력측정 의사들(24,000명의 의사들 가운데 자료집을 보라)이 미국에서 활동하고 있다. 이들은 우리가 어떻게 보고 어떻게 행동하는

가의 관계를 직접 보여 주고 있다. 그리고 어떻게 이 두 가지를 개선할 수 있는가도 알려 준다.

10. 행동시력측정 의사들은 표준적인 기준 말고 다른 기준에 맞추어 시각 시스템을 검진하기 때문에 보다 오랜 시간 동안 검진하여 안경 렌즈를 처방한다. 그러나 이러한 처방은 발달적이고 예방적이다. 눈이 정확하게 보도록 다시 훈련시키고 지원하기 위한 하나의 방법을 통해 뇌가 그 정보를 적절히 처리하도록 하는 것이다.

11. 오늘날 미국민의 3~5백만의 미국인들이 알츠하이머병으로 고통받고 있으며 매년 100,000~200,000명이 사망하고 있다. 이러한 수치로 이 병은 미국에서 네 번째 혹은 다섯 번째의 사망원인이 되고 있다. 세계적 통계 수치도 비슷한 것으로 나타나고 있다. 영국에서는 2백만이 고통받고 있으며 호주에서는 6명 가운데 1명이 이 병으로 고통당하고 있다. 인간의 수명이 길어질수록 더 많은 사람들에게 알츠하이머 증상이 발생하는 것으로 나타나고 있다.

12. 그러나 648명의 노인들에 대한 연구에서는 각 환자들을 두뇌장애의 양에 따라 일곱 개의 다른 그룹으로 나누었는데 많은 양의 혈소판과 혼동을 갖고 있는 세 그룹 67~76세에서는 전체가 건망증 현상을 보이고 있었다. 약한 두뇌장애와 건망증을 보이고 있는 세 그룹에서는 72~87%의 건망증과 두뇌장애를 보였으며, 뇌장애가 전혀 보이지 않는 마지막 그룹은 단지 30%만이 뇌장애의 징후를 보였다.
이 연구에서 그 의사들은 뇌장애는 기억력 상실과 직접 관련이 있으며 대부분의 정신 변화는 알츠하이머로 나타났다.

13. 과학적 연구에 따르면, 영양 상태가 양호하고 검사 기간 동안 음주를 절제한 음주자들도 강력한 기억력을 필요로 하는 학습능력에서 여전히 현저하게 평균 이하인 검사결과를 보여 주었다. 장기간의 음주는 결정적으로 점차적 기억력 상실에 영향을 미친다.
덧붙여 말하자면, 음주하는 사람의 약 10%가 과음 또는 알코올 중독자들이라는데 그러나 이러한 계산법은 잘못된 것일 수도 있다. 왜냐하면 어떤 사람들은 몸무게와 생리 상태와 음주량의 차이에 따라 심각한 만취 상태가 될 수도 있기 때문이다. 뇌 손상이나 뇌졸중, 뇌종양, 간질 경험이 있는 사람은 한두 잔의 술에도 위험한 반응을 보일 수 있다.
사실상 통계치에 따르면, 자살자들 가운데 알코올 중독자들이 30% 이상 더 많으며, 치명적인 자동차 충돌사고의 50%가 알코올 중독자들이었다. 또한 익사자들의 3분의 2와 화상을 입은 사람들의 반과 추락사자들의 반이 혈관 알코올 수준이 높았고 뇌가 알코올로 중독된 경우 폭력 사고율이 높게 나타났다. 미국인 사망의 무려 10%가 부분적으로 알코올이 원인일 수 있다. 그러나 당신 뇌의 관점에서 본다면, 이러한 현상은 훨씬 더 나쁘게 나타날 수도 있다.

14. 버논 H. 마크(Vernon H. Mark) 박사는 영양 상태가 좋은 사람이라도 장기적 음주는 뇌에 구조적 변화를 야기할 수 있다고 주장하고 있다. 그는 미국 보스턴에 있는 메사추세츠 종합병원의 신경외과 의사이며 의학 연구가로, 기억력과 뇌 손상에 관한 전문가로도 활동하면서 간질성 알코올 중독 환자들을 치료하고 있다. "뇌는 신체에서 매우 중요한 조직이다. 그러므로 특히 뇌는 중독으로부터 각별한 보호가 필요하다. 나는 뇌기능의 극대화를 위해서 음주는 절대로 음주해서는 안 된다고 생각한다."
15. 카페인은 아드레날린이라 부르는 뇌 화학물질에 영향을 미치는 것으로 보인다. 이 신경전달 물질을 동물들에게 투여하자 동물들이 진정되었고 혈압과 체온이 내려갔다. 아마 대부분의 사람들이 일할 기분이 나지 않을 때 아침에 두 번 이상 커피를 마셨던 경험이 있을 텐데 이는 오히려 사람을 졸리게 한다. 최근 1,500명의 대학생을 대상으로 한 연구에서 보통 이상의 커피 복용은 학업성취에서 낮은 학점과 관련되어 있는 것으로 나타났다. 대학생에 대한 다른 연구에서는 카페인은 단기기억과 단어기억력을 20%나 손상시키는 것으로 나타났다.
16. 한 연구에서 23명의 흡연자들을 두 집단으로 나누어 한 집단에게는 니코틴이 든 담배를 피우게 하고 다른 집단에게는 니코틴이 없는 담배를 피우게 했다. 그러고 나서 두 집단 모두에게 75개의 항목의 회상이 포함된 검사를 실시하였다. 세 번의 검사에서 니코틴이 없는 담배를 피운 집단은 니코틴이 든 담배를 피운 집단보다 24%나 더 좋은 점수를 얻었다. 또 다른 연구에서는 37명의 흡연자와 37명의 비흡연자를 대상으로 10명의 이름 회상 검사를 실시하였다. 10분 후에 비흡연자들이 흡연자들보다 매우 유의미하게 높은 회상률을 나타내었다.
17. 얼마나 자주 변비나 설사약 선전을 하는 TV광고나 주류 잡지를 접하고 있는가를 생각해 보라. 다음과 같은 통계 수치는 깜짝 놀랄 만하다. 폐암 다음으로 결장암이 해마다 57,000~100,000명의 미국인들이 죽어가는 원인이 되고 있으며 훨씬 더 많은 미국인들이 결장암에 걸린다. 약 7천만 명의 미국인들은 어떤 형태로든 장 기능에 문제를 갖고 있으며 여전히 많은 사람들이 만성 변비를 갖고 있다.
18. 유명한 자연건강 교육자이자 저자인 버나드 젠슨(Bernard Jensen)에 따르면, 결장의 직경이 0.2m인 사람의 결장 검시 결과 활용할 수 있는 통로는 연필 한 자루가 통과할 수 있는 정도밖에 안 되었다고 말했다. 직장의 나머지 부분은 단단한 노폐물로 꽉 막혀 있었다. 또한 사람의 검사에서는 정체된 결장이 18kg이나 되고 몸무게의 일부로 누적된 배설물도 약18kg이나 있었으며, 그중의 일부는 트럭 타이어만큼이나 단단하였다고 했다. 이에 더하여 젠슨 박사는 세계적으로 약 2억 명 가량의 사람들은 내장에 기생충이 있으며 이 기생충들은 단세포 기생충에서 길이가 7m나 되는 촌충이라고 추측하고 있다.

19. '대뇌혈관 결핍' 증후군에는 귀 울림, 어지러움, 두통, 우울증, 단기기억 손실, 정신능력의 일반적 손상이 포함되어 있다. 이러한 모든 증상은 현재 노인들에게서 공통적으로 발견되는 노화 때문에 '피할 수 없는' 증상으로 여겨지고 있다.
20. 『메가 브레인 파우어(Mega Brain Power)』의 저자인 마이클 허친슨은 '오늘날 많은 청년과 중년의 사람들이 기본적 지능과 사고능력, 기억력, 학습능력의 손상과 악화로 고통받고 있으며' 겉으로 보기에 건강한 수백만의 사람들이 실제로는 '조로의 희생자다.' 라고 말하고 있다.
21. 이러한 추천은 미국의 영양학 협회의 회원이며, UCLA 의과대학의 임상교수이며, 영양과 질병에 관한 두 권의 영향력 있는 책을 쓴 멜빈 워바크(Melvin Werbach, MD)의 저서에서 나온 말이다.
22. 예컨대 알코올 남용(몸의 비타민을 고갈시키는)과 함께 만성적 비타민 결핍은 기억력 상실을 가져올 수 있다. 한 62세의 여성이 백포도주를 정기적으로 과음하면서 음주 사이에 식사를 거르기도 하였다. 결국 그녀는 식사를 정기적으로 하지 않은 대가를 치렀다. 어느 날 그녀가 정신이 혼미해지고 비합리적인 행동을 하고 이상한 눈동작을 하는 것이 발견되었다.
그녀는 최근 기억의 많은 부분을 잃었고 기능적으로 기억상실증(건망증) 환자가 되고 말았다. 그래서 정신과 의사에게서 상태를 향상시킬 수 있는 여러 가지 기술적 진단을 받았는데, 그녀를 진짜로 도와준 것은 의사의 영양처방이었다. 이 의사는 그녀가 비타민 B_1뿐만 아니라 B_5(팬토테닉 산), 그리고 B_6(피리독신)의 결핍이 아닌가 의심하여 집중적으로 위의 세 비타민을 투여하였다. 그 결과는 매우 성공적이었고 대부분의 증상이 사라졌고 거의 정상적인 기억으로 되돌아 왔다.
23. 또 다른 사례에서, 23세의 대학생이 음주를 피하고 다른 식중독을 피하면서 건강한 채식을 계속 유지하고 있다. 그런데 피로를 느끼기 시작했고 기억력이 상실되기 시작했다. 이것은 그녀의 공부에 방해가 되었다. 영양 평가를 해 본 결과 B_{12}의 결핍으로 나타났다. B_{12} 섭취가 지나치게 낮아서 뇌기능을 정상으로 올리기에 적절치 못했던 것이다. 다행스럽게도 그녀의 건강 상태는 B_{12}를 보충하자 쉽게 호전되었다. 이 B_{12}가 증상을 역전시켜서, 우울증도 사라지고 기억력도 개선되었다.
24. 지난 20여 년 동안에 이루어진 연구에서 밝혀진 결과에 따르면, 균형 잡힌 식사와 영양식을 한 건강한 남녀들 가운데서도 마그네슘이 결핍된 사람들이 있었고 영양가가 낮은 식사를 한 사람들은 위험스러울 정도로 마그네슘이 낮았다. 1988년에 실시한 연구에서 미국인들의 평균 영양 공급은 성인에게 추천된 일일 권장(RDA) 마그네슘 양의 40%에 불과했으며 한 유명한 영양 전문가들은 무려 약 80%의 미국인들이 잠재적(진단받지 않은) 마그네슘 결핍이라고 예측하고 있다.
영양 전문가인 셀든 사울 헨들러(Sheldon Saul Hendler)는 "마그네슘 결핍의 한

계에 이른 것은 매우 공통적인 현상이라는 것이 점차적으로 명백해지고 있다."라고 말했다. 그의 견해에 따르면, 특정 집단의 사람들은 이와 같은 광범위한 문제에 매우 취약하다. 이 특정 집단에는 노인, 당뇨병 환자들, 낮은 영양식을 하는 사람들, 이뇨제를 복용하는 사람들, 강심제(디기탈리스 제제)에 의존하는 사람들, 음주자, 임신부, 규칙적으로 강력한 운동을 하는 사람들이 포함되어 있다. 이러한 모든 요소들이 마그네슘 수준을 저하시킬 수 있다.

25. "감정을 숨기는 일이 유행하고 있다." 유명한 의사이며 환경의학 분야의 저자인 새리 로저스(Sherry Rogers)는 이렇게 쓰고 있다. "여기 심각하게 병들어 있고 기능을 겨우 발휘할 수 있는 사람들이 있다. 그들의 주요 문제는 뇌다. 그래서 그들은 우울증과 짜증을 잘 낼 뿐만 아니라 생각을 잘할 수도 없다."

26. 803개의 뉴욕 시 공립학교에서 실시한 한 연구에 따르면, 영양식 메뉴를 바꿈으로써 학업성취에 극적인 효과가 나타났다. 지난 4년 동안 이들 학교는 학교급식 메뉴를 바꾸었다. 이들 학교에서는 모든 합성 첨가제와 방부제, 설탕을 모두 제거한 식사메뉴를 제공했다. 메뉴를 바꾼 다음 얼마 지나지 않아서 전국 평균 수준에 머물던 학생들의 성적이 16% 더 높게 나왔다.

27. 유치원에서 대학생에 이르기까지 144명의 학생들을 대상으로 한 의학 연구에서 많은 양의 비타민 C를 복용한 학생들의 IQ가 적은 양을 복용한 학생들에 비해 높게 나왔다. 또한 이 연구에서 비타민 C를 적게 복용하던 학생들에게 매일 한 컵의 주스(비타민 C가 높은)를 6개월간 마시게 했더니 그들의 IQ가 충분한 양의 비타민 C를 마시고 있던 학생들보다 크게 향상되었다.

28. 한 의학 연구에 따르면, 학습곤란을 겪고 있는 28명의 아동들은 혈액에 평균 이상의 알루미늄을 갖고 있었다. 다른 연구에서도 평균보다 높은 수준의 알루미늄이 간질병이나 학습 불능을 보이는 학생들의 머리카락에서 더 많이 검출되었다.

29. 근대 공업화된 도시환경에서 납 성분은 앞 세대들이 살 때보다 훨씬 더 많아졌다. 이러한 납 성분은 공기, 토지, 금속 깡통, 음료수, 가구, 거리의 먼지, 혈액에 널리 퍼져 있다. 아동들은 다섯 배 이상이나 더 많이 호흡하기 때문에 성인들보다 훨씬 더 많이 납 오염에 노출되어 있다. 그리고 신체에 있는 목표 조직은 납을 향하고 있다. 1980년대 초기 통계에 따르면, 대부분의 사람들은 오염된 공기와 물, 음식 등에서 매일 300mg을 흡입하고 있다. 또 해마다 400,000명의 아동의 혈액에서 납 수준이 증가되고 있으며 그중 16,000명의 아동들은 오염 물질 치료를 받아야 한다고 권고되고 있다.

30. 이러한 권고들은 새리 로저스(Sherry Rogers)의 저서 『지칠 것이냐 아니면 중독될 것이냐?(Tirde or Toxic?): 건강요결(A Blueprint for Health: Prestige Publishing, Syracuse, NY. 1990)』과 『E.I. 증후군Syndrome: Rx for

Environmental Illness, Prestige Publishing, Syracuse, NY. 1986)』에서 나온 것이다.

31. 이러한 권고들은 줄리안 와이태커(Julian Whitaker)의 저서, 『와이테커 박사의 자연치료법(Dr. Whitaker's Guide to Natural Healing, Prima Publishing, Rocklin, CA, 1995)』에 있는 와이테커 건강프로그래밍의 일부에서 온 것이다.

제 3 장

1. 한 여성이 과로와 고혈압, 매우 심한 긴장감으로 고통받고 있었다. 그녀는 일을 할 때 허리를 너무 많이 구부려서 허리 통증과 근육 통증이 있었으며, 더구나 지나친 흡연으로 폐가 충혈되어 있었다. 그녀의 아로마치료사는 곱향나무, 라벤더 오일, 백단 오일을 섞어서 아로마버너를 통해 흡입할 것을 처방했다.
   한 번의 치료 후 그녀는 커다란 물체가 어깨와 머리에서 제거되는 느낌을 받았고 편안하게 긴장이 풀리는 것을 느꼈다고 보고했다. 허리와 무릎, 손에 이 오일 마사지를 한 결과 통증이 더 많이 사라졌다. 그녀는 그 후에 행복과 긴장이완감이 이 아로마요법의 치료로 많이 향상된 것을 발견했다.
2. 이점은 뇌에 있는 두 개의 중요한 내분비선인 뇌하수체와 시상하부 바로 옆에 있다. 아마도 이러한 연습은 그들의 활동을 자극할 것이다. '뇌상태' 워크숍의 두뇌력 전문가 톰 케니언은 다음의 사례를 소개하였다. 어느 날 한 여성이 그를 찾아와서 지난 일 년 동안 월경이 없었으며 월경 기간에는 심한 고통을 받는다고 했다. 케니언은 그녀에게 일인치의 문(one-inch gate) 명상을 몇 주 동안 해 보라고 권했다. 몇 주 후 다시 돌아온 그녀는 월경이 되돌아 왔다고 했고 한 달 후에는 월경 주기도 정상으로 돌아왔고 통증도 많이 가라앉았다고 했다. 결국 이 연습은 그녀의 내장계통이 머리에 있는 뇌하수체를 통해서 다시 균형을 찾는 데 도움을 준 것이다. 케니언은 또한 장시간의 비행을 하고 난 후 시차 조정과 같은 정신적 안정을 되찾는 경우에도 이 연습을 하라고 권유하고 있다.
3. 이 연습의 마지막 5단계의 목적은 몸에 에너지 회로를 닫고, 에너지가 밖으로 새 나가는 것을 막기 위한 것이다. 중국의 도가에 따르면, 정신과 신체의 에너지, 삶의 힘이나 기는 일반적으로 척추를 돌아서 뇌를 거친 다음 몸 앞으로 내려와서 회음부에 도달한다.
   혀가 입천장에 잠기면, 마치 에너지가 하나의 스위치처럼 잠긴다. 혀를 편안하게 하면 다시 그 회로가 열린다. 이것을 입천장에 압력을 가하면, 에너지 회로를 닫는다.
4. '소음제거 호흡법' 이라는 것은 유명한 두뇌력에 관한 권위자이며 지능, 천재, 창의성에 관한 저자인 윈 웽거가 개발하였다.

5. 이것은 심리생물학자인 어니스트 로렌스 로시에 따른 것이다. 그는 인간의 생물학적 리듬과 정신, 신체의 건강과 기능에 미치는 그들의 효과에 대해 연구하였다.
6. 과학자들은 이것을 뇌반구 지배의 리듬이라 부르는데, 이것을 도표화할 수 있는 열쇠는 콧구멍 순환, 각 콧구멍을 통한 공기 순환의 흐름이다. 다음 24시간 동안 약 21,600회 호흡을 하고, 1분에 13~15번 호흡한다. 12시간 동안은 오른쪽 콧구멍을 통해서 숨을 쉬며, 그리고 다른 12시간 동안은 왼쪽 콧구멍으로 숨을 쉰다.
   이와 같이 자연스러운 리듬이 일어나고 있는 동안 몸은 자동적 신경계통의 양극인 교감신경과 부교감신경 사이를 왔다 갔다 하여, 숨을 쉴 때 콧구멍에 있는 혈관과 점막 선이 양쪽 콧구멍을 통해서 공기를 많이 통과시키기도 하고 적게 통과시키기도 하면서 수축하기도 하고 확장되기도 할 것이다.
7. 1970년대 후반 보스턴에서 두 명의 의사가 그 지역 양로원에서 연구한 결과에 따르면, 이 양로원에 있는 모든 환자의 90%가 약간의 두뇌력을 상실하고 있으며, 약 40%는 알츠하이머, 약 20%는 뇌졸중으로 고통받고 있었다.
   그러나 이 두 의사들이 연구한 환자들의 20%는 정신력의 하강 증상의 원인들이 여러 가지로 나타났으며 이러한 모든 증상들은 좀 더 일찍 적절히 진단받았더라면 치료할 수 있었을 것이라고 보고 있었다. 나머지 20%는 치료할 수 있는 것과 치료할 수 없는 것이 혼합되어 있었다. 이 연구자들은 이러한 발견에 놀라움을 금치 못했다.
   "나에게 가장 충격적인 일은 수십만 명의 사람들이 보다 생산적인 삶을 살 수 있었음에도 불구하고 너무나 일찍 이 병원으로 보내졌다는 사실이다."라고 이 연구팀 중 한 사람이었던 버논 H. 마크가 말했다. 노화는 나이가 들었다고 해서 자연스럽게 나타나는 것이 아니라고 마크 박사는 말하고 있다. "만약 어떤 사람의 뇌가 제대로 활동 하지 못한다면, 그것은 뇌에 발생한 질병이나 손상 때문이다." 알츠하이머로 진단받은 환자에 대한 사후검증 연구에서 14%는 고전적인 징후가 아니라 다른 증상이었다.
8. 뉴욕의 포모나에 있는 정신연구재단의 소장인 장 휴스턴(Jean Houston)은 심리학자이며 저술가로 키케로의 권고를 마음속 깊이 받아들여서 여기에서 채택한 기억력 개발 연습을 개발해 냈다. 휴스턴의 접근법은 일반적으로 '뇌 근육'을 강화하기 위한 것으로 사람들이 어린 시절의 기억력을 되찾을 수 있도록 도와주는 방법이다.
9. 1975년 하버드 의과대학의 과학자 하버트 벤슨(Herbert Benson)은 '긴장완화 반응'을 설명하였다. 벤슨이 보았던 것처럼, 이것은 내적 긴장을 이완시키고 스트레스를 효과적으로 다루며, 혈압을 낮추고, 나아가서 정서적 건강을 개선하는 하나의 기법이다. 벤슨은 동양의 명상법과 서양의 신경계통과 뇌에 관한 과학적 정

보를 동등한 방법으로 끌어내었는데 이것을 미국인들에게 친숙한 용어로 표현하였다. 긴장완화는 깨어 있을 때 뇌를 자연스럽게 쉬게 하는 하나의 방법이다.

10. 이 아이디어는 심리학, 명상법, 정신주의력 분야에서 세계적으로 유명한 찰스(Charles T. Tart)가 시작한 것이다.
11. 이 아이디어는 불교에서 온 것으로 베트남의 유명한 불교 스승, 틱낫한(Thich Nhat Hanh)이 지지하였다.
12, 이 정신주의력 인정(그리고 그에 뒤따르는 다른 것들)은 틱낫한이 제공한 것이다.
13. 신체 스캐닝(body scan)은 선 불교 스승 카바트-진(Kabat-Zinn)과 매사추세츠 대학 의학연구소의 스트레스 감소 병원 원장이 개발하였다. 여기에서 그는 만성 통증을 호소하고 있는 환자들에게 그들의 통증 경험을 바꾸기 위해서 그들의 마음을 어떻게 건설적으로 활용할 수 있는가를 가르쳐 주었다.

제 4 장

1. 한 연구에서, 40명의 18～28세 남성들에게 점심시간에 칠면조 요리를 준 다음 복잡한 정신 과제를 수행하도록 했다. 또 다른 날에 같은 집단에게 거의 완전한 탄수화물의 점심식사를 제공한 다음 똑같은 정신 과제를 하도록 했다. 그 결과 높은 탄수화물을 섭취한 후 그들의 두뇌력은 "심각하게 손상을 입었다." 그러나 단백질로 이루어진 점심식사를 했을 때는 그렇지 않았다.

   또 다른 연구에서는 40세 이상의 사람들에게는 탄수화물이 훨씬 더 강한 수면을 유도하는 것으로 나타났다. 184명의 남녀를 두 집단으로 나눈 뒤 한 집단에게는 고단백 점심을 주고, 다른 집단에게는 순수한 탄수화물이 든 셔벗(sherbet) 한 접시를 먹도록 했다. 그랬더니 셔벗을 먹은 집단은 거의 예외 없이 정신이 멍해지고 졸음이 왔는데, 특히 이 집단에서 40세 이상인 사람들은 주의를 집중하고, 회상하고, 정신 과제를 수행하는 데 두 배 이상의 어려움을 겪었다. 또 다른 연구에서, 두뇌력 검사를 받은 여성들의 46.7%가량이 탄수화물 때문에 두뇌력 검사 점수가 떨어졌다.
2. 미 육군성의 연구에서 24명의 군인들에게 긴장감을 주는 군 작전을 지시했는데, 그중 반에게는 티로신을 투여하고, 다른 반에게는 위약(심리용 약)을 주었다. 그 작전이 수행된 다음 이 군인들에게 또 다른 아미노산을 투여했는데, 처음에 위약을 준 집단을 제외하고 이전에 티로신을 투여했던 집단에게 위약을 투여했다. 이 두 훈련 과정에서, 이 두 집단 모두 긴장감을 주는 조건에서 평가가 이루어졌다.

   연구자들은 스트레스를 정상적으로 느낀 군인들은 스트레스를 받고 심지어 우울증까지 보여서 이러한 조건들이 그들의 수행과 사고행위(덧붙여 두통을 일으키고, 피로감과 구름이 낀 듯한 정신기능)에 영향을 미쳤는데, 티로신이 모든 문제를 극적으로 개선시켰다는 것을 발견했다.

3. 서양 과학자들은 최근 십여 년 동안 은행나무가 두뇌에 미치는 영향에 대해 연구해 왔다. 1975년 이래 34개의 임상적 연구에서 은행나무 추출물이 뇌의 혈액 흐름과 신체의 혈액 흐름을 향상시킨 것으로 나타났다.

4. 한 연구에서, 건강한 실험 자원자들에게 정상 복용량보다 5배나 많은 징코 빌로바(Ginkgo biloba)를 주었다. 한 시간 후에 기억력을 측정하기 위한 검사를 실시했을 때, 이 사람들의 단기기억이 현저하게 개선되었다. 징코 빌로바가 뇌파를 바꾸었고 일반적 각성이 증가된 것이다.

   한 EEG 연구에서는 정신력이 저하되고 있는 노인을 대상으로 연구한 결과 징코 빌로바가 지배적인 뇌파 패턴을 알파파로 바꾸었는데, 이 알파파는 학습과 각성에 매우 효과적이다. 또 징코 빌로바는 정신의 초점을 맞추지 못한 상태와 주의력 결핍, 졸음과 관계 있는 델타파를 감소시켰다. 이러한 결과는 3주 후에도 여전하였다.

   다른 연구들에서도 징코 빌로바는 조기에 정신력이 감퇴되고, 노인성 치매 혹은 알츠하이머의 징후를 보이고 있는 노인들에게 사용하면 매우 효과적이라는 것을 알 수 있다. 이러한 경우, 정신 기능의 쇠퇴가 진행되는 것을 현저히 지연시킨다. 징코 빌로바는 특히 우울증에 걸려 뇌에 산소 공급을 억제한 데서 온 경우 정신력 쇠퇴를 역전시키는 데 효과적이다.

   최근에 알츠하이머 진단을 받은 20명의 환자에게 3개월 동안 매일 세 번씩 징코 빌로바 80mg을 투여했다. 실험 초기에 그들의 기억력과 주의력 검사를 실시하였다. 그러고 나서 중간에 그리고 마지막에 검사를 실시하였다. 그랬더니 기억력과 주의력이 한 달만에 현저하게 개선되었으며 이 후에도 계속해서 다음 두 달 동안에 같은 방법을 계속했다. 이 환자들은 다른 정신과 신체기능의 다른 부위에서도 이 물질을 복용한 결과 증상이 개선되었다.

5. 인삼의 에너지 항진과 피로 감소능력이 생쥐를 대상으로 한 임상적 실험에서 검증되었다. 한 실험에서 생쥐에게 찬 물에서 수영하게 하고 긴 줄 위를 걸어가게 하였다. 그랬더니 인삼 용액을 투여한 생쥐는 인삼을 투여하지 않은 생쥐보다 183% 이상 힘든 검사에서 오래도록 견뎌낼 수 있었다. 사람에게도 인삼이 피로감 억제 능력에 미치는 영향이 어느 정도인지에 관해 실험을 실시하였다. 간호사들에게 주야간 근무교대 시간을 바꾸어 정신과 육체적 과업을 수행하는 능력을 측정하였다. 인삼을 먹고 난 다음에 그들은 같은 검사에서 매우 높은 점수를 얻었다.

   또 전화 교환원을 대상으로 한 연구에서, 30일간 인삼을 복용하고 난 다음, 그들 모두는 정신 반응을 수반한 신체조정 능력이 향상된 결과를 보였고, 지구력이 향상되었으며, 오류를 덜 범하고, 강하고 보다 지속적으로 집중력을 유지해 나갔다.

6. "라사야나 물질은 신체 · 정신을 새로 구축하고, 부패를 방지하며, 나아가서 노화를 지연시킨다. 이들은 노화과정을 지연시킬 수도 있다." 라고 아유르베다 학자는 말하였다. 라사야나의 아유르베다 요법은 뇌를 변화시키는 것을 목적으로 하는데, 이것은 뇌의 물리적 구조를 바꾸고 운영 방법을 바꿔서 보다 높은 의식과 보다 많은 자각, 그리고 높아진 정신기능을 경험할 수 있게 한다는 의미다.
이 체제에서 보다 많은 두뇌력이라 부르는 것은 소위 아유르베다의 의사들이 생각하는 고양되고 일반적으로 명료해진 의식의 한 측면이다. 아유르베다는 '늙은 뇌' 를 공포, 불안, 나태 의식, 욕망, 심지어 극단적인 이기주의의 결과라고 생각하고, 라사야나는 보다 의식적이고 덜 이기적이고 보다 명료한 정신, 나아가서 확대된 의식으로 특징 지을 수 있는 하나의 '새로운 뇌' 를 개발하는 것을 목적으로 한다.

7. 아유르베다의 약초와 제품을 주문하고 카탈로그를 얻으려면 국제 마하리쉬 아유르베다 제조사(Maharishi Ayur-Ved Products International, P.O. Box 49667, Colorado Springs, CO 80949: 전화(800)-255-8332)로 연락하면 된다.

8. 이 목록은 전국적으로 인정받고 있는 영양과 체력단련 전문가인 로버트 하스(Robert Haas)가 만든 것이며, 그의 저서 『현명하게 먹고 현명하게 생각하라(Eat Smart, Think Smart)』에 제시되어 있다.

9. 이 정보는 약초학 전문가인 다니엘 모우리(Daniel B. Mowrey)의 저서 『약초의학의 과학적 근거(Scientific Validation of Herbal Medicine)』에서 도출한 것이다.

10. 비타민 C 결핍으로 정신적 혼미상태에 빠진 노인병 환자들을 대상으로 한 연구에서, 비타민 C를 그들의 식사에 보충한 결과 두뇌력이 현저하게 개선되었다. 다른 사례에서도 비타민 C 섭취를 증가시킨 학생들이 낮은 비타민 C를 섭취한 학생들에 비해 IQ검사에서 평균 5점이나 많이 받았다. 그리고 이 집단에게 6개월 동안 비타민 C를 보충했더니 그들의 IQ 점수가 3.5점이나 더 올랐다.

11. 한 연구에서, 경구용 콜린을 섭취한 사람들이 단기기억 검사에서 훨씬 더 잘했고 추상적 단어들(예컨대 진리)을 기억하는 능력 또한 향상되었다. 알츠하이머 환자들의 콜린 수준은 물론 낮게 나왔지만, 레시틴 함유물을 복용한 11명의 실험집단 가운데 7명의 장기기억이 50～200% 향상되었다.

12. 학기 도중 매일 콜린 3g씩을 섭취한 대학생들이 단어 암기 테스트에서 훨씬 높은 성적을 보였으며 이러한 기억력 개선은 일반적으로 콜린 보충 프로그램을 시작한 며칠 사이에 나타나기 시작한다.

13. 높은 양의 니코틴산이 기억력 손실을 역전시킬 수 있다는 과학자들의 발견은 그 자체가 하나의 경이로운 이야기다. 1953년 정신과 의사들이 정신분열증 환자들

을 치료하기 위해서 (잘못된 방법인) 전기충격요법(뇌에 강력한 전기충격을 가하는 방법으로 약어로 ECT라 함)을 사용했을 때, 환자의 기억력을 심각하게 손상시켜서 거의 기억력이 제 기능을 발휘하지 못할 정도로 손상되기도 하였다. 전기 충격요법으로 치료를 받은 환자들은 심각한 기억력 상실을 경험한 것이다.

한 의사가 환자에게 매일 3g의 니코틴산을 한 달간 투여하는 실험을 했더니, 30일 후에 이 환자의 기억력은 되살아났고 정신 손상과 기억력 상실의 모든 증상이 사라졌다. 수백 명의 환자들을 대상으로 더 실험해 본 연구에서, 이 의사는 니코틴산이 전기충격요법 이후 나타나는 기억력 결손의 대부분을 제거한다는 것을 발견했다. 기억력이 회복된 이후 니코틴산 투여를 중단했는데 다시 기억력 상실로 되돌아가지 않았다.

14. 우울증 환자 40명을 대상으로 한 연구에서, 이 환자들 모두에게 페닐알라닌(필수 아미노산의 일종) 보충제를 매일 6개월 동안 500mg에서 3~4g을 매일 복용하게 하였다. 또한 100~200mg의 비타민 B_6를 아미노산의 효능을 증가시키기 위해서 같이 복용했다. 6개월 후 31명의 우울증 환자들은 괄목할 만한 효험을 느꼈다고 보고하였으며, 10명은 우울증이 완전히 사라졌다고 말하였다.

15. 이 연구에서, 평균 이상의 비타민과 미네랄을 투여하는 특별 영양 프로그램에 참여한 아동들은 IQ점수가 7점이나 상승했다. 매일 23가지의 영양소를 100% 권장 분량대로 복용한 학생들은 비언어 IQ 검사에서 3.7점 높은 점수를 얻었고, 50%와 200%의 RDA를 섭취한 학생들은 각각 1.2 와 1.5 증가된 결과를 보였다.

이 연구는 학교 성적(IQ로 측정된 바와 같이)뿐만 아니라 최선의 효과를 발휘하기 위해서 이상적인 영양소의 복용량이 얼마인가를 실제로 보여 주고 있다. 이러한 일화에서 도전적인 도덕성의 문제가 있다. 이 연구의 지휘자는 "평균 미국인과 의사, 변호사 혹은 대학교수 간의 IQ 차이는 단지 11점에 불과하다. 이상의 세 연구 (연구 참여자들) 가운데 한 사람이 얻은 점수는 의사나 변호사 혹은 대학교수가 되고자 하는 평균 미국인에게 요구되는 점수와 같다."라고 말했다.

16. 최근의 저서, 『스마트 약 II: 다음 세대』 연구자들인 와드 딘(Ward Dean), 존 모르겐탈러(John Morgenthaler), 스티븐 호크(Steven Fowkes)는 이전 책의 독자들로부터 오는 많은 편지와 뉴스레터들을 실어 출판하고 있다. 이 독자들은 두뇌력 계발 영양제를 사용하여 그들이 얻은 긍정적인 경험들을 문서로 보고하였다.

17. 평균 67세인 알츠하이머 환자들을 대상으로 한 임상적 연구에서, 피라세탐은 꽤 성공적이었다. 이 환자들에게 피라세탐 2.4g을 매일 6주 동안 투여한 후 일련의 두뇌능력 검사를 실시하였다. 그 결과 현저한 효과가 나타났다. 기억력 혼미 45% 감소, 각성에서 49% 개선, 지각혼란에서 42% 감소, 수면에서 37% 개선, 우울증 상태 32% 감소로 나타났다. 2주 동안 피라세탐 4.8g을 매일 복용한 건강한 학생

들은 언어 정보에서 기억력이 많이 향상되었다. 학습불능과 독서장애를 갖고 있는 7～12세의 학생들은 36주 동안 피라세탐을 복용한 후 독서기술과 언어기억, 단기기억, 그리고 독해력 점수 6개월에 해당되는 강력한 개선을 보여 주었다.

18. 피라세탐 사용자들의 증언들은 와드 딘과 존 모르겐탈러의 『스마트 약과 영양』(1990)에 인용되어 있다.
19. 148명의 건강한 노인들에 대한 연구에서, 이 노인들이 3년간 하이데르진을 복용한 결과는 매우 긍정적이었다. 여기에는 뇌파측정결과 개선, 현기증이나 귀에서 소리가 나는 현상의 감소, 시각혼란 감소, 심장박동의 증가, 혈압의 정상화 등이 있다. 이러한 점으로 이 연구자는 스마트 약품(Smart Drug)이 노화과정을 지연시켰다고 결론을 내렸다.
20. 이것은 특히 아동들의 과격한 활동을 낮추는 데 도움이 될 수 있다. 주의력 범위를 넓혀 주고, 짜증을 줄이고, 학습 불능을 바로잡아 주고, 학업성적을 올려 주고, 심지어 어떤 경우에는 IQ까지 높여 준다. 6주 동안의 시도에서, 17명의 연구 대상자들은 매일 DMAE를 점차적으로 양을 늘려 복용하였다. 6주 후에 그들은 집중력이 향상되었고, 또한 보다 나은 근육긴장(筋肉緊張, muscle tone)을 갖게 되었으며, 잠을 적게 자면서도 숙면할 수 있게 되었다. 그들은 더 많은 에너지를 갖게 되었고, 더 높은 주의력이 생겼고, 학교 시험에 대한 걱정도 덜게 되었다.
21. 예컨대 어떤 47세 여성은 평생 동안 학습문제와 기억력의 혼란으로 고통받고 있었다. 여러 가지 치료법을 써 보았지만 이와 같은 조건을 바꾸는데 실패하였다. 그래서 혈관 검사를 해 보니 그녀의 DHEA지수는 평균보다 훨씬 더 낮았다. 그리하여 그녀에게 DHEA 보충 프로그램을 실시한 결과 그녀의 모든 두뇌력 기능이 향상되었다.

    알츠하이머 환자에 대한 한 연구에서, 연구자들은 그들의 DHEA 수준이 밖으로부터의 자극에 정상적인 반응을 할 신체적 능력을(48%까지) 낮춘 것이라고 보고했다.

제 5 장

1. 이러한 접근은 데니슨(Dennison)이 실행한 유명한 '뇌 운동' 이다. 이 분야의 전문가들은 세계의 학교들이 실시하고 있는 간단하고 단순한 여러 운동기법을 가르친다. 학습불능의 초등학교 학생 집단에게 하루 30분 동안 이 운동을 시키는데, 5분씩 나누어서 1년 동안 뇌 운동을 실시한 결과 학생들의 독서기술이 1.5년 정도 개선되었다. 데니슨의 완벽한 운동 시스템과 원리의 정식 이름은 '동작을 통한 학습' 이라고 한다.
2. 20세 청년의 혈액순환에 필요한 산소의 양은 1분에 약 4 *l* 인 반면 75세 노인의 혈

액순환에 필요한 산소는 1.5 *l* 밖에 안 된다. 뇌 산소 결핍은 도파민, 노르에피네프린(부신 수질 호르몬), 세로토닌과 같은 주요 신경전달물질의 탄력과 양에 부정적인 영향을 미칠 수 있다. 이와 같은 뇌 화학물질은 나이가 들어감에 따라 자연적인 공급이 줄어들므로, 나이가 들면서 운동부족으로 산소호흡이 줄어들면, 두뇌력에 어떤 결과를 가져올지 쉽게 예상할 수 있을 것이다.

3. 25명의 대학생들을 대상으로 한 연구에서, 4개월간 진행된 기공훈련의 효과를 검증하기 위해 10가지 영역, 예컨대 회상능력, 반응속도, 정확성 등의 수행능력을 평가하였다. 기공훈련 이전에 이 집단을 다른 동등한 집단과 비교한 결과, 이들은 10개 항목 가운데 1개 항목에서만 차이를 보였다. 그러나 기공훈련을 실시한 결과 전적으로 이 훈련 때문에 7개 항목에서 그 차이가 확대되었다. 또한 이 연구는 단 한 시간의 기공훈련으로 기억력을 포함한 여러 가지 지능검사에 긍정적인 효과를 보여 주었다.
4. 『초능력학습(Superlearning)』에서 로자노프의 원저를 번역한 세일라 오스트랜더와 린 쉬레더에게 감사한다.
5. 유명한 메가브레인(megabrain) 분야의 권위자 마이클 허친슨은 다음과 같이 말하고 있다. "그 순환이 실제로 하고 있는 것은 뇌를 '연습' 하는 것이다. 뇌파와 뇌화학물질의 흐름을 뇌의 넓은 영역으로 확장시키고 증가시키는 일이다. 이러한 종류의 전정계 자극이 하는 첫 번째 일은 당신의 신체활동과 학습능력의 극적인 증가를 가져오는 일이다."
6. 만약 당신이 수피 교도(이슬람교의 신비주의자)들에게 어떻게 몸통 돌리기가 신체적으로 이로움을 주는가라고 묻는다면, 그들은 이 운동이 척추 가까이 있는 일련의 신비한 에너지 센터를 자극한다고 말할 것이다. 뇌에 신선한 동력을 불어넣어 주는 것이다. 만약 이와 똑같은 질문을 서양과학자에게 한다면, 뇌파 연구결과 몸통 돌리기가 신경효율성 지수(neuroefficiency quotient) 혹은 NEQ라 불리는 한 요소에 매우 긍정적 영향을 미치고 있다고 대답할 것이다. 신경효율성 지수는 뇌신경이 전기신호를 한 뇌 영역에서 다른 뇌 영역으로 얼마나 빨리 전달할 수 있는가를 말해 주는 척도다. 전달 속도 비율은 높은 IQ와 관련되어 있다.
   신체동작과 NEQ 분야의 연구가들은 NEQ를 증가시킬 수 있을 때 이에 상응하는 IQ를 30점 이상 높일 수 있다는 것을 발견했다. 또한 뇌파활동도 변화시킬 수 있는데, 예컨대 보다 많은 흥분된 베타를 알파로 전환시킬 수 있고, 뇌 파장을 느리게 할 수 있으며, 더 나아가서 자주 뇌파의 간섭성(coherence)을 증가시킬 수도 있다. 즉, 즐겁고 생산적인 뇌 상태가 되는데, 이러한 상태가 안 되었을 경우는 다른 뇌 영역에서 오는 다른 뇌파가 파동하기 시작한다.
7. 전신을 회전시키거나 모든 신체조직과 근육을 통해서 전달되는 소리로 같은 효과를

낼 수 있는 기구들이 있다. 이러한 기구들에는 그라함 포텐시알라이저(Graham Potentializer), 심머트로(Symmetron), 소마트론 체어(Somatron Chair)와 디스커버리 사운드 테이블(Discovery Sound Table)이 있다.

제 6 장

1. 이 문제는 『정신훈련비결(Make the Most of your Mind, 1988)』과 『양뇌를 활용하라(Use Both Sides of your Brain, 1989)』의 저자인 토니 부잔(Tony Buzan)이 개발하였다.
2. 이 20단계는 토니 부잔이 채택한 것이다.
3. 로자노프 박사는 여러 수재들, 예컨대 네 자리수 곱셈을 컴퓨터보다 빨리 한 러시아의 수재, 10,000개의 시를 완벽하게 기억한 인도의 신비주의자 등을 연구한 후에 아이디어를 얻었다. 러시아의 예술가인 미카일 큐니(Mikhail Keuni)는 실험을 하고 있는 동안 수학자들을 감탄시켰다. 그들은 여러 개의 상호 연결된 원을 칠판 전체가 거의 허옇게 되도록 그렸다. 그리고 큐니에게 이것을 처음으로 보여주면서 2초 동안에 이 원에는 몇 개의 고리가 만들어졌는지 말해 보라고 했다.
   그 방 안에 있던 상위급 수학자들은 큐니의 답이 맞았는지를 확인하는 데 5분이 걸렸다. 로자노프는 어째서 그와 같은 놀랄 만한 두뇌력이 모든 사람들에게 없는 것인지 이유를 알지 못했다. 그는 라자(Raja)라 불리는 일종의 정신 요가와 다른 분야를 20년 동안 연구하고 난 후 배운 것을 그의 체제에 활용했다.
4. 고성능 학습 기법은 미국을 포함한 전 세계에서 현재 널리 활용되고 있다. 아이오와 대학(University of Iowa)에서 실험했을 때, 연구자들은 이 바로크 두뇌력 증진법(Baroque brain booster)이 학습능률을 24% 증진시켰고, 기억력을 26% 향상시킨 것을 발견했다. 지난 30여 년 동안의 다른 과학적 연구들도 로자노프의 주장을 지속적으로 뒷받침해 주고 있다. 로자노프는 이러한 음악적 접근법이 청취자들을 각성된 긴장완화 상태로 만들어 학습을 위한 완벽한 정신 상태에 이르게 한다고 주장하였다.
   이 프로그램을 활용하고 있는 학생들에 대한 임상적 연구들은 음악을 듣는 동안 실제로 생리적 변화가 일어나고 있다는 로자노프의 주장을 뒷받침해 주고 있다. 알파 뇌파가 약 6% 증가한 반면 베타 뇌파는 약 6% 감소하였고 1분에 평균 5회 맥박이 느려지고 혈압은 아주 약간 내려갔으나 측정할 정도였던 것으로 나타났다.
5. 로자노프는 대부분의 바로크 음악은 매 초당 60박자의 리듬으로 표준화되어 있는데, 이 속도는 휴식상태에서 맥박이 뛰고 있는 평균치에 해당된다고 말한다. 이 음악은 정신과 몸을 동시화시키고, 밖의 환경을 내적 생리에 맞추어 혈압, 맥박, 뇌파를 느리게 해서 근육을 이완시킨다.

6. 학습촉진법(Accelerated Learning)의 저자인 두뇌력 연구가 콜린 로즈(Colin Rose)는 로자노프의 방법을 4년간 연구하고 기억력 증진법에 관련시켜서 이 구매 목록을 개발했다. 로자노프 방법을 이용한 학생들은 특히 30일 동안에 새로운 언어를 마스터하였는데 이것은 표준 학습속도의 7배나 되며, 이 학생들은 배운 것을 90%나 잘 기억하고 있었다. 1960년대 이후에 로자노프의 통계에 따르면, 어떤 학생들은 하루에 1,000단어를 외웠는데, 1974년에는 그 숫자가 1,800단어로 뛰어올랐고, 1977년에는 일부 학생들이 매일 3,000 단어를 외울 수 있었다.
7. 1970년대의 바이오 피드백 개척자 가운데 가장 유명한 사람인 바바라 브라운(Babara Brown)은 이렇게 말했다. "내가 뇌파의 움직임을 바라보면 나는 갑자기 할로가 어디서 오고 있는지를 보는 느낌이 든다." 그녀는 뇌파 기록 연필이 도표에 기록할 때에 EEG 기계의 '입구' 앞에 자주 서 있었다. 이것이 마음의 신비를 말해 준다. "살아 있는 뇌가 끊임없이 전기활동을 퍼붓고 있다는 사실을 곰곰이 생각해 보면 놀라운 일이 아닐 수 없다.…… 그리고 이것은 결코 흥분하지 않을 수 없는 경험이다."
8. 로자노프에 따르면, 이와 같은 호흡과 청취를 15분간 조정하면, 무려 80～100개의 새로운 정보를 기억할 수 있게 될 것이라고 한다. 40～50개만 기억한다 하더라도 매우 뛰어난 것이다.
9. 뇌 자극을 위한 하나의 도관으로서 귀(耳)를 사용하는 것은 사실상 17세기 그레고리 교황(Pope Gregory)이 개발한 그레고리오 성가 이면에 있는 아이디어다. 여기에서 그들은 인간의 목소리를 수도승들의 두뇌에 에너지를 공급하는 방법으로 사용했다 뇌의 영양이 소리로부터 만들어지거나 그들의 발달을 완수하기 위해서 장시간 동안 그들이 각성하도록 청각적 커피를 마시는 격이 된다.

   토마티스(Tomatis)는 이러한 성가가 하루에 6～8시간 동안 들리지 않는 프랑스의 한 베네딕트 수도원을 방문했을 때 이런 환경이 관련되어 있다는 것을 발견했다. 수도원장은 어째서 수도원의 모든 수도사들이 피로해지기 시작하고 쉽게 기진맥진해 하는지 알 수가 없었다. 자문을 구하기 위해서 의사들을 불렀으나 피로의 원인을 발견해 내지 못했다.

   마지막으로 토마티스가 상담을 위해서 초청되었다. 그는 "나는 90명의 수도사 가운데 70명이 젖은 행주처럼 되어 방에서 슬럼프에 빠져 있는 것을 발견했다."라고 했다. 그래서 그는 다시 성가를 시작하도록 했다. "그들에게 다시 음악을 주어 자극했다." 몇 개월 이내에 그들의 에너지는 다시 살아났다. 그들이 성가를 부르는 소리가 문자 그대로 그들 자신에게 에너지를 공급해 주었고, 단지 4～6시간 정도의 수면에도 편안하게 살아갈 수 있게 만들어 주었다.
10. 토마티스 박사가 개발한 유일한 청취-재훈련 시스템인 토마티스 방법은 오늘날

미국에서 널리 활용되고 있다. 이 방법은 뇌에 관련된 문제를 가지고 있는 수천만 명의 환자들의 두뇌력을 향상시키는 데 성공하였다. 토마티스가 말하는 전기 귀는 그의 말을 빌리면, '중이(中耳)를 위한 휘트니스 센터와 같은 것으로서' 이 독창적인 방법을 활용하여 독서장애, 자폐증, 주의력 결핍증, 그리고 다른 학습불능의 조건들을 치료할 수 있게 되었다.

11. 어떤 티베트 사원의 승려들은 그들 스스로 전체 합창을(녹음된 것을 잡아내는) 하는 뛰어난 능력을 갖고 있다. 예컨대 D, F#, A장조들을 동시에 발성할 수 있었다. 또 티베트에 있는 교토 승려들은 매초 75.5 회선의 소리(hertz, Hz)를 내는, 두 옥타브나 아래인 중간 C장조의 저음 베이스를 부를 수 있다. 대개 오페라 가수의 가장 낮은 음역의 소리는 150Hz이다.

12. 유명한 음향 교육자, 저술가, 교사, 음성교정 지지자인 조나단 골드만(Jonathan Goldman)은 한때 피부의 열을 측정하는 기구를 사용하는 의사와 함께 작업했다. 그 의사는 청취자의 피부 온도의 차이를 과학적으로 기록함으로써 음악과 긴장완화와의 관계를 보여 주려고 했다.

    음성화음을 어떻게 내는가를 가르치고 있는 골드만은 소리들을 자신의 뇌에 의도적으로 투사하고 있었기 때문에 피부, 특히 두개골에 그 의사의 계기가 연결되어 있는 동안 일상 활동을 기록해 나갔다. 그 결과 나타난 사진을 본 골드만은 "나의 이마와 두개골 위의 색깔이 놀라울 정도로 빠르게 변화하고 있었고, 음성 하모니를 투사하고 있는 머리 부분의 피부온도에 일치하는 변화가 있었다." 라고 말하였다.

13. 두 가지 연습 모두 조나단 골드만의 『소리요법: 화성의 위력(Healing Sound: The Power of Hamonics, Element Books, Rockport, MA, 1992)』에서 채택한 것이다.

14. Hemi-Sync는 소리와 청음에 관한 두 가지 근본적 사실에 근거한 기술이다. 첫째, 빈도후속 반응(Frequency following response=FFR)이라 불리는 것으로, 생물학적인 사이클의 전환(또는 비동조화)에 관한 것이다. 청취자의 소리환경이 특정한 소리빈도로 압도당하면, 생리작용은 그 소리빈도를 재생하는 경향이 있고, 생물학적 사이클은 그러한 소리에서 나타나는 의식 상태에 더욱더 생물학적 사이클이 영향을 받게 된다.

    두 번째, 이중 귀('두 귀') 박동이다. 예컨대 오른쪽 귀가 100Hz 박동 소리를 듣는 동안 왼쪽 귀가 104Hz을 들으면, 뇌가 그 차이에 다리를 놓게 되어 새로운 소리, 즉 두 소리 간의 차이 4Hz의 제3의 빈도를 지각하게 된다. 이중 귀 박동의 생성은 대체적으로 뇌에 의식적 청취의 진입 바로 아래의 소리빈도를 공급해 준다. 그렇게 되면 이들 소리빈도들은 뇌의 양반구가 단일 뇌처럼 같이 작용하는 '양반구 간 동시화' 를 자극하게 된다. 이것이 결국 청취자를 어떤 바람직한 이용자로 안내해서 프로그램화된 정신상태가 된다고 먼로는 설명하고 있다.

15. 뇌파 패턴을 상호 참조하고 분석하여 컴퓨터화한 20채널 EEG 스캐너인 신경도기(Neuromapper) NRS-24를 활용하여, MRI 학자들은 Hemi-Sync가 델타뇌파(4-8 Hz)에 미치는 괄목할 만한 효과를 나타내는 천연색 뇌 지도를 만들 수 있었다. 반구 동시화의 현상을 보여주기 위해서, MRI는 같은 뇌를 전후로 찍은 두 지도를 출판했다.
    그 차이에는 논란의 여지가 없다. '전' 뇌파 패턴은 불균형 상태이고 비조직화되어 있고, '후' 뇌파 패턴은 놀라울 정도로 균형이 잡혀 있고 초점이 맞추어져 있었다. 또한 Hemi-Sync 소리기술은 뇌 손상 회복, 심리요법, 후천성 바이러스 피로 증후군, 사지마비, 다중 경화, 마약중독, 부교감신경요법에 성공적으로 활용되고 있다.
16. 사이코트로닉스(Psychotronics)의 새로운 분야에 관한 두 저서 『메가브레인』과 『메가브레인 파워』를 펴낸 마이클 허친슨에 따르면, "뇌 탐색 기술의 발달은 과학적 활동의 온실, 뇌 연구의 열점이 되었다." 이와 같이 전자적으로 추진된 도구는 두뇌 정신 피트니스를 위한 보디빌딩, '뇌 수프를 맛있게 하기' 훈련 바퀴, 정신확장, 학습, 기억, 창의성의 자극제로 사용될 수 있다. 마이클 허친슨에 따르면, 정신 기계들은 많은 소비자 목록을 통해 판매되고 있으며 이 제조회사들은 기술공학 혁신의 속도를 촉진시키는 아무런 징표도 보여 주지 못하고 있다.

제 7 장

1. 윈 웽거(Win Wengr) 박사에 따르면, 이 괘선 연습(tracking exercise)은 괘선을 따르는 사람의 정신 상태에 관해서 매우 흥미진진하고 구체적인 정보를 보여 준다. 그는 "당신이 하향 포물선의 불빛을 얼마나 잘 따라 가느냐는 당신의 감정에 어느 정도 스스로 접촉하는가를 나타내 주고 있다. 상향 포물선의 불빛을 그리면서 왼쪽에서 오른쪽으로 조심스럽게 따라가 대각선 코너를 따라가면 이것이 당신의 기억 능력에 관해 많은 것을 말해 줄 것이다. 괘선 그리기를 직선으로 상하로 하면 추상적 활동과 상세한 일들을 쉽게 할 수 있는 것과 관련되어 있다. 만약 불빛 괘선 연습을 처음에 가까운 곳에서 먼 곳으로 따라가면, 개인적 관계성의 문제와 관련될 가능성이 있다." 라고 말한다. 여기서 중요한 점은 눈 괘선 운동은 두뇌력이 손가락 끝에 어느 정도 관련되어 있는가에 대해서 많은 것을 말해 준다는 것이다.
2. 이 연습은 『지능향상법(How to Increase your Intelligence; D.O.K. Publishers, East Aurora, NY, 1987)』과 『교수 학습의 한계를 넘어, 부홍프로젝트(Beyond Teaching and Learning; Gaithersburg, MD. 1992)』의 저자 윈 웽거(Win

Wenger)가 개발하였다.

3. 휴스턴(Houston)박사는 그녀의 세미나에서 심리학자인 그녀의 남편 로버트 마스터스(Robert Masters)가 처음으로 개발한 강력한 두뇌 계발 연습을 사용하였다. '이러한 종류의 뇌 연습은 다중 가능성을 고려하는 두뇌력을 증가시키기 위해서 고안된 것이지만, 아무리 큰소리를 친다 해도' 마음의 논리적 부분이 없다면 그 소리는 반대로 들린다.
4. 부연해 말하자면, 뇌 크기는 사람마다 다를 수 있기 때문에 그 자체로 IQ를 나타내는 척도가 될 수 없다. 평균 뇌 무게는 1,349g(2.97파운드)이다. 유명한 작가인 영국의 조나단 쉬프트(Jonathan Swift)와 러시아의 이반 투르게네프(Ivan Turgenev)는 2,000g(약 4.4파운드)의 뇌 무게를 가지고 있었다. 반면에 프랑스의 소설가 아나톨 프랑스(Anatole France)는 겨우 1,017g(약 2.24 파운드)밖에 안 되었다. 현재는 2,049g(약 4.51파운드)이라고 한다. 세계 최대의 뇌 중량을 갖고 있는 사람도 지능은 평균에 못 미친다고 한다.
5. 이 연결고리는 다른 영장류와 동물의 뇌에서도 발견되지만, 인간의 뇌에서는 뇌줄기 섬유와 같은 다른 뇌 구조와 관련되어 있다. 이것이 가지고 있는 신경섬유의 양의 관점에서 보면 이것은 예술의 상태다. 말(馬)은 이 신경섬유가 0.70이고 돌고래는 0.93, 코끼리는 1.11, 침팬지는 1.79였지만 인간 뇌는 3.12의 신경섬유를 갖고 있다.
6. 이 연습은 마크 브리클린(Mark Bricklin), 마크 콜린(Mark Golin), 데브라 그렌디비티(Deborah Grandinetti), 알렉스 리버맨(Alexis Lieberman)의 『긍정적 생활과 건강: 뇌 · 신체 치료와 정신건강 지침(Positive Living and Health: The Complete Guide to Brain / Body Heling & Mental Empowerment; Rodale Press, Emmaus, PA, 1990.)』에서 채택한 것이다.
7. "학습자가 표현한 것은 학습자에게 표현된 것보다 100배 이상의 생산적 학습이 된다."라고 웽거는 말하였다. 웽거가 설명했듯이, 이러한 연습은 '당신의 아티큐레리아(Articulariae)에 있는 교통 혼잡' 을 해방시켜 준다. 이 아티큐레리아는 뇌의 몇 가지 기본 부위에 있는 엷은 구조로, 말을 하고, 읽고, 문서처리(Word processing)를 하고 있는 동안 활성화되는 것으로 알려져 있다.
8. 이 독창적인 연습은 유명한 두뇌력 전문가 윈 웽거가 개발한 것이다. 웽거는 두뇌력 개선을 위한 새로운 방법을 발견하는 일을 위해 교육적인 노력으로 설립된 프로젝트 르네상스의 창설자다.
9. 웽거(Wenger)박사는 이 연습을 최소한 10분씩 10일간 해볼 것을 권하고 있다. 이런 시간을 활용한 다음 두뇌력에 괄목할 만한 결과를 기대할 수 있을 것이다. "만약 이미지 스트리밍을 매일 10분 이상 21일간 계속해 나갈 수 있다면, 삶은 보

다 심도 있게 개선될 뿐만 아니라 영구적인 개선이 이루어질 것이다."

10. 만약 연구가 믿을 만한 것이라면, 만약 이미지 스트리밍을 매일 23분간 일주일간 계속한다면 IQ는 2점가량 오를 것이라는 얘기다. 사실 1989년 미국의 마셜 미네소타(Marshall Minnesota)에 있는 사우스웨스턴 대학(southwestern State University)에서 이 연습의 효과를 검증하는 연구를 실시하였는데 그 결과는 매우 정확한 것으로 판명되었다. 정식 평가에서 학생들은 실제로 매시간 연습 때마다 IQ가 0.8점 올랐고, 25시간 연습 결과에서 약 20점이 올랐다. 보충학습을 받던 학습부진아들은 매 시간마다 1.8점의 IQ가 상승했다.
11. 특히 시각적 이미지와 관련된 경우라면 기억력을 가질 필요성이 없을 것이다. 로체스터 대학(University of Rochester)의 학생들에게 2,500개의 사진을 10초마다 하나씩 7시간 동안 3일에 걸쳐 보여 주었다. 그런 다음 그들에게 300장의 사진을 보여 주었는데 그중 하나는 그들이 이미 본 2,500개 중에 있던 사진이었고 다른 것들은 전혀 새로운 것이었다. 검사한 결과, 그들은 보았던 사진의 85~95%를 정확히 찾아냈다. 또 다른 검사에서 연구 대상들에게 600개의 사진을 보여 주고 즉시 시험을 본 결과 98% 정확하게 찾아냈다.
12. 이것의 창시자는 윈 웽거이며 즉각적 재연(instant replay)이라고 부른다.
13. 뇌 생리학의 특정 사실들은 왜 시각연습이 강력한 두뇌 계발 효과를 가져올 수 있는가 설명해 주고 있다. EEG 읽기에 근거한 연구결과 당신 두뇌력의 80%가 시각 정보의 반응으로 시각적 반응으로 연결된다는 것을 보여 주고 있다. 더욱이 기껏해야 당신 뇌세포(혹은 당신 뇌 표면 넓이의 5% 미만)의 단 1%만이 의식적 경험을 기록하는 일에 관여하거나 우리의 일상적인 통제하에 있게 되고 나머지는 자동적으로 운전이 되거나 혹은 무의식적으로 운전된다.
14. 보다 더 인상적인 현상은, 357명의 남녀들에게 4주 동안의 뇌운동 프로그램을 실시하고 검사한 결과, 그녀는 두뇌력의 네 개 영역에서 실제 개선이 일어났다는 것이다. 정신 각성에서는 점수가 15.8에서 18.2로 증가하였고, 시공간적 기억에서는 4.8에서 7.1로 올랐고, 언어기억에서는 12.6에서 13.2로, 그리고 연상기억에서는 5.1에서 5.3으로 향상되었다. 여기에 논란의 여지가 없는 증거는 뇌운동을 통해 단기간의 연습에서도 IQ 점수를 올릴 수 있다는 것이다.

| 자료집 |

수수께끼에 대한 답

1. p. 154 - 그랜져, 세피아, 캐딜락, 소나타, 토요타, 에스엠 화이브
2. p. 164 - 신경전달물질
3. p. 173 - 엔돌핀, 알츠하이머, 도파민, 시냅스
4. p. 189 - 이들 숫자들의 짝의 중간 숫자는 첫째 숫자와 셋째 숫자의 합이지만 276의 경우는 아니다. 또한 276을 제외하고 이 숫자 단위들은 두 개의 홀수와 한 개의 짝수로 구성되어 있다.
5. p. 494 - 그 여자는 항상 저녁에 홍차 한 잔을 마시면 더욱더 편안한 느낌이 든다고 믿었다.
6. p. 495 - 토마토, 강낭콩, 오렌지, 호박, 건포도, 야채, 딸기, 바나나, 배추, 양파

| 참고문헌 |

도서

Armstrong, Thomas. (1993). *7 Kinds of Smart. Identifying and Developing Your Many Intelligences.* Plume/Penguin Book, New York.

Bandler, Richard. (1985). *Using_Your Brain for a Change.* Real People Press, Moab, UT.

Beaver, Diana. (1994). *Lazy Learning. Making the Most of the Brains You Were Born With.* Element Books, Rockport, MA.

Berwick, Ann. (1994). *Holistic Aromatherapy. Balance the Body and the Soul with Essential Oils.* Llewellyn Publications, St. Paul, MN.

Bourre, Jean-Marie. (1993). *Brainfood. A Provocative Exploration of the Connection Between What You Eat and How You Think.* Little, Brown, Boston.

Bricklin, Mark, Mark Golin, Deborah Grandinetti, and Alexis Lieberman, (1990). *Positive Living and Health: The Complete Guide to Brain/Body Healing & Mental Empowerment.* Rodale Press, Emmaus, PA.

Brown, Barbara B. (1974). *New Mind, New Body. Bio-Feedback: New Directions for the Mind.* Harper & Row, New York.

Buttarm, Harold E. (1994). Volatile Organic Compounds: Contributory Causes of Learning Disabilities and Behavioral Problems in Children. *Townsend Letter for Doctors*. pp. 472-474.

Buzan, Tony. (1988). *Make the Most of Your Mind.* Fireside/Simon & Schuster, New York.

Buzan, Tony. (1989). *Use Both Sides of Your Brain.* Plume/Penguin Group, New York.

Campbell, Don, (ed.). (1991). Music*, Physician for Times to Come.* Quest Books, Wheaton, IL.

Carper, Jean. (1988). *The Food Pharmacy. Dramatic New Evidence That Food Is Your Best Medicine.* Bantam Books, New York.

Carter, Philip J., and Ken A. Russell. (1993). *The IQ Challenge.* Barnes & Noble, New York.

Casdorph, H. Richard, and Morton Walker. (1994). *Toxic Metal Syndrome: How Metal Poisonings Can Affect Your Brain.* Avery Publishing Group, Garden City, NY.

Castaneda, Carols. (1993). *The Art of Dreaming*, HarperCollins, New York.

Castorri, B. Alexis, and Jane Heller. (1992). *Mental Aerobics, Exercises for a Stronger, Healthier Mind.* Citadel Press/Carol Publishing, New York.

Chaitow, Leon. (1990). *Clear Body, Clear Mind. How to Detoxify Yourself Through Self-Help Techniques.* Greenhouse/Penguin Books Australia, Victoria.

Challem, Jack. (1995). Keeping Your Marbles, *Natural Health.*

Chang, Stephen T., with Richard C. Miller. (1978). *The Book of Internal Exercises.* Strawberry Hill Press, San Francisco.

Chisti, Hakim. (1991). *The Traditional Healer's Handbook. A Classic Guide to the Medicine of Avicenna.* Healing Arts Press, Rochester, VT.

Christensen, Larry B. (1991). *The Food-Mind Connection. Eating Your Way to Happiness.* Pro-Health Publications, College Station, TX.

Connor, Danny, with Michael Tse. (1992). *Qigong. Chinese Movement & Meditation for Health.* Samuel Weiser, York Beach, ME.

Csikszentmihalyi, Mihaly. (1991). *Flow. The Psychology of Optimal Experience.* HarperCollins Perennial, New York.

Davis, Patricia. (1988). *Aromatherapy, An A-Z. C.* W. Daniel Company, Saffron Walden, UK.

Dawkins, Hazel Richmond, Ellis Edelman, and Constantine Forkiotis. (1991). *Suddenly Successful-How Behavioral Optometry Helps You Overcome Learning, Health, and Behavior Problems.* Optometric Extension Program Foundation, Santa Ana, CA.

Dean, Ward, and John Morgenthaler. (1990). *Smart Drugs & Nutrients. How to Improve Your Memory and Increase Your Intelligence Using the Latest Discoveries in Neuroscience.* B & J Publications, Santa Cruz, CA.

Dean, Ward, and John Morgenthaler and Steven Wm. (1993). *Smart Drugs II. The Next Generation.* Health Freedom Publications, Menlo Park, CA.

Dennison, Gail E., Paul E. Dennison, and Jerry V. Teplitz. (1994). *Brain Gym for Business. Instant Brain Boosters for On-the-Job Success.* Educational Kinesiology Foundation, Ventura, CA.

Dennison, Paul E., and Gail E. Hargrove. (1985). *Personalized Whole Brain Integration.* Educational Kinesiology Foundation, Ventura, CA.

DePorter, Bobbi, with Mike Hernacki. (1992). *Quantum Learning: Unleashing the Genius in You.* Dell, New York.

Devanada, Swami Vishnu. (1983). *The Sivanada Companion to Yoga.* Fireside/Simon & Schuster, New York.

Epstein, Seymour, with Archie Brodsky .(1993). *You're Smarter Than*

You Think. How to Develop Your Practical Intelligence for Success in Living. Simon & Schuster, New York.

Faelten, Sharon. (1981). *The Complete Book of Minerals for Health*. Rodale Press, Emmaus, PA.

Ferry, Georgina. (1988). Alzheimer's Disease: A New Age. *New Scientist,* November 12.

Flaws, Bob. (1994). *Imperial Secrets of Health and Longevity*. Blue Poppy Press, Boulder, CO.

Franklin, Jon. (1987). *Molecules of the Mind. The Brave New Science of Molecular Psychology*. Atheneum, New York.

Frawley, David. (1989). *Ayurvedic Healing. A Comprehensive Guide*. Passage Press, Salt Lake City, UT.

Frawley, David and Vasant Lad. (1986). *The Yoga of Herbs. An Ayuvedic Guide to Herbal Medicine*. Lotus Press, Santa Fe, NM.

Gardner, Howard. (1993). *Frames of Mind: The Theory of Multiple Intelligences,* 10th ed., Basic Books, New York.

Golden, Daniel. (1994). Building a Better Brain, *Life,* July.

Goldman, Jonathan. (1992). *Healing Sounds. The Power of Harmonics*. Element Books, Rockport, MA.

Goleman, Daniel. (1994). Mental Decline in Aging Need Not Be Inevitable. *The New York Times,* April 26.

Goleman, Daniel. (1994). High Blood Pressure Tied to Memory Decline. *The New York Times,* April 26.

Haas, Robert. (1994). *Eat Smart, Think Smart. How to Use Nutrients and Supplements to Achieve Maximum Mental and Physical Performance*. HarperCollins, New York.

Hanh, Thich Nhat. (1975). *The Miracle of Mindfulness. A Manual on Meditation*. Beacon Press, Boston.

Hanh, Thich Nhat. (1990). *Present Moment, Wonderful Moment.*

Mindfulness Verses for Daily Living. Parallax Press, Berkeley, CA.

Harman, Willis, and Howard Rheingold. (1984) *Higher Creativity. Liberating the Unconscious for Breakthrough Insights*. Jeremy P. Tarcher, Los Angeles.

Hendler, Sheldon Saul. (1990). *The Doctor's Vitamin and Mineral Encyclopedia*. Simon & Schuster. New York.

Henig, Robin Marantz. (1985). *The Myth of Senility. The Truth About the Brain and Aging*. American Association of Retired Persons, Washington, D.C.

Herrmann, Ned. (1993). *The Creative Brain*. The Ned Herrmann Group, Lake Lure, NC.

Heyn, Birgit. (1990). *Ayurveda. The Indian Art of Natural Medicine & Life Extension*. Healing Arts Press, Rochester, VT.

Hoffer, Dr. Abram, and Dr. Morton Walker. (1994). *Smart Nutrients. A Guide to Nutrients That Can Prevent and Reverse Senility*. Avery Publishing Group, Garden City, NY.

Hooper, Judith, and Dick Teresi. (1986). *The 3-Pound Universe*. Jeremy P. Tarcher, Los Angeles.

Houston, Jean. (1982). *The Possible Human. A Course in Enhancing Your Physical, Mental, and Creative Abilities*. Jeremy P. Tarcher, Los Angeles.

Hutchison, Michael. (1994). *Mega Brain Power. Transform Your Life with Mind Machines and Brain Nutrients*. Hyperion, New York.

Hutchison, Michael. (1991). *Megabrain. New Tools and Techniques for Brain Growth and Mind Expansion*. rev. ed. Ballantine Books, New York.

Hyman, Tom. (1994). *Jupiter's Daughter*. Viking Penguin Group, New York.

Jensen, Bernard, with Sylvia Bell. (1981). *Tissue Cleansing Through*

Bowel Management, From the Simple to the Ultimate. Bernard Jensen, Escondido, CA.

Johari, Harish. (1989). *Breath, Mind and Consciouness.* Destiny Books, Rochester, VT.

Kabat-Zinn, Jon. (1990). *Full Catastrophe Living, Using the Wisdom of Your Body and Mind to Face Stress, Pain, and Illness.* Delacorte Press, New York.

Kaminski, Patricia, and Richard Katz. (1994). *Flower Essence Repertory. A Comprehensive Guide to North American and English Flower Essences for Emotional and Spiritual Well-Being.* The Flower Essence Society, Nevada City, CA.

Kavner, Richard S. (1985). *Your Child's Vision. A Parent's Guide to Seeing, Growing, and Developing.* Fireside/Simon & Schuster, New York.

Kavner, Richard S and Lorraine Dusky. (1978). *Total Vision.* Kavner Books, New York.

Kenyon, Tom. (1994). *Brain States.* United States Publishing, Naples, FL.

Laborde, Genie Z. (1988). *Fine Tune Your Brain. When Everything's Going Right and What to Do When It Isn't.* Syntony Publishing, Palo Alto, CA.

Lad, Dr. Vasant. Ayurveda. (1984). *The Science of Self-Healing-A Practical Guide.* Lotus Press, Santa Fe, NM.

Le Poncin, Monique. (1990). *Brain Fitness,* trans. by Lowell Blair. Fawcett Columbine, New York.

Mandell, Marshall, and Lynne Waller Scanlon. (1979). *Dr. Mandell's 5-Day Allergy Relief System.* -Thomas Y. Crowell, New York.

Mark, Vernon H., with Jeffrey P. Mark. (1992). *Reversing Memory Loss. Proven Methods for Regaining, Strengthening, and Preserving Your Memory.* Houghton Mifflin Company, Boston.

Mark, Vernon H., with Jeffrey P. Mark. (1989). *Brain Power. A Neurosurgeon's Complete Program to Maintain and Enhance Brain Fitness Throughout Your Life.* Houghton Mifflin, Boston.

Masters, Robert. (1994). *Neurospeak. Transforms Your Body. While You Read.* Quest Books, Wheaton, IL.

Minninger, Joan. (1984). *Total Recall. How to Maximize Your Memory Power.* MJF Books/Fine Communications, New York.

Morgan, Brian, and Roberta Morgan. (1987). *Brainfood. Nutrition and Your Brain.* The Body Press, Tucson, AZ.

Mowrey, Daniel B. (1986). *Scientific Validation of Herbal Medicine.* Cormorant Books, Lehi, UT.

Nagel, C. Van, Edward J. Reese, Maryann Reese, and Robert Siudzinski. (1985). *Mega-Teaching and Learning. Neurolinguistic Programming Applied to Education.* Metamorphous Press, Portland, OR.

Null, Gary. (1987). *The Egg Project. Gary Null's Complete Guide to Good Eating.* Four Walls, Eight Windows, New York.

Ornstein, Robert, and David Sobel. (1987). *The Healing Brain. Breakthrough Discoveries About How the Brain Keeps Us Healthy.* Simon & Schuster, New York.

Ornstein, Sheila, and Lynn Schroeder. (1979). *Superlearning.* Delta/The Confucian Press, Dell, New York.

Ornstein, Sheila, and Lynn Schroeder. (1991). *Supermemory. The Revolution.* Carroll & Graf, New York.

Payne, Mark. (1992). *Superhealth in a Toxic World. The Complete Environmental Medicine Health Plan.* Thorsons/HarperCollins, London.

Pearson, Durk, and Sandy Shaw. (1982). *Life Extension. A Practical Scientific Approach.* Warner Books, New York.

Pelletier, Kenneth R. (1977). *Mind as Healer, Mind as Slayer. A Holistic Approach to Preventing Stress Disorders.* Delacorte Press/Seymour Lawrence, New York.

Pelton, Ross, with Taffy Clarke Pelton. (1989). *Mind Food & Smart Pills. A Sourcebook for the Vitamins, Herbs & Drugs Than Can Increase Intelligence, Improve Memory, & Prevent Brain Aging.* Doubleday, New York.

Pitchcford, Paul. (1994). *Healing with Whole Foods. Oriental Traditions and Modern Nutrition.* North Atlantic Books, Berkeley, CA.

Potter, Beverly, and Sebastian Orfali. (1993). *Brain Boosters, Foods and Drugs That Make You Smarter.* Ronin, Berkeley, CA.

Price, Shirley. (1987). *Practical Aromatherapy, How to Use Essential Oils to Restore Vitality.* Thorsons/HarperCollins, London.

Rama, Swami, Rudolph Ballentine, and Alan Hymes. (1979). *Science of Breath. A Practical Guide.* The Himalayan International Institute, Honesdale, PA.

Randolph, Theron G., and Ralph W. Moss. (1990). *An Alternative Approach to Allergies. The New Field of Clinical Ecology Unravels the Environmental Causes of Mental and Physical Ills.* Harper & Rows, New York.

Reid, Daniel. (1994). *The Complete Book of Chinese Health and Healing.* Shambhala, Boston.

Restak, Richard M. (1988). *The Mind.* Bantam, Books, New York.

Restak, Richard M. (1979). *The Brain: The Last Frontier-An Exploration of the Human Mind and Our Future.* Doubleday, New York.

Restak, Richard M. (1991). *The Brain Has a Mind of Its Own Insights from a Practicing Neurologist.* Crown Trade Paperbacks, New York.

Rick, Stephanie. (1986). *The Reflexology Workout. Hand & Foot Massage for Super Health & Rejuvenation*. Harmony Books/Crown Publishers, New York.

Rico, Gabriele Lusser. (1983). *Writing the Natural Way*. Jeremy P. Tarcher, Los Angeles.

Robinson, Adam. (1993). *What Smart Students Know. Maximum Grades, Optimum Learning, Minimum Time*. Crown Trade Paperbacks, New York.

Rogers, Sherry A. (1990). *Tired or Toxic? A Blueprint for Health*. Prestige Publishing, Syracuse, NY.

Rogers, Sherry A. (1986). *The E. I. Syndrome: An Rx for Environment Illness*. Prestige Publishing, Syracuse, NY.

Rogers, Sherry A. (1988). *You Are What You Ate: An Rx for the Resistant Disease of the 21st Century*. Prestige Publishing, Syracuse, NY.

Rose, Colin. (1985). *Accelerated Learning*. New York.

Rose, Steven. (1976). *The Conscious Brain*. Vintage Books, New York.

Rossi, Ernest Lawrence. (1991). *The 20-Minute Break: Reduce Stress, Maximize Performance, and Improve Health and Emotional Well-Being Using the New Science of Ultradian Rhythms*. Jeremy P. Tarcher, Los Angeles.

Ryman, Danielle. (1991). *Armoatherapy. The Complete Guide to Plant and Flower Essences for Health and Beauty*. Bantam Book, New York.

Sacks, Oliver. (1990). *Awakenings*. Harper Perennial/HarperCollins, New York.

vos Savant, Marilyn, and Leonore Fleischer. (1990). *Brain Building in Just 12 Weeks*. Bantam Books, New York.

Shih, T. K. Qigong Elicits Latent Energy & Promotes Intelligences. (1994). *Qi The Journal of Traditional Eastern Health & Fitness*, Autumn., pp. 10-13.

Tart, Charles T. (1994). *Living the Mindful Life. A Handbook for Living in the Present Moment.* Shambhala, Boston.

Taylor, Gordon Rattray. (1979). *The Natural History of the Mind.* E. P. Dutton, New York.

Temple, Christine. (1994). *The Brain. An Introduction to the Psychology of the Human Brain and Behaviour.* Penguin Books, New York.

Tisserand, Robert B. (1977). *The Art of Aromatherapy. The Healing and Beautifying Properties of the Essential Oils of Flowers and Herbs.* Healing Arts Press, Rochester, VT.

Wade, Carlson. (1993). *Natural Energy Boosters.* Parker, West Nyack, NY.

Walker, Morton. (1994). Excessive Tissue Manganese as a Cause of Antisocial Behavior. *Townsend Letter for Doctors,* December.

Walker, Norman W. (1979). Colon *Health: The Key to a Vibrant Life.* O'Sullivan Woodside, Phoenix, AZ.

Warren, Tom. (1991). *Beating Alzheimer's. a Step Towards Unlocking the Mysteries of Brain Diseases.* Avery, Garden City, New York.

Wenger, Win. (1987). *How to Increase Your Intelligence.* D. O. K. Publishers, East Aurora, NY.

Wenger, Win. (1992). *Beyond Teaching & Learning.* Project Renaissance. Gaithersburg, MD.

Werbach, Melvyn. (1993). *Healing Through Nutrition. A Natural Approach to Treating 50 Common Illnesses with Diet and Nutrients.* HarperCollins, New York.

West, Robin. (1985). *Memory Fitness over 40.* Triad, Gainesvile, FL.

Whitaker, Julian. (1995). *Dr. Whitaker's Guide to Natural Healing.* Prima, Rocklin, CA.

Wills, Christopher. (1993). *The Runaway Brain. The Evolution of Human Uniqueness.* Basic Books, New York.

Winter, Arthur. and Ruth Winter. (1986). *Build Your Brain Power. The Latest Techniques to Preserve, Restore, and Improve Your Brain's Potential.* St. Martin's Press, New York.

Wujec, Tom. (1988). *Pumping Ions. Games and Exercises to Flex Your Mind.* Doubleday, New York.

Wycoff, Joyce. (1991). *Mindmapping. Your Personal Guide to Exploring Creativity and Problem Solving.* Berkley Books, New York.

Yates, Francis A. (1966). *The Art of Memory.* The University of Chicago Press, Chicago.

Yepsen, Roger, B. (1987). *How to Boost Your Brain Power. Achieving Peak Intelligence, Memory and Creativity.* Wings Books, New York.

Ziff, Sam. (1984). *The Toxic Time Bomb. Can the Mercury in Your Dental Fillings Poison You?* Aurora Press, Santa Fe, NM.

| 찾아보기 |

인 명

내 용

▶ 저자 소개

▪ Richard Leviton

리처드 레비톤은 미국에서 건강 분야에서 유명한 연구자이자 작가로 활동하고 있다. 미국 EastWest Journal과 Yoga Journal의 선임작가(Senior Writer)로 활동하였으며, 현재는 Future Medicine Publishing의 편집인으로 활동하고 있다.

▶ 역자 소개

▪ 김종석

김종석 교수는 충남대학교 교육학과 교수로 정년퇴임하고, 현재 두뇌 계발 분야에서 연구를 계속하고 있다.

미국 조지 피바디 대학에서 문헌정보학석사와 교육학박사 학위를 받고, 미국 테네시 주립공과대학의 사범대학에서 5년간 근무하였으며, 귀국하여 충남대학교 교육학과 교수를 역임하였다.

두뇌 계발 비결

2007년 4월 5일 1판 1쇄 인쇄
2007년 4월 10일 1판 1쇄 발행

지은이 | Richard Leviton
옮긴이 | 김종석
펴낸이 | 김진환
펴낸곳 | (주)학지사 · INNER BOOKS 이·너·북·스

주소 | 121-837 서울특별시 마포구 서교동 352-29 마인드월드빌딩 5층
대표전화 | 02)326-1500 / 팩스 02)324-2345
홈페이지 | http://www.innerbooks.co.kr
등록 | 2006년 11월 13일 제313-2006-000238호
정가 | 13,600원
ISBN | 978-89-958872-8-8 03370

※ 이너북스는 학지사의 자매회사입니다.